DIREITO MATERIAL E PROCESSUAL DO TRABALHO

VI Congresso Latino-americano de Direito Material e Processual do Trabalho

ORGANIZAÇÃO
 Maria Cecília Máximo Teodoro
 Márcio Túlio Viana
 Cleber Lúcio de Almeida
 Marcos Paulo da Silva Oliveira

CONSELHO EDITORIAL
 Prof. Dr. Cleber Lúcio de Almeida
 Profa. Dra. Maria Cecília Máximo Teodoro
 Prof. Dr. Márcio Túlio Viana

MARIA CECÍLIA MÁXIMO TEODORO
MÁRCIO TÚLIO VIANA
CLEBER LÚCIO DE ALMEIDA
MARCOS PAULO DA SILVA OLIVEIRA
Coordenadores

DIREITO MATERIAL E PROCESSUAL DO TRABALHO

VI Congresso Latino-americano de Direito Material e Processual do Trabalho

EDITORA LTDA.

© Todos os direitos reservados

Rua Jaguaribe, 571
CEP: 01224-003
São Paulo, SP — Brasil
Fone (11) 2167-1101
www.ltr.com.br
Agosto, 2018

Produção Gráfica e Editoração Eletrônica: GRAPHIEN DIAGRAMAÇÃO E ARTE
Projeto de Capa: FABIO GIGLIO
Impressão: META

versão impressa — LTr 5915.6 — ISBN 978-85-361-9711-1
versão digital   — LTr 9416.4 — ISBN 978-85-361-9751-7

Dados Internacionais de Catalogação na Publicação (CIP)
(Câmara Brasileira do Livro, SP, Brasil)

Direito material e processual do trabalho / coordenadores Maria Cecília Máximo Teodoro... [et al.]. — São Paulo: LTr, 2018.

"Outros coordenadores: Márcio Túlio Viana, Cleber Lúcio de Almeida, Marcos Paulo da Silva Oliveira".
"VI Congresso Latino-americano de direito material e processual do trabalho".
Bibliografia.

1. Direito do trabalho 2. Direito material 3. Direito processual do trabalho I. Teodoro, Maria Cecília Máximo. II. Viana, Márcio Túlio. III. Almeida, Cleber Lúcio de. IV. Oliveira, Marcos Paulo da Silva.

18-16466   CDU-34:331

Índice para catálogo sistemático:
1. Direito material e processual do trabalho   34:331

Cibele Maria Dias — Bibliotecária — CRB-8/9427

Sobre os autores e colaboradores

QUALIFICAÇÃO DOS COORDENADORES

MARIA CECÍLIA MÁXIMO TEODORO — Pós-Doutora em Direito do Trabalho pela Universidade de Castilla-La Mancha, com bolsa de pesquisa da CAPES; Doutora em Direito do Trabalho e da Seguridade Social pela USP — Universidade de São Paulo; Mestre em Direito do Trabalho pela PUC/MG; Graduada em Direito pela PUC/MG; Professora de Direito do Trabalho do PPGD e da Graduação da PUC/MG; Professora Convidada do Mestrado em Direito do Trabalho da Universidade Externado da Colômbia. Pesquisadora; Autora de livros e artigos. Advogada.

MÁRCIO TÚLIO VIANA — Pós-Doutor junto à Universidade de Roma I La Sapienza e pela Universidade de Roma II Tor Vergata. Doutor em Direito pela Universidade Federal de Minas Gerais. Professor da Universidade Federal de Minas Gerais e Professor do Programa de Pós-graduação em Direito da Pontifícia Universidade Católica de Minas Gerais.

CLEBER LÚCIO DE ALMEIDA — Pós-doutor em Direito pela Universidad Nacional de Córdoba/ARG. Doutor em Direito pela Universidade Federal de Minas Gerais. Mestre em Direito pela Pontifícia Universidade Católica de São Paulo. Professor dos cursos de Graduação e Pós-graduação (Mestrado e Doutorado) da Pontifícia Universidade Católica de Minas Gerais. Juiz do Trabalho junto ao TRT da 3ª Região.

MARCOS PAULO DA SILVA OLIVEIRA — Mestrando em Direito do Trabalho pelo PPGD-PUC/MG. Graduado em Direito pela PUC/MG. Professor do Instituto Elpídio Donizetti. Pesquisador em Direito e autor de artigos jurídicos. Bolsista CAPES. Advogado.

QUALIFICAÇÃO DOS AUTORES

JULIANA TEIXEIRA ESTEVES — Doutora em Direito e Mestre em Ciência Política pela Universidade Federal de Pernambuco. Professora adjunta da FDR/UFPE. Presidente da Academia Pernambucana de Direito do Trabalho.

CLEBER LÚCIO DE ALMEIDA — Pós-doutor em Direito pela Universidad Nacional de Córdoba/ARG. Doutor em Direito pela Universidade Federal de Minas Gerais. Mestre em Direito pela Pontifícia Universidade Católica de São Paulo. Professor dos cursos de Graduação e Pós-graduação (Mestrado e Doutorado) da Pontifícia Universidade Católica de Minas Gerais. Juiz do Trabalho junto ao TRT da 3ª Região.

EVERALDO GASPAR LOPES DE ANDRADE — Professor da Faculdade de Direito do Recife nos Programas de Graduação, Mestrado e Doutorado e da Faculdade Maurício de Nassau. Doutor em Direito pela Universidade de Deusto — Espanha. Membro da Academia Nacional de Direito do Trabalho. Procurador Regional do Ministério Público do Trabalho aposentado. Músico.

ALDACY RACHID COUTINHO — Mestre e Doutora em Direito pela UFPR. Professora Titular de Direito do Trabalho na Universidade Federal do Paraná. Coordenadora do Núcleo de Pesquisa "Trabalho Vivo" do Programa de Pós-graduação em Direito da UFPR.

MARIA CECÍLIA MÁXIMO TEODORO — Pós-Doutora em Direito do Trabalho pela Universidade de Castilla-La Mancha, com bolsa de pesquisa da CAPES; Doutora em Direito do Trabalho e da Seguridade Social pela USP — Universidade de São Paulo; Mestre em Direito do Trabalho pela PUC/MG; Graduada em Direito pela PUC/MG; Professora de Direito do Trabalho do PPGD e da Graduação da PUC/MG; Professora Convidada do Mestrado em Direito do Trabalho da Universidade Externado da Colômbia. Pesquisadora; Autora de livros e artigos. Advogada.

JAILDA EULÍDIA DA SILVA PINTO — Mestre em Direito do Trabalho e Especialista em Direito Processual Civil pela Universidade Federal de Pernambuco (UFPE), Especialista em Direito do Trabalho e Processual do Trabalho pela Universidade Cândido Mendes (UCAM/RJ), Especialista em Direitos Humanos e Trabalho pela Escola Superior do Ministério Público da União (ESMPU), Procuradora do Trabalho na PRT 6ª Região.

LUCAS CAPARRÓS — Advogado, docente da Faculdade de Direito da Universidade de Buenos Aires.

MÁRCIO TÚLIO VIANA — Pós-Doutor junto à Universidade de Roma I La Sapienza e pela Universidade de Roma II Tor Vergata. Doutor em Direito pela Universidade Federal de Minas Gerais. Professor da Universidade Federal de Minas Gerais e Professor do Programa de Pós-graduação em Direito da Pontifícia Universidade Católica de Minas Gerais.

MARIO GARMENDIA ARIGÓN — Decano da Facultad de Derecho CLAEH — Centro Latinoamericano de Economia Humana, Punta Del Este. Magíster em Direito do Trabalho e Seguridade Social. Professor da Facultad de Derecho de la Universidad de la República (Montevideo) y em la Facultad de Derecho del CLAEH (Punta del Este).

SAYONARA GRILLO COUTINHO LEONARDO DA SILVA — Professora Associada da Universidade Federal do Rio de Janeiro — UFRJ, vinculada ao Programa de Pós-Graduação em Direito — PPGD, onde coordena o grupo de pesquisa Configurações Institucionais e Relações de Trabalho — CIRT, cadastrado no diretório do CNPq. Doutora em Ciências Jurídicas e Mestre em Teoria do Estado e Direito Constitucional (PUC-Rio). Desembargadora do Trabalho no Tribunal Regional do Trabalho da 1ª Região.

HALAN SANTOS VERA CRUZ — Bacharel em Direito pela AESO — Faculdades Integradas Barros Melo.

ÍTALO HENRIQUE DE SOUZA LOPES — Bacharel em Direito pela UFPE, estudante da Pós-graduação lato sensu em Direito do Trabalho pelo PPGD/UFPE, Advogado Trabalhista e Agente Legislativo na Assembleia Legislativa do Estado de Pernambuco.

FERNANDO SAMPAIO DO CARMO — Bacharel em Direito pela Universidade Potiguar.

MARCOS PAULO DA SILVA OLIVEIRA — Mestrando em Direito do Trabalho pelo PPGD-PUC/MG. Graduado em Direito pela PUC/MG. Professor do Instituto Elpídio Donizetti. Pesquisador em Direito e autor de artigos jurídicos. Bolsista CAPES. Advogado.

AYSLA SABINE ROCHA TEIXEIRA — Graduada em Direito pela UFMG. Mestranda em Direito do Trabalho pela UFMG. Advogada.

ARLINDO EDUARDO DE LIMA JÚNIOR — Graduado em Direito pela Faculdade de Direito do Recife/Universidade Federal de Pernambuco. Advogado.

FÁBIO TÚLIO BARROSO — Pós-Doutor em Direito pela Universidad de Granada, Espanha. Doutor em Direito pela Universidad de Deusto, Bilbao, Espanha. Especialista em Direito do Trabalho pela Universidade Católica de Pernambuco — UNICAP. Presidente Honorário da Academia Pernambucana de Direito do Trabalho — APDT. Membro do Instituto dos Advogados Brasileiros — IAB. Membro do Instituto de Advogados de Pernambuco — IAP (Presidente da Comissão de Direito do Trabalho). Membro da Asociación Española de Salud y Seguridad Social. Professor da Universidade Católica de Pernambuco — UNICAP (Graduação e PPGD). Professor da Faculdade de Direito de Recife — FDR, da Universidade Federal de Pernambuco — UFPE. Professor das Faculdade Integrada de Pernambuco — FACIPE. Advogado.

FELIPE DA COSTA LIMA MOURA — Graduado em Direito pela Faculdade Escritor Osman da Costa Lins — FACOL, com Especialização em Direito Público e Privado pela Escola Superior da Advocacia (ESA) e em Gestão de Pessoas pela Faculdade Osman Lins FACOL. Mestrando em Direito na Universidade Católica de Pernambuco. Professor Titular de Direito do Consumidor e Coordenador do Núcleo da Prática Jurídica na Faculdade Osman Lins – FACOL. Advogado.

RENATA ALVES CALABRIA — Advogada Trabalhista e Pós-graduanda em Direito do Trabalho na Universidade Federal de Pernambuco (UFPE).

TALYTA MANSO MESQUITA — Advogada Trabalhista e Pós-graduanda em Direito do Trabalho na Universidade Federal de Pernambuco (UFPE).

SUMÁRIO

APRESENTAÇÃO
    Maria Cecília Máximo Teodoro e Marcos Paulo da Silva Oliveira.. 11

PREFÁCIO
    Everaldo Gaspar Lopes de Andrade 13

A CRISE DA PREVIDÊNCIA E DA SEGURIDADE SOCIAL
    Juliana Teixeira Esteves 17

A DIMENSÃO HUMANA, SOCIAL E POLÍTICA DO DIREITO DO TRABALHO
    Cleber Lúcio de Almeida 24

AS CRISES DO SINDICALISMO CONTEMPORÂNEO NO CONTEXTO DOS MOVIMENTOS SOCIAIS E DAS TEORIAS DOS MOVIMENTOS SOCIAIS
    Everaldo Gaspar Lopes de Andrade 27

DESVENDANDO O CONTEÚDO IDEOLÓGICO DA SUBORDINAÇÃO: IDEOLOGIA, EU QUERO UMA PARA VIVER
    Aldacy Rachid Coutinho 33

PARA REPENSAR O DIREITO DO TRABALHO, SOB UMA PERSPECTIVA HUMANA E ECONÔMICA
    Maria Cecília Máximo Teodoro 39

MEIO AMBIENTE DO TRABALHO E ADOECIMENTO: A RECONFIGURAÇÃO TEÓRICO-DOGMÁTICA DOS SEUS FUNDAMENTOS
    Jailda Eulídia da Silva Pinto 49

NUEVAS TENDENCIAS DEL DERECHO SINDICAL EN ARGENTINA (2010-2016)
    Lucas Caparrós 62

O DIREITO DO TRABALHO NO BRASIL DE HOJE: DO PESADELO AO SONHO
    Márcio Túlio Viana 71

EL ORDEN PÚBLICO SOCIAL
    Mario Garmendia Arigón 76

A RELAÇÃO ENTRE NORMAS COLETIVAS AUTÔNOMAS E LEGISLAÇÃO ESTATAL: TRÊS NOTAS SOBRE O MODELO NORMATIVO BRASILEIRO
    Sayonara Grillo Coutinho Leonardo da Silva 97

RESPONSABILIDADE SUBSIDIÁRIA DE ENTES DA ADMINISTRAÇÃO PÚBLICA NA JUSTIÇA DO TRABALHO: A NECESSIDADE DE UNIFORMIZAÇÃO DO ENTENDIMENTO NA APLICAÇÃO DO ÔNUS DA PROVA QUANTO À FISCALIZAÇÃO DOS CONTRATOS DE TERCEIRIZAÇÃO
    Halan Santos Vera Cruz 111

REFORMA TRABALHISTA VIA SUPREMO TRIBUNAL FEDERAL: PRECARIZAÇÃO DOS DIREITOS TRABALHISTAS E VIOLAÇÃO DE PRINCÍPIOS CONSTITUCIONAIS E TRABALHISTAS CHANCELADOS PELA SUPREMA CORTE
    Ítalo Henrique de Souza Lopes.. 120

OS RISCOS DA CLANDESTINIZAÇÃO DO TRABALHO PARA A SEGURIDADE SOCIAL
    Fernando Sampaio do Carmo.. 127

IMIGRAÇÃO, TRABALHO ESCRAVO E A PROPOSTA DE REFORMA TRABALHISTA RURAL
    Marcos Paulo da Silva Oliveira e Aysla Sabine Rocha Teixeira.. 135

ECONOMIA SOLIDÁRIA E DESENVOLVIMENTO SUSTENTÁVEL: PERSPECTIVAS SOBRE NOVOS RUMOS DO DIREITO DO TRABALHO
    Arlindo Eduardo de Lima Júnior.. 141

A NEGOCIAÇÃO COLETIVA COMO INSTRUMENTO DE EFETIVIDADE DO DIREITO DO TRABALHO E A REFORMA TRABALHISTA JUDICIAL
    Fábio Túlio Barroso e Felipe da Costa Lima Moura.. 148

A EFETIVIDADE DO CONSTITUCIONALISMO FRATERNO SOB OS DIREITOS SOCIAIS ASSEGURADOS NA SEGURIDADE SOCIAL
    Renata Alves Calabria e Talyta Manso Mesquita.. 157

Apresentação

A presente obra é resultado de intensos debates e reflexões de pesquisadores do Direito Material e Processual do Trabalho latino-americano, contando com autores estrangeiros e renomados professores de diversos programas de pós-graduação *strictu sensu*. Fruto das oficinas de artigos e de palestras realizadas no VI Congresso Latino-americano de Direito Material e Processual do Trabalho, promovido pelo Programa de Pós-graduação da Pontifícia Universidade Católica de Minas Gerais, em conjunto com a Universidade Federal de Pernambuco e a Universidade Católica de Pernambuco, a presente obra abarca de maneira crítica e atual as transformações do mundo do trabalho.

O Congresso, já em sua 6ª edição, teve como escopos fundamentais internacionalizar os respectivos programas, selar uma parceria com a CLAEH do Uruguai e a Universidade Externado da Colômbia, além de promover um processo de aproximação com a Universidade de Buenos Aires. Nesse contexto, o livro trata-se de uma seleta compilação de artigos apresentados por palestrantes, docentes e discentes que participaram do referido congresso, discutindo temas urgentes e delicados do Direito do Trabalho, compondo-se, portanto, de análises plurais e avançadas, capazes de contemplar as metamorfoses pelas quais passa a ciência justrabalhista, em especial no contexto latino-americano.

O eixo central da obra é a clandestinização das relações de trabalho e o dilema entre o acesso à justiça e a efetividade dos direitos sociais. Exatamente por isso, os temas abordados nesta coletânea envolvem de maneira interdisciplinar a dimensão humana, social, econômica e política do Direito do Trabalho, sempre na tentativa de repensar a ciência juslaboral em consonância com o discurso contemporâneo dos direitos humanos.

As atuais crises do sistema capitalista serviram como pano de fundo para intensas análises acerca das mudanças e permanências da ciência justrabalhista, destacando-se estudos sobre a crise da previdência social, a crise dos sindicatos, o conteúdo ideológico da subordinação, o adoecimento no trabalho, os embates entre o negociado e o legislado, o papel do Supremo Tribunal Federal na consolidação dos direitos trabalhistas, a Administração Pública enquanto litigante na Justiça do Trabalho, a economia solidária e o desenvolvimento sustentável, o constitucionalismo fraterno, o fenômeno da terceirização e a proteção aos trabalhadores rurais.

Trata-se, portanto, de leitura do interesse não só dos profissionais do Direito do Trabalho, mas de todos aqueles que de algum modo se propõem a pensar o Direito enquanto instrumento de transformação social, especialmente em tempos em que se tornam cada vez mais comuns os obstáculos à soberania popular.

Maria Cecília Máximo Teodoro
Marcos Paulo da Silva Oliveira

Prefácio

Everaldo Gaspar Lopes de Andrade[(*)]

Durante os dias 17 e 18 de novembro de 2016, os Programas de Pós-graduação em Direito da Pontifícia Universidade Católica de Minas Gerais, da Universidade Federal de Pernambuco e da Universidade Católica de Pernambuco — UNICAP —, realizaram o memorável IV CONGRESSO LATINOAMERICANO DE DIREITO MATERIAL E PROCESSUAL DO TRABALHO que recebeu o título: A CLANDESTINIZAÇÃO DAS RELAÇÕES DE TRABALHO E O DILEMA ENTRE O ACESSO À JUSTIÇA E A EFETIVIDADE DOS DIREITOS SOCIAIS.

O encontro teve como objetivos fundamentais internacionalizar os respectivos programas, selar uma parceria com a CLAEH do Uruguai e a Universidade Externado da Colômbia, bem como promover um processo de aproximação da Universidade de Buenos Aires.

Adotou uma estrutura muito bem elaborada, distribuída por meio de conferências, painéis e oficinas — estas últimas possibilitaram a construção de artigos científicos a serem divulgados perante a comunidade acadêmica do continente latino-americano e permitiu a experimentação de vivências entre os alunos da graduação e da pós-graduação. O evento contou com o decisivo apoio do Centro Universitário DeVry|FBV, que cedeu seus espaços e prestou todo apoio administrativo e institucional.

Nesta oportunidade, as suas coordenadoras têm a satisfação e a alegria de apresentar à comunidade acadêmica e jurídica este precioso livro que retrata as posições teórico-dogmáticas dos juristas que ali estiveram presentes e de outros que se juntaram a este projeto, na tentativa de encarar o Direito Material e Processual do Trabalho, no contexto de uma visão crítico-prospectiva.

O autor deste prefácio preferiu, para análise dos textos, não seguir uma ordem cronológica, mas obedecer os seus conteúdos dos capítulos.

Há aqueles que seguem uma perspectiva metajurídica ou voltada para a uma Teoria Geral do Direito do Trabalho; os que estabelecem uma crítica da experiência que envolve simultaneamente o direito material e o direito processual do trabalho, inclusive no que diz respeito às decisões judiciais, na perspectiva de preservação dos princípios constitucionais fundamentais; temas específicos que preconizaram o desastre e a maledicência da "reforma" trabalhista em vigor e, finalmente, aqueles que revolvem as crises e os dilemas da previdência e da seguridade sociais, ao mesmo tempo em que apontam para a economia social e solidária.

Dentre aqueles que assumem uma perspectiva metajurídica ou voltada a Teoria Geral do Direito do Trabalho, há o capítulo intitulado DESVENDANDO O CONTEÚDO IDEOLÓGICO DA SUBORDINAÇÃO: ideologia eu quero uma pra viver... da professora Aldacy Rachid Coutinho. No rastro de sua magnífica obra

---

[(*)] Professor da Faculdade de Direito do Recife nos programas de graduação, mestrado e doutorado e da Faculdade Maurício de Nassau. Doutor em Direito pela Universidade de Deusto — Espanha. Membro da Academia Nacional de Direito do Trabalho. Procurador Regional do Ministério Público do Trabalho. Aposentado. Músico.

O Poder Punitivo Trabalhista, revisita um tema que se envolve com o próprio objeto do Direito do Trabalho — o trabalho contraditoriamente livre/subordinado. Daí poder-se falar também, segundo Lucas Caparrós, de LAS NUEVAS TENDENCIAS DEL DERECHO SINDICAL EN ARGENTINA (2010-2016) e, como costumo considerar, das CRISES DO SINDICALISMO CONTEMPORÂNEO. Nesta dimensão narrativa, o livro apresenta aquele que dedicou a sua vida acadêmica à tentativa de enquadrar o direito na dimensão filosófica, sociológica e literária. Refiro-me a Márcio Túlio Viana, que desafia o leitor a encarar uma intrigante indagação: O DIREITO DO TRABALHO NO BRASIL DE HOJE: DO PESADELO AO SONHO. No rastro da importante Escola Mineira, a jovem professora Maria Cecília Máximo Teodoro nos convida a REPENSAR O DIREITO DO TRABALHO, SOB A PERSPECTIVA HUMANA E ECONÔMICA.

Para os que estabelecem uma crítica da experiência que envolve simultaneamente o Direito Material e o Direito Processual do Trabalho, inclusive no que diz respeito às decisões judiciais, na perspectiva de preservação dos princípios constitucionais fundamentais, os leitores terão ao seu alcance textos maravilhosos, como: EL ORDEN PÚBLICO SOCIAL de Mario Garmendia Arigón, que se junta à DIMENSÃO HUMANA, SOCIAL E POLÍTICA DO DIREITO DO TRABALHO, de Cleber Lúcio de Almeida. Saltando para a dimensão coletiva, Sayonara Grillo Coutinho Leonardo da Silva encara A RELAÇÃO ENTRE NORMAS COLETIVAS AUTÔNOMAS E LEGISLAÇÃO ESTATAL: TRÊS NOTAS SOBRE O MODELO NORMATIVO BRASILEIRO. Para fechar estas proposições, Halan Santos Vera Cruz e Carlo Benito Consentino Filho discorrem sobre RESPONSABILIDADE SUBSIDIÁRIA DE ENTES DA ADMINISTRAÇÃO PÚBLICA NA JUSTIÇA DO TRABALHO: a necessidade de uniformização do entendimento na aplicação do ônus da prova quanto à fiscalização dos contratos de terceirização.

Em meio aos gritos e sussurros que já se ouviam, na oportunidade em que o Congresso Nacional forjava a sua maldade, coube agora a Fábio Túlio Barroso e Felipe da Costa Lima Moura enfrentarem o tema A NEGOCIAÇÃO COLETIVA COMO INSTRUMENTO DE EFETIVIDADE DO DIREITO DO TRABALHO E A REFORMA TRABALHISTA JUDICIAL. Do mesmo modo, a Marcos Paulo da Silva Oliveira e Aysla Sabine Rocha Teixeira apresentar o tema IMIGRAÇÃO, TRABALHO ESCRAVO E A PROPOSTA DE REFORMA TRABALHISTA RURAL. A Ítalo Henrique de Souza Lopes coube apresentar o tema REFORMA TRABALHISTA VIA SUPREMO TRIBUNAL FEDERAL: Precarização dos direitos trabalhistas e violação de princípios constitucionais e trabalhistas chancelados pela suprema corte. Questões hermenêuticas relevantes para que se possa encarar os desafios do notável retrocesso da legislação social brasileira, a partir da "reforma" trabalhista em vigor.

Finalmente, aqueles que revolvem as crises e os dilemas da previdência e da seguridade sociais, ao mesmo tempo em que apontam para a economia social e solidária. Aqui os leitores terão a oportunidade de consultar os seguintes textos: CRISE DA PREVIDÊNCIA E DA SEGURIDADE SOCIAL, de Juliana Teixeira Esteves; OS RISCOS DA CLANDESTINIZAÇÃO DO TRABALHO PARA A SEGURIDADE SOCIAL, de Fernando Sampaio do Carmo; A EFETIVIDADE DO CONSTITUCIONALISMO FRATERNO SOB OS DIREITOS SOCIAIS ASSEGURADOS NA SEGURIDADE SOCIAL, de Renata Alves Calabria e Talyta Manso Mesquita; MEIO AMBIENTE DO TRABALHO E ADOECIMENTO: A RECONFIGURAÇÃO TEÓRICO-DOGMÁTICA DOS SEUS FUNDAMENTOS, de Jailda Eulídia da Silva Pinto. Finalmente, o texto ECONOMIA SOLIDÁRIA E DESENVOLVIMENTO SUSTENTÁVEL: PERSPECTIVAS SOBRE NOVOS RUMOS DO DIREITO DO TRABALHO, de Arlindo Eduardo de Lima Júnior. Vistos em seu conjunto, é possível vislumbrar uma crítica que bate de frente com a malsinada Reforma Previdenciária. Do mesmo modo que revela a obsolescência da doutrina clássica, que teima em não dialogar com as teorias sociais críticas responsáveis pelos desvendamentos ideológicos que norteiam o adoecimento e o meio ambiente do trabalho. Deixa transparecer também a possibilidade de a economia social e solidária — que questiona o Modo de Produção Capitalista responsável pela subordinação da força do trabalho ao capital, os rituais do sofrimento e as mortes lentas no trabalho — possibilitar a emancipação social, na medida em que se tornar hegemônica, em termos de relações de trabalho.

Vê-se claramente a opção dos autores destes textos pela Teoria Social Crítica. No rastro de Raymond Geuss (1988)[1], admito que as teorias críticas irão se diferenciar das teorias tradicionais a partir de seus propósitos e de seus fins, na medida em que as primeiras têm como propósito e fim a manipulação satisfatória de mundo exterior para o uso instrumental. Uma vez reconhecida a sua validade, passam a capacitar os agentes que as controlam para competir eficazmente com o ambiente. Como assinala aquele autor:

---
[1] GEUSS, R. *Teoria Crítica:* Habermas e a Escola de Frankfurt. Campinas: Papirus, 1988.

Ao perseguir, com êxito, os fins por elas escolhidos e, ao conscientizar os agentes das coerções ocultas, as teorias críticas objetivam a emancipação, o esclarecimento e a libertação das coerções. Por isso, capacitam esses agentes para conhecer os verdadeiros interesses do saber científico (*Idem*, p. 319)

Ainda segue em desacordo com as teorias tradicionais, na medida em que a modalidade de evidência a ser priorizada, como o objetivo de determinar se são cognitivamente aceitáveis ou não, admitem e requerem tipos distintos de confirmação. Uma divergência que põe em relevo o reconhecimento, segundo o qual as teorias tradicionais requererem confirmação empírica por meio da observação e experimentação, enquanto que as teorias críticas "são cognitivamente aceitáveis se conseguirem sobreviver a um processo sofisticado de avaliação, que implica a demonstração de ser refletidamente aceitáveis" (*Idem*, p. 319).

Prossigo este relato, na obra já mencionada (2005)[2], para dizer que, segundo o mesmo autor, uma verdadeira teoria social dispõe-se a investigar as instituições e práticas sociais que os agentes exercem sobre a sociedade, mas também as convicções dos agentes sobre a sociedade, já que investiga a realidade social no sentido estrito e o saber social que forma parte da realidade. Ao contrário da teoria tradicional — que não se questiona a si mesma ou a seu objeto — a teoria crítica parte de uma estrutura cognitivo-reflexiva para abordar a própria "gênesis", a própria origem da sociedade, explicar os pressupostos do próprio objeto investigado e antecipar a possibilidade de seu uso e aplicação.

As teorias críticas, ao tratarem da emancipação e do esclarecimento, estão se referindo a uma transição social, desde o estado inicial até o estado final, a partir das seguintes propriedades:

a) o estado inicial apresenta a falsa consciência, o erro e a existência sem liberdade;

b) no estado inicial, falsa consciência e existência sem liberdade estão intimamente ligadas, de modo que os agentes só podem ser libertados de uma situação se eles também são, ao mesmo tempo, libertados de outra;

c) a existência sem liberdade, de que padecem os agentes no estado inicial, é uma forma de coerção autoimposta. A falsa consciência que têm eles é um tipo de autoilusão;

d) a coerção que suportam os agentes, no estado inicial, é uma coerção cujo poder ou objetividade derivam-se do fato de os agentes não percebem que é autoimposta.

Os textos que compõem este livro seguem o rastro da teoria crítica também porque foram escritos por educadores/professores/estudantes de Direito, uma vez que os estudos e práticas educativas que seguem a teoria crítica procuram descobrir o conteúdo cognitivo da práxis histórica, os seus fins, para revelar o momento em que a produção científica está a serviço da dominação. Dirigem-se, pois, à emancipação e ao esclarecimento.

Quem adota uma pedagogia crítica não pode ter a indiferença como prática educativa. Muito menos assumir uma postura centrada na neutralidade.

Como diz Paulo Freire, em — Pedagogia da Autonomia. Saberes necessários à prática educativa. São Paulo: Paz e Terra, 2017 —, "ensinar exige comprometimento". Sobretudo, nestes momentos sombrios, em que se vislumbra a "esperteza com que a ideologia dominante insinua a neutralidade da educação". "A minha presença de professor... na minha prática educativa-crítica", afirma, "não pode passar despercebida dos alunos na classe e na escola, é uma presença política".

Logo, não podemos mexer com teoria crítica sem carregá-la também para o mundo da vida. Afirma ainda: "não posso virar conivente de uma ordem perversa, irresponsabilizando-a por malvadez, ao atribuir a 'forças cegas' e imponderáveis os danos por ela causados aos seres humanos", porque "neutra, 'indiferente' a qualquer destas hipóteses, a da reprodução da ideologia dominante ou a de sua contestação, a educação jamais foi, é, ou pode ser". Ensinar "exige compreender que a educação é uma forma de intervenção no mundo."

Inspirado neste grande educador, espero que os textos aqui retratados e que compõem esta magnífica obra possam mobilizar/conscientizar os seus leitores a seguirem o pensamento crítico e os ideais do grande educador Paulo Freire para, quando desafiados, afirmarem:

---

(2) ANDRADE, Everaldo Gaspar Lopes de. Direito do Trabalho e Pós-modernidade. Fundamentos para uma teoria geral. São Paulo: LTr, 2005.

"Não junto a minha voz a dos que, falando de paz, pedem aos oprimidos, aos esfarrapados do mundo, a sua resignação. Minha voz tem outra semântica, tem outra música. Falo da resistência, da indignação, da 'justa ira' dos traídos e dos enganados. Do seu direito e do seu dever de rebelar-se contra as transgressões éticas de que são vítimas cada vez mais sofridas."

Everaldo Gaspar Lopes de Andrade

A CRISE DA PREVIDÊNCIA E DA SEGURIDADE SOCIAL

Juliana Teixeira Esteves[(*)]

1. INTRODUÇÃO

A Constituição Brasileira vem sofrendo fortes ataques. De forma bastante significativa, aos direitos trabalhistas e previdenciários.

Vemos um governo extremamente preocupado em satisfazer os interesses econômicos dos detentores do capital, em detrimento da qualidade de vida da grande maioria da população.

A aprovação do congelamento dos gastos públicos por 20 anos, limitados à inflação do ano anterior, foi o primeiro passo em direção à formação de uma relação de dependência entre os cidadãos brasileiros e o sistema financeiro ao diminuir recursos para áreas como educação e saúde, drenando-os para gerar superávit primário. Segundo estudos econômicos, nenhum país que esteve em ascensão socioeconômica nos últimos 30 anos delimitou os gastos públicos na forma como estabelecida pelo Governo Federal em 2016.

Seguindo nessa perversa lógica, propõe mudanças na educação, na reforma do ensino médio e do ensino jurídico, onde ao invés de se preocupar com a formação de um indivíduo pleno e crítico, opta-se por focar apenas na formação técnica para ajustar a futura mão de obra que será disponibilizada ao chamado "mercado de trabalho".

Em reverência a essa entidade abstrata chamada mercado, aprova-se a Lei da Terceirização, ressuscitando um projeto paralisado a quase uma década e meia, sendo desprezado aquele que vinha sendo debatido pela sociedade há alguns anos, com participação de sociólogos, juristas, economistas e administradores. Usa-se argumento falacioso que estaria se regularizando os terceirizados para que se igualem aos empregados diretamente contratados nos seus direitos. Se a intenção fosse essa, bastaria proibir a terceirização de todo e qualquer serviço. A terceirização foi um preparatório!

A reforma trabalhista na forma como vem sendo proposta e apresentada, destina-se unicamente atrair investimentos, mas estes não são sinônimo de geração de empregos como vem sendo declarado pela imprensa majoritária em nosso país. O capital hoje tem forte caráter especulativo e entra e sai do país de forma volátil, sempre buscando melhores lugares para obter lucros no pagamento de juros e em apostas no mercado futuro e de derivativos. Nos dias modernos, dinheiro gera dinheiro de forma quase independente do trabalho humano, e esta é a informação implicitamente passada aos investidores na PEC 300.

A reforma previdenciária não vai por outro caminho. Argumentos falaciosos acerca do Déficit da Previdência já são fortemente rebatidos por relatórios e auditoria realizados por órgãos como ANFIP e Auditoria Cidadã, organizações formadas por economistas e auditores federais. A intenção clara é entregar a previdência dos brasileiros a fundos geridos por empresas privadas. Os contratos de previdência privada são contratos de natureza civil e não sofrem a fiscalização adequada por parte do estado brasileiro. O fato é que vários problemas e ações judiciais já existem contra os fundos de pensão e as previdências complementares abertas existentes no país.

A contínua deterioração do mundo do trabalho na década de 1990 significa um processo de uma nova configuração estrutural das relações de trabalho, gerando, inclusive, alterações para o sindicalismo tão atuante em momentos anteriores ao período neoliberal. As alterações dos paradigmas das relações estatais levaram a Organização Internacional do Trabalho (OIT) a aprovar, em junho de 1998, a Declaração da OIT sobre os Princípios e Direitos Fundamentais no Trabalho e seu seguimento, que fixa orientações para que o crescimento econômico venha em conjunto com justiça social. Dentre os princípios relativos aos direitos fundamentais do trabalho está o da eliminação da discriminação em matéria de emprego e ocupação. Para promover a Declaração, a OIT estabeleceu um programa que tem dentre os seus três objetivos o de promover medidas políticas que

---

(*) Doutora em Direito e Mestre em Ciência Política pela Universidade Federal de Pernambuco. Professora adjunta da FDR/UFPE. Presidente da Academia Pernambucana de Direito do Trabalho.

conduzam à prática desses princípios, segundo as condições características de cada país. É claro que esta Declaração tem um caráter promocional, somente vinculando os países que a ratificaram e não havendo sanção para aqueles que não a aplicarem. A Constituição Brasileira tem em seu escopo princípios já previstos na referida Declaração, servindo, portanto, de referência a uma comunidade internacional e em especial à comunidade legisladora.

É nesta abordagem que se inicia o trabalho. Assim, com o fim da ditadura militar, o Brasil entrou na rota da globalização mundializada, iniciando as privatizações de estatais e realizando políticas que determinaram o rumo que a economia brasileira tomaria na próxima década. A nova política, entretanto, não conseguiu conter os efeitos devastadores do neo-liberalismo.

Em meio a essa realidade começam a crescer no Brasil as multinacionais e o mercado financeirizado de ações incrementando um mercado já precarizado no setor público e desejado pelos investidores — o mercado da previdência complementar. O presente estudo tem por objetivo analisar o sistema de pensões que **PODE SER ORGANIZADO MEDIANTE DOIS CRITÉRIOS**: a estrutura do sistema e segundo a metodologia adotada para estabelecer os níveis de contribuição e benefício. Dentro do primeiro critério, o sistema pode ser de **CAPITALIZAÇÃO**, que acumulam fundos para o financiamento dos benefícios futuros, capitalizando contribuições dos trabalhadores, ou pode ser disciplinado mediante a **REPARTIÇÃO**, que pressupõe a manutenção do equilíbrio financeiro permanentemente, inexistindo acumulação de fundos. No segundo critério, a metodologia estabelece **DUAS POSSIBILIDADES DOS FUNDOS SEREM ESQUEMATIZADOS: POR CONTRIBUIÇÃO DEFINIDA**, nos quais os níveis de contribuição são estabelecidos desde o princípio, ficando os níveis de benefícios vinculados aos resultados financeiros, ou por **BENEFÍCIO DEFINIDO**, onde os valores dos benefícios são predeterminados e as contribuições são reajustadas de forma a garantir o financiamento. Há, ainda, um terceiro esquema, os de contribuição e benefícios definidos, onde os dois parâmetros são previamente fixados, havendo, entretanto, necessidade de um bom estudo demográfico e econômico que assegure a sua estabilidade financeira.

Os sistemas previdenciários da América Latina em sua grande parte organizaram-se sob o regime de capitalização coletiva parcial, que foram gradativamente alternados para o esquema de repartição, tendo alguns retornado ao sistema de capitalização na década de 1990. Esses processos foram desenvolvidos numa época de grande instabilidade econômica, institucional e política, que contribuiu para a deficiência da gestão do modelo previdenciário de então. As várias crises financeiras ocorridas no planeta serviram de justificativa para a reforma dos parâmetros da seguridade social. Taxas de contribuição aumentaram e o valor dos benefícios sofreu redução. Objetivando solucionar as crises financeiras provocadas pelo sistema previdenciário, vários países iniciaram as reformas de base da previdência social.

Também, as ideias de flexibilização, desregulamentação e privatização de vários setores do Estado surgiram neste momento.

O capitalismo não estava mais amparado somente nos meios de produção industrial e a nova crise capitalista trazida pela globalização trouxe a necessidade de descoberta de outras fontes de capital e uma dessas fontes estaria no capital salarial dos empregados. Paralelamente, a difícil situação financeira do sistema previdenciário fez com que se considerasse a possibilidade de serem criados novos sistemas, com elementos privados e organizados segundo o esquema de capitalização, criando-se condições para uma maior participação dos trabalhadores na previdência. Para justificar o "acesso" aos salários dos empregados, utiliza-se como argumento a principal preocupação dos cidadãos — como assegurar os níveis básicos de rendimentos para a fase idosa da vida? Tenta-se privatizar o sistema previdenciário e transferir ao trabalhador a responsabilidade de custear a sua própria aposentadoria, sem qualquer interferência estatal, exceto na condição de regulamentador e fiscalizador do sistema.

Para que isso seja possível é necessário que o trabalhador poupe valores a partir da idade considerada ativa utilizando-os após certa idade e quando se tornar inativo. Surgem, então, as seguradoras e os investidores do capital alheio. Tais quantias são, normalmente, aplicadas no mercado de ações, que a longo prazo têm apresentado rentabilidade positiva. Mas, quais as garantias de que a aplicação da futura aposentadoria dos trabalhadores será suficientemente remunerada[1] a ponto de resguardar o valor real após trinta anos, por exemplo?

Nesse trabalho estuda-se o sistema dos fundos de pensão, que nada mais são do que o sistema previdenciário fechado, restrito a empregados de determinadas empresas e financiado a partir de parte dos salários desses trabalhadores. É aqui que se identifica o interesse do empresariado estrangeiro e sua influência nas instituições brasileiras por meio das instituições financiadoras de programas sócio-políticos.

O cenário mundial globalizado é historicamente construído para o bem-estar do capital. Será apresentada a previdência na perspectiva das teorias da acumulação do capital, ou da financeirização das empresas, e a importância que essa poupança previdenciária tem para o sistema financeiro.

Com isso, demonstram-se as principais características que fazem da previdência privada um sistema a ser aplicado somente em sociedades amplamente igualitárias, com um desenvolvido senso de justiça e *responsividade* dos gestores.

A previdência complementar fechada, ou fundo de pensão, destina-se a consumidores-cidadãos, trabalhadores ou não, em condições financeiro-econômicas suficientes e capazes de contribuir para um sistema privado previdenciário por capitalização. Tudo isso, dentro de um sistema em que a lucratividade está atrelada à constante diminuição de custos e onde está presente o aumento da precarização do trabalho humano e com ela a redução dos salários reais.

---

(1) Foram muitos os fundos de pensão norte-americanos que faliram com a crise financeira iniciada em 2008.

2. A FINANCEIRIZAÇÃO DO SISTEMA PREVIDENCIÁRIO

Um novo ciclo apresenta-se no mundo financeiro através da acumulação de riquezas. As empresas necessitam elevar o seu capital rotativo e para não recorrerem aos bancos, criam os fundos de renda própria, que é a oportunidade dos empregados participarem dos ganhos desta mesma empresa por meio da compra de espécies de títulos de capitalização. Para que isto ocorra, tais títulos hão de ser negociados na bolsa de valores. Os estudos demonstram que os analistas financeiros estabelecem comissões na negociação para os acionistas-investidores, além de metas preestabelecidas as empresas no intuito de maximizar os seus ganhos e valorizar as ações no mercado, o que se reflete sobre os empregos. Assim, questiona-se: — quem realmente se beneficia com a criação dos fundos de pensão?

Os fundos de renda própria globalizaram-se e a América Latina vêm reformando os seus sistemas previdenciários desde o início dos anos oitenta, e o Brasil não esteve fora dessas reformas. Além das reformas na previdência dos trabalhadores do setor privado e do público, foram aprimoradas as legislações acerca da previdência complementar, com intuito de regulamentar a atividade das empresas já havidas e atuantes no país e de complementar a renda dos trabalhadores a ser usufruída na velhice ou incapacidade, ou pelos beneficiários na morte do titular. Esse quadro de reformas está em consonância com o esquema de reformas previdenciárias sugerido pelo Banco Mundial e outros organismos internacionais.

Apesar das previdências complementares existirem no Brasil há várias décadas, o estudo das mesmas é necessário face ao impacto que tem na renda do trabalhador ativo e na economia do país como um todo, haja vista ser de suma importância o adequado e suficiente desenvolvimento econômico gerador de emprego e renda para que o trabalhador possa contribuir com sua própria aposentadoria. Além disso, mas não menos importante, o fato de que a previdência complementar na forma apresentada nos dias presentes, dentro de um sistema capitalista financeirizado, exerce o papel de gerador de renda capitalista e não de um benfeitor que objetiva acrescer vantagens as que o Estado fornece ao cidadão. Outro ponto, mas secundário, é que a composição da plataforma política do PT na época eleitoral, de 2002, admitiu as previdências complementares

> como complemento ao sistema público universal, para os trabalhadores tanto do setor público como do privado que aspirem a aposentadorias superiores às oferecidas pelo teto do orçamento público, haverá um sistema de planos complementares, com ou sem fins lucrativos, de caráter facultativo, e sustentado por empregados e empregadores.[2]

A implantação dos sistemas complementares vem sendo feita, inclusive, com subsídios federais por meio das reduções nas alíquotas de cobrança do Imposto sobre Renda.

O que devemos responder é se é a Previdência Social que está falindo ou se é o capitalismo que precisa do capital produtivo dos trabalhadores. Seria a Previdência Social um estorvo ao crescimento/sustentação do capitalismo?

Os fundos de pensão são vistos como uma alternativa de recuperação do capitalismo acionarial e manutenção do regime de acumulação financeira. E, estando inserido num contexto capitalista, há necessidade de ser observado também sob essa ótica. Alguns estudiosos do meio internacional, dentre eles *Esther Jeffers, Catherine Sauviat, Dominique Plihon* e *François Chesnais* analisam a financeirização das empresas como forma de elevação dos ganhos e redução de custos do empresariado, pretendendo-se analisar a ciranda gerada pelo sistema de acumulação de capitais, sendo que: (i) investimento do montante arrecadado dos empregados no mercado de ações ou contratação de um especialista em investimentos; (ii) o mercado de ações, por sua vez requer maximização do valor financeiro da empresa; (iii) a empresa para "valer mais" precisa elevar os seus ganhos e o meio mais eficaz para elevar ganhos diante da crise mundial do capitalismo é reduzir os custos; (iv) e a redução de custos passa pela redução do montante da folha de pagamentos e essa redução pode significar demissões e outras formas de diminuição de direitos.

Assim é que a recente crise do sistema capitalista leva as empresas a caminharem para o novo modelo de acumulação, a financeirização das empresas, acarretando, dentre outras coisas, a instituição de fundos de pensão das empresas que visam a partir de agora ao aumento do valor de suas ações no mercado. Para isso, realizam desde a simples especulação até o enxugamento do quadro de funcionários, como forma de cortar gastos. Este enxugamento se dá não só através de demissões, mas também por meio da precarização das relações de trabalho, como a terceirização e a flexibilização das leis do trabalho.

A precarização das relações de trabalho vem sendo construída aos poucos, através de modificações na legislação. A flexibilização das leis do trabalho associado à terceirização de serviços no setor público e privado é apresentada pelo empresariado como prerrogativa de solução para o desemprego e o consequente crescimento da economia. Ao lado da preocupação com o desemprego está a necessidade de manutenção do sistema econômico capitalista.

3. A PRECARIZAÇÃO DAS RELAÇÕES DE TRABALHO E A PREVIDÊNCIA SOCIAL

Juntamente com as reformas vieram as ideias de flexibilização, desregulamentação e privatização de vários setores do Estado, partindo-se do pressuposto de que o mercado livre é mais competente para dar destino aos recursos do que o Estado. Vários países latinos absorveram a teoria e iniciaram o longo processo de abertura da economia aos mercados internacionais, privatizando empresas públicas e racionalizando a administração pública.

Durante as décadas de 1980 e 1990, dentre os anseios por privatização e redução do intervencionismo estatal nas relações privadas, houve discussões acerca da desregulamentação do Direito do Trabalho, sendo este último

---

(2) Plataforma do Partido dos Trabalhadores publicada no sítio <www.pt.org.br>. Acesso em: 20 jan. 2006.

a variável frequentemente utilizada como o ator principal na arena das crises econômicas da época (e resistente até os dias atuais). Com o argumento de elevar a contratação e rotatividade de mão de obra, algumas pequenas reformas foram realizadas neste período em vários países, inclusive no Brasil. Mas o desemprego não diminuiu como o previsto. Uma curiosidade deve ser observada: apesar da falta de emprego ser observada em vários lugares, e em períodos de crise e recessão econômica, verifica-se também que alguns setores da economia têm estado em franca ascensão e com lucros expressivos. Mesmo assim continuam com elevados número de dispensas de empregados, objetivando a redução dos custos e aumento de lucros elevando a cotação das ações na bolsa de valores. É possível observar ainda que os índices de desemprego e de exclusão social permaneceram intactos nos países em que houve a desregulamentação das leis trabalhistas.

A crise capitalista juntamente com a globalização trouxe a necessidade de descoberta de novas fontes de capital e uma dessas fontes estaria no capital salarial dos empregados. Paralelamente, a difícil situação financeira do sistema previdenciário fez com que fosse considerada a possibilidade de se criarem novos sistemas de natureza previdenciária, com elementos privados e organizados segundo o esquema de capitalização, criando-se condições para uma maior participação dos trabalhadores na previdência complementar. Para justificar o "acesso" aos salários dos empregados, utiliza-se como argumento a principal preocupação dos cidadãos — *como assegurar os níveis básicos de rendimentos para a fase idosa da vida?* Desde então, se tenta privatizar o sistema previdenciário e transferir ao trabalhador a responsabilidade de custear a sua própria aposentadoria, sem qualquer interferência estatal, exceto na condição de regulamentador e fiscalizador do sistema. Para que isso seja possível, é necessário que o trabalhador poupe valores a partir da idade considerada ativa, utilizando-os após certa idade e quando se tornar inativo. Para que esses valores poupados tenham uma rentabilidade capaz de atender aos anseios do trabalhador no futuro, é necessário aplicar a verba no "instrumento" correto. Surgem, então, as seguradoras e os investidores do capital alheio. Tais quantias são, normalmente, aplicadas no mercado de ações, na bolsa de valores. Então, quais as garantias de que a aplicação da futura aposentadoria dos trabalhadores será suficientemente remunerada a ponto de resguardar o valor real após trinta anos, por exemplo? Quais as garantias que o Estado tem de que não precisará dar assistência aos cidadãos abandonados pelo sistema capitalista, acaso o sistema previdenciário venha a ser totalmente privatizado como orientam algumas Organizações Internacionais, a exemplo do Fundo Monetário Internacional e o Banco Mundial?

Importante observar que o atual regime previdenciário brasileiro contribui de sobremaneira para o crescimento da economia de previdência privada. Temos um sistema público fundado no sistema de repartição, mas com contribuições definidas, chamado no meio internacional de PAYG — *pay as you go* — que frequentemente alarda a impossibilidade de pagar os benefícios futuros dos contribuintes presentes, e que por causa disso vê-se diante da necessidade de elevar as alíquotas de contribuição, reduzir e limitar o valor dos benefícios, elevar a idade e o tempo de serviço para aposentadoria, e ainda, desvincular o pagamento dos inativos dos que estão na ativa. Observe-se que tais ações são prerrogativas do Banco Mundial previstas no *Averting Old Age: Polices to Protect the Old and Promote Growth*. Com o aumento da idade para aposentadoria e a redução e limitação dos valores a serem pagos aos aposentados, os cidadãos se veem empurrados a contratar um regime de previdência complementar, seja individualmente (aberta), seja coletivamente (fechado), que integram o sistema privado, também fundado no sistema de capitalização.

O Estado regulou a matéria previdenciária permitindo que os planos de previdência privada circulem livremente, repercutindo significativamente na vida brasileira. A título de exemplo, planos de previdência complementar aberta estão sendo usados como uma maneira de burlar os impostos cobrados na transmissão dos bens por *causa mortis*[3][4] Até 2004, as empresas de previdência complementar ainda argumentavam na Justiça o direito de não pagar impostos alegando serem entidades sem fins lucrativos assemelhadas a associações ou fundações, e, portanto não deveriam pagar impostos. Mas o STJ entendeu pelo não enquadramento das referidas empresas na condição de "sem fins lucrativos" e que, portanto, devem pagar os impostos sobre os lucros.

4. A PRIVATIZAÇÃO DA PREVIDÊNCIA — UM NOVO MERCADO PARA A GLOBALIZAÇÃO

O mundo tem acompanhado de perto a mudança na seguridade social de diversos países. A distância entre população economicamente ativa e os aposentados tem se tornado menor e, em outras palavras, o mundo está ficando mais velho. Apesar da longevidade ter sido almejada durante séculos pelo homem, hoje ela é vista como um problema. A solução apresentada, contudo, rompe com décadas de conquistas sociais da humanidade, como a garantia do direito de uma aposentadoria mantida pelo Estado após anos de trabalho.

A reforma da previdência social foi apontada pelo Banco Mundial, em 2003, como indispensável ao sustento dos Estados nos próximos trinta anos. A reforma (ou contrarreforma, como preferem alguns[5]) estaria sustentada em três pilares abaixo explicados. O regime fechado consiste na participação dos trabalhadores em fundos de pensão constituídos nas empresas onde trabalham, por meio de espécies de títulos de capitalização, que seriam/serão revertidos em seu próprio benefício no momento da aposentadoria.

---

(3) A lei permite que seja cobrado até 8% de imposto de transmissão *causa mortis* sobre o valor de mercado do bem. O saldo da previdência complementar pode ser sacado imediatamente pelo beneficiário, pagando-se somente o CPMF (0,38%) e IR (até 27,5% sobre os rendimentos), se devido.
(4) O art. 55 da MP 252 — MP do Bem — ratifica que a transmissão dos recursos investidos em fundos de previdência complementar independem de inventário.
(5) GRANEMANN, Sara; GRANEMANN, Saldanha; BENDRÃO, José Miguel. *Os Fundos de Pensão e a Acumulação Capitalista* — 6/2003.

O modelo apresentado como ideal pelo Banco Mundial previa que o sistema público asseguraria tão somente àqueles realmente necessitados, assim declarados por lei complementar, uma renda mínima assistencial, financiada por impostos. O segundo pilar consiste na obrigatoriedade na participação em fundos de pensão (fechados); e por último a participação facultativa em planos de previdência complementar.

Não obstante os argumentos dos defensores da necessidade de inclusão da iniciativa privada na gestão e pagamentos das aposentadorias, há aqueles que apontam o déficit do sistema capitalista e as quedas das bolsas de valores como fatores geradores da necessidade de criar os fundos de pensão (sistema complementar fechado).

O regime financeiro das empresas tem mudado em muitos países, passando de uma economia de endividamento (*overdraft economy*) para uma autoeconomia, ou economia de fundos próprios que consiste na emissão de ações e formação de economia.

Durante o período fordista, o regime empresarial predominante era baseado no modelo tradicional de empresa — *stakeholder* — em que os dirigentes detinham todo o poder sobre a empresa em detrimento dos acionistas. O novo modelo de economia de fundos próprios, ou *shareholder*, dá prioridade aos interesses dos acionistas. Em termos de análises econômicas, o método utilizado era o MEDAF — Modelo de Equilíbrio dos Ativos Financeiros, no qual o valor da empresa é igual ao valor atualizado da sequência de investimentos futuros (*ex post*). O modelo de fundos próprios rege-se pelo método EVA (*Economic Value Added*) medido pelo resultado econômico da empresa, uma vez que se tenha remunerado o conjunto de capitais investidos, recursos alheios e fundos próprios (*ex ante*). O rendimento exigível não se determina a partir das características próprias da empresa, mas em função da capacidade de pressão que a estrutura de mercado de ações pode exercer sobre ela.

Este novo regime caracteriza-se pela relação entre a distribuição do valor arrecadado em favor das empresas, a elevação da importância dos acionistas e dos fundos de investimentos estrangeiros e, ainda, a *financeirização* da gestão das empresas, que adveio da necessidade de as empresas terem a rentabilidade financeira gerada sobre o desenvolvimento de sua atividade ou dos empregos.

Esses novos paradigmas desmistificam, por outro lado, os conceitos de soberania e de territorialidade e trazem uma nova concepção de Estado. As reformas realizadas pelos governos Collor e Cardoso[6] seguiram a tendência mundial, a fim de adequar o mercado brasileiro às novas normas de competição do mercado internacional. Neste período, houve grande expansão dos países desenvolvidos, e de países em desenvolvimento como os asiáticos, contudo, a taxa de emprego não aumentou na mesma proporção[7]. No final dos anos 90, a abertura comercial das exportações e a sobrevalorização da moeda real geraram a falência e a fusão de grande número de empresas e consequentes dispensas de empregados.

Algumas grandes empresas brasileiras ingressaram no mundo da financeirização e da bolsa de valores com a participação do capital investido pelos trabalhadores. Mas, como já foi dito, esta financeirização esteve prevista num plano de recomendação do Banco Mundial (BM) — "*Averting the Old Age: Polices to Protect the Old and Promote Growth*[8]" que previa a interferência do setor privado na administração dos fundos de pensão. Neste mesmo documento, o BM propõe as três formas de fundos apresentadas anteriormente e apresenta como fator principal do empobrecimento do sistema previdenciário dos países, o crescimento da proporção entre pessoas idosas (acima de 60 anos) e a redução da taxa de natalidade[9]. Apresentava, ainda, como solução, a introdução de mecanismos privados para sustentar os idosos do futuro.

O trabalhador assalariado da atualidade, em muitas empresas, está comprometido com o empregador por meio dos benefícios obtidos através da participação nos Fundos de Pensão.

No sistema de acumulação de capitais, os trabalhadores objetivam desenvolver o seu trabalho para garantir um emprego e satisfazer-se socialmente; já os acionistas conseguem perceber os prismas dos riscos do rendimento do capital. Diante do lema colocado e desenvolvido pelo capitalismo, segundo o qual "o trabalho dignifica o homem", o trabalhador vê o fator trabalho como satisfação pessoal e social. Não veem o trabalho como um bem negociado na bolsa de valores.

Com a inserção da figura do trabalhador na participação da economia empresarial, surge a necessidade de efetuarem-se reformas jurídicas quanto à legislação trabalhista e legislação comercial, re-enquadrando o trabalhador na gestão empresarial. Tal reforma far-se-ia necessária, em tese, mas contrariamente às posições do Banco Mundial e demais organismos internacionais, em vista da exposição do empregado aos ditames patronais e às conveniências do mercado financeiro, o que também reforçaria o poder controlador do Estado e das autoridades responsáveis no sistema bancário e financeiro[10]. Mas, como mencionado, a posição internacional é no sentido de tornar as relações trabalhistas exclusivamente privadas, sem qualquer intervenção do setor público, inclusive no que diz respeito ao pagamento de aposentadorias.

5. CRÍTICAS AO SISTEMA DE FUNDOS DE PENSÃO

Após analisar os sistemas de pensões, constatou-se que o sistema privado além de não apresentar garantias

---

(6) A reforma do Estado para as autoridades brasileiras fundava-se num ajuste fiscal, por meio da privatização de empresas estatais, acreditando-se que um Estado menor e com menos dívidas seria mais eficiente. Este ajuste também corresponde às exigências do liberalismo.
(7) Com o aperfeiçoamento da tecnologia e introdução de novos meios de produção, aumentou-se a quantidade de bens produzidos com o menor número possível de mão de obra.
(8) "Prevenir a crise do envelhecimento: políticas para proteger as pessoas idosas e promover o crescimento"
(9) A teoria pode ser falsificada quando averiguam-se os dados reais fornecidos por órgãos oficiais como sindicato dos auditores federais e dos auditores previdenciários, que apresentam a previdência pública brasileira superavitária.
(10) A descoberta da contabilidade fraudulenta de algumas empresas (Enron, por exemplo) gerou a crise da Bolsa de Valores, em 2002.

futuras ao trabalhador, é um sistema injusto onde somente quem pode trabalhar poderá ingressar nele, e dentre estes, há ainda o fator discriminação de gênero que há muito é observado pelos mesmos organismos internacionais que tentam impor os três pilares da previdência como o milagre previdenciário.

A figura dos acionistas-investidores, que são particulares responsáveis por administrar os ativos financeiros através de empresas especializadas, chamados de investidores institucionais, tornou-se mais importante do que a figura dos diretores de empresas. Estes investidores, em sua maioria estrangeiros à empresa, impõem critérios de gestão às carteiras de ações como forma de igualar-se à condição dos diretores das empresas[11]. Os critérios comumente adotados pelas empresas para que o valor de suas ações seja maximizado são: qualidade da informação administrada aos acionistas; proteção dos acionistas minoritários por meio da garantia de direitos e obrigações oriundas da quantidade de ações — uma ação, um voto; conselho de administração devidamente remunerado, separando as funções de presidente e diretor geral; ausência de medidas anti-OPA[12]; definição da forma de remuneração dos diretores incentivando a maximização das ações.

Os instrumentos utilizados para elevar o valor das ações das empresas (*shareholder value*) são classificados por Dominique Plihon em: (1) Fusões e aquisições de empresas — importando quase sempre em demissões de empregados; (2) Retorno para as atividades básicas da empresa — reduzindo o quadro de empregados da empresa; (3) *Re-engineering* de processos concentrando a atividade da empresa nos seguimentos mais rentáveis — com o reenquadramento das atividades os empregados são destinados às chamadas empresas terceirizadas. Tais empresas normalmente precarizam as condições laborais e comumente, no Brasil, infringem as leis trabalhistas; (4) Redução do capital — redução da quantidade de títulos ofertados na bolsa de valores como forma de valorizar a procura pelos mesmos.

Em meio à globalização, fusões e incorporações multinacionais, reformas previdenciárias e capital de empregados aplicados em bolsas de valores, duas observações podem ser feitas: (a) O capital de um país pode terminar no estrangeiro através das bolsas de valores; e (b) Os investidores-diretores podem ditar regras direcionadas à exploração do trabalhador para maximizar os ganhos.

A acumulação de capitais restaura ainda um velho problema que é o desemprego. É certo que a figura o pleno emprego dificilmente retornará aos países que o implantaram face a grande substituição de mão de obra pelas máquinas e computadores, mas o anseio por novos meios de capitalizar dinheiro leva as privatizações e por conseguinte à extinção de postos de trabalho.

6. CONCLUSÃO

Os Sistemas Públicos de Previdência Social consolidaram-se a partir da instituição do Estado do Bem-Estar Social. Esta arquitetura política foi concebida e instituída em virtude das crises que se instalaram nas primeiras décadas do século XX, especialmente, a Primeira Guerra Mundial, o surgimento do nazi-fascismo, a Grande depressão, a Segunda Guerra Mundial e, sobretudo, o aparecimento do Socialismo Real. Em resumo, ela surgiu porque era vital "humanizar" o sistema capitalista de produção e dar uma nova configuração ao modelo de Estado Liberal e da sociedade centrada no individualismo contratualista.

O Estado do Bem-Estar, por seu turno, somente teve sustentabilidade, em face de uma alternativa de Sociedade do Trabalho pautada no Pleno Emprego e na ideia do trabalho subordinado protegido. A partir das Crises do Petróleo dos governos ultraliberais na década de 1980, e do desemprego estrutural começa a desvanecer-se o Estado Social e, com ele, os sistemas públicos de seguridade social de caráter marcadamente contributivo. Os sistemas privados de seguridade surgem como sistema substitutivo da previdência e da seguridade públicas, na esteira da ideologia ultraliberal.

No Brasil, o sistema público de previdência e de seguridade social vêm sofrendo desgaste que abriga, em seu conjunto, vários fatores: o desemprego estrutural, o desvio de recursos da previdência para satisfação de outros interesses políticos; a inadimplência; a resistência dos setores públicos e privados, inclusive, de grupos econômicos poderosos, em contribuir regularmente para manutenção do sistema. Já os sistemas privados sofrem as vicissitudes dos mercados financeiros. Dependem ainda da sua boa ou má administração e, por último, como tem um caráter contributivo, torna-se também prisioneiro da instabilidade do mercado de trabalho. A aposentadoria das pessoas foi colocada no mercado de risco que não pode ser responsabilizado, já o Estado pode — ele existe juridicamente.

Após analisar o funcionamento, conclui-se que os dois sistemas de previdência estão sujeitos aos mesmos problemas de taxa de contribuição e à longevidade dos contribuintes/beneficiários, principalmente por causa do desemprego estrutural que se formou no planeta. A partir de determinado intervalo uma quantidade bem maior de cotistas passará para a condição de aposentados, deixando de contribuir e passando a receber dos fundos.

As empresas beneficiárias das transações assim como o mercado financeiro, poderiam ser onerados com o pagamento de impostos calculados sobre as negociações realizadas pelas empresas, especialmente aquelas que transportam a força de trabalho de serviço técnico especializado de seu país, para um outro com custos menores. As empresas mais ricas contribuiriam para o funcionamento da seguridade social de onde as empresas pobres também se beneficiariam, em troca do capital humano e do capital financeiro

---

(11) O diretores detém todas as informações necessárias sobre o desempenho da empresa. Os acionistas exigem transparência como forma de reduzir as "assimetrias na informação" (Dominique Plihon. In Las trampas de las finanzas mundiales)
(12) Medidas destinadas a impedir a compra de uma empresa através da bolsa seguindo o procedimento da oferta pública de aquisição. (Dominique Plihon. In Las trampas de las finanzas mundiales)
(13) NIKONOFF, Jacques. *La comédie des fonds de pension*: une faillite intellectuelle. Paris: Arléa, 1999.

que lhes é gentilmente fornecido. A taxa TOB poderia ser uma saída para o desenvolvimento das economias mais atrasadas, fornecendo mais consumo para o sistema capitalista e ajudando a sustentar a globalização de forma mais humanitária e possível neste século. A insistência da OMC — Organização Mundial de Comércio — em não viabilizar tal taxação somente reforça a tese de que os empresários não estão dispostos a recuar diante da total financeirização de suas economias em prejuízo do mercado de consumo dos países mais pobres.

Os fundos de pensão espelham uma lógica social em que a definição de seu "real significado" é objeto de disputa de vários agentes coletivos. Esses agentes podem ser representados por seus tradicionais dirigentes, que tiveram sua representação ampliada durante os mandatos de FHC, e os dirigentes sindicais que, em função da diminuição de importância e com a queda da inflação neste mesmo período, tentaram inserir-se novamente na administração das entidades.

A teoria neo-liberal dos fundos de pensão é falsa, posto que as gerações posteriores pagarão a aposentadoria das gerações presentes, seja sob a forma da repartição, seja sob a forma injusta de uma adversa divisão dos rendimentos da atividade econômica do futuro, vez que a capitalização é produzida pela remuneração dos capitais investidos nas atividades referenciadas pelos fundos de pensão. Para os defensores da capitalização esta é melhor, também, porque os agentes que a controlam não estão subordinados aos governos e à política e, por isso, administram de forma mais eficiente o capital que lhe é entregue. Já os partidários do sistema de repartição apontam fatos em que gestores de fundos privados são adjetivados como "depositários infiéis", a fim de demonstrar que não há diferença fática entre as capacidades de gestão dos dois tipos de regime. Uma defesa dessa contracorrente encontra-se em Nikonoff (1999)[13].

7. REFERÊNCIAS BIBLIOGRÁFICAS

Banco Mundial. *Averting the Old Age:* Polices to Protect the Old and Promote Growth. Publicação. v. 1, 30 de setembro de 1994. Disponível em: <www-wds.worldbank.org/servlet/WDS_IBank_Servlet.htm>. Acesso em: 22 maio 2005. 436p.

BELLOFIORE, Ricardo. O capitalismo dos fundos de pensão. *Revista Outubro*, São Paulo, n. 7, p. 61-76, 2. semestre 2002.

BRESSER PEREIRA, Luís Carlos. A Reforma do Estado dos Anos 90: lógica e mecanismos de controle. *Revista Lua Nova*, São Paulo, n. 45, 1998.

_____. Uma Reforma Gerencial da Administração Pública no Brasil. *Revista do Serviço Público*, Brasília: ENAP, v. 49, n. 1, p. 05-42, 1997.

BRESSER PEREIRA, L. C.; MARAVALL, J. M.; PRZEWORSKI, A. *Economic reforms in new democracies:* a social-democratic approach. New York: Cambridge University Press, 1993.

BRUNHOFF, Suzanne de; JETIN, Bruno. Tasa Tobin: una medida indispensable contra la inestabilidad financiera. In: CHESNAIS, François; PLIHON, Dominique (Coord.) *Las trampas de las finanzas mundiales:* diagnósticos y remedios. Tradução Luis Fernando Lobejón. Madrid: Ediciones Akal, 2003. p. 157-174.

CARDONE, Marly A. Histórico da previdência complementar. *Revista de Previdência Social*. São Paulo, ANO XXIX, n. 296, jul. 2005. ISSN 0101-823X. p. 429-433.

CEPAL (Comisión Económica para América Latina y el Caribe). *Equidad, desarrollo y ciudadania.* Santiago de Chile, 2000. Disponível em: <www.cepal.org>. Acesso em: 20 maio 2005.

CHESNAIS, François; PLIHON, Dominique (Coord.) *Las trampas de las finanzas mundiales:* diagnósticos y remedios. Tradução Luis Fernando Lobejón. Madrid: Ediciones Akal, 2003. 202p.

CHESNAIS, François. Crisis financieras o indicios de crisis economicas características del regimen de acumulación actual? In: CHESNAIS, François; PLIHON, Dominique (Coord.) *Las trampas de las finanzas mundiales:* diagnósticos y remedios. Tradução Luis Fernando Lobejón. Madrid: Ediciones Akal, 2003. p. 41-58.

CHESNAIS, François. *Tobin or not Tobin*. São Paulo: Boitempo, 2003. 38p.

_____. *Mundialização do capital*. Tradução Silvana Finzi Foá. 1. ed. São Paulo: Xamã, 1996. 335p.

_____. Mundialização financeira e vulnerabilidade sistemática. 1. ed. São Paulo: Xamã, 1998. p. 249-291.

_____. (Org.) *A finança mundializada:* raízes sociais e políticas, configuração, *consequência*. Trad. Rosa Maria Marques e Paulo Nakatani. São Paulo: Boitempo, 2005. 255p.

COGGIOLA, Osvaldo. *A reforma da previdência, seus modelos externos e seus efeitos sobre a universidade e o serviço público*: a face oculta da Reforma da Previdência. Disponível em: <www.adufu.org.br/assuntos_aposentadoria/artigos/coggiola_refprevi.htm>. Acesso em: 10 fev. 2005. 22p.

COIMBRA, Marcos. *Previdência e financeirização*. Disponível em: <www.samauma.com.br.>. Acesso em: 10 ago. 2005.

COOK, Maria Lorena. The politics of labor reform: comparative perspectives on the mexican case. In: *The Latin American Studies Association International Congress*, 1998, Illinois. Nova Iorque: Cornell University, 1998. 25p.

GRANEMANN, Sara; SALDANHA, José Miguel Bendrão. Os Fundos de Pensão e a Acumulação Capitalista — 6/2003. In: *Seminário "Previdência, poupança e desenvolvimento*. Disponível em: <www.sindifisp.org.br>. Acesso em: 25 jul. 2004.

MORHY, Lauro et al. *Reforma da Previdência em Questão*. Laboratório de estudos do Futuro. Brasília: UNB, 2003. 444p.

NIKONOFF, Jacques. *La comédie des fonds de pension:* une faillite intellectuelle. Paris: Arléa, 1999.

PÓVOAS, Manuel Soares. *Na rota das instituições do bem-estar:* seguro e previdência. São Paulo, 2000. p. 259-265.

A DIMENSÃO HUMANA, SOCIAL E POLÍTICA DO DIREITO DO TRABALHO

Cleber Lúcio de Almeida[(*)]

1. INTRODUÇÃO

O denominado *estado social das pessoas*, que possui como principais pilares "Direito do Trabalho, previdência social e serviços públicos",[(1)] vem sendo objeto de sucessivos ataques desde a década de 1970 do Século XX.

Estes ataques assumem as vestes de *reforma trabalhista*, *reforma previdenciária* e *reforma do Estado* (privatização dos serviços públicos).

O presente ensaio versa sobre a *reforma trabalhista*, no sentido de alterações legislativas voltadas à desconstrução do Direito do Trabalho.

A *reforma trabalhista* é fundamentada no Brasil e em vários países que a realizaram e estão a realizar, na afirmação — que nada tem de novo, visto que vem sendo repetido desde os anos setenta do século passado da necessidade de *modernizar* a legislação trabalhista para, desse modo, atrair investimentos estrangeiros,[(2)] criar/manter empregos e gerar crescimento econômico,[(3)] objetivos que não seriam alcançados se for mantido o nível de proteção social estabelecido em favor dos trabalhadores pelo Direito do Trabalho.

Modernizar o Direito do Trabalho significa, deste modo, desconstruí-lo, afastando do trabalhador direitos já consagrados pela ordem jurídica e criando embaraços à efetivação daqueles que forem mantidos (o que se faz por meio da criação de restrições ao acesso dos trabalhadores à justiça e enfraquecimento dos órgãos voltados à garantia da sua efetividade).

Mas, qual é o alcance da desconstrução do Direito do Trabalho?

É esta a indagação que se pretende responder no presente ensaio, adotando-se, para tanto, uma visão multidimensional do Direito do Trabalho, a partir, principalmente, da definição da sua finalidade e função política fundamentais, na perspectiva de que a multidimensionalidade do Direito do Trabalho conduz à multidimensionalidade da sua desconstrução.

2. A FINALIDADE FUNDAMENTAL DO DIREITO DO TRABALHO

O Direito do Trabalho procura assegurar as condições materiais necessárias à sobrevivência do trabalhador e sua família, e participa da definição dos custos da mão de obra e, com isto, de produtos e serviços, o que resulta na sua *dimensão econômica*.

No entanto, o Direito do Trabalho não possui dimensão apenas econômica. O Direito do Trabalho também possui *dimensão humana*, na medida em que não visa apenas garantir a sobrevivência do trabalhador e de sua família, mas busca assegurar o acesso aos bens necessários para garantir-lhes uma vida conforme a dignidade humana.

É esta dimensão humana do Direito do Trabalho que define a sua finalidade fundamental, que é a tutela e promoção da dignidade humana no contexto da relação entre capital e trabalho.

Neste sentido, aduz Hugo Sinzheimer que realizar a dignidade do homem constitui "a missão especial do Direito do Trabalho" (SINZHEIMER, 1994, p. 67).

Ainda, consoante Hugo Sinzheimer,

> O Direito do Trabalho rechaça conscientemente a concepção meramente econômico-material das coisas. Expressa a ideia da economia do homem, que penetra cada vez mais em nosso tempo. O Direito do Trabalho faz valer uma nova concepção do ho-

---

(*) Pós-doutor em Direito pela Universidade Nacional de Córdoba/ARG. Doutor em Direito pela Universidade Federal de Minas Gerais. Mestre em Direito pela Pontifícia Universidade Católica de São Paulo. Professor dos cursos de graduação e pós-graduação (mestrado e doutorado) da Pontifícia Universidade Católica de Minas Gerais. Juiz do Trabalho junto ao TRT da 3ª Região.
(1) SUPIOT et al., 2003, p. 205.
(2) Deste modo, o Direito do Trabalho assume a condição de verdadeira mercadoria ofertada no mercado.
(3) O Direito do Trabalho, sob este prisma, é apresentado como inimigo do emprego e, portanto, dos trabalhadores, e entrave ao desenvolvimento econômico.

mem, vem realizar a 'humanidade real', que é muito mais do que uma simples humanidade ideológica. Quem se depara com a história do Direito do Trabalho verá claramente ante si este impulso em direção à dignidade humana, que se faz efetivo no Direito do Trabalho (SINZHEIMER, 1994, p. 67-69).

Portanto, O DIREITO DO TRABALHO CONSTITUI INSTRUMENTO DA DIGNIDADE HUMANA.

3. A FUNÇÃO POLÍTICA FUNDAMENTAL DO DIREITO DO TRABALHO

A par de promover a tutela e promoção da dignidade humana dos trabalhadores, o Direito do Trabalho atua em favor da justiça social, em especial na sua feição distributiva.

A justiça social, na sua dimensão distributiva, tem em vista a redução das *desigualdades materiais* (desigualdade de acesso ao emprego, rendimentos, educação, cultura, saúde, lazer, alimentação e riscos), o que exige uma *política social de igualdade*, voltada ao combate da exploração (que pode resultar do fato de o trabalhador depender da alienação da sua força de trabalho para atender às necessidades básicas próprias e familiares), privação (resultante da negação de um padrão material adequado de vida), marginalização (decorrente da submissão a um trabalho mal remunerado) e exclusão do mercado de trabalho (consequência da impossibilidade de acesso ao emprego ou de nele se manter).

O Direito do Trabalho atua, deste modo, contra a exploração, privação e marginalização daqueles que dependem da alienação da sua força de trabalho para atender às suas necessidades próprias e familiares, e, deste modo, em favor da justiça social.

Destarte, O DIREITO DO TRABALHO CONSTITUI INSTRUMENTO DA JUSTIÇA SOCIAL, na medida em que atua em favor da distribuição equitativa de rendas entre capital e trabalho.

Por esta razão, inclusive, a Constituição consagra como princípio fundamental da República o valor social do trabalho (art. 1º, IV) e como objetivos fundamentais da República a construção de uma sociedade livre, justa e solidária, erradicar a pobreza e a marginalização, reduzir as desigualdades sociais e promover o bem de todos (art. 3º, I, III e IV), atribui função social à propriedade (arts. 5º, XXIII, e 170, III), impõe ao Estado a obrigação de combater as causas da pobreza e os fatores de marginalização, promovendo a integração social dos setores desfavorecidos (art. 23, X), elege como fundamento da ordem econômica a valorização do trabalho humano e estabelece que ela tem por finalidade assegurar a todos existência digna, conforme os ditames da justiça social, observando, entre outros, o princípio da busca do pleno emprego (art. 170, *caput* e VIII) e, ainda, dispõe que a propriedade cumpre a sua função social quando é respeitada a legislação trabalhista e é explorada de forma a favorecer o bem estar dos proprietários e dos trabalhadores (art. 186, III e IV).

O Direito do Trabalho, por outro lado, está diretamente relacionado com a realização da cidadania e, consequentemente, da democracia.

Neste sentido, vale lembrar que, consoante assevera Michelangelo Bovero, a democracia possui *duas precondições*:

a) a *liberdade*, que contempla "a liberdade de se expressar, manifestar e difundir o próprio pensamento, que equivale ao direito ao dissenso e à crítica pública; a liberdade de reunião, que pode traduzir-se no direito de protesto coletivo; a liberdade de associação, que comporta o direito de criar organismos coletivos, como os sindicatos livres, e os livres partidos, e que abre por isso a possibilidade de uma escolha política efetiva para os cidadãos — abre-se, portanto, o horizonte da democracia em sentido próprio. Porque o próprio processo democrático de participação nas decisões políticas não pode se desenvolver corretamente sem a garantia dessas liberdades fundamentais";

b) a *igualdade*, visto que, "sem uma distribuição equânime dos recursos essenciais (dos 'bens primários'), isto é, sem a satisfações dos *direitos sociais* fundamentais de liberdade que foram reivindicados pelos movimentos socialistas, as liberdades individuais ficariam vazias, os direitos fundamentais de liberdade se transformam de fato em privilégios para poucos, e a sua garantia perde com isso o valor de precondição da democracia" (BOVERO, 2002, p. 47-48).[4]

Ainda, consoante Michelangelo Bovero, a democracia constitui um *Estado de Direito* que protege "as liberdades individuais fundamentais" e, um *Estado social mínimo*, que satisfaz "as necessidades primárias essenciais" (BOVERO, 2002, p. 48-49), ou seja, a democracia pressupõe a liberdade para exercer o poder que ela confere e as condições materiais para o exercício deste poder, como condições complementares e interdependentes.

O Direito do Trabalho, assegurando a liberdade de manifestação, expressão, ação e protesto coletivos, reunião e sindicalização, cria as *condições jurídicas necessárias para atuação coletiva dos trabalhadores* e, garantindo direitos a serem respeitados no contexto da relação de emprego e capital-trabalho, estabelece as *condições materiais de existência, liberdade e igualdade indispensáveis para a atuação coletiva dos trabalhadores*, contribuindo, destarte, para a realização da cidadania e democracia.

Vale lembrar, inclusive, que o pleno exercício da cidadania social pressupõe, como anota Robert Castel, um mínimo de recursos e de direitos sociais que estão na base da independência social dos indivíduos" (CASTEL, 2011, p. 107), ou seja, desconstruir o Direito do Trabalho é desconstruir a possibilidade de cidadania ativa. Com efeito, o gozo dos direitos sociais, entre eles os inerentes ao trabalho, constitui condição de possibilidade da cidadania ativa. Logo, desconstruir tais direitos atenta contra a cidadania. Como não existe democracia na ausência de cidadania ativa, a desconstrução do Direito do Trabalho é também um atentado contra a democracia.

---

(4) A Constituição procura harmonizar estas duas precondições da democracia, adotando como princípio fundamental da República a livre iniciativa (art. 1º) e definindo como um dos seus objetivos fundamentais a redução das desigualdades sociais (art. 3º, III), por exemplo, o que significa que liberdade e igualdade se limitam e equilibram.

Note-se que, ao estabelecer que (a) todo poder emana do povo (art. 1º, parágrafo único), (b) constituem princípios fundamentais da República a cidadania e o valor social do trabalho (art. 1º, II e III), (c) são objetivos fundamentais da República a construção de uma sociedade justa, livre e solidária, a redução das desigualdades sociais e a promoção do bem comum (art. 3º, I, III e IV), (d) todos são iguais perante a lei (art. 5º, *caput*), (e) a todos é assegurado o direito de reunião pacífica e de associação para fins lícitos (art. 5º, XVI e XVII), (f) os trabalhadores têm direito à participação na gestão da empresa (arts. 7º, XI, e 11), (f) as convenções e acordos coletivos do trabalho possuem força normativa (art. 7º, XXVI), (g) é livre a associação sindical (art. 8º) e (h) a soberania popular será exercida pelo sufrágio universal e pelo voto direto e secreto, com valor igual para todos, mediante, inclusive, iniciativa popular (art. 14, *caput* e III), a Constituição consagra o *princípio da participação dos trabalhadores na organização jurídica, econômica, política e social do país*, o que torna indispensável o estabelecimento das condições jurídicas e materiais para esta participação, contexto no qual se insere o Direito do Trabalho.

É relevante lembrar que a democracia reclama a possibilidade concreta de participação na tomada de decisões coletivas, ou seja, a cidadania ativa, e, esta, como dito, pressupõe o acesso a um patamar mínimo de direitos.

Não se pode, no particular, deixar de registrar a lição de Gustavo Zagrebelsky, no sentido de que "a questão da democracia é questão do trabalho, do trabalho livre e digno. Que coisa importa à democracia se não é garantido um trabalho que permita enfrentar os dias da vida, própria e dos filhos, e enfrentá-la com um mínimo de tranquilidade? A democracia não é somente questão de regras formais, mas também condições materiais de existência [...]. O trabalho é a primeira destas condições materiais" (ZAGREBELSKY, 2013, p. 28).

Como *a questão da democracia é a questão do trabalho* e o trabalho é o objeto de disciplina do Direito do Trabalho, *a questão da democracia é a questão do Direito do Trabalho*, o que reforça a sua *dimensão política*, observando-se que o Direito do Trabalho é conformado a partir do conflito de interesses que está na sua essência (conflito entre capital e trabalho), o que faz da definição do seu conteúdo e alcance uma *luta política*, e dele próprio, uma *solução política*.

Nesta perspectiva, **O DIREITO DO TRABALHO CONSTITUI INSTRUMENTO DA CIDADANIA E DEMOCRACIA.**

Nota-se, assim, que o Direito do Trabalho possui dimensão humana, social e política, ou seja, é pluridimensional.

Neste sentido, as *reformas trabalhistas* geralmente se colocam como superiores à Constituição e aos tratados sobre direitos humanos, na perspectiva de fuga de qualquer responsabilidade em relação aos direitos fundamentais e humanos, e desconstroem o Direito do Trabalho visando se livrar de políticas distributivas, ou seja, da superação das desigualdades pela via do Direito, destruir os limites impostos ao poder empregatício e do capital e fugir do embate verdadeiramente democrático.

4. ANOTAÇÕES CONCLUSIVAS

A multidimensionalidade do Direito do Trabalho conduz à multidimensionalidade dos efeitos da sua desconstrução.

Com efeito, a desconstrução do Direito do Trabalho não visa apenas reduzir os custos do trabalho humano, que são representados pelos direitos a ele inerentes, posto que significa a desconstrução da própria possibilidade de garantir aos trabalhadores uma vida conforme a dignidade humana e da realização da justiça social, cidadania e democracia.

A desconstrução do Direito do Trabalho, portanto, é uma *reforma política*, que tem por objetivo alterar o *estado social dos trabalhadores*, no que diz respeito aos seus direitos e, especialmente, a possibilidade de exercer de forma plena a cidadania, em frontal prejuízo à democracia, observando-se que o prejuízo à cidadania e democracia não é apenas um efeito colateral da reforma, mas o seu fim último, que é reforçar o poder político dos detentores do capital.

5. REFERÊNCIAS BIBLIOGRÁFICAS

BOVERO, Michelangelo. *Contra o governo dos piores*: uma gramática da democracia. Rio de Janeiro: Campus, 2002.

CASTEL, Robert. *A discriminação negativa*: cidadãos ou autóctones? Petrópolis: Vozes, 2011.

SINZHEIMER, Hugo, La esencia del Derecho del Trabajo. In: *Crisis económicas y Derecho del Trabajo*: estúdios sobre la problemática humana y conceptual del Derecho del Trabajo. Madri: IELSS, 1984. p. 69-77.

SUPIOT, Alain; CASAS, Maria Emília; MUNCK, Jean de; HANAU, Peter; JOHANSSON, Anders; MEADOWS, Enzo; MINGIONE, Enso; SALAIS, Robert; HEIJDEN, Paul Van der. *Transformações do trabalho e futuro do Direito do Trabalho na Europa*. Coimbra: Coimbra, 2003.

AS CRISES DO SINDICALISMO CONTEMPORÂNEO NO CONTEXTO DOS MOVIMENTOS SOCIAIS E DAS TEORIAS DOS MOVIMENTOS SOCIAIS

Everaldo Gaspar Lopes de Andrade[(*)]

1. INTRODUÇÃO

Este capítulo tem como objetivo demonstrar, primeiro, a obsolescência ou a negligência da velha doutrina quando se volta para os estudos do Direito Sindical ou Coletivo do Trabalho. A Teoria Jurídico-trabalhista Clássica vem reproduzindo, há mais de cem anos, uma narrativa acrítica e linear sobre a história da formação operária. Logo, não aponta, como faz a Teoria Jurídico-trabalhista Crítica, para uma concepção analítica estruturante sobre os movimentos emancipatórios desencadeados pela classe operária, ao longo da história moderna.

Embora o direito, em geral, e o Direito do Trabalho, em particular, se apresentem enquanto vertentes dos chamados saberes sociais, teimam em não dialogar com estas outras correntes do pensamento crítico, especialmente com as teorias dos movimentos sociais. Lamentável, por se tratar de um direito que surge das entranhas destes conflitos coletivos e individuais decorrentes de uma sociedade centrada na subordinação da força do trabalho ao capital.

Nos estudos que tenho desenvolvido[(1)], aliados à produção acadêmica forjada no Programa de Pós-Graduação em Direito da Universidade Federal de Pernambuco —, especificamente, na Linha de Pesquisa Direito do Trabalho e Teoria Social Crítica —, as crises do sindicalismo podem ser assim resumidas: perda vertiginosa de filiação, por conta do desemprego estrutural; da terceirização, que implode por dentro a organização da fábrica pós-taylorista; a complexidade das relações de trabalho, diante das metamorfoses em curso, que inserem no mundo do trabalho, os trabalhadores de tempo parcial, precarizados e clandestinizados de todo o gênero; o avanço extraordinário dos modelos de gestão e de administração conservadores que, agora, capturam a subjetividade, o saber, alma do trabalhador e procuram esvaziar, por meio da crítica artística/estética, a crítica social e libertária; o estágio atual das relações de trabalho no âmbito dos chamados trabalhadores do conhecimento, que implica uma confusão conceitual entre trabalho material/imaterial, embora aponte para novas insurgências, que se darão por meio do Hackerativismo; a incapacidade dos sindicatos de instituir movimentos contra-hegemônicos em níveis locais, regionais e supranacionais que possam, fugindo às concepções essencialistas e pós-modernas, reunir os movimentos sociais em torno de uma pauta reivindicativa/revolucionária que partam de uma única narrativa — o modo de produção capitalista que subordina a força do trabalho ao capital, dentre outras.

Trata-se, pois, de encarar a própria crise do Direito do Trabalho, o que exige do pesquisador um preparo intelectual que lhe permita conceber uma versão analítica centrada noutra pauta hermenêutica e noutros fundamentos teórico-filosóficos.

As crises que se abatem sobre o sindicato e o sindicalismo exigem, pois, um diálogo do Direito do Trabalho com as Teorias Sociais Críticas de todos os matizes e, em especial, com as Teorias dos Movimentos Sociais.

2. AS RELAÇÕES SINDICAIS E OS PARADIGMAS CONTEMPORÂNEOS DOS MOVIMENTOS SOCIAIS E DAS TEORIAS DOS MOVIMENTOS SOCIAIS. O CORTE EPISTEMOLÓGICO

2.1 A prevalência das relações coletivas sobre as relações individuais de trabalho

O Direito do Trabalho surgiu da luta operária; as relações sindicais são, portanto, mais importantes do que

---

(*) Professor da Faculdade de Direito do Recife nos programas de graduação, mestrado e doutorado e da Faculdade Maurício de Nassau. Doutor em Direito pela Universidade de Deusto — Espanha. Membro da Academia Nacional de Direito do Trabalho. Procurador Regional do Ministério Público do Trabalho aposentado. Músico.

(1) Especialmente na trilogia: ANDRADE, Everaldo Gaspar Lopes de. *Direito do Trabalho e Pós-modernidade*. Fundamentos para um teoria geral. São Paulo: LTr, 2005; _____ *Princípios de Direito do Trabalho*. Ensaios Filosóficos. São Paulo: LTr, 2008; _____ *O Direito do Trabalho na Filosofia e na Teoria Social Crítica*. Os sentidos do trabalho na cultura e no poder das organizações. São Paulo: LTr, 2014.

as relações individuais. Mesmo assim, os estudos voltados para o Direito Coletivo ou Sindical do Trabalho têm sido negligenciados[2]. Talvez, por isso, não seja ele também pesquisado no campo da ética, da retórica e da filosofia.

Ao longo destes anos, tenho procurado incluir esta vertente do pensamento jurídico-trabalhista na esfera discursiva — que pressupõe, para sua validade, a presença de interlocutores sociais válidos posicionados em condições de simetria, a fim de estabelecer diálogos que partem de uns mínimos éticos previamente compartilhados. E aqui, para aproximar a ética discursiva a uma visão socialista, dialética, que se refere à presença desses interlocutores agindo/falando em nome de uma determinada categoria. Interlocutores que poderão instituir discursos simétricos, na medida em que incorporam os sentimentos de uma categoria, daquilo que a mesma decidiu previamente — como, por exemplo, as pautas aprovadas nas assembleias sindicais.

Um tema que não admite discussão: o que diferencia o Direito Individual do Trabalho do Direito Sindical ou Coletivo do Trabalho são as relações que os envolvem. O primeiro ocupa-se das relações individuais — relações concretas que nascem, florescem, vivem e morrem com a pessoa do empregado — e por meio do contrato individual de trabalho e que avançam até alcançarem os interesses individuais homogêneos e difusos.

Já o Direito Sindical concentra-se nas relações coletivas — abstratas. Por isso, não é possível identificar, enumerar ou quantificar as pessoas envolvidas. Tornaram-se, com isso, um paradigma desconcertante, porque forjado historicamente dentro de um modelo de sociedade marcadamente individualista e respaldada na filosofia liberal; na crença que a mesma deposita nas potencialidades individuais; que a riqueza de alguns promove a riqueza de todos.

No último livro que compõem a trilogia (2014), formulei um exemplo, para explicar a origem e o significado das relações coletivas, em meio a uma sociedade centrada no individualismo contratualista e da seguinte maneira: no começo do século XIX, um juiz inglês perguntou a um líder sindical dos mineiros: — Quem está em greve? Ele respondeu: — A categoria!

Esta expressão apareceu como algo estranho, desconhecido do direito vigente, exatamente porque forjado no individualismo contratualista típico do Estado Liberal Burguês e no racionalismo instrumental a serviço da produção capitalista.

Aí o magistrado voltou a perguntar: — Mas, "a categoria" é algo abstrato, vago, genérico! Eu quero os nomes das pessoas que estão em greve!

Termino o exemplo afirmando que, se o juiz inglês fosse vivo, ainda estaria fazendo esta mesma pergunta, sem encontrar a resposta.

Os interesses coletivos, por serem abstratos, correspondem aos interesses de uma categoria — profissional, por exemplo —, que se contrapõem aos interesses de outra categoria — a categoria econômica. De maneira diferente do que ocorre no Direito Privado ou no Direito Individual do Trabalho, os interesses coletivos não correspondem à soma ou ao ajuntamento de interesses individuais, como ainda defenda a economia política liberal, berço do Direito Privado. Trata-se de um fenômeno típico deste ramo especial do direito, que mantém duas esferas bem definidas, para formar a sua unidade, o seu todo: o Direito Individual do Trabalho e o Direito Coletivo ou Sindical do Trabalho.

Os movimentos coletivos que se iniciaram no século XIX, acontecimentos datados, não trans-históricos, apontaram para uma distinta correlação de forças a ser travada entre aquelas duas novas classes — burguesia e proletariado. Um acontecimento não previsto pela filosofia e pelo estado liberais, posto que ambos depositaram suas crenças na liberdade e na igualdade, que seriam materializadas por meio daquele mesmo individualismo contratualista. Um fenômeno, pois, impactante, no âmbito do Direito Privado, ainda hoje não superado pelas diversas teorias civilistas.

As lutas operárias — especialmente as greves — forçaram empregadores e empregados a tentarem soluções para os conflitos, através de consensos. Daí surgiu a negociação coletiva. Um fenômeno revolucionário, na medida em que, até hoje, a sociedade civil organizada, por meio dos seus interlocutores sociais válidos, não está legitimada para, diretamente, alterar os subsistemas jurídicos existentes, tal como acontece no Direito do Trabalho.

Esta concepção atípica de relações coletivas, capaz de produzir norma abstrata, por meio de negociação coletiva, quando surgiu, perturbou as doutrinas e teorias civilistas. Daí a perplexidade e a pergunta emblemática que surgira: que contrato é esse que, primeiramente, não é firmado pelas partes diretamente interessadas — patrões e empregados —, mas por entidades — sindicatos —? Que contrato é esse, que não está pressuposto numa norma, ele é a norma?

Os civilistas — que viverem entre a virada dos séculos XIX e XX — tentaram enquadrá-lo como mandato, gestão de negócios, estipulação em favor de terceiros, dentre outros, mas não conseguiram. Foi exatamente em meio a tais perplexidades que se atribui a Carnellutti, como forma de contornar tal problema, a seguinte frase: a negociação coletiva tem "corpo de contrato e alma de lei." Afirmo, no entanto, como o fiz noutras oportunidades, que esta frase deveria ser atualizada, para dizer: a negociação coletiva tem corpo e alma de lei.

O argumento para interpretar este modelo revolucionário de produção de norma e seu impacto nada tem a ver com a possibilidade de criação do direito, na chamada concretude normativa — kelseniana —, por parte do poder judiciário e que se dá a partir da subsunção — aplicação da norma ao caso concreto, para criar direito específico. Tampouco com a afirmação desonesta, distorcida e em moda, em meio ao ultraliberalismo global: a prevalência do negociado sobre o legislado. A negociação coletiva é um processo não estatal de formação de norma que surge para realimentar o subsistema jurídico-trabalhista, criar normas além daquelas que foram instituídas, por meio dos chamados Poderes Instituídos. E se criar norma que contrarie os princípios

---

(2) Um exemplo clássico: quando se consulta um manual de Direto do Trabalho com duas mil páginas, por exemplo, ele não dedicará duzentas páginas ao Direito Sindical ou Coletivo. Existe, ainda, uma carência bibliográfica sobre os diversos temas que envolvem este ramo do Direito do Trabalho, quando comparados àqueles que dizem respeito ao Direito Individual de Trabalho.

deste ramo do direito, viole a Constituição, não poderá prevalecer. Mesmo quando se trata de confrontá-la com outra norma da mesma ou de hierarquia superior, aplicar-se-á norma jurídica mais favorável àquele que é inferior na relação jurídico-trabalhista, o empregado.[3]

Quando os sindicatos — obreiro e patronal — estabelecem uma convenção coletiva — experiência brasileira — passa ela a integrar o subsistema jurídico-trabalhista. Logo, trata-se de processo não estatal de produção de norma, que possui âmbitos — material, pessoal, espacial e temporal de validade. Norma que ingressa no subsistema jurídico trabalhista para, juntamente com as demais normas produzidas pelos poderes instituídos, disciplinar as relações individuais de trabalho ou os contratos individuais de trabalho[4]. Aliás, é exatamente a norma que provém do processo não estatal — negocial — que realimenta incessantemente o subsistema jurídico trabalhista[5].

Em resumo: como se não bastasse a diferença teórica que sedimenta as relações individuais de trabalho — em termos de autonomia da vontade, da liberdade e da igualdade das partes — uma vez que o Direito do Trabalho rege relações ontologicamente desiguais — o próprio subsistema jurídico trabalhista é formado por normas abstratas, que regem as relações individuais ou os contratos individuais de trabalho, mas que são elaborados tanto por meio do processo estatal — poderes legislativo e executivo —, como pelo processo negocial — não estatal — de formação de norma.

Estas são as razões pelas quais, quando formulei os princípios do Direito do Trabalho e para inverter a perspectiva da doutrina clássica — que praticamente não inclui as relações sindicais — começo apresentando o *Princípio da Prevalência das Relações Sindicais sobre as Relações Individuais* e termino com o *Princípio da Prevalência do Processo Negocial de Formação da Norma sobre o Processo Estatal dentro de uma Comunidade Real de Comunicação*[6].

3. AS CRISES DO SINDICALISMO E AS POSSIBILIDADES DE SUPERAÇÃO. AS AÇÕES COLETIVAS NO CONTEXTO DOS MOVIMENTOS E DAS TEORIAS DOS MOVIMENTOS SOCIAIS

Uma das proposições que este estudo deixa transparecer diz respeito à reconstrução analítica das relações sindicais ou coletivas de trabalho, tendo como paradigma os movimentos sociais. Há, aqui, uma deslocação de perspectivas, na medida em que a doutrina clássica não dialoga com outras ciências sociais e, neste texto, no rastro do que tenho pesquisado e produzido, se põe em relevo, sobretudo, as *Teorias dos Movimentos Sociais*.

Sabe-se que, também na esfera desse ramo do conhecimento jurídico, os movimentos coletivos ou sindicais partiam historicamente de uma vertente: os movimentos operários que se forjaram nas primeiras décadas do século XIX. Mas o olhar da doutrina tradicional sobre aqueles movimentos, principalmente os que aparecem nos manuais, é apenas parcial.

Mesmo que se admita o paradigma clássico, esta mesma doutrina concentra seus argumentos nas lutas operárias que se desenvolveram no interior das organizações e que foram responsáveis por conquistas efetivas, como: limitação da jornada de trabalho, restrições a certos trabalhos executados por menores e mulheres, fixação de uma remuneração mínima e os sistemas de garantia de emprego. Esqueceu-se, no entanto, do paradigma mais importante — a luta política, emancipatória e contra-hegemônica.

A ação sindical, na sua origem — marxista ou anarquista —, tinha plena consciência de que a classe burguesa se movia seguindo um caráter universalista; que havia estabelecido um domínio para ser hegemônico e impor o seu poder em todo o planeta, e não em determinados estados ou regiões. Caberia, pois, a ação sindical se estabelecer atendendo a duas perspectivas: ser travada no interior das organizações produtivas e que teria uma conotação reivindicativa — esta, realçada pela doutrina jurídico-trabalhista clássica; uma luta político-revolucionária dirigida à emancipação social, que deveria ser instituída, desde os espaços locais e regionais, até o espaço global, agora conectada aos demais movimentos sociais libertários — esta negligenciada por aquela mesma doutrina.

A complexidade e as metamorfoses contemporâneas não eliminaram os paradigmas tradicionais vinculados aos movimentos sociais decorrentes do mundo do trabalho. Mas, por outro lado, quando o pesquisador se depara com a vasta bibliografia vinculada à teoria social crítica constata uma proposição que se torna uniforme, como pressuposto dos movimentos coletivos: a emancipação social.

Depara-se, pois, com narrativas que descrevem proposições e estratégias de lutas envolvidas com questionamentos que vão além daqueles que se instituíram para combater as injustiças decorrentes da exploração do

---

(3) A propósito, apresentei uma proposição hermenêutica para orientar a prática jurisdicional trabalhista. Serve também para ser aplicada às pretensões de validade e de efetividade das diversas alternativas relacionadas à desastrosa "reforma trabalhista". Ela aparece num dos capítulos que escrevi para uma obra coletiva que será editada pela Academia Brasileira de Direito do Trabalho — A "REFORMA TRABALHISTA": ENTRE A INIQUIDADE E A INTOLERÂNCIA, UMA CONTRIBUIÇÃO HERMENÊUTICA PARA SUA ADEQUADA COMPREENSÃO — e parte do trabalho intitulado: ANDRADE, Everaldo Gaspar Lopes de. *A Hermenêutica Jurídica Contemporânea no Contexto do Direito do Trabalho*. In: DINIZ, João J. Bezerra; RIBEIRO, Macelo (Orgs.). *Constituição, Processo e Cidadania*. Brasília: Gomes & Oliveira, 2013. p. 53-76.
(4) Exemplo: o magistrado do trabalho, ao julgar demandas trabalhistas decorrentes de contratos individuais de trabalho terá que, primeiro, voltar-se para dentro do subsistema jurídico-trabalhista, sacar as normas que o integram — subsunção — e, em seguida, decidir. Mais ou menos assim: "Diante do exposto, condeno a empresa X a pagar ao empregado vigilante o aviso prévio, na conformidade do art. tal da CLT; o adicional de horas extras à base de 100%, de conformidade com a cláusula 22ª da convenção coletiva da categoria; adicional de risco de vida, na conformidade com a cláusula 23ª da convenção coletiva da categoria"[...] E, assim, por diante.
(5) Aqui duas observações: a) não se deve, repita-se, confundir este processo revolucionário de produção da norma trabalhista com as propostas lançadas pelo ultraliberalismo global, no sentido de flexibilizar, desregulamentar, desconstitucionalizar os diretos sociais; b) não deve também deixar de reconhecer a sua importância teórico-dogmática apenas por ele se encontrar em crise — sobretudo em virtude das crises enfrentadas pelo sindicalismo contemporâneo — uma vez que todos os ramos do conhecimento enfrentam crises — diante das metamorfoses sociais em curso — e não têm apresentado respostas para as demandas sociais, nem para estancar as injustiças e as patologias sociais contemporâneas.
(6) ANDRADE, Everaldo Gaspar Lopes de Andrade. *Princípios de Direito do Trabalho*. Fundamentos Teórico-filosóficos. São Paulo: LTr, 2008.

trabalho humano e forjadas no interior das organizações — concepção reformista —, em dois sentidos: a) um combate específico contra a sociedade do trabalho centrada no trabalho subordinado, com o objetivo de permitir, nesta fase de transição, a hegemonia da chamada economia social ou solidária, a proteção de todas as alternativas de trabalho e renda compatíveis com a dignidade humana e a adoção de uma renda universal garantida[7]; b) diante das fragmentações e metamorfoses vivenciadas, especialmente a partir das rupturas introduzidas por meio da nova geopolítica global, promover o ajuntamento das lutas operárias a outras que vêm se desenvolvendo em torno deste núcleo comum — emancipação social. Implica, principalmente, debruçar-se sobre uma análise específica, no que diz respeito às ações coletivas e aos movimentos sociais, e que só podem ser academicamente explicadas por meio das Teorias dos Movimentos Sociais, que vão apontar as alternativas e as possibilidades de lutas coletivas e seus paradigmas — clássicos e contemporâneos, bem como às possibilidades de sua reconstrução[8].

Assim, ao contrário da visão reducionista da doutrina jurídico-trabalhista clássica, encarar as novas bases do protagonismo sindical pressupõe uma articulação entre as ações coletivas, os movimentos sociais e o pensamento crítico contemporâneo[9].

Sobre esta necessidade de reunir os movimentos sociais em torno da preservação da dignidade da pessoa humana trabalhadora, do meio ambiente, da natureza e da sociedade como um todo, há exemplo significativo relatado na tese de doutorado de autoria da professora Fernanda Barreto Lira (2015). Cita o caso de uma indústria que passa, ao mesmo tempo, a poluir o meio ambiente de trabalho, a expelir gases que comprometem a atmosfera, a impregnar os rios com materiais tóxicos e a produzir alimentos que comprometem a saúde.

Para restaurar epistemologicamente as pesquisas direcionadas aos movimentos coletivos decorrentes das ações sindicais, é preciso posicionar os estudos acadêmicos nas seguintes dimensões: a) remover as superficialidades encontradas na doutrina dominante, no que se refere àquelas atuações coletivas dirigidas ao interior das organizações, a fim de caracterizá-las a partir de sua memória histórica; b) incluir as ações coletivas de natureza política, dirigidas à emancipação social — da subordinação da força do trabalho ao capital —; c) articular os dois movimentos de natureza propriamente sindical aos demais movimentos libertários que vêm sendo desencadeados atualmente, que têm a mesma natureza emancipatória e que se espalham por todo o planeta[10]; c) afastar-se das versões essencialistas e pós-modernas para, considerando a importância e a complexidade que envolve todos os movimentos sociais, considerar a imprescindibilidade de os mesmos se unirem em torno de uma narrativa — o modo de produção capitalista e seus efeitos desastrosos para as pessoas, a sociedade, o meio ambiente e a natureza, conforme defendem Carlos Montaño e Maria Lúcia Duriguetto (2011). Do mesmo modo, interessante a análise feita por Michel Vakaloulis (2005) sobre a existência de dois paradigmas — um que retrata a exclusão; outro, que retrata o antagonismo social.

Sintetizando as variáveis inseridas no contexto da teoria social crítica e de seus matizes — que sedimentaram a compreensão deste tema no último livro que compõe aquela trilogia —, é possível afirmar que foram os sentidos da universalidade e da fundamentação, da ideologia/hegemonia, do poder/saber, da estrutura — estruturada/estruturante — que legitimaram o trabalho subordinado como *locus* privilegiado da convivência das pessoas em sociedade e como *a priori* das teorizações do Direito do Trabalho.

Daí não ser ainda possível afirmar, mesmo na visão de um pensador pós-moderno do gabarito de Boaventura de Souza Santos (2005), uma síntese entre subjetividade, cidadania e emancipação. Aqui se admite a crítica pós-moderna, embora não se aceite as suas proposições filosóficas, conforme demonstrei naquele livro terceiro, quando procurei explicar os sentidos da modernidade/modernismo, pos-modernidade/posmodernismo.

Segundo ainda o sociólogo português, se admite-se como possível a ideia de que fracassaram os esforços da teoria crítica moderna, foi porque eles se basearem em algumas formas de falsa emancipação. A tarefa da teoria crítica pós-moderna é indicar novamente a direção dos caminhos da síntese (*Op. cit.*, p. 188), para enfrentar as patologias da modernidade, centradas em subsistemas que envolvem subjetividade, cidadania e emancipação.

No entanto, não se pode falar em emancipação social sem se falar em lutas emancipatórias; sem as lutas sociais historicamente desenvolvidas no âmbito das relações coletivas ou sindicais de trabalho. Lambert (2005), mesmo que estabeleça uma visão parcial entre o velho e o novo internacionalismo operário — pois não se refere às lutas políticas ou contra-hegemônicas — revela a necessidade de atualização e de reformulação dos movimentos coletivos dirigidos a um novo internacionalismo operário, para eman-

---

(7) A propósito consultar uma obra inédita e magnífica: ESTEVES, Juliana Teixeira. *O Direito da Seguridade Social e da Previdência Social. A Renda Universal Garantida. A taxação dos fluxos financeiros internacionais e nova proteção social.* Recife: Editora UFPE, 2015.
(8) Importante a cartografia traçada por Maria da Glória Gohn sobre estas teorias — paradigmas clássicos e contemporâneos. GOHN, Maria da Glória. *Teorias dos Movimentos sociais. Paradigmas Clássicos e Contemporâneos.* São Paulo: Edições Loyola, 1997. Noutro livro trata especificamente sobre a experiência brasileira: GOHN, Maria da Gloria. *Histórias dos Movimentos e Lutas Sociais:* a construção da cidadania dos brasileiros. São Paulo: Edições Loyola, 1995.
(9) Ver: LEHER, Roberto; SETÚBAL, Mariana (Orgs.). *Pensamento Crítico e Movimentos Sociais.* Diálogos para uma práxis. São Paulo: Cortez, 2005.
(10) Vakaloulis entende que o movimento operário não pode ser considerado como força histórica em extinção, mas admite que "ao longo dos últimos anos, os movimentos sociais ocorridos na França apresentaram uma multiplicidade de formas. Determinados terrenos de confronto social foram objeto de protestos: desde as grandes greves contra o Plano Juppé no outono de 1995, até a revolta dos desempregados do inverno de 1997-1998, passando por uma grande quantidade de pequenos conflitos em defesa do emprego, do salário e da redução do trabalho, contra a 'exclusão', pela preservação dos direitos coletivos ligados à condição salarial, sem esquecer as lutas das mulheres, as mobilizações antirracistas e antifascistas, os movimentos pelo direito à moradia ou contra AIDS e a discriminação sexual. A lista é grande". VAKALOULIS, Michel. *Antagonismo social e ação coletiva.* In: LEHER, Roberto; SETÚBAL, Mariana (Orgs.). *Pensamento Crítico e Movimentos Sociais.* Diálogos para uma nova práxis. São Paulo: Cortez, 2005. p. 133-134.

cipar a sociedade, sobretudo das amarras manipulatórias do capitalismo[11].

Trata-se de uma versão analítica diferente e necessária. O Direito do Trabalho é um campo do conhecimento jurídico que surge das lutas coletivas. Se o Estado e suas ideologias trataram de redirecionar essas lutas e traçar uma moldura jurídica enganadora para enquadrá-las, amordaçá-las, pouco importa, pois, qualquer alteração que surja — no campo teórico ou no campo da práxis — o pesquisador se deparará com esse protagonismo histórico e suas insurgências, especialmente aquele que envolve a subordinação da força do trabalho ao capital.

Na esfera da teoria social crítica e, mais particularmente da cultura e do poder das organizações, surge uma vertente da psicologia conectada ao ativismo político que se volta para as representações sociais em movimento. Denuncia que temas relacionados à mobilização política são reduzidos a uma perspectiva ultrapassada e pessimista acerca das massas e multidões.

Segundo Guareschi, Hernandez e Cárdenas (2010), ao se refletir criticamente acerca dessa "identidade negada", é possível encontrar vários argumentos e intenções ideológicas que justificam este posicionamento, tais como: "o enfoque individualista da psicologia dominante, a dualidade na constituição de uma Psicologia Política (ora individualista, ora comunitarista), a domestificação da vida pública proveniente, principalmente da lógica individualista/capitalista" (Idem, p. 12).

Nenhum outro campo do direito se utilizou mais da retórica, para superação desses confrontos, do que o Direito do Trabalho, porque sempre esteve diante dos interlocutores sociais válidos — sindicatos obreiros e patronais —, tanto para, por meio do processo não estatal — a negociação coletiva —, produzir normas que sempre realimentaram incessantemente este subsistema jurídico ou para provocar os poderes instituídos — nos espaços local, regional e supranacional — a resolver conflito e vislumbrar regras a serem elaboradas por esses mesmos poderes. Retórica que, no âmbito coletivo, se destina, como tantas vezes mencionado, à emancipação social.

Logo, o Direito do Trabalho deveria formular uma teoria que estivesse sincronizada com a emancipação da força do trabalho ao capital e não com a sua legitimação e reprodução. Mesmo no momento em que este campo do direito entra em crise — como em crise se encontram todos os demais campos do direito, por não responderem às aspirações, às demandas e às patologias sociais contemporâneas —, está à espera da reorganização e do retorno dos movimentos coletivos. E eles já se iniciaram e se espalharam por toda parte, inclusive no Brasil.

A sociedade moderna, centrada na subordinação da força do trabalho ao capital, não pode ser encarada, segundo Moishe Postone (2014), como um fenômeno trans-histórico. Torna-se, pois, necessário voltar-se à crítica da economia política de Marx, uma volta que se daria, na compreensão de Slavoj Zizek (2012), como "condição *sine qua non* da política comunista contemporânea" (Idem, p. 147).

Embora deixe transparecer a minha opção pelo socialismo, não posso deixar de retratar que esta fascinante temática não se encerra nas vertentes do pensamento social e filosófico que tem sido objeto de minhas pesquisas. Veja-se, por exemplo, a vasta literatura que se tem produzido a partir da obra Império de Antônio Negri e Michal Hardt (2000), sobretudo quando articulada com as obras de Michel Foucault (Microfísica do Poder, 2009; Gilles Deleuze e Félix Guattari. Nestes dois últimos, sobretudo, o vol. 3 da obra Mil Platôs. Capitalismo e esquizofrenia, 1996).

4. CONCLUSÃO

Não se pode deixar assim de reconhecer a negligência da doutrina jurídico-trabalhista clássica, no que diz respeito à versão analítica sobre o sindicato e o sindicalismo.

Ao não dialogar com outras teorias sociais, não pode ter uma visão estruturante do fenômeno associativo, especialmente aquela que serviu de base para o seu próprio reconhecimento. Em resumo: a luta simultaneamente reformista e revolucionária; o tempo e o espaço em que este fenômeno surgiu; a Sociedade Moderna centrada num modo específico de produção — o Modo de Produção Capitalista que subordina a Força do Trabalho ao Capital.

Um espaço/tempo por onde surge também um modo específico de antagonismo social que, por seu turno, desencadeia lutas específicas de cunho reivindicativo e libertário. Por isso, devemos continuar bradando, como Bertolt Brecht (1986):

> Nossos inimigos dizem:
>
> A luta terminou.
>
> Mas nós dizemos:
>
> Ela começou.

5. REFERÊNCIAS BIBLIOGRÁFICAS

ANDRADE, Everaldo Gaspar Lopes de. *O Direito do Trabalho na Filosofia e na Teoria Social Crítica*. Os sentidos do trabalho na cultura e no poder das organizações. São Paulo: LTr, 2014.

---

(11) Verificar também a dissertação de mestrado (2011) e a tese de doutorado (2018) de autoria do professor Carlo Cosentino, especialmente o capítulo 4 da dissertação, em que o mesmo trata das "novas possibilidades de reinvenção das lutas coletivas" e põe em relevo o impacto das novas tecnologias nos movimentos sociais, desde a *Batalha de Seattle* aos múltiplos movimentos que vêm se desenvolvendo, na atualidade (Idem, p. 102-104). Na seção 6.3, destaca "a inserção dos trabalhadores do conhecimento nos movimentos emancipatórios e contra-hegemônicos" (Idem, p. 129-131). Por outro lado, movimentos como *Os Indignados* e Ocupem Wall Street se espalharam por toda Europa e nos Estados Unidos, enquanto se instaura uma verdadeira guerra virtual desencadeada pelos hackerativistas (Ver: NABUCO, Ary. *Hackerativismo. A guerra Instalada no mundo virtual*. São Paulo: Revista Caros Amigos, ano XVI, n. 184, 2012, p. 39-43). Ver também a bibliografia disponibilizada sobre os recentes movimentos sociais: CASTELLS, Manuel. *Redes de Indignação e Esperança*. Movimentos sociais na era da internet. Rio de Janeiro: Zahar, 2013; MARICATO, Hermínia [...] [et al.] *Cidades rebeldes:* Passe Livre e as manifestações que tomaram as ruas do Brasil. São Paulo: Boitempo: Carta Maior, 2013; GOHN, Maria da Gloria; BRINGEL, Breno M. (Orgs.). *Movimentos Sociais na Era da Globalização*. Petrópolis, RJ: Vozes, 2012.

_____. *Princípios de Direito do Trabalho*. Fundamentos Teórico-filosóficos. São Paulo: LTr, 2008.

_____. *Direito do Trabalho e Pós-modernidade*. Fundamentos para uma teoria geral. São Paulo: LTr, 2005.

_____. *A Hermenêutica Jurídica Contemporânea no Contexto do Direito do Trabalho*. In: DINIZ, João J. Bezerra; RIBEIRO, Macelo (Orgs.). Constituição, Processo e Cidadania. Brasília: Gomes & Oliveira, 2013, p. 53-76.

BERTOLT, Brecht. *Poemas*. 1913-1956. São Paulo: Brasiliense, 1986. p. 35.

CASTELLS, Manuel. *Redes de Indignação e Esperança*. Movimentos sociais na era da internet. Rio de Janeiro: Zahar, 2013.

DELEUZE, Gilles; Féliz. *Mil Platôs*. Capitalismo e esquizofrenia. São Paulo: Ed. 34. v. 3, 1996.

ESTEVES, Juliana Teixeira. *O Direito da Seguridade Social e da Previdência Social. A Renda Universal Garantida*. A taxação dos fluxos financeiros internacionais e nova proteção social. Recife: Editora UFPE, 2015.

FILHO, Carlo Cosentino. *O Trabalho Imaterial e os Trabalhadores do Conhecimento*. As novas possibilidades de reinvenção das lutas coletivas. Recife, 2011.

_____. *O Direito do Trabalho na Revolução Informacional e nas Teorias dos Movimentos Sociais*: impactos no postulado autonomia, nas relações individuais e coletivas de trabalho. 2017.

FOUCAULT, Michel. *Microfísica do Poder.* Rio de Janeiro: Edições Graal, 1979.

GOHN, Maria da Glória. *Teorias dos Movimentos sociais*. Paradigmas Clássicos e Contemporâneos. São Paulo: Edições Loyola, 1997. Aborda, noutra obra, a experiência brasileira.

_____. *Histórias dos Movimentos e Lutas Sociais*: a construção da cidadania dos brasileiros. São Paulo: Edições Loyola, 1995.

GOHN, Maria da Gloria; BRINGEL, Breno M. (Orgs.). *Movimentos Sociais na Era da Globalização*. Petrópolis, RJ: Vozes, 2012.

GUARESCHI, Pedrinho; HERNANCEZ, Aline, CÁRDENAS. *Representações Sociais em Movimento*. Psicologia do Ativismo Político. Porto Alegre: Edipucrs, 2010.

LIRA Fernanda Barreto. *A Greve e os Novos Movimentos Sociais*. Para além da dogmática jurídica e da doutrina da OIT. São Paulo: LTr, 2009.

_____. *MEIO AMBIENTE DO TRABALHO E ENFERMIDADES PROFISSIONAIS:* os rituais do sofrimento e a morte lenta no contexto do trabalho livre/subordinado. Tese de Doutorado. Texto avulso, 2015.

MARICATO, Hermínia [...] [et al.] *Cidades rebeldes:* Passe Livre e as manifestações que tomaram as ruas do Brasil. São Paulo: Boitempo, 2013.

MONTAÑO, Carlos; DURIGUETTO, Maria Lúcia. *Estado, Classe e Movimento Social*. São Paulo: Cortez, 2011.

NABUCO, Ary. *Hackerativismo*. A guerra Instalada no mundo virtual. São Paulo: *Revista Caros Amigos*, ano XVI, n. 184, 2012. p. 39-43.

NEGRI, Antônio; HARDT, Michel. *Império*. Rio de Janeiro: Record, 2000.

POSTONE, Moishe. *Tempo, Trabalho e Dominação Social*. São Paulo: Boitempo, 2014.

VAKALOULIS, Michel. Antagonismo social e ação coletiva. In: LEHER, Roberto; SETÚBAL, Mariana (Orgs.). *Pensamento Crítico e Movimentos Sociais*. Diálogos para uma nova práxis. São Paulo: Cortez, 2005.

ZIZEK, Slavoj. Problemas no Paraíso. In: *Cidades Rebeldes:* Passe Livre e as manifestações que tomaram as ruas do Brasil/Ermínia Maricato... [et al.] São Paulo: Boitempo, 2013. p. 101-108.

DESVENDANDO O CONTEÚDO IDEOLÓGICO DA SUBORDINAÇÃO: IDEOLOGIA, EU QUERO UMA PARA VIVER...

Aldacy Rachid Coutinho[*]

IDEOLOGIA
Cazuza/Roberto Frejat

Meu partido
É um coração partido
E as ilusões estão todas perdidas
Os meus sonhos foram todos vendidos
Tão barato que eu nem acredito
Eu nem acredito
Que aquele garoto que ia mudar o mundo
(Mudar o mundo)
Frequenta agora as festas do "Grand Monde"

Meus heróis morreram de overdose
Meus inimigos estão no poder
Ideologia
Eu quero uma pra viver
Ideologia
Eu quero uma pra viver

O meu prazer
Agora é risco de vida
Meu sex and drugs não tem nenhum rock 'n' roll
Eu vou pagar a conta do analista
Pra nunca mais ter que saber quem eu sou
Pois aquele garoto que ia mudar o mundo
(Mudar o mundo)
Agora assiste a tudo em cima do muro

1. INTRODUÇÃO

Palavras, tal qual o termo "subordinação", carregam em si uma multiplicidade de sentidos possíveis, que não traduzem a sua essência, mas a abertura para uma dimensão ideológica.

A proposta de desnudar esse conteúdo ideológico da subordinação não aponta nem para um emprego neutro da ideologia, objetificado, tomada como um conjunto de ideias, conceitos, teorizações, doutrinas ou perspectivas, nem para uma concepção crítica que se pretenda, desveladora na ordem finalística de sua superação.

Assumindo a ideologia, por exemplo, como um instrumento de dominação, imperioso é tomar consciência que ainda mesmo aflorando e transparecendo as ideias que gravitam em torno da subordinação como um mascaramento, o poder que a ela subjaz não seria de imediato subtraído. O instrumento, na mediação, não se confunde com o instrumentalizado. Talvez, nessa perspectiva, inclusive, a mesma ilusão que nos aprisiona, nos remete a uma zona de conforto ditada pela ignorância e, portanto, nos mantenha em constante otimismo e crença na factibilidade de uma mudança estrutural reformista.

De todo modo, a partir do momento em que o pensamento crítico se instala, não mais é possível dele se despojar. E, assim, adentrar os meandros da subordinação para dissecá-la como mecanismo ideológico é enfrentar a inafastável dominação no modo de produção capitalista, como um lugar e como função.

Se a subordinação não mais se posicionar como um instrumento ideológico necessário e útil à dominação e exploração capitalista, o que viria a ocupar esse lugar? A pista aponta, aqui, talvez, para a substituição da ideologia da dominação por outra ideologia, como a do diálogo, do consenso ou da negociação. Ambas transitam em torno do conflito que exsurge no modo de produção capitalista, ainda que não restrito às relações de produção. No entanto, ambas, igualmente, também ocupam esse idêntico lugar e exercem a mesma função a serviço do poder e dominação.

É que não há um lugar não-ideológico e, ninguém, pode se situar fora da ideologia.

---

[*] Mestre e Doutora em Direito pela UFPR. Professora Titular de Direito do Trabalho na Universidade Federal do Paraná. Coordenadora do Núcleo de Pesquisa "Trabalho Vivo" do Programa de Pós-graduação em Direito da UFPR.

2. IDEOLOGIA

1. O *citoyen* Antoine-Louis-Claude Destutt de Tracy (1754-1836) estreou o emprego do termo ideologia na sua obra "Élémentsd'idéologie", publicada em Paris 1800-1815,[1] para se referir ao estudo científico das ideias:

> Idéologie me paraît le terme générique, parceque la Science des idées renferme celle de leur expression, et celle de leur combinaison.[2] [...] Ce qui a jeté quelques nuages sur ce point d'idéologie, c'est que quand nous avons le souvenir d'une sensation proprement dite, nos ne manquons jamais de reconnaître que ce n'est pas la sensation elle-même.[3]
>
> En effet nous avons vu en quoi consiste la faculté de penser; quelles sont les facultés élémentaires qui la composent; comment elles forment toutes nos idées composées; comment elles nous font connaître notre existence, celle des autres êtres, leurs propriétés, et la maniere de les évaluer: comment ces facultés intellectuelles se lient aux autres facultés résultantes de notre organisation; comment les unes et les autres dépendent de notre facultés de vouloir; comment toutes sont modifiées par la fréquente répétition de leurs actes; comment elles se perfectionnent dans l'individu et dans l'espece; et enfin quels nouveaux changements y apporte l'usage des signes. C'est bien là, je crois, ce qui constitue l'idéologie [...][4].

O que se pretendia, então, era elaborar uma Ciência das Ideias a partir das faculdades sensíveis, enfrentada nos distintos capítulos: a do querer (vontade), a do julgar (razão), a do sentir (percepção) e a da recordação (memória). Ainda hoje se imagina possível uma "ciência" das ideias, construída e pensada por um sujeito racional,[5] o que desde logo deve ser afastado pela constatação de que os sujeitos são, ao mesmo tempo, conscientes e inconscientes. Assim, por exemplo, um ato falho pode dizer mais sobre um sujeito do que as palavras ditas como expressão de um pensamento consciente.

2. Desponta seu conceito permeado de complexidade pelos seus múltiplos significados, ora seguindo uma pauta de neutralidade e cientificidade racional, na esteira do emergir de seu termo, ora assumindo uma concepção crítica, muito frequentemente de matriz marxiana.

É certo, porém, que a ideologia não pode ser afirmada pela ordem da inutilidade, ou da mera aparência, ainda quando assume a sinonímia de ideário, conjunto de ideias de um indivíduo ou grupo, orientado para ações sociais; é de se rejeitar, outrossim, a redutora perspectiva desqualificadora da negatividade, mediante a qual assume um significado pejorativo e reducionista, apenas como ilusão transposta em instrumento de dominação, por meio de persuasão ou alienação da consciência.

Atentando para as ponderações e alertas de Paul Ricoeur,[6] a ideologia é um fenômeno susceptível de revelar uma positividade. Ideologia é a realidade linguística e não a realidade em si enquanto "verdade" apreensível.

De todo modo, permanece a advertência da necessidade de superar as armadilhas que a ideologia pode lançar: (i) aceitar como evidente a análise em termos de classes sociais, o que vem naturalizado pela marca forte do marxismo, pois introduziria um fechamento e, assim, não partir dela a análise, mas concluir com ela; e (ii) abandonar a pauta de definição exclusivamente por sua função de justificação, na medida em que não se restringe a interesses exclusivos de uma classe dominante. As classes dominadas por vezes assumem os desejos e interesses da classe dominada como projeção de identificação e integração. De toda sorte, a noção de classe, quer se defina pela identidade de origem ou fonte dos recursos ou rendimento (tripartida, em proletários — assalariados, proprietários fundiários — rentistas e capitalistas — empresários) ou pelo lugar dentro do processo de produção (dual, ante duas espécies de rendimento, salários — assalariados e mais-valia — capitalistas) sempre nos projetará para uma sociedade capitalista complexa e concreta, onde grupos socialmente distintos exercem um diferente papel na história.[7]

A dominação, por conseguinte, seria uma dimensão da integração social: "se tomamos como adquirido o fato de a ideologia ser uma função da dominação, é porque admitimos também, sem crítica, o de a ideologia ser um fenômeno essencialmente negativo, primo do erro e da mentida, irmão da ilusão."[8]

3. Quando ligada à ilusão e à falsa consciência, desponta o pensamento de Karl Marx para quem a ideologia seria um desvirtuamento da realidade; neste sentido se constitui como "conjunto de ideias que procura ocultar a sua própria origem nos interesses sociais de um grupo particular da sociedade".[9]

As ideias, pensamentos e crenças se correlacionam e vêm marcadas diretamente pelas condições sociais e históricas nas quais elas surgem: sempre determinadas pelas condições materiais de produção e de existência, pela realidade em si, pelas relações de dominação entre as classes sociais. As representações sociais predominantes são produtos da dominação da classe social burguesa sobre o proletariado, classe dominada, tomando-se como base os pressupostos teóricos do materialismo histórico. Neste trilhar, por exem-

---

1) DESTUTT DE TRACY, Antoine-Louis-Claude. Élément *d'idéologie*. Paris: P. Didot l'aîné; Paris: Courcier, 1800-1815. Disponível em: <http://catalogue.bnf.fr/ark:/12148/cb37235220p>. Acesso em: 3 jul. 2017.
(2) Idem, ibidem, p. 20.
(3) Idem, ibidem, p. 50.
(4) Idem, ibidem, p. 353.
(5) CHAUÍ, Marilena. *O que é ideologia?* São Paulo: Abril cultural/Brasiliense, 1984. p. 22.
(6) RICOEUR, Paul. *Ideologias e interpretação*. Rio de Janeiro: Francisco Alves, 1977. p. 64.
(7) ARON, Raymond. *O marxismo de Marx*. São Paulo: Arx, 2003. p. 628-629.
(8) RICOEUR, Paul. *Ideologias e interpretação*. Rio de Janeiro: Francisco Alves, 1977. p. 65.
(9) LÖWY, Michel. *Ideologias e ciência social*: elementos para uma análise marxista. São Paulo: Cortez, 1985. p. 12.

plo, a ordem natural da propriedade privada, tida e vista como atemporal, denota uma falsa consciência, mitificante e socialmente determinada, apenas abalada diante da luta de classes e conflitos sociais, que poderiam levar a uma ruptura em um movimento revolucionário pelos explorados.

4. A perspectiva marxiana nos leva, todavia, a um impasse: a se aceitar tal posição, teríamos que aventar então a possibilidade de um lugar de verdade não revelada, senão mascarada, isto é, um lugar não-ideológico, o que seria, em si, já a ideologia. A neutralidade da ciência, neste trilhar, poderia despontar como o contraponto para assumir essa condição não ideológica do conhecimento, na *práxis*; entretanto, não havendo um mundo em si, na expressão de uma essência apreensível, nem um distanciamento para compreensão que neutralize, pela imparcialidade, o sujeito, não há como sustentar ou propor uma superação da ideologia pela assunção de uma consciência não mais falseada ou coberta sob o manto do engodo para se chegar, finalmente, a uma realidade ou verdade.

3. SUBORDINAÇÃO

A posição assente na doutrina apresenta a subordinação como jurídica, prevista em lei, substanciada e traduzida em uma situação jurídica derivada do contrato. Sendo central como critério principal de inclusão e explicitando uma construção conceitual hegemônica, notabiliza o conteúdo ideológico desse Direito Capitalista do Trabalho.

A noção de subordinação vem assinalada a partir dos ensinamentos transmitidos por autores juslaboralistas em seus Cursos ou Manuais; para tanto, foram selecionadas as obras de Luciano Martinez, Vólia Bomfim Cassar e Alice Monteiro de Barros, porquanto entende-se que exemplificam a contento, por amostragem, as "vozes incógnitas das verdades jurídicas" ou um "senso comum teórico dos juristas" disseminada pelo Direito do Trabalho.[10] Mister esclarecer que não se trata de empreender uma crítica destrutiva a esses autores, ou repreendê-los pela posição assumida, senão reconhecer neles a expressão ideológica presente e disseminada. O encontro com a revelação ideológica se dá com maior impacto nos escritos que servem de base para formação e reprodução do conhecimento, na identificação da noção conceitual, seus fundamentos e formas de manifestação, no dito e no dito pelo não-dito.

Não seria ciência propriamente dita, como um lugar não-ideológico; nas palavras de Luiz Alberto Warat "uma ideologia no interior da ciência, uma 'doxa' no interior da 'episteme'. O discurso jurídico trabalhista, aqui sintetizado na subordinação como centralidade inclusiva do marco regulatório do trabalho no modo de produção capitalista, conhecido pelo saber transmitido, se constitui a melhor forma de identificação desse conjunto de representações e imagens, noções e preconceitos valorativos que governam os atos e as decisões dos juristas. O discurso crítico na ciência jurídica depende da "introdução da temática do poder como forma de explicação do poder social das significações, proclamadas científicas."

Alice Monteiro de Barros, em seu Curso de Direito do Trabalho,[11] leciona que a "situação jurídica na qual o homem livre subordina-se a outro deriva da relação que existe entre trabalho e propriedade. A propriedade atrai a força de trabalho e permite que seu titular a dirija, pois os frutos dessa atividade lhe pertencem, como também os riscos do empreendimento econômico." Sustenta historicamente a precisão conceitual no controle exercido pelo empregador que emana ordens em torno de atribuições inerentes à função; pondera, todavia, a atual debilidade do critério funcional da subordinação, tendo em vista possibilidade de uma subordinação técnica invertida ocasionada pelo fato de o empregado ser detentor do *know how*. Da constatação de insuficiência do critério de subordinação-controle surge como alternativa a subordinação objetiva pela integração — subordinação-integração — do trabalhador na organização empresarial que, no entanto, apenas agrega outras deficiências conceituais, sobretudo ante a dificuldade em se precisar o que seria organização e pela possibilidade de outros trabalhadores não empregados serem incorporados com vistas ao cumprimento da atividade econômica da empresa. Conclui, portanto, pela necessidade da manutenção de um direito residual de controle, isto é, "[...] traduzido pela sua faculdade de impor sanções disciplinares ao trabalhador, inclusive a dispensa, associada ao poder empresarial de contratar e fixar-lhe um salário."[12]

Vólia Bomfim Cassar, em seu manual Direito do Trabalho,[13] precisa que subordinação é a "imposição da ordem, submissão, dependência, subalternidade hierárquica", se traduzindo assim em dever de obediência em face do poder de direção do empregador, de comandar, escolher e controlar os fatores de produção da empresa: "A subordinação nada mais é que o dever de obediência ou o estado de dependência na conduta profissional, a sujeição às regras, orientações e normas estabelecidas pelo empregador inerentes ao contrato, à função, desde que legais e não abusivas."[14]

Desse modo, apresenta o poder do empregador em três vertentes, sendo a primeira a de dar conteúdo concreto à atividade do trabalhador visando os objetivos da empresa, a segunda impor punições e a última aquela derivada da própria organização dos fatores de produção, ou seja, determinar e organizar a estrutura econômica e técnica da empresa, com o estabelecimento de hierarquia dos cargos e funções e escolha das estratégias e rumos da empresa. Por fim, alertando que a subordinação pode ser mais ou menos intensa, indica que quanto mais o empregado sobe na escala hierárquica da empresa, mas tênue e frágil é a subordinação; ao revés, se subalterno, mais acentuada se apresenta. Descarta a subordinação técnica, de origem francesa, da

---

(10) WARAT, Luis Alberto. Senso comum teórico: as vozes incógnitas das verdades jurídicas. In: WARAT, Luis Alberto. *Introdução geral ao direito*: interpretação da lei: temas para uma reformulação. Porto Alegre: SaFe, 1994.
(11) BARROS, Alice Monteiro de. *Curso de Direito do Trabalho*. 4. ed. São Paulo: LTr, 2008. p. 279-284.
(12) *Idem, ibidem*, p. 281.
(13) CASSAR, Vólia Bomfim. *Direito do Trabalho*. 3. ed. Niterói: Impetus, 2009. p. 203-205.
(14) *Idem, ibidem*, p. 203.

mesma maneira afasta a subordinação econômica de origem alemã, ligada à necessidade de subsistência e dependência dos salários para sobreviver, pela insuficiência, pois "pode ocorrer do trabalhador ter suficiência econômica."[15] A natureza da subordinação seria "jurídica", decorrente da lei (arts. 2º e 3º, da Consolidação das Leis do Trabalho), sendo subjetiva se recai sobre a pessoa do trabalhador ou objetiva se dirigida aos serviços executados pelo empregado.[16] Não compreende a dita subordinação estrutural ou integrativa[17] como sinonímia da subordinação objetiva, referenciada a partir da posição de Maurício Godinho Delgado, *in verbis*:[18]

> A subordinação objetiva, ao invés de se manifestar pela intensidade de comandos empresariais sobre o trabalhador (conceito clássico), despontaria da simples integração da atividade laborativa obreira nos fins da empresa. Com isso, reduzia-se a relevância da intensidade de ordens, substituindo o critério pela idéia de integração aos objetivos empresariais.[19]

Luciano Martinez, no Curso de Direito do Trabalho[20] ao tratar da subordinação, introduz a abordagem precisamente pela via do capital, através do verbo 'subordinar', que explicita as ações de "ordenar, comandar e dirigir a partir de um ponto superior àquele onde se encontra outro sujeito."[21] O outro é o empregado; e a noção de subordinação é apresentada a partir do empregador, que define tempo e modo a partir do que fora contratado. Tempo como "toda interferência do tomador de serviços no que diz respeito ao instante de início e de término da atividade contratada, inclusive em relação aos momentos de fruição dos intervalos para descanso acaso existentes."[22] Modo será "toda intercessão do tomador na maneira de ser operacionalizada a atividade contratada, resultando uma intromissão consentida pelo prestador nos meios por força dos quais serão alcançados os fins (os resultados da atividade contratada)."[23]

Não obstante sustente a subordinação na contratualidade, indica que ela, exatamente ela, no plano jurídico, se traduz em uma situação limitadora da ampla autonomia da vontade do 'prestador de serviços', fundada na intensidade das ordens, na obediência e sujeição ao comando e no respeito à hierarquia.[24]

Na medida em que novas formas de gestão são introduzidas no ambiente laboral, o conceito de subordinação clássica, derivada e conectada com o taylorismo, perde espaço para o conceito de 'parassubordinação', mais apropriado ao "novo modelo capitalista, caracterizado pela acumulação flexível":[25] E, acrescenta: "No lugar da subordinação jurídica típica passou a existir uma situação de parassubordinação, na qual, embora presente, o poder diretivo do empregador foi mitigado. A parassubordinação é, então, visualizada em relações pessoais de colaboração continuada, em que a direção dos serviços está presente de modo difuso e pontual."[26] Justifica, assim, e mantém a integridade do modelo regulatório, mesmo diante de mudanças decorrentes de reestruturação produtiva.

Aduz que não se confunde com a subordinação estrutural, integrativa ou reticular, que se caracteriza pela dispensabilidade da ordem direta para formação do vínculo jurídico pelo empregador — a ordem não mais se dirige ao prestador de serviços, mas à produção —, presente em situações como a da empresa-rede ou em fenômenos de terceirização. Trata-se de uma concepção estruturalista da subordinação, para inclusão dos trabalhadores que participem da dinâmica do tomador de serviços, ainda que seja 'colaboradores' indiretos, na medida em que atuem com dependência e habitualidade. Instaurando uma cooperação competitiva, prescinde de um sistema hierárquico clássico.[27]

4. DESVELANDO A IDEOLOGIA DA SUBORDINAÇÃO: O INCONCLUSO

A análise não é empreendida de uma posição de superioridade, ou neutralidade, ou de quem seria detentora do saber. Na medida em que todos os seres se encontram sempre em uma posição incapaz de separar de si mesmo, a totalidade de seus condicionamentos, as dificuldades epistemológicas que gravitam em torno da ideologia, assim como do preconceito e do círculo hermenêutico são todas decorrentes dos fenômenos da pré-compreensão.[28] Saber sobre a ideologia e desvelar a faceta ideológica da subordinação como um fato social é uma ação sempre prenhe de ideologia.

O lugar ocupado pela subordinação é o do direito. A juridicização da subordinação, abandonando concepções econômicas, sociais, técnicas ou filosóficas, pela via do direito posto, e, portanto instrumentalizado pelo contrato, com expressão da vontade livre e do consenso, convolam trabalho assalariado e explorado em trabalho subordinado pelas mãos do Estado, como intervertor na economia, a

---

(15) *Idem, ibidem*, p. 204.
(16) *Idem, ibidem*, p. 205.
(17) *Idem, ibidem*, p. 208.
(18) Para Maurício Godinho Delgado, subordinação "estrutural é, pois, a subordinação que se manifesta pela inserção do trabalhador na *dinâmica do tomador de seus serviços, independentemente de receber (ou não) ordens diretas, mas acolhendo estruturalmente, sua dinâmica de organização e funcionamento.*" DELGADO, Maurício Godinho. Direitos fundamentais nas relações de trabalho. *Revista de Direitos e Garantias Fundamentais*, Vitória, n. 2, p. 37, 2007. Disponível em: <http://sisbib.fdv.br/index.php/direitosegarantias/article/viewFile/40/38>. Acesso em: 3 jul. 2017.
(19) *Idem, ibidem*, p. 37.
(20) MARTINEZ, Luciano. *Curso de Direito do Trabalho*. 3. ed. São Paulo: Saraiva, 2012. p. 129-132.
(21) *Idem, ibidem*, p. 129.
(22) *Idem, ibidem*, p. 129.
(23) *Idem, ibidem*, p. 129.
(24) *Idem, ibidem*, p. 129.
(25) *Idem, ibidem*, p. 130.
(26) *Idem, ibidem*, p. 131.
(27) *Idem, ibidem*, p. 131.
(28) RICOEUR, Paul. *Ideologias e interpretação*. Rio de Janeiro: Francisco Alves, 1977. p. 93.

partir de um suposto lugar de proteção e tutela, ocultando o conflito e a luta de classes. Não se permite vislumbrar os aparelhos ideológicos. É o trabalho, não sendo apresentado como mercadoria, como força de trabalho, é coisificado às escondidas. E as coisas são personificadas como entes vivos. Não por outra razão, o mercado fica nervoso, reage, responde.

Agregue-se, ademais, que o lugar ocupado é o da liberdade, pós-escravidão. Sujeito livre, consciente, racional, se subordina diante de uma escolha dentre oportunidades, com o respaldo do direito por sua normatividade imperativa.

A ideologia introduz na representação imaginária e na ordem simbólica do trabalhador um mundo projetado pelas identificações dos interesses perseguidos.

O caráter ideológico é percebido, outrossim, pelas funções que exerce: função de mediação e de integração, função de dominação e função de deformação.

A **função integrativa e mediadora**, função geral das ideologias, está relacionada com a motivação social que explicita a identidade, a imagem e a representação de si mesmo, ou seja, o trabalhador como um integrante do processo produtivo. Simplificadora e racionalizante, justifica a submissão. Luciano Martinez, em especial quando aponta o modo, justifica a subordinação pelo consentimento do trabalhador no emprego dos meios por força para atingimento dos escopos da atividade contratada, razão pela qual visibiliza a limitação da autonomia da vontade pelas ordens recebidas, obediência em conduta e sujeição ao comando e no respeito à hierarquia. E, acrescenta, a subordinação pode se transformar, mas não cessará, pois a legitimação está racionalizada, ao passo em que novas formas de gestão são introduzidas.

A ideologia é justificadora da relação de dominação, interpretando o sistema de autoridade ao vinculá-lo à hierarquia da organização social, produtiva, econômica. Esta é a **função de dominação**: "é quando o papel mediador da ideologia encontra o fenômeno da dominação que o caráter de distorção e de dissimulação da ideologia passa ao primeiro plano."[29] A autoridade, para exercício do poder e reconhecimento da dominação depende de legitimidade, que corresponde à crença dos dominados à pretensão de legitimidade da autoridade. Vólia Bomfim Cassar, ao traduzir a subordinação como uma imposição da ordem, submissão, dependência e subalternidade hierárquica, enquadrando a posição do empregado no dever jurídico de obediência em face do poder empregatício de comandar, escolher e controlar os fatores de produção, reproduz a ideologia da dominação.

Note-se que a subordinação desponta como funcional à propriedade e neste trilhar vem sempre como a presença correlata e inafastável do poder do capital, como se percebe do fundamento apontado por Alice Monteiro de Barros. Trata-se da **função de deformação**, inerente ao conceito marxista de ideologia como ilusão, falsa consciência, na qual a realidade é distorcida ou invertida e as ideias aparecem como o motor da vida. Merece destaque, então, a alusão de que o trabalho legitima a propriedade, sustentada em uma economia de mercado na transação — circulação como operação econômica — para sua aquisição por meio da renda obtida pela venda da força de trabalho. Os despossuídos de capital, proletários que contam somente com sua prole e capacidade de trabalhar, não são detentores de capital, proprietários se e somente se não acumularem. Opera-se uma inversão ideológica, pois uma incursão mais acurada leva à constatação de que somente há propriedade e, assim, capital, por meio da extração da mais-valia. Karl Marx precisa que "salário é a soma em dinheiro que o capitalista paga por um determinado tempo de trabalho ou pela prestação de um determinado trabalho. Parece, portanto, que o capitalista *compra* o trabalho dos operários com dinheiro. Eles *vendem*-lhe o seu trabalho a troca de dinheiro. Mas é só na aparência que isso acontece. Na realidade, o que os operários vendem ao capitalista em troca de dinheiro é a sua *força* de trabalho.[30] [...] Mas a força de trabalho em ação, o trabalho, é a própria atividade vital do operário, a própria manifestação da sua vida. E é essa *atividade vital* que ele vende a um terceiro para se assegurar dos meios de vida necessários. A sua atividade vital é para ele, portanto, apenas um meio para poder existir. Trabalha para vive. Ele nem considera o trabalho como parte da sua vida, é antes um sacrifício da sua vida."[31] O discurso ideológico vai ocultar o conflito e dissimular a dominação, atendendo aos interesses da classe dominantes, capitalista.

Mesmo que se afaste do pensamento marxiano de ideologia, para assumir Gramsci[32] na sua recusa em identificá-lo como falseamento ou negatividade, assumindo como pensamento de um grupo de indivíduos, ou a posição Althusseriana[33] de que é uma prática social materializada nas instituições, ou até mesmo recebê-la, por Lukács, como função social do pensamento no âmbito dos conflitos sociais, ainda assim, a ideologia se fez presente.[34]

O inconcluso desponta em algumas proposições de Paul Ricoeur[35], ao enfrentar a ideologia como um filósofo hermeneuta, ora assumidas e apropriadas para análise não conclusiva, senão deliberadamente inconclusa, do conhecimento sobre a subordinação no Direito do Trabalho.

Primeiro, é imperioso reconhecer que a posição do trabalhador subordinado na sociedade, em uma dada classe social, em uma tradição cultural, em uma história, sempre será precedido de uma relação de *pertença* que jamais ele se pode refletir sobre si inteiramente. Nos arranjos sociais e econômicos, o sujeito singular se inclui. É que

---
(29) Idem, ibidem, p. 72.
(30) MARX, Karl. Trabalho, assalariado e capital. In: MARX, Karl. *Trabalho, assalariado e capital & Salário, preço e lucro*. 2. ed. São Paulo: Expressão popular, 2010. p. 33.
(31) Idem, ibidem, p. 36.
(32) HALL, Stuart; LUMLEY, Bob; McLENNAN, Gregor. Política e ideologia. In: *Da ideologia*. 2. ed. Rio de Janeiro: Zahar, 1983. p. 60-100.
(33) MCLENNAN, Gregor; MOLINA, Victor; PETERS, Roy. A teoria de Althusser sobre ideologia. In: *Da ideologia*. 2. ed. Rio de Janeiro: Zahar, 1983. p. 101-137.
(34) McDONOUGH, Rolsín. A ideologia como falsa consciência: Lukács. In: *Da ideologia*. 2. ed. Rio de Janeiro: Zahar, 1983. p. 45-59.
(35) RICOEUR, Paul. *Ideologias e interpretação*. Rio de Janeiro: Francisco Alves, 1977. p. 92-93.

a ideologia é constantemente produzida — processo sempre em curso — pelas relações sociais; são formas históricas determinadas. Eis a função mediadora da imagem, da representação de si, da ideologia, que transporta atualmente da figura do empregado, assalariado, para o empreendedor, livre, autônomo, a ordem simbólica da identidade trabalhadora. Se o sujeito se vê como colaborador, parceiro, empreendedor, cooperado, profissional liberal, mesmo que estejam presentes os indícios que formam o conceito de subordinação, as representações simbólicas apontam para uma mudança estrutural na sociedade. Ela não deixa de ser uma sociedade de trabalho, nem os meios de produção passam a ser socializados. Mas a sociedade não mais se projeta como uma sociedade salarial. Mesmo que a exploração, a dominação, o poder, a mais-valia, a alienação, a luta de classes estejam presentes, a realidade linguística dominada pela ideologia do consenso e da negociação transformam a posição e a função do Estado. Muda a marca da regulação, o papel e presença do direito, do Estado interventor. Não muda o capitalismo como modo de produção.

Em segundo lugar, somente por meio de um distanciamento do próprio direito, na hermenêutica, é possível uma crítica da ideologia, no sentido de que "compete à condição de uma consciência exposta à eficácia da história só compreender com a condição da distância, do distanciamento."[36] Pressupõe, sempre, um significar que é um projeto de abertura, em um código de interpretação. Compreender o Direito do Trabalho pelo Direito do Trabalho é tautológico e imobilizante. Por tal motivo, Karl Marx é imprescindível. Nem que seja para cruzá-lo.

Em terceiro lugar, por fim, ter presente que sempre há um interesse por detrás das estratégias e, assim, o uso das ações de ruptura, simbólicas ou reais, violentas ou pacíficas, dependem da tomada de consciência, mais do que da compreensão: "temos necessidade de mediadores sociais que não procurem conciliar a todo preço, nem tampouco polarizar a todo preço, mas que ajudem cada indivíduo a reconhecer seu adversário; [...] mediador social é aquele que explica ao homem do poder as motivações profundas da contestação, que lhe revela ser ele aquele que não possui projeto global [...]"[37]

Se seria demais para todos nós vivermos sem ideologia, então *Ideologia, eu também quero uma para viver*; mas não uma para morrer ... de trabalhar...ou sem trabalhar.

5. REFERÊNCIAS BIBLIOGRÁFICAS

ARON, Raymond. *O marxismo de Marx*. São Paulo: Arx, 2003.

BARROS, Alice Monteiro de. *Curso de Direito do Trabalho*. 4. ed. São Paulo: LTr, 2008.

CASSAR, Vólia Bomfim. *Direito do Trabalho*. 3. ed. Niterói: Impetus, 2009.

CHAUÍ, Marilena. *O que é ideologia?* São Paulo: Abril Cultural/Brasiliense, 1984. p. 22.

DELGADO, Mauricio Godinho. Direitos fundamentais nas relações de trabalho. *Revista de Direitos e Garantias Fundamentais*, n. 2, p. 11-39, 2007. Disponível em: <http://sisbib.fdv.br/index.php/direitosegarantias/article/viewFile/40/38>. Acesso em: 3 jul. 2017.

DESTUTT DE TRACY, Antoine-Louis-Claude. *Élémentd'idéologie*. Paris: P. Didot l'aîné; Paris: Courcier, 1800-1815. Disponível em: <http://catalogue.bnf.fr/ark:/12148/cb37235220p>. Acesso em: 3 jul. 2017.

HALL, Stuart; LUMLEY, Bob; McLENNAN, Gregor. Política e ideologia. In: *Da ideologia*. 2. ed. Rio de Janeiro: Zahar, 1983. p. 60-100.

LÖWY, Michel. *Ideologias e ciência social*: elementos para uma análise marxista. São Paulo: Cortez, 1985.

LUKÁCS, Georg. As Bases Ontológicas do Pensamento e da Atividade do Homem. *Temas de Ciências Humanas* n. 4. São Paulo: Livraria Editora Ciências Humanas, 1978.

MACHADO, Gustavo Seferian Scheffer. *A ideologia do contrato de trabalho*. São Paulo: LTr, 2016.

MARTINEZ, Luciano. *Curso de Direito do Trabalho*. 3. ed. São Paulo: Saraiva, 2012.

MARCUSE, Herbert. *A ideologia da sociedade industrial*. O homem unidimensional. 6. ed. Rio de Janeiro: Zahar, 1982.

MARX, Karl. Trabalho, assalariado e capital. In: MARX, Karl. *Trabalho, assalariado e capital & Salário, preço e lucro*. 2. ed. São Paulo: Expressão popular, 2010.

McDONOUGH, Rolsín. A ideologia como falsa consciência: Lukács. In: *Da ideologia*. 2. ed. Rio de Janeiro: Zahar, 1983. p. 45-59.

MCLENNAN, Gregor; MOLINA, Victor; PETERS, Roy. A teoria de Althusser sobre ideologia. In: *Da ideologia*. 2. ed. Rio de Janeiro: Zahar, 1983. p. 101-137.

RICOEUR, Paul. *Ideologias e interpretação*. Rio de Janeiro: Francisco Alves, 1977.

WARAT, Luis Alberto. Senso comum teórico: as vozes incógnitas das verdades jurídicas. In: WARAT, Luis Alberto. *Introdução geral ao direito*: interpretação da lei: temas para uma reformulação. Porto Alegre: Sergio Fabres, 1994.

---

(36) *Idem, ibidem*, p. 93.
(37) *Idem, ibidem*, p. 170-171.

Para repensar o Direito do Trabalho, sob uma perspectiva humana e econômica

Maria Cecília Máximo Teodoro[*]

1. INTRODUÇÃO

Repensar o Direito do Trabalho sob uma perspectiva humana e econômica pressupõe um esforço grande de conciliação e se ramifica em duas propostas específicas.

Conciliar sim, pois as perspectivas econômica e humana refletem o conflito que é inerente ao próprio sistema capitalista. Na verdade, trata-se do pressuposto fático de nascimento do próprio Direito do Trabalho.

Decerto, o horizonte do capitalismo é o econômico, ao passo que o Direito do Trabalho se apresenta justamente como um contraponto contra-hegemônico com uma perspectiva humana.

Ao se falar em repersonalização ou re-humanização do Direito[1], tem-se em vista que o Direito do Trabalho do futuro terá de lidar com duas questões importantes. A primeira, diz respeito aos sujeitos protegidos. A outra, à eficácia dos mecanismos de proteção.

Parece-nos inadequado dizer que o Direito do Trabalho nasceu sob uma perspectiva *eminentemente* humana, dado que é fruto e instrumento do sistema capitalista legitimador da reprodução do trabalho e da extração da mais valia. Por outro lado, embora incrustado neste sistema capitalista, o Direito do Trabalho surge *também* da necessidade de se proteger a pessoa humana do trabalhador, em razão da super exploração que vivenciava, além do fato de entregar sua força de trabalho em troca de remuneração, o que destaca seu caráter econômico.

Mario de La Cueva ensina que o Direito do Trabalho não é patrimonial, porque não se refere a coisas que estão disponíveis no comércio e porque não regula o trânsito delas de um patrimônio a outro, mas que seu conceito é mais humano, a parte mais humana da ordem jurídica, pois seu fim é assegurar a saúde e a vida da pessoa trabalhadora e elevá-la sobre os valores patrimoniais[2].

Em síntese, o objeto do Direito do Trabalho é o trabalho **humano produtivo**. O essencial e o que qualifica o trabalho como humano é a presença da pessoa no ponto inicial, na base da atividade. [...]. E o que o qualifica como produtivo é o que o homem que trabalha emprega seu esforço tendo como finalidade imediata a obtenção de meios materiais, de bens econômicos, necessários à sua subsistência. [...] A diferença específica do trabalho produtivo dentro do gênero trabalho humano está na finalidade que a própria pessoa dá ao seu trabalho. O econômico se concretiza também no fato de que quem toma para si os resultados que, por natureza, não lhe pertencem, aceita, evidentemente, o encargo de fornecer bens certos e determinados cuja quantia é fixada previamente[3].

Assim, a partir de uma perspectiva que conjugue o humano e econômico, são feitas duas propostas:

a) a primeira busca resgatar as interpretações dos elementos fáticos-jurídicos da relação de emprego, sob uma perspectiva humana, alargando o número de seres humanos trabalhadores protegidos.

b) a segunda tenta exercer um novo olhar sobre as normas de proteção do trabalho — tanto as já existentes como as que estão por vir —, de forma a tirar o seu aspecto puramente monetário, repersonalizando-as.

O fato é que é possível reinterpretarmos a típica relação de emprego e seus elementos constitutivos sob um

---

(*) Pós-Doutora em Direito do Trabalho pela Universidade de Castilla-La Mancha, com bolsa de pesquisa da CAPES; Doutora em Direito do Trabalho e da Seguridade Social pela USP — Universidade de São Paulo; Mestre em Direito do Trabalho pela PUC/MG; Graduada em Direito pela PUC/MG; Professora de Direito do Trabalho do PPGD e da Graduação da PUC/MG; Professora Convidada do Mestrado em Direito do Trabalho da Universidade Externado da Colômbia. Pesquisadora; Autora de livros e artigos. Advogada.

(1) A respeito: TEODORO, Maria Cecília Máximo. Por um direito do trabalho repersonalizado. In: VIANA, Márcio Túlio; ROCHA, Cláudio Jannotti. *Como aplicar a CLT à luz da constituição:* alternativas para os que militam no foro trabalhista. São Paulo: LTr, 2016. p. 147-154.

(2) DE LA CUEVA, Mário. *Derecho Mexicano del Trabajo.* T. 2. México: Porruá, 1976. p. 624.

(3) OLEA, Manuel Alonso. *Introdução ao Direito do Trabalho.* Trad. C. A. Barata da Silva. Porto Alegre: Livraria Sulina, 1969. p. 22-29.

enfoque humano, despatrimonializando-a. Em outras palavras, e partindo do fato de que o trabalho objeto do direito do trabalho é prestado por pessoas de carne e osso, trata-se de atender ao fim humano do Direito do Trabalho, embora sem perder de vista o seu aspecto econômico.

2. O RESGATE DAS INTERPRETAÇÕES DOS ELEMENTOS FÁTICO-JURÍDICOS, DESDE UMA PERSPECTIVA HUMANA E VISANDO O SEU ALARGAMENTO

Com o passar do tempo, a doutrina recolheu os elementos que lhe pareceram essenciais na relação entre os personagens da fábrica — trabalhador e patrão — e os elegeu como pressupostos jurídicos. A partir de então, ser empregado, em termos jurídicos, passou a significar:

> (...) toda **pessoa física** que **prestar serviços de natureza não eventual** a empregador, **sob dependência** deste e mediante **salário** (art. 3º da CLT).

De fato, daquela norma podemos extrair os cinco elementos conformadores da figura do empregado:

a) Pessoa física[4];
b) Pessoalidade;
c) Habitualidade;
d) Subordinação;
e) Onerosidade.

Doutrina e jurisprudência são unânimes em exigir a presença de *todos* esses pressupostos, concomitantemente, o que significa que a ausência de um deles inviabiliza a configuração do vínculo de emprego.

a) Pessoa Física

O pressuposto fático "pessoa física" expressa a rejeição pela ordem jurídica de se configurar a relação de emprego caso o prestador do serviço não seja pessoa natural, rejeitando as figuras da pessoa jurídica ou do ente sem personalidade.

Ora, a partir desse pressuposto — e sem qualquer necessidade de alterações legislativas — já podemos começar a desenvolver um novo olhar sobre a relação de emprego.

De fato, ao se referir a "pessoa física", a ordem trabalhista demonstra que a pessoa a ser protegida é alguém de carne e osso, o que vale dizer, pessoa viva, com sentimentos, aspirações e todas as suas outras *circunstâncias*[5]. Ao exigir que o prestador do serviço seja pessoa física, a lei afirma, naturalmente, que as normas de proteção do trabalho não são aplicáveis às relações entre pessoas jurídicas.

Reafirma-se também, desta forma, que — ao lado de sua utilidade para a preservação do sistema econômico — trata-se de uma ramo jurídico voltado a proteger a parte hipossuficiente da relação de emprego, o trabalhador, que através da sua força e energia vitais obtém uma contraprestação pecuniária a fim de atender às suas necessidades mais básicas — e ao mesmo tempo se reproduzir como tal.

Valoriza-se ainda o fato de que é a partir do trabalho em seu cotidiano que o ser humano se torna social, distinguindo-se até mesmo de outras formas não humanas e dos seres irracionais. A pessoa é o único ser com capacidade teleológica e, nesse sentido, o trabalho funciona como mediação ontológica para a realização das suas satisfações. E é justamente isto que a diferencia das demais atividades animais[6].

Por outro lado, o Direito do Trabalho — no caso do Brasil, especificamente o art. 2º da CLT — retrata também a sua perspectiva econômica, sob o ponto de vista do empregador, a empresa, cujo detentor pode ser pessoa física, jurídica ou até mesmo ente despersonalizado. Demonstra, portanto, uma relação de opostos: de um lado, a pessoalidade — a perspectiva humana, do empregado; do outro, a impessoalidade — a perspectiva econômica, da empresa.

São os dois lados da moeda. Um deles ocupa um ser humano, cuja atividade é inseparável da pessoa que a executa — o empregado. O outro ocupa a empresa, enquanto conjunto de bens, detentora dos meios de produção e que assume os riscos da atividade econômica, tal como expressa o princípio basilar justrabalhista da alteridade.

b) Pessoalidade

A pessoalidade é pressuposto que não está expresso na CLT, sendo uma construção síncrona da jurisprudência e da doutrina. Na visão de autores como Delgado, não se confunde com o da pessoa física, mas dela decorre, expressando a ideia de infungibilidade, pela qual o empregado não deve se fazer substituir, salvo nas hipóteses legais ou com a aquiescência do empregador, em situações eventuais.

Sob a nossa ótica, mais uma vez, o Direito do Trabalho apresenta sua perspectiva humana, na medida em que valoriza a distinção existente entre cada pessoa física, reforçando a personalidade e as características específicas de cada trabalhador, imprimindo neste a marca da singularidade e, consequentemente, da infungibilidade.

Ademais, a pessoalidade garante a higidez da atividade do empregado, pois é mediante sua exigência que se identifica a titularidade de direitos, obrigações e responsabilidades. De fato, é por meio da pessoalidade que se determina quem é o empregado que adquiriu para si, através do contrato, obrigações e direitos legais e pactuados.

A propósito, Manuel Alonso Olea destaca que a prestação do trabalho é personalíssima, e em duplo sentido. Primeiro, porque pelo seu trabalho compromete o trabalhador sua própria pessoa, enquanto destina parte das energias físicas e mentais que dele emanam e que são constitutivas de sua personalidade à execução do contrato, isto é, ao cumprimento da obrigação que assumiu contratualmente. Em segundo lugar, sendo cada pessoa um ser humano distinto dos demais, cada trabalhador difere de

---

(4) A doutrina clássica costuma inserir o primeiro pressuposto no bojo do segundo, mas não é o que faz DELGADO, Mauricio Godinho. *Curso de Direito do Trabalho*. São Paulo: LTr, 2017, cuja lição adotamos.
(5) Para lembrar a conhecida lição de José Ortega e Gasset, segundo a qual o homem é ele próprio e a sua "circunstância". In: GASSET, José Ortega. *Meditações do Quixote*. (1914). Trad. G. M. Kujawski. São Paulo: Ibero-Americano, 1967.
(6) ANTUNES, Ricardo. *Adeus ao trabalho?* Ensaio sobre as metamorfoses e a centralidade do mundo do trabalho. São Paulo: Cortez, 1995. p. 133.

outro qualquer, diferindo também as prestações de cada um deles, enquanto expressão de cada personalidade em singular. (OLEA, 1969).

Por outro lado, a responsabilidade pelas verbas trabalhistas prescinde do exame da pessoalidade do empregador, recaindo sobre a figura que se encontre no polo passivo da relação de emprego. Empregador será quem contrata, remunera, dirige e assume os riscos da atividade econômica, tomando para si os frutos do trabalho alheio, podendo se configurar como um feixe de entidades, empresas ou pessoas, a depender dos instrumentos jurídicos que amalgamam as relações jurídicas entre aqueles a quem interessa a contratação do trabalho[7].

É evidente que tal definição de sujeitos possíveis para a imputação de deveres oriundos da relação jurídica, absorvendo os riscos integrais da atividade, acaba por legitimar o uso e a exploração do trabalho humano, disfarçando o conflito imanente entre capital e trabalho, através do um estratagema de legalização-legitimação da titularidade do resultado da atividade — o que, em termos marxianos, equivaleria à *mais-valia*, excedente de tempo e trabalho humanos necessários para a reprodução social. No campo simbólico, portanto, a relação jurídica empregatícia compõe a solução de compromisso político, em que a apropriação do excedente pelos proprietários lhes transfere o risco integral da atividade econômica[8].

Neste aspecto, se clarifica a perspectiva econômica do "requisito fático-jurídico" da pessoalidade, através do seu contraponto, o princípio da alteridade que informa a atividade empresarial.

c) Habitualidade

A CLT, em seu art. 3º, expressa o requisito fático-jurídico da não-eventualidade. Na tentativa de melhor explicitar o sentido deste pressuposto negativo, a doutrina e a jurisprudência desenvolveram, sem sucesso e sem sincronicidade, alguns critérios. Delgado categorizou estas tentativas em teorias do evento, da fixação jurídica, dos fins do empreendimento e da descontinuidade.

Não obstante as tentativas para fixar o conteúdo do referido requisito, o aspecto central, a nosso ver, é a habitualidade. No entanto, de fato, esta não deve ser compreendida de maneira isolada em relação às demais, sob pena de incorrermos em uma visão reducionista.

A ideia de habitualidade também não pode levar a concluir que se o empregado trabalha apenas um dia, e é despedido, não pode ser considerado empregado naquele dia. O que importa, no caso, é saber se — mesmo em estado de potência, de possibilidade — ela existia. Algo semelhante, aliás, acontece com o pressuposto da subordinação, que adiante analisaremos: o simples fato de nunca ter recebido ordens efetivas não impede que alguém estivesse *em estado de recebê-las,* e seja assim considerado empregado.

Enquanto conceito jurídico indeterminado, a habitualidade dá a abertura necessária para que seu conteúdo final seja definido no momento de aplicação da norma ao caso concreto, quando o juiz do trabalho terá a oportunidade de colher dados da realidade. Mas este conceito também serve para apreender ao mesmo tempo a exigência de permanência que deve se contrapor à não-eventualidade, e o viés humano e o econômico do Direito do Trabalho.

A pessoa que faz parte de uma relação de emprego encontra normalmente no trabalho — por mais alienado que este seja — algum reconhecimento; e reconhecimento não apenas do sistema, que se vale dele para funcionar, nem apenas da sociedade, que o valoriza, mas dela própria, a pessoa. Afinal, ser trabalhador, mesmo subordinado, é também ter algum tipo de identidade, é integrar-se em uma classe, é poder (ainda que minimamente, conforme o caso) encontrar espaços de realização profissional. E é também ser sujeito de direitos.

O trabalho protegido, desde sua concepção ideal, assume a perspectiva humana ao funcionar como mecanismo mediante o qual o ser humano torna-se produtivo, pelo qual ele se forma e se transforma, sendo também a porta de abertura para o outro, pois enquanto ser social, é através do trabalho que ele se insere socialmente. Assim, o trabalho faz despontar o ser social, enquanto condição de sobrevivência digna, de formação, desenvolvimento e sociabilidade humana. De fato, entender assim o trabalho protegido trata-se de esforço de construção de uma tese para o futuro e não a descrição do futuro no presente.

Para atingir tal objetivo, no entanto, o trabalho precisa ser habitual, incorporando-se de maneira duradoura e perene ao patrimônio emocional, cotidiano e também econômico do trabalhador. Neste sentido, a habitualidade, enquanto elemento conformador da relação de emprego, garante à pessoa a gama de direitos legais e pactuados que se aplicam apenas aos empregados, pois continua sendo ainda a relação de emprego a "principal chave de conectividade do trabalhador aos direitos sociais fundamentais, em especial aos direitos trabalhistas e previdenciários"[9].

No entanto, embora o emprego, em sua característica da habitualidade, se afirme como central e inerente ao ser social, podendo gerar, desde o horizonte do trabalhador, uma estabilidade emocional —, maior ou menor, conforme o caso — este mesmo requisito da habitualidade se reveste de caráter econômico desde a perspectiva do empregador, pois agrega-se ao desenvolvimento da empresa e de sua inserção no mercado econômico de produção de bens e serviços, mediante a apropriação habitual dos frutos do trabalho alheio.

---

(7) MENDES, Marcus Menezes Barberino; CHAVES JÚNIOR, José Eduardo de Resende. Subordinação estrutural-reticular. *Revista Jus Navigandi*, Teresina, ano 13, n. 2005, 27 dez. 2008. Disponível em: <https://jus.com.br/artigos/12126>. Acesso em: 9 nov. 2016.
(8) MENDES, Marcus Menezes Barberino; CHAVES JÚNIOR, José Eduardo de Resende. Subordinação estrutural-reticular. *Revista Jus Navigandi*, Teresina, ano 13, n. 2005, 27 dez. 2008. Disponível em: <https://jus.com.br/artigos/12126>. Acesso em: 9 nov. 2016.
(9) TEODORO, Maria Cecília Máximo; MIRAGLIA, Lívia Mendes Moreira. Alguns dos efeitos econômicos, arrecadatórios e sociais da Reforma Trabalhista. In: MELO, Raimundo Simão; ROCHA, Cláudio Jannotti. *Constitucionalismo, trabalho, seguridade social e as reformas trabalhista e previdenciária*. São Paulo: LTr, 2017. p. 136-143.

A importância de se perceber este elemento fático-jurídico pelas perspectivas humana e econômica é justamente evitar a reificação do ser humano, considerando-o apenas como mão de obra, como insumo no processo de produção, o que se repete no processo de consumo, evitando-se a redução da pessoa que trabalha e consome à sua força de trabalho.

Enfim, com tudo isso, o que se quer dizer é que a habitualidade expressa também o outro lado da moeda, o lado em que está o trabalhador, uma pessoa humana, verdadeiro *sujeito de direitos*, mas em sentido maior, e que não se dissocia da sua força de trabalho.

d) Onerosidade

Quando a CLT fala em onerosidade, não está se referindo ao pagamento; mas ao fato de ter havido pactuação (expressa ou tácita) a respeito de contrapartidas. Desse modo, haver ou não pagamento é completamente irrelevante para a conformação da relação de emprego, envolvendo apenas matéria de prova. O pagamento serve de presunção *"hominis"* de ter havido onerosidade (ou seja, contratação a respeito de contrapartidas e *a priori*). Aliás, até mesmo no plano processual, esta distinção pode ser irrelevante caso haja confissão, expressa ou tácita.

Mas a onerosidade também exprime claramente este duplo viés do Direito do Trabalho, se a analisarmos sob os aspectos objetivo e subjetivo — ou seja, de um lado, o propósito (de cada um dos sujeitos) de receber e pagar (cada qual a prestação alheia); e, de outro, o pagamento efetivo do salário (por parte do empregador), em geral precedido pelo pagamento do trabalho (por parte do empregado).

O plano objetivo traz à tona a sua perspectiva econômica, significando o pagamento da contraprestação pactuada em razão da apropriação pelo empregador dos frutos do trabalho prestado pela pessoa. Ou seja, representa a principal obrigação do empregador, que é a de remunerar seu empregado.

No entanto, em caso de ausência de pagamento em razão do descumprimento desta obrigação, o empregador não se vê desonerado, não se podendo concluir automaticamente que não se estaria diante de uma relação de emprego. Ademais, a onerosidade não está exatamente em pagar a remuneração. A intenção do empresário, do patrão, do detentor dos meios de produção, não está no trabalho em si, como atividade, mas nos seus frutos ou resultados, para tanto se obriga a uma contraprestação. Tal característica de assunção de contrapartidas *a priori* se opõe a uma atividade ociosa, seja sob a perspectiva do trabalhador ou do empregador.

É exatamente neste contexto que se passa a discutir o plano subjetivo da onerosidade, pelo qual o horizonte de análise é o do trabalhador, trazendo à tona a perspectiva humana deste pressuposto fático jurídico, reforçando a onerosidade no plano material, que exprime não necessariamente o pagamento da remuneração, mas a pactuação de contrapartidas.

A correspondência entre trabalho e remuneração é peculiar ao trabalho produtivo, inexistindo no trabalho gracioso. Embora o trabalho gratuito seja livre e prestado a outrem, portanto, dotado de alienidade, no entanto, não é remunerado. Assim, desde o ponto de vista do trabalhador não é pois um trabalho produtivo, que pressuponha sempre o fornecimento de vantagens, com as quais atenderá as suas necessidades de subsistência[10].

Pelo plano subjetivo, portanto, desde a perspectiva do sujeito, do ser humano, da pessoa do trabalhador, perquire-se a intenção do trabalhador no instante da pactuação, ou seja, se este pretendia oferecer os frutos do seu trabalho para outrem gratuitamente, ansiando por uma contraprestação.

Na relação de emprego, graças à sua perspectiva humana, deduz-se que a onerosidade caracteriza-se, como dito, pela existência de contrapartidas, pelas quais estabelece-se uma obrigação de dar, pretendida ou assumida em troca dos frutos do trabalho da pessoa.

A propósito, Mario de La Cueva sugere que mesmo havendo expressão volitiva de não percepção de remuneração, o contrato é princípio apto o suficiente para fazer surgir dos fatos — em que se apresenta uma situação de disparidade entre trabalhador e empregador — a remuneração como condição quase intrínseca de quem trabalha e tem os frutos de seu trabalho apropriado por outrem.

O contrato de trabalho, em sua acepção de relação de trabalho, é um contrato-realidade, pois existe nas condições reais de prestação dos serviços, independentemente do que pactuado entre o trabalhador e o patrão, com a limitação, que não está por demais fazer, de que essas condições não podem reduzir os privilégios contidos na lei ou nos contratos coletivos de trabalho[11].

e) Dependência

A CLT traz em seu art. 3º o requisito da dependência, contemporaneamente concebido como subordinação.

Trata-se do requisito fático-jurídico mais discutido, dada sua relevância, uma vez que se apresenta como o verdadeiro traço distintivo entre a relação de emprego e o trabalho autônomo.

A dependência já foi compreendida como pessoal, conceito que nos parece superado em razão da perspectiva humana do Direito do Trabalho, que garante a higidez da pessoa do trabalhador. Russomano[12] dizia que não se pode contratar um braço; a pessoa vem junto; Catharino[13] ensinava que "o trabalhador é pessoalmente atingido". Assim, em não sendo possível separar a energia e o homem, trata-se de meio de produção diferente, pois é indissociável de sua fonte. Esta inseparabilidade entre o trabalhador e

---

(10) OLEA, Manuel Alonso. *Introdução ao Direito do Trabalho*. Trad. C. A. Barata da Silva. Porto Alegre: Livraria Sulina, 1969. p. 31.
(11) DE LA CUEVA, Mário. *Derecho Mexicano del Trabajo*. T. 2. México: Porruá, 1976. p. 632.
(12) RUSSOMANO, Mozart Victor. *Curso de direito do trabalho*. 9. ed., rev. e atual., 4. tiragem. Curitiba: Juruá, 2005.
(13) CATHARINO, José Martins. *Compêndio de Direito do Trabalho*. São Paulo: Saraiva, 1982. p. 206.

sua força de trabalho aparece então como raiz da ontologia juslaboral[14].

A dependência também foi concebida como técnica, já que o trabalhador da era industrial ocupava a função para aprender uma profissão, para se "especializar em determinada atividade, sendo dependente tecnicamente do saber do seu superior hierárquico. De fato, o que houve com o advento da máquina foi, ao contrário, a desqualificação crescente do trabalho, tendência que só recentemente começa pouco a pouco a se inverter, embora não em todas as direções. Atualmente, pode-se dizer que como o empregador detém os meios de produção, é natural que os organize, pois do contrário, por exemplo, poderia acontecer de a máquina estar ligada fora do horário de trabalho humano, e vice e versa, ou a matéria-prima chegar com os portões da fábrica fechados; e nesse sentido, sim, haveria dependência técnica. Conceber a dependência como técnica só não cairia numa noção reducionista se concebida no fato de que a organização do trabalho humano depende da técnica utilizada pela empresa para gerir a produção; e é por isso que o operário não pode usar a máquina como bem quiser, ou até de madrugada, se preferir.

Por outro lado, se concebermos a dependência técnica com um sentido menor, relacionado ao saber-fazer do operário, tudo vai depender da situação concreta. Quase sempre — especialmente desde o advento do taylorismo — essa forma de dependência existe, embora hoje a coisa tenda a se inverter; mas por exceção pode acontecer de um operário saber mais do que o gerente, e este é exatamente o argumento para se rechaçar a interpretação de que a dependência que está na lei é técnica. Em outras palavras: há dois sentidos possíveis para a expressão, e apenas num sentido (o maior e primeiro) se pode dizer que a dependência é sempre técnica, já que sempre é o empresário e não o trabalhador quem detém os meios de produção e os organiza.

De certa forma, a dependência técnica — em seu sentido maior — embora ainda persista, pois a empresa organiza tecnicamente sua produção, se inseria mais fortemente num contexto de modernidade sólida, em que as fábricas refletiam através do trabalho da pessoa e do capitalismo pesado o "engajamento entre capital e trabalho fortificado pela mutualidade de sua dependência.[15]"

A dependência também foi concebida (e ainda é) como subordinação jurídica, que não é pessoal, mas voltada para a forma como o trabalho é prestado, gerando uma obrigação de respeito à hierarquia e às ordens da empresa, como expoente máximo do poder diretivo, em razão do contrato de trabalho estabelecido entre as partes. Este conceito ajuda a superar a ideia de dependência pessoal.

Tais conceitos não são excludentes, mas complementares; e também não são privativos de uma modernidade sólida, embora bastante característicos daquele período, sendo encontrados ainda na liquidez dos nossos tempos.

A propósito, o desenvolvimento desta modernidade líquida tem suas entranhas na década de 1970, e se deu por meio de mudanças estruturais, políticas, econômicas e sociais, ao lado das inovações tecnológicas, e do esgotamento do padrão produtivo de acumulação, acabando por instaurar uma crise do capital multifacetada e complexa.

Assim, o "operário-massa" (especializado, mas desqualificado), da produção de massa (viabilizada pelas técnicas de mecanização dos movimentos e controle implacável do tempo), e a rigidez das estruturas hierárquicas — todos traços marcantes do modelo de produção taylorista-fordista, dão lugar, progressivamente, ao modelo de produção toyotista, marcada pelo hiperqualificação, pela ausência de controle, fiscalização pelos próprios pares, pela internet e suas redes, fazendo sucumbir a um só tempo a ideia de dependência pessoal, técnica e subordinação jurídica.

Esta modernidade líquida se caracteriza, na esfera do Direito do Trabalho, em uma retração da *perspectiva humana* e avanço da *perspectiva econômica* por meio de uma exploração crescente. Parece vir acompanhada de uma tentativa ideológica de voltar a reduzir o conceito de subordinação, para afastar mais pessoas do espectro de proteção. A mesma tendência pode ser notada com a moeda de troca — o salário —, que em vários pontos sofreu retração.

Diante disso, passou-se a falar em subordinação estrutural, reticular ou residual (Delgado[16], Porto[17], Chaves[18]), que não é totalmente nova, pois o esforço expansivo do conceito de subordinação data da década de 1970 (Vilhena[19]), num movimento importante de resistência.

Assim, para fazer frente a este projeto ideológico de redução do espectro de atuação protetiva do Direito do Trabalho e diante do fato de, em geral, o sistema produtivo não se organizar mais sob o modelo hierárquico rígido de outrora, com a figura do chefe, do superior imediato, resgata-se e burila-se a discussão acerca do conceito de subordinação como trincheira metodológica para evitar a sobreposição da perspectiva econômica do Direito do Trabalho sobre a sua perspectiva humana.

Hoje, tendencialmente, o trabalho é por produção, é mecanismo de distinção entre os pares. Com frequência, os próprios trabalhadores se cobram e se fiscalizam, tornando-se os seus próprios algozes. O trabalho individual, em geral, só pode ser mensurável por meio da produção do grupo, que se ocupa de extirpar do seu organismo o elemento improdutivo, como uma quimioterapia combatendo o câncer.

Fala-se então em subordinação estrutural, residual ou reticular, no intuito de colocar sob o manto de proteção do Direito do Trabalho trabalhadores inseridos nas novéis

---

(14) OLIVEIRA, Murilo Carvalho Sampaio. *A (re)significação do critério da dependência econômica*: uma compreensão interdisciplinar do assalariamento em crítica à dogmática trabalhista. Tese de Doutorado apresentada ao PPGD da Universidade Federal do Paraná, Curitiba, 29 de jul. 2011, p. 175.
(15) BAUMAN, Zygmunt. *Modernidade líquida*. Trad. Plínio Dentzien. Rio de Janeiro: Zahar, 2001. p. 165-166.
(16) DELGADO, Mauricio Godinho. Relação de emprego e relações de trabalho: a retomada do expansionismo do direito trabalhista. In: *Dignidade humana e inclusão social*: caminhos para a efetividade do Direito do Trabalho no Brasil, São Paulo: LTr, 2010.
(17) PORTO, Lorena Vasconcelos. *A subordinação no contrato de trabalho*: uma releitura necessária. São Paulo: LTr, 2009.
(18) MENDES, Marcus Menezes Barberino; JÚNIOR, José Eduardo de Resende Chaves. Subordinação estrutural-reticular: uma perspectiva sobre a segurança jurídica. *Revista do TRT da 3ª Região*, n. 76, jul./dez. 2007.
(19) VILHENA, Paulo Emílio Ribeiro de. *Relação de emprego*: estrutura legal e supostos. São Paulo: Saraiva, 1975.

formas de produção, em que a prova da subordinação se torna difícil.

É o que se vê, como primeiros exemplos, na chamada "parasubordinação" e mais especificamente nos casos de teletrabalho e em outras hipóteses marcadas por técnicas de administração do salário por produtividade individual ("*downsizing*"); diminuição do controle de estoque ("*kanban*"); produção em tempo real ("*just-in-time*"); deslocalização das unidades produtivas, fragmentadas em países com a força de trabalho mais barata possível, geralmente com maior *dumping* social ("*outsourcing*"); e por fim, pela terceirização[20].

São situações que acabam colocando em crise o conceito mais tradicional de subordinação jurídica, que exigia a efetivação de ordens, muito embora, como se disse, há pelo menos cinquenta anos uma parte da doutrina já tentasse ampliá-lo, dando-lhe feição objetiva.

Nesse sentido, a subordinação estrutural se manifesta pela inserção do trabalhador na dinâmica do tomador de seus serviços, independentemente de receber suas ordens diretas, mas acolhendo, estruturalmente, sua dinâmica de organização e funcionamento. Nessa dimensão de subordinação, não importa que o trabalhador se harmonize (ou não) aos objetivos do empreendimento, em que receba ordens diretas das específicas chefias deste, sendo fundamental que esteja estruturalmente vinculado à dinâmica operativa da atividade do tomador de serviços[21].

Não obstante todo o avanço propiciado pelo esforço doutrinário e jurisprudencial para se alargar o conceito de subordinação e, assim, colocar sob o espectro de proteção do Direito, trabalhadores expulsos sumariamente por não se adequarem ao conceito tradicional de subordinação jurídica, parece-nos necessário alargar ainda mais o conceito de subordinação, retomando aos seus pilares básicos — e até mesmo literais, tendo em vista a redação original da CLT prever a dependência — para nele fazer presentes as ideias de dependência econômica e alienidade, na medida em que é a empresa que detém os meios de produção e os frutos do trabalho, e geralmente concentra os riscos da atividade e, por outro lado, o trabalhador está na esfera da necessidade, entregando sua força de trabalho em troca de remuneração.

O trabalhador é livre e esta afirmação pode ser feita com base na realidade social, que é real e efetiva, mas tão somente se contrapõe ao passado histórico de escravidão e servidão. Assim, o trabalho humano produtivo é feito pela pessoa humana que em razão de deliberações livres e por vontade própria se nega o direito de não trabalhar e aceita estipular seu trabalho a uma terceira pessoa, colocando como seu preço a remuneração a receber[22].

Sigmund Freud chegou a pensar que "nem sequer é certo que, sem coação, a maioria dos homens estivesse disposta a executar o trabalho necessário à sua subsistência"[23]. E Marx disse que "o trabalho não é satisfação de uma necessidade, mas um meio de satisfação de outras necessidades, o trabalho em geral não é voluntário, mas forçoso, e daí que quando inexiste uma compulsoriedade física ou de outra natureza seja ele evitado como uma peste"[24].

Por isso, é que quando se fala que o trabalho está na esfera da necessidade, não se deseja negar a liberdade, mas demonstrar que as pressões que resultam do meio social e da própria natureza biológica de subsistência da pessoa, sem dúvida, são fortes e inegáveis condicionantes da sua liberdade. "A dimensão atual de liberdade de trabalho por conta alheia, portanto, só possui relevo se contemplada historicamente e porque a noção de liberdade, enquanto atue sobre a posse de um bem material — em nosso caso, os frutos do trabalho — tem uma coloração jurídica indissoluvelmente ligados a outros aspectos"[25], dentre eles a necessidade.

A ideia de dependência econômica traz em si, a um só tempo, as perspectivas humana e econômica do Direito do Trabalho. Em sua acepção mais teórica, otimista e ideal, o contrato de trabalho exprime a existência de dois polos, num dos quais o trabalhador se compromete a desenvolver, genericamente, a atividade escolhida pelo empregador, e em outro este empregador se compromete a remunerar o trabalhador.

Murilo Oliveira adverte que a condição de dependente do trabalhador é indiscutivelmente a causa e a razão de ser do Direito do Trabalho e o traço da dependência é o constitutivo da singularidade do juslaboralismo, haja vista que seu caráter protetivo, limitador da exploração deste trabalho. E acrescenta que trata-se do caractere que o distingue das demais disciplinas das relações privadas, servindo como medida de garantia de civilidade a uma relação econômica que é estruturalmente injusta e desproporcional. Enfim, afirma que o Direito do Trabalho destina-se aqueles que somente têm a força de trabalho como possibilidade de vida e, assim, como serem dependentes daqueles que lhes ofertem um salário[26].

Importante, ainda, nesse esforço ampliativo, retomar a lição de Manuel Alonso Olea sobre a dependência e a alienidade.

Não se trata de reduzir a dependência a conceitos impróprios que não correspondem à realidade das relações de emprego, mas em admitir que a dependência é uma consequência ou um efeito da prestação de trabalho para terceiros, pertencer originariamente e *a priori* a pessoa distinta da que efetivamente trabalha. Assim, a dependência é inconcebível sem a prestação de trabalho para terceiros, mas o esforço doutrinário, portanto, deve se ater não ao conceito

---

(20) RAPASSI, Rinaldo Guedes. Subordinação estrutural, terceirização e responsabilidade no Direito do Trabalho. *Jus Navigandi*, Teresina, ano 12, n. 1738, 4 abr. 2008. Disponível em: <http://jus2.uol.com.br/doutrina/texto.asp?id=11123>. Acesso em: 10 nov. 2016.
(21) DELGADO, Mauricio Godinho. *Curso de Direito do Trabalho*. São Paulo: LTr, 2017. p. 315.
(22) OLEA, Manuel Alonso. *Introdução ao Direito do Trabalho*. Trad. C. A. Barata da Silva. Porto Alegre: Livraria Sulina, 1969. p. 44.
(23) FREUD, Sigmund. *The future of an illusion*. Londres, 1928; em A. Montagu: *The biosocial nature of man*. Nova York, 1956. p. 37.
(24) MARX, Karl. *Manuscritos econômicos e filosóficos*, 1884. p. 169-170.
(25) OLEA, Manuel Alonso. *Introdução ao Direito do Trabalho*. Trad. C.A. Barata da Silva. Porto Alegre: Livraria Sulina, 1969. p. 44.
(26) OLIVEIRA, Murilo Carvalho Sampaio. *A (re)significação do critério da dependência econômica*: uma compreensão interdisciplinar do assalariamento em crítica à dogmática trabalhista. Tese de Doutorado apresentada ao PPGD da Universidade Federal do Paraná, Curitiba, 29 de jul. 2011. p. 173.

elementar da dependência, mas na sua característica ou efeito de "desvio da atividade para terceiros"[27].

Neste ponto, nos vemos diante da *alienidade* como um elemento definidor e a própria essência do contrato de trabalho, conceituando-a como um modelo originário de adquirir propriedade por um alheio distinto de quem trabalha, já que "no estado original das coisas ou no de pura natureza, os frutos do trabalho revertem para seu executor, já que do mesmo são resultado"[28].

A alienidade está presente no trabalho por conta alheia, típico do empregado, que não usufrui em sua inteireza dos frutos do seu trabalho, posto que os transfere a outrem, em troca de remuneração.

A separação do trabalho humano produtivo por conta própria (autônomo) e alheio (empregado) repousa "fundamentalmente na circunstância de que os resultados se atribuem a quem executou o trabalho ou à terceira pessoa". "O essencial e o diferenciador no trabalho por conta alheia reside no fato de pertencerem os resultados, a partir do momento de sua produção, a pessoa diversa do trabalhador"[29].

Desta forma, ainda que se trate de um alto empregado, executivo, diretor, e até mesmo da nova figura trazido pela reforma trabalhista (Lei do empregado supersuficiente em que mesmo a "subordinação estrutural" se apresenta esfumada, rarefeita, recorrendo-se à ideia de dependência econômica, se perceberá com mais clareza que o trabalhador vende seu trabalho a outrem por não possuir os outros meios de produção, e por isso depende da contraprestação daí resultante para sobreviver, pelo menos na imensa maioria dos casos. E da mesma forma, recorrendo-se à ideia de alienidade, perceber-se-á que o simples fato de não haver ou não se detectar a subordinação, mesmo "estrutural", não faz do trabalhador um "autônomo", pois os frutos do seu trabalho não são seus, sendo incorporados pela estrutura empresarial, que em troca lhe oferece remuneração.

A doutrina espanhola, trazida por José Resende Chaves, assinala o caráter tricotômico da alienidade:

> O primeiro e mais tradicional é a de Olea, em que a alienidade é encarada a partir da alienação dos frutos do trabalho (*ajenidad en los frutos*).
>
> O segundo, na qual a alienidade é aferida em função da não-assunção dos riscos da atividade econômica, defendida por Bayón Chacón e Perez Botija (*ajenidad en los riscos*)
>
> O terceiro, da alienidade em razão da desvinculação da pessoa do trabalhador da utilidade patrimonial do trabalho (*ajenidad en la utilidad patrimonial*), apresentada por Montoya Melgar[30].

Quando se fala em alienidade, portanto, quer se traduzir a ideia de que os frutos econômicos do trabalho da pessoa não são totalmente revertidos em seu proveito, ou que os riscos da atividade não são suportados pelo trabalhador e, por fim, que a pessoa não se vincula à utilidade patrimonial do seu trabalho, deflagrando a perspectiva econômica do Direito do Trabalho.

Por outro lado, a necessidade de trabalhar e esta falta de liberdade em usufruir em sua inteireza dos frutos do seu próprio trabalho, bem como a ausência de responsabilidade quanto aos riscos do empreendimento, revelam a figura humana por detrás da produção, ou seja, a existência de um ser humano que, em necessitando consumir, trabalha para outrem. E é exatamente daí, repita-se, que se extrai a perspectiva humana do viés de dependência econômica que se quer conferir à subordinação.

Se dermos à expressão "dependência econômica" apenas o sentido de hipossuficiência, independentemente do fato de o prestador possuir ou não os meios de produção, é possível concluir que até mesmo um trabalhador autônomo possa ser dependente economicamente. Mas neste caso, ausente está a alienidade, na medida em que os frutos econômicos do trabalho são inteiramente aproveitados pelo trabalhador, que assume os riscos da atividade que presta e está inteiramente vinculado à utilidade patrimonial do seu trabalho, não se tratando verdadeiramente de um empregado.

As referidas novas formas de produção, como o teletrabalho, o trabalho a domicílio e o por produção, reforçam a ideia de que pode-se estar diante de verdadeira relação de emprego, muito embora difícil a prova da subordinação neste viés tradicional e até mesmo estrutural, tornando seu conceito mais alargado porque presentes a dependência econômica e a alienidade em sua acepção tricotômica.

Por fim, nada mais justificável que a necessidade humana e econômica para permitir a alienidade do contrato de trabalho e a dependência econômica. Em não sendo possível dissociar o ser humano de seu trabalho, o empregador se favorece não da força de trabalho, mas da pessoa diretamente. Para tanto, para além da perspectiva econômica, o fato de se depender do trabalho para sobreviver, para consumir, deve ser protegido pela perspectiva humana, para que a pessoa necessitada não se submeta a qualquer situação e tenha a sua dignidade humana respeitada.

3. REPENSANDO O DIREITO DO TRABALHO SOB UMA PERSPECTIVA HUMANA E ECONÔMICA

O segundo esforço a que nos propomos é o de exercitar um novo olhar sobre as normas de proteção do trabalho — seja do Direito do Trabalho existente, seja o do futuro, de forma a excluir o seu aspecto puramente monetário, econômico, humanizando-o.

Note-se que a separação entre o "humano" e o "econômico" é relativa, já que, em geral, as duas dimensões se misturam e se completam. Basta notar, por exemplo, que o salário permite, de um lado, que o trabalhador se torne

---

(27) OLEA, Manuel Alonso. *Introdução ao Direito do Trabalho*. Trad. C. A. Barata da Silva. Porto Alegre: Livraria Sulina, 1969. p. 25.
(28) OLEA, Manuel Alonso. *Introdução ao Direito do Trabalho*. Trad. C. A. Barata da Silva. Porto Alegre: Livraria Sulina, 1969. p. 25.
(29) OLEA, Manuel Alonso. *Introdução ao Direito do Trabalho*. Trad. C. A. Barata da Silva. Porto Alegre: Livraria Sulina, 1969. p. 26.
(30) MENDES, Marcus Menezes Barberino; CHAVES JÚNIOR, José Eduardo de Resende. Subordinação estrutural-reticular. *Revista Jus Navigandi*, Teresina, ano 13, n. 2005, 27 dez. 2008. Disponível em: <https://jus.com.br/artigos/12126>. Acesso em: 9 fev. 2018.

consumidor, realimentando o sistema, numa dimensão puramente econômica; mas ao mesmo tempo lhe possibilita sobreviver, o que pode ser visto também sob o aspecto humano. Desse modo, quando falamos, aqui, em "econômico" ou em "humano", estamos nos referindo ao aspecto *prevalente* e não necessariamente único.

Ocorre que, às vezes, há um desequilíbrio entre o "humano" e o "econômico". Um dos aspectos passa a ser tão privilegiado que acaba sufocando o outro, mesmo sem extingui-lo de todo. O que se busca, neste breve estudo, é defender a tese do equilíbrio, da conciliação entre os dois polos.

Também a proposta de uma interpretação nova do Direito do Trabalho, que o repense, que o repersonalize, mas sem se esquecer de seu *outro lado*.

Assim, ao se interpretar as normas de proteção do trabalho da mulher, por exemplo, observa-se que a motivação é sobretudo humana, na medida em que visa protegê-la no mercado de trabalho; no entanto, a criação, interpretação e aplicabilidade da norma não devem se abstrair da perspectiva econômica, de modo que a proteção não implique em tornar a mulher "mais cara", a ponto de ser preterida no mercado.

Sobre este tema, nos parece que o tratamento diferenciado oferecido à mulher no mercado de trabalho, baseando-se unicamente na questão de gênero, os desejáveis efeitos protetivos e emancipatórios — humanos, em relação à mulher, são subvertidos, e o resultado prático obtido é a intensificação da segregação da mão de obra feminina no mercado de trabalho — seja na ala dos desempregados ou na ala dos ocupantes de empregos precários, quando não se avalia também a perspectiva econômica.

Ainda sob esta perspectiva, o alcance da efetiva proteção da mulher num mercado regido pelo lucro, pressupõe a desvinculação de todas as garantias que atualmente lhe são reservadas em razão do gênero, de modo que, diante do empregador, todos os trabalhadores sejam vistos em suas condições humanas, como potenciais geradores da mesma produtividade e margem de lucratividade. É o que nos parece possível por meio de uma interpretação que estenda os direitos restritos às mulheres e aos homens[31].

O mesmo ocorre, *mutatis mutandi*, em relação aos adicionais de remuneração. Embora a motivação da norma seja prevalentemente humana, de proteger a saúde e a integridade física do trabalhador, sua criação, interpretação e aplicação necessitam de uma perspectiva *mais* econômica, para que o custo de submeter os trabalhadores a atividades insalubres, perigosas, noturnas, extraordinárias etc., seja alto o suficiente para desmotivar o empregador.

No caso específico dos adicionais de insalubridade e periculosidade, por exemplo, a interpretação majoritária sustenta a não cumulatividade fundamentando-se no art. 193, § 2º, da CLT, segundo o qual o empregado que faz jus ao adicional de periculosidade pode "optar pelo adicional de insalubridade que porventura lhe seja devido".

Trata-se de uma interpretação cuja perspectiva é a do capital, apenas, pois não beneficia o trabalhador sequer sob o aspecto econômico. Ora, se a realidade fática demonstra a impossibilidade de neutralização completa dos agentes insalubres — que ocasionam efeitos deletérios na saúde da pessoa que trabalha — ou da periculosidade ínsita a determinadas atividades — gerando risco à integridade física do trabalhador —, a despeito de toda a prevenção e adequação do ambiente de trabalho a que o empregador está obrigado[32], a sua não cumulatividade gera prejuízo financeiro aos empregados, sem que as empresas tenham a preocupação social de diminuir os riscos inerentes à atividade por eles exercida. Note-se, a propósito, que é perfeitamente possível concluir — com base na Constituição — que os adicionais são, sim, cumuláveis, a despeito do que diz aquela norma.

Não custa lembrar, a propósito, que na perspectiva econômica do Direito do Trabalho, o desenvolvimento de atividades insalubres e perigosas deve representar um ônus financeiro tal que o pagamento dos referidos adicionais sirva de instrumento pedagógico e preventivo suficiente a desestimular a permanência dos agentes danosos.

Pode-se ainda, como último exemplo, pensar no tema do salário, cuja motivação humana é a de garantir a sobrevivência do trabalhador, que se aliena dos frutos do seu trabalho, mas cujas normas vem sendo pressionadas no sentido de privilegiar o interesse econômico das empresas. É o que se percebe, em nosso Direito, com o movimento de "dessalarização", representado pela exclusão da natureza salarial de diversas parcelas contraprestativas — como a participação nos lucros e várias utilidades.

Também visando menores custos, verdadeiras relações de emprego são deixadas às margens do Direito do Trabalho — seja com o respaldo da corrente doutrinária mais conservadora, seja às vezes com a cumplicidade da jurisprudência, seja, enfim, pela prática diária das empresas.

Para tanto, é difundida para o mundo a ideia de que os próprios trabalhadores são responsáveis pelo desemprego e pela fuga de capital da economia interna e que o resultado desta afirmação pode ser comprovado pelas baixas taxas de crescimento econômico.

Assim, a solução propagada pelos empregadores é a de cortar custos mediante a redução dos salários e a sonegação dos demais encargos trabalhistas, pois o "empregador obrigado a respeitar a legislação trabalhista, com seus 'enormes' custos de admissão e demissão, é obrigado a substituir trabalho vivo por trabalho morto"[33].

Mas, desde uma perspectiva econômica do Direito do Trabalho, pode-se demonstrar que a elevação das taxas de emprego gera ganhos para o trabalhador, para o Estado,

---

(31) A respeito, consultar: TEODORO, Maria Cecília Máximo. O Direito do Trabalho da mulher como teto de vidro no Mercado de trabalho brasileiro. In: *V Congresso Latino-americano de Direito Material e Processual do Trabalho*. Puc Minas. Belo horizonte: LTr, 2017.
(32) Veja-se, a propósito, a observação de Luís Menezes Leitão, diante do ordenamento jurídico português, no sentido de que "o empregador tem um específico dever de proteger especialmente a segurança e a saúde do trabalhador aquando da realização da prestação laboral. Esse dever não implica naturalmente a exclusão total dos riscos laborais, uma vez que tal não é normalmente possível, mas obriga todas as medidas necessárias à minimização desses riscos" (LEITÃO, Luís Manuel Teles de Menezes. *Direito do Trabalho*. Coimbra, Portugal: Almedina, 2016. p. 361).
(33) DATHEIN, Ricardo. *O crescimento do desemprego nos países desenvolvidos e sua interpretação pela teoria econômica*: as abordagens neoclássica, keynesiana e schumpeteriana. Tese (Doutorado em Economia) — Universidade Estadual de Campinas, Campinas, 2000. p. 83.

para a própria sociedade[34] e para a empresa. A ampliação do salário do empregado reflete na expansão do consumo e fomenta a própria circulação do capital, fortalecendo-o.

Por fim, quando se fala em reforçar a dimensão humana do trabalho, sem se abstrair de seu aspecto econômico, não se pode ignorar que a grande maioria dos que trabalham por conta alheia tem pouca ou nenhuma oportunidade de se realizar com o seu próprio trabalho, embora tente compensar esse déficit de outras formas — dentre as quais, o consumo.

4. CONSIDERAÇÕES FINAIS

Como visto, advogar uma conciliação ou um equilíbrio maior entre o "humano" e o "econômico" significa também lutar contra a alienação no trabalho, ainda que isso possa onerar a empresa — já que, como se sabe, ela tem uma "função social" a cumprir, segundo a Constituição Federal, e o significado dessa expressão vai muito além da simples criação de empregos.

E é justamente através deste ponto que se conectam as duas propostas aqui trazidas. Encorajar a criação, interpretação e aplicação de normas trabalhistas que, com motivações humanas, sejam capazes de lutar com o capital segundo as regras e a lógica deste impõe o esforço de repensar o Direito do Trabalho desde uma perspectiva humana e econômica.

Para tanto, desafia uma interpretação atualizadora e progressista dos requisitos fático-jurídicos da relação de emprego, pretendendo imprimir-lhes conteúdo que seja capaz de acompanhar os nossos tempos e permitindo a inclusão de um maior número de trabalhadores sob o manto protetivo do Direito do Trabalho, a fim de que este e o sistema a ele subjacente — o capital — cresçam em harmonia, com pujança econômica e valorização do ser humano.

O alargamento do conceito de subordinação para retomar seu conteúdo clássico, agregando-o, implica na recomposição da proteção em busca dos sujeitos hipossuficientes, há que se reconhecer é algo lógico, tendo em vista que nesta sociedade a condição de dependente está a se expandir". "Precisamente, a expansão que se realiza é a da dinâmica capitalista, que gera a consequência do crescimento qualitativo da condição de proletariado"[35].

De fato, o que se propõe não é nada de novo, tal como estava construído lá pela década de 1960, pela doutrina mais avançada, já tínhamos o estuário doutrinário suficiente para todas as situações.

O que parece acontecer nesses últimos 50 anos é, de um lado, um esforço conservador para neutralizar aquela expansão do conceito e, de outro, especialmente entre os combatentes do Direito do Trabalho, um contra-esforço de resistência, que cunhou outros nomes e fez alguns retoques, mas que basicamente resgata os clássicos doutrinadores do Direito do Trabalho como Catharino, Olea, Vilhena e outros.

Assim, o que vemos hoje é uma luta em torno do conceito, uma disputa de significados, e é preciso tomar partido nessa luta. Trata-se de defender a tese de que é preciso tomar partido em favor de um conceito amplo, e fazer valer, na prática, as lições desse segmento progressista da doutrina, com a utilização de todos os argumentos colocados à disposição.

5. REFERÊNCIAS BIBLIOGRÁFICAS

ANTUNES, Ricardo. *Adeus ao trabalho?* Ensaio sobre as metamorfoses e a centralidade do mundo do trabalho. São Paulo: Cortez, 1995.

BAUMAN, Zygmunt. *Modernidade líquida*. Trad. Plínio Dentzien. Rio de Janeiro: Zahar, 2001.

CATHARINO, José Martins. *Compêndio de Direito do Trabalho*. São Paulo: Saraiva, 1982.

DATHEIN, Ricardo. *O crescimento do desemprego nos países desenvolvidos e sua interpretação pela teoria econômica*: as abordagens neoclássica, keynesiana e schumpeteriana (2000). Tese Doutorado em Economia. — Universidade Estadual de Campinas, Campinas, 2000.

DE LA CUEVA, Mário. *Derecho Mexicano del Trabajo*. T. 2. México: Porruá, 1976.

DELGADO, Mauricio Godinho. *Curso de Direito do Trabalho*. São Paulo: LTr, 2017.

DELGADO, Maurício Godinho. Relação de emprego e relações de trabalho: a retomada do expansionismo do direito trabalhista. In: *Dignidade humana e inclusão social*: caminhos para a efetividade do Direito do Trabalho no Brasil. São Paulo: LTr, 2010.

FREUD, Sigmund. *The future of an illusion*. Londres, 1928; In: A. Montagu: *The biosocial nature of man*. Nova York, 1956.

GASSET, José Ortega. *Meditações do Quixote*. (1914). Tradução de G. M. Kujawski. São Paulo: Ibero-Americano, 1967.

LEITÃO, Luís Manuel Teles de Menezes. *Direito do Trabalho*. Coimbra: Almedina, Portugal, 2016.

MARX, Karl. *Manuscritos econômicos e filosóficos*, 1884.

MENDES, Marcus Menezes Barberino; CHAVES JÚNIOR, José Eduardo de Resende. Subordinação estrutural-reticular. *Revista Jus Navigandi*, Teresina, ano 13, n. 2005, 27 dez. 2008. Disponível em: <https://jus.com.br/artigos/12126>.

OLEA, Manuel Alonso. *Introdução ao Direito do Trabalho*. Trad. C. A. Barata da Silva. Porto Alegre: Livraria Sulina, 1969.

OLIVEIRA, Murilo Carvalho Sampaio. *A (re)significação do critério da dependência econômica*: uma compreensão interdisciplinar do assalariamento em crítica à dogmática trabalhista. Tese de Doutorado apresentada ao PPGD da Universidade Federal do Paraná, Curitiba, 29 de jul. 2011.

PORTO, Lorena Vasconcelos. *A subordinação no contrato de trabalho*: uma releitura necessária. São Paulo: LTr, 2009.

---

(34) O sistema previdenciário é baseado no princípio da compulsoriedade, segundo o qual todos aqueles que trabalham e recebem contraprestação pecuniária devem, obrigatoriamente, contribuir para o sistema. Quando o trabalhador está inserido na típica relação de emprego, a obrigação pelo recolhimento e repasse das contribuições previdenciárias fica a cargo do empregador, o que leva a uma eficiente arrecadação para o sistema. Por outro lado, os trabalhadores que não estão inseridos em uma relação formal de emprego, na prática e de maneira geral, não realizam as contribuições e não há modo eficiente de fiscalização, restando prejudicada a arrecadação de todo o sistema previdenciário. In: TEODORO, Maria Cecília Máximo; MIRAGLIA, Lívia Mendes Moreira. *Alguns dos efeitos econômicos, arrecadatórios e sociais da Reforma Trabalhista*. In: MELO, Raimundo Simão; ROCHA, Cláudio Jannotti. *Constitucionalismo, trabalho, seguridade social e as reformas trabalhista e previdenciária*. São Paulo: LTr, 2017. p. 136-143.

(35) OLIVEIRA, Murilo Carvalho Sampaio. *A (re)significação do critério da dependência econômica*: uma compreensão interdisciplinar do assalariamento em crítica à dogmática trabalhista. Tese de Doutorado apresentada ao PPGD da Universidade Federal do Paraná, Curitiba, 29 de jul. 2011. p. 177.

RAPASSI, Rinaldo Guedes. Subordinação estrutural, terceirização e responsabilidade no Direito do Trabalho. *Jus Navigandi*, Teresina, ano 12, n. 1738, 4 abr. 2008. Disponível em: <http://jus2.uol.com.br/doutrina/texto.asp?id=11123>.

RUSSOMANO, Mozart Victor. *Curso de direito do trabalho*. 9. ed. rev. e atual., 4. tiragem. Curitiba: Juruá, 2005.

TEODORO, Maria Cecília Máximo; MIRAGLIA, Lívia Mendes Moreira. Alguns dos efeitos econômicos, arrecadatórios e sociais da Reforma Trabalhista. In: MELO, Raimundo Simão; ROCHA, Cláudio Jannotti. *Constitucionalismo, trabalho, seguridade social e as reformas trabalhista e previdenciária*. São Paulo: LTr, 2017.

TEODORO, Maria Cecília Máximo. O Direito do Trabalho da mulher como teto de vidro no Mercado de trabalho brasileiro. In: *V Congresso Latino-americano de Direito Material e Processual do Trabalho*. Puc Minas. Belo horizonte: LTr, 2017.

TEODORO, Maria Cecília Máximo. Por um direito do trabalho repersonalizado. In: VIANA, Márcio Túlio; ROCHA, Cláudio Jannotti. *Como aplicar a CLT à luz da constituição*: alternativas para os que militam no foro trabalhista. São Paulo: LTr, 2016. p. 147-154.

VILHENA, Paulo Emílio Ribeiro de. *Relação de emprego*: estrutura legal e supostos. 1. ed. São Paulo: Saraiva, 1975.

MEIO AMBIENTE DO TRABALHO E ADOECIMENTO: A RECONFIGURAÇÃO TEÓRICO-DOGMÁTICA DOS SEUS FUNDAMENTOS

Jailda Eulídia da Silva Pinto[(*)]

1. INTRODUÇÃO

O artigo tem como objeto o meio ambiente do trabalho, a partir da problematização e refutação da doutrina jurídico-trabalhista clássica, que condiciona a proteção aos trabalhadores subordinados, sendo silente quanto aos demais atingidos na saúde física e psíquica, dentro e fora das organizações produtivas, em virtude das agressões desencadeadas pela nocividade do modo de produção capitalista — destrutivo desde sua gênese.

A fim de superar a obsolescência dessa doutrina, apoia-se no deslocamento do objeto do Direito do Trabalho — trabalho subordinado, visando à ampliação dos cânones da proteção e efetividade dos direitos fundamentais, nos termos da proposição teórica de Everaldo Gaspar Lopes de Andrade, o qual, numa pauta hermenêutica original, redefine citado objeto e reestrutura os fundamentos desse ramo do conhecimento jurídico. Somente assim serão abrangidos os informais, precarizados, clandestinizados, imigrantes, marginalizados, afetados pelo desemprego estrutural e os que pretendem viver de qualquer tipo de trabalho e renda compatíveis com a dignidade humana.

Analisa-se o tema na ótica da teoria social crítica, expandindo a doutrina jurídica nacional tradicional e a da OIT, sob o marco teórico-filosófico indicado no parágrafo anterior, que viabiliza apontar uma versão teórico-dogmática ampliativa. Também será destacada a atuação do Ministério Público do Trabalho na defesa dos direitos fundamentais.

As metamorfoses e as rupturas que vêm sucedendo no mundo do trabalho, aliadas às crises do sindicalismo contemporâneo, atestam a necessidade dessa reconfiguração, nas vertentes individuais, sindicais e internacionais.

Sob a ótica individual e internacional, embora haja estudos acerca da ambiência laboral, inclusive avanços promovidos no âmbito da OIT, em especial com as Convenções ns. 148, 155 e 161, estes permanecem associados ao pensamento do século XIX, voltados ao contrato individual de trabalho, aos empregados subordinados e ao sindicalismo reformista, relegando para um plano inferior às lutas libertárias.

Do ponto de vista das relações coletivas, torna-se imprescindível o exame das duas lutas que historicamente as acompanharam — reformistas e emancipatórias —, constatando-se a prevalência daquelas e a quase omissão destas nas narrativas e práticas sindicais. Isso implica uma versão interdisciplinar que articule os novos movimentos sociais e as teorias dos movimentos sociais no âmbito específico deste ramo do conhecimento jurídico.

Na esfera das relações sindicais e para enfrentar as crises do sindicalismo, exige-se articulação dos movimentos coletivos tipicamente trabalhistas com os demais movimentos sociais, uma vez que a emissão de poluentes, a elaboração de certos produtos, e o uso de agrotóxicos, acarretam enfermidades aos trabalhadores, aos consumidores e à coletividade, atingem a natureza, transbordando o interior das organizações.

Tais problematizações impulsionaram a elaboração de um escrito que se desloca da obsolescência da doutrina jurídico-trabalhista clássica, visando a apontar fundamentos que legitimem uma visão analítica distinta sobre a ambiência laboral, através da superação do paradigma tradicional: a subordinação da força do trabalho ao capital, a versão reducionista do meio ambiente circunscrito ao "chão da fábrica", o amparo apenas contra as enfermidades profissionais limitadas a estes espaços.

[(*)] Mestre em Direito do Trabalho e Especialista em Direito Processual Civil pela Universidade Federal de Pernambuco (UFPE), Especialista em Direito do Trabalho e Processual do Trabalho pela Universidade Cândido Mendes (UCAM/RJ), Especialista em Direitos Humanos e Trabalho pela Escola Superior do Ministério Público da União (ESMPU), Procuradora do Trabalho na PRT 6ª Região.

2. MEIO AMBIENTE DO TRABALHO CONSIDERADO PARA ALÉM DO INTERIOR DAS ORGANIZAÇÕES PRODUTIVAS

A Constituição da OIT, desde 1919, já declarava que

> existem condições de trabalho que implicam, para grande número de indivíduos, miséria e privações, e que o descontentamento que daí decorre põe em perigo a paz e a harmonia universais (...). (...) é urgente melhorar essas condições no que se refere, por exemplo, à regulamentação das horas de trabalho, à fixação de uma duração máxima do dia e da semana de trabalho, à proteção dos trabalhadores contra as moléstias graves ou profissionais e os acidentes do trabalho[1].

Em igual sentido, as Convenções da OIT ns. 148, 155 e 161[2] demonstram preocupações com a saúde e ambiência laboral.

Por sua vez, o Pacto Internacional dos Direitos Econômicos, Sociais e Culturais, aprovado pelas Nações Unidas em 1966, reconheceu o direito de toda pessoa:

> a) gozar condições de trabalho justas e favoráveis, que assegurem especialmente a segurança e higiene no trabalho (art. 7º, "b"); b) desfrutar o mais elevado nível possível de saúde física e mental (art. 12, 1), devendo o Estado adotar medidas para a melhoria de todos os aspectos de higiene do trabalho e do meio ambiente (art. 12, 2, "b"), a prevenção e o tratamento das doenças profissionais, bem como a luta contra essas doenças (art. 12, 2, "c").

Ainda, no plano internacional, a Meta 8 do Objetivo 8 da Agenda 2030 da ONU para o Desenvolvimento Sustentável pede "ambientes de trabalho seguros para todos os trabalhadores", o que significa mais que segurança física dos trabalhadores, se estendendo ao bem-estar mental e psicológico.

> Objetivo 8. Promover o crescimento econômico sustentado, inclusivo e sustentável, emprego pleno e produtivo e trabalho decente para todos. 8.8. Proteger os direitos trabalhistas e promover ambientes de trabalho seguros e protegidos para todos os trabalhadores, incluindo os trabalhadores migrantes, em particular as mulheres migrantes, e pessoas em empregos precários[3].

Outrossim, o Capítulo V da Consolidação das Leis do Trabalho e a Portaria n. 3.214/77 do Ministério do Trabalho e Emprego detalham questões de segurança, higiene e medicina do trabalho.

Já a Lei n. 6.938/1981, que trata da Política Nacional do Meio Ambiente, estabelece, no art. 3º, I, que o meio ambiente é "o conjunto de condições, leis, influências e interações de ordem física, química e biológica, que permite, abriga e rege a vida em todas as suas formas".

A expressão meio ambiente do trabalho foi introduzida no direito positivo brasileiro pela Constituição Federal de 1988, com o que objetivou não apenas dar nova terminologia às normas de higiene e segurança do trabalho, mas indicar o caminho para integrar diversos ramos do Direito (constitucional, administrativo, ambiental, trabalho, processo do trabalho, consumidor, civil, penal etc.) e assim tutelar a sadia qualidade de vida no trabalho. Assim o faz nos arts. 7º, XXII, 196, 200, 225, 10, II, a, do ADCT.

Por sua vez, os paradigmas de tutela à saúde do obreiro podem ser classificados da seguinte forma: a) os que enfatizam as medidas de segurança e o uso dos EPIs (protetivo tradicional), adotado pelo Brasil até a CF/1988[4]; b) os que começam a implantar as tutelas preventivas (paradigma em transição); c) os que incorporam a tutela preventiva e implementam legislações que tratam do meio ambiente como um todo (preventivo emergente)[5].

Adota-se atualmente o paradigma emergente em oposição ao modelo tradicional da higiene e segurança, de cunho individualista e monetarista. Contudo, registre-se a persistência de contradições no interior do próprio sistema, pois mantém-se, exemplificativamente, os adicionais de insalubridade, periculosidade e penosidade[6].

Trata-se, assim, de etapa diferenciada de tutela, com prioridade absoluta para a prevenção, que vê a saúde em todos os aspectos relacionados ao labor, extrapolando os limites do posto[7]. Analisam-se a nocividade provocada por agentes físicos, químicos e biológicos, a organização, o desempenho, o treinamento, o bem-estar, a vida com qualidade dentro e fora do trabalho. Busca-se a segurança coletiva,

---

(1) Trecho do Preâmbulo. Em igual sentido: pelo relatório da OIT: Estresse no ambiente de trabalho: um desafio coletivo, mais de 40 milhões de pessoas são afetadas na União Europeia e o custo dessa depressão é de € 617 bilhões/ano; ainda a propósito das relações internacionais, a seguinte autora prova, pela dialética da colonização, que o direito do trabalho clássico não tem respostas para os guetos, apartheids sociais e refugiados: PEREIRA, Maria Clara Bernardes. *A livre circulação dos trabalhadores no âmbito da comunidade europeia e do mercosul*. Recife: Editora UFPE, 2014.
(2) A Convenção n. 148 versa sobre proteção dos trabalhadores contra riscos profissionais devidos à contaminação do ar, ao ruído e às vibrações; a n. 155, sobre saúde e segurança e o meio ambiente do trabalho; a n. 161, acerca de serviços de saúde no trabalho — todas ratificadas e em vigor no Brasil.
(3) Disponível em: <https://nacoesunidas.org/pos2015/agenda2030/>. Acesso em: 2 maio 2016.
(4) A análise das questões afetas ao meio ambiente do trabalho não pode ser enfrentada por regras jurídicas correlacionadas à higiene, segurança e medicina do trabalho — saúde em sentido estrito; porquanto diz respeito ao direito constitucional ao trabalho, à vida saudável no meio ambiente de trabalho, de sorte a permitir o pleno desenvolvimento das potencialidades profissionais, sociais e psicológicas do indivíduo (COUTINHO, Aldacy Rachid. Meio Ambiente do Trabalho: a Questão do Poder Empregatício e a Violência Silenciosa do Perverso Narcísico. In: *Meio Ambiente do Trabalho Aplicado*. Homenagem aos 10 anos da CODEMAT. São Paulo: LTr, 2013. p. 38).
(5) ROCHA, Julio César da. *Direito Ambiental do Trabalho*. São Paulo: LTr, 2002. p. 149.
(6) Os adicionais de remuneração não protegem a saúde do trabalhador, limitando-se a "pagar" pela agressão à sua saúde, o que vai na contramão do princípio da precaução. O seguro contra acidentes de trabalho com as indenizações daí decorrentes visam a reparar danos já consumados, não servindo para preveni-los. Somente o amplo e universal direito fundamental ao meio ambiente adequado, nele compreendido o do trabalho, com obrigações para empregadores e Estado, é capaz de proteger (SOARES, Evanna. Disponível em: <http://ead01.escola.mpu.mp.br/mod/book/tool/print/index.php?id=6073>).
(7) PADILHA, Norma Sueli. Meio ambiente do trabalho: direito fundamental do trabalhador e a superação da monetização do risco. São Paulo: *Revista do TST*, Ano 79, n. 4, p. 179-180, out./dez. 2013.

pois o objetivo é a eliminação do risco e da insalubridade, daí porque é secundário o uso de EPIs[8].

Vem como resposta às novas exigências da sociedade global[9], com os correlatos desafios impostos ao mundo laboral, em que se almejam métodos salutares de organização, adaptação ao indivíduo, condições humanas, ambiência saudável e equilibrada, em cuja concepção incluem-se todos os fatores psicológicos, físicos e sociais que interferem no conforto, sempre com vistas a obter a dignificação da pessoa[10].

O objetivo dessa nova construção doutrinária é assegurar o direito humano fundamental a uma ambiência simultaneamente equilibrada e humanizada[11], no interior e fora das organizações empresariais, dos trabalhadores de todo o gênero e demais afetados.

Outro aspecto relevante diz respeito à própria compreensão de local[12] ou de ambiente de trabalho, no tocante ao significado do adoecimento decorrente da compra e venda da força de trabalho, que afeta diretamente os obreiros no lugar da prestação de serviços, mas que pode atingir igualmente a coletividade.

Por todas essas razões, insuficiente é o conceito de Amaury Mascaro Nascimento[13], por limitar a tutela só às edificações do estabelecimento e assim desconsiderar as atividades realizadas nas ruas, no ar, exemplificativamente. O meio ambiente de trabalho abrange as instalações físicas, a moradia, o ambiente urbano, rural, terrestre, aéreo, a organização, o nível de satisfação, as condições de exigência ou execução, as cobranças de resultados, as discriminações, os assédios (moral e sexual), as formas de controle da disciplina, exercício do poder diretivo e relacionamentos, os impactos psicológicos e emocionais. Reconheçam-se, no entanto, os avanços no conceito de citado autor quando engloba os meios de prevenção à fadiga, outras medidas de proteção, jornadas e horas extras, intervalos, descansos, férias etc.

Não se limita, portanto, ao espaço interno da fábrica, podendo se estender ao domicílio, ambiente urbano, compreendendo todos as condições, elementos, inter-relações, comportamentos e valores presentes no lugar em que o labor é desenvolvido, que influenciam a saúde física, mental e emocional, e que determinam a atuação na prestação da atividade. É formado por todos os componentes que integram as relações de trabalho, já indicados, mas também pelas matérias-primas, clientela, trabalhadores, inspetores, chefia[14].

Para Evanna Soares,

> o ambiente laboral não compreende, apenas, o local em que se desenvolve o trabalho subordinado, tal o galpão de uma fábrica, mas tudo que diga respeito ao "habitat" laboral, interessando a todas as categorias de trabalhadores, que devem ser favorecidas pelo ambiente adequado.
>
> E esse ambiente específico, localizado no ambiente artificial, significa muito mais que o local de trabalho restrito ao interior das fábricas: deve abranger tudo que se refira ao "habitat" laboral, mormente o local de trabalho (aberto ou fechado, interno ou externo) e adjacências que nele interfiram, bem como as práticas e métodos de trabalho, a edição, cumprimento e fiscalização das normas de saúde, segurança e higiene do trabalho, a implementação de medidas preventivas de doenças e acidentes do trabalho, a conscientização ou educação de trabalhadores e empresários sobre a necessidade de zelar pelo meio ambiente laboral adequado, a adoção de equipamentos de proteção coletiva e individual dos trabalhadores, a rejeição de máquinas e equipamentos que ponham em risco a saúde e a vida dos trabalhadores, a abolição de contato direto do trabalhador com substâncias nocivas à saúde, entre outros[15].

---

(8) ROCHA, Julio César da. *Direito Ambiental do Trabalho*. São Paulo: LTr, 2002. p. 226-227.
(9) A globalização provoca reconfiguração social e política do espaço, permitindo que a empresa e o local de produção desloquem-se por vários países, atuando em múltiplas localidades. Nesse contexto, Herrera Flores propõe teoria dos direitos humanos por perspectiva nova, integradora, crítica e contextualizada. As ideias e conceitos de direitos humanos hoje devem permitir o avanço na luta contra a globalização do capital, com a imposição de regras justas de comércio internacional e a exigência de observância e cumprimento pelas empresas transnacionais dos direitos sociais, econômicos e culturais em todos os países (GOSDAL, Thereza Cristina. Disponível em: <http://ead01.escola.mpu.mp.br/course/view.php?id=49>).
(10) ROCHA, Julio César da. *Direito Ambiental do Trabalho*. São Paulo: LTr, 2002. p. 227-241.
(11) PADILHA, Norma Sueli. Do meio ambiente do trabalho equilibrado. São Paulo: LTr, 2002. p. 19/20; _____. Meio ambiente do trabalho: um direito fundamental do trabalhador e a superação da monetização do risco. São Paulo: *Revista do TST*, Ano 79, n. 4, p. 173/174, out./dez. 2013; em igual sentido: a humanização pelo trabalho jamais pode se dar sem que ele se transforme num pressuposto da própria condição humana e isto só pode se efetivar na esfera do trabalho livre, como ontologia do ser social, conforme a própria essência humana e que permita a sua realização efetiva, plena e livre como um todo, no seu mundo histórico (LIRA, Fernanda Barreto. *Meio ambiente do trabalho e enfermidades profissionais*: os rituais do sofrimento e a morte lenta no contexto do trabalho livre/subordinado. Tese de Doutorado. Recife: PPGD UFPE, 2015. p. 9).
(12) Não é apenas local enquanto conceito relativo à imobilidade, pois não exclui os que se deslocam para labutar, incluindo tais espaços percorridos (para os bombeiros são os quartéis e onde vão para exercer seu mister, prédios, mares, pontes etc.). O que o define é o sujeito da relação, devido às consequências jurídicas da sua degradação, mesmo que a pessoa esteja apenas de sobreaviso ou após viagem enquanto aguarda a realização de audiência ou reunião em localidade diversa da contratação ou execução do serviço, por exemplo. Veja-se, ainda, a atuação do MPT quanto aos informais. Disponível em: <http://g1.globo.com/am/amazonas/noticia/2014/02/em-novo-local-camelos-buscam-retomar-rotina-de-vendas-em-manaus.html>; <http://fsindical.org.br/imprensa/sao-paulo-sp-fiscalizacao-e-crescimento-tiram-camelos-da-rua/>; <http://memoria.ebc.com.br/agenciabrasil/noticia/2013-09-17/mpt-cobrar-50-milhoes-da-prefeitura-paulistana-devido-trabalhadores-informais-do-setor-de-transporte>; <http://g1.globo.com/sp/sao-carlos-regiao/noticia/2014/04/mpt-quer-o-fim-da-informalidade-no-setor-de-cargas-de-ceramica-na-regiao.html>; <http://www.arinosnoticias.com.br/noticia/16822/MPT-confirma-12-menores-em-trabalhos-informais-em-Sinop>; <http://mpt-prt04.jusbrasil.com.br/noticias/3057264/mpt-notifica-prefeitura-e-fundacao-cultural-de-canela-sobre-contratacoes-informais>. Todos com acesso em: 30 abr. 2016.
(13) Meio ambiente de trabalho é o complexo máquina-trabalho: as edificações do estabelecimento, equipamentos de proteção individual, iluminação, conforto térmico, instalações elétricas, condições de salubridade ou insalubridade, de periculosidade ou não, meios de prevenção à fadiga, outras medidas de proteção ao trabalhador, jornadas de trabalho e horas extras, intervalos, descansos, férias, movimentação, armazenagem e manuseio de materiais, que formam o conjunto de condições de trabalho, etc. (NASCIMENTO, Amauri Mascaro. *Defesa processual do Meio Ambiente do Trabalho*. São Paulo: *Revista LTr*, v. 63, n. 5, p. 584, maio de 1999).
(14) ROCHA, Julio César da. *Direito Ambiental do Trabalho*. São Paulo: LTr, 2002. p. 127-128.
(15) SOARES, Evanna. *Educação ambiental no trabalho*. Disponível em: <https://evannasoares.wordpress.com/2010/03/23/educacao-ambiental-no-trabalho/>. p. 2.

Propor alternativas para redefini-lo implica transpor o labor subordinado, as enfermidades dele decorrentes e a limitação ao "chão da fábrica". Isso se impõe pelo reconhecimento da existência dos afetados e explorados no âmbito dos espaços virtuais ou os infoproletários[16], exemplificativamente. Em sendo assim, é forçoso transbordar o interior das organizações produtivas, enxergando essa defesa como interesse de todos.

3. MEIO AMBIENTE DO TRABALHO E A PROTEÇÃO DE TODOS OS AFETADOS PELOS PROCESSOS PRODUTIVOS

Na época do Estado do Bem-Estar Social e Pleno Emprego, o Direito do Trabalho resguardava a maioria da população economicamente ativa. Porém, atualmente, entra em crise devido às evidências empíricas comprobatórias da prevalência do labor clandestino, de tempo parcial, subemprego, todos convivendo com o desemprego estrutural[17], e seu objeto — o trabalho livre/subordinado — passa a ser questionado, problematizado e refutado. Assim o é porque atualmente protege no máximo metade desta população, deixando à margem todas as demais pessoas.

> Fica evidenciado que, independentemente das discussões filosóficas que o envolvem — o trabalho humano como ontologia do ser social, protoforma da vida —, o trabalho subordinado/assalariado não é mais a categoria central da sociabilidade em face do desemprego estrutural, do subemprego, da clandestinização, do trabalho abstrato e do advento da auto exploração materializada por meio do chamado auto empreendedor — responsável, ele próprio, pela gestão de sua força de trabalho e pelos encargos dela resultantes[18].

> É preciso (...) destacar que esse setor do meio ambiente não é "privativo" dos trabalhadores do setor formal da economia, dos trabalhadores subordinados, registrados e segurados da Previdência Social, mormente porque tais trabalhadores constituem a minoria do contingente em atividade no Brasil. Trata-se o meio ambiente laboral adequado de direito fundamental do ser humano trabalhador de todas as categorias, considerada a universalidade que o caracteriza[19].

O redirecionamento da tutela ambiental inicia-se pela reelaboração das proposições, sob a ótica da dignidade da pessoa humana e do Princípio da Proteção Social, o qual percebe a sociedade contemporânea em todas as suas dimensões, características e peculiaridades, cujo papel é libertar esse ramo jurídico dos esquemas e pressupostos tradicionais[20].

Um verdadeiro princípio de Proteção Social deve surgir da força das organizações coletivas e de uma proposta econômica adaptada à sociedade pós-industrial, a fim de atender indistintamente a todos os cidadãos que vivem ou pretendem viver de uma renda ou de um trabalho dignos, sobretudo do trabalho livre[21].

É necessário, portanto, expandir a noção da categoria trabalhadora para abrigar a classe-que-vive-do-trabalho, isto é:

> todos aqueles e aquelas que vendem sua força de trabalho em troca de salário, incorporando, além do proletariado industrial, dos assalariados do setor de serviços, também o proletariado rural, que vende sua força de trabalho para o capital. Essa noção incorpora o proletariado precarizado, o subproletariado moderno, *part time*, o novo proletariado dos McDonald's, os trabalhadores hifenizados de que falou Beynon, os trabalhadores terceirizados e precarizados das empresas liofilizadas de que falou Juan José Castillo, os trabalhadores assalariados da chamada "economia informal", que muitas vezes são indiretamente subordinados ao capital, além

---

(16) Na era do Capitalismo Cognitivo (COCCO; GALVÃO; SILVA, 2003), em que há supremacia do Trabalho Imaterial (GORZ, 2005; LAZZARATO, 2001), é preciso ressaltar os Rituais de Sofrimento (RODRIGUES, 2013), que resultam das novas alternativas de subordinação — sem chefe e espaço determinado, sendo responsáveis pelas mais diversas formas de patologias psicofísicas, completamente desconhecidas da era do Capitalismo Industrial ou os infoproletários (ANTUNES; BRAGA, 2009).
(17) Ricardo Antunes alerta que não é mais ameaça. A crise econômica já tem resultado devastador para a classe trabalhadora. A OIT fez a previsão de novos 50 milhões de desempregados em 2009, o que eleva o número para até 340 milhões de pessoas no mundo. É uma estimativa moderada. Só a China anunciou que 26 milhões de ex-trabalhadores rurais, que estavam ocupados nas cidades, perderam o emprego. A tragédia que se abateu entre os trabalhadores é monumental, a começar pelos imigrantes em cata de trabalho nos países do norte, mas também a classe trabalhadora em geral, que estava empregada na indústria metal-mecânica, têxtil, no setor alimentício. A primeira providência que o empresariado toma na eminência de uma crise é o corte nos postos de trabalho. É emblemático que os EUA, a Inglaterra e o Japão vivem a maior taxa de desemprego das últimas décadas (<http://amaivos.uol.com.br/amaivos2015/?pg=noticias&cod_canal=41&cod_noticia=12285>; <http://g1.globo.com/economia/noticia/2016/04/desemprego-fica-em-109-no-1-trimestre-de-2016.html>. (Desemprego fica em 10,9% no 1º trimestre de 2016, diz IBGE. Taxa é a maior desde o início da série da Pnad Contínua, em 2012. Número de desocupados subiu quase 40% sobre mesmo trimestre de 2015); Disponível em: <http://www.dmtemdebate.com.br/firme-tendencia-estrutural-da-deterioracao-dos-principais-indicadores-d0-mercado-de-trabalho-metropoliano/>. Acesso em: 1º maio 2016
(18) ANDRADE, Everaldo Gaspar Lopes de. *O direito do trabalho na filosofia e na teoria social crítica*. Os sentidos do trabalho subordinado na cultura e no poder das organizações. São Paulo: LTr, 2014. p. 139; Para ele, a Democratização da Economia e do Trabalho é um dos princípios do Direito do Trabalho, sendo impossível vislumbrar a sua existência sem superar a subordinação da força do trabalho ao capital e, consequentemente, introduzir um novo modelo de sociabilidade centrado no Desenvolvimento Produtivo com Equidade em que prevaleça a Economia Social e Solidária (*Direito do Trabalho e pós-modernidade: fundamentos para uma teoria geral*. São Paulo: LTr, 2005. p. 356). Referido autor inaugurou uma série de pesquisas no Programa de Pós-Graduação da Faculdade de Direito do Recife/PPGD UFPE, no qual dissertações, teses e livros são apresentados defendendo essa alternativa teórica de ampliação dos cânones de proteção. Além das duas obras ora citadas, completa a sua "trilogia" a seguinte: *Princípios de Direito do Trabalho e seus Fundamentos Teórico-Filosóficos*: Problematizando, refutando e deslocando o seu objeto. São Paulo: LTr, 2008.
(19) SOARES, Evanna. *Educação ambiental no trabalho*. Disponível em: <https://evannasoares.wordpress.com/2010/03/23/educacao-ambiental-no-trabalho/>. p. 8.
(20) ANDRADE, Everaldo Gaspar Lopes de. *Princípios de Direito do Trabalho*. Fundamentos teórico-filosóficos. São Paulo: LTr, 2008. p. 237.
(21) ANDRADE, Everaldo Gaspar Lopes de. *Direito do Trabalho e pós-modernidade*: fundamentos para uma teoria geral. São Paulo: LTr, 2005. p. 356-357.

dos trabalhadores desempregados, expulsos do processo produtivo e do mercado de trabalho pela reestruturação do capital e que hipertrofiam o exército industrial de reserva, na fase de expansão do desemprego estrutural[22].

Resguarda-se a ambiência onde é exercida a atividade a fim de garantir a saúde e higidez do obreiro, sendo este de qualquer categoria, não só aquele que integra a ordem econômica capitalista. Assim, por exemplo, o direito à saúde e segurança beneficia a dona de casa, as crianças que ajudam suas mães em seus lares nos acabamentos de peças de confecção, os flanelinhas, os ambulantes, os voluntários, os imigrantes, os que praticam a economia solidária, bem como os anteriormente mencionados.

Para que o direito do trabalho continue a proteger ainda mais o trabalho operário/assalariado, mas, que, por outro lado, alargue este seu sentido protetor, e vá ao encontro dos clandestinizados de todo o gênero, dos atingidos pelo desemprego estrutural, das novas alternativas de trabalho e rendas previstas pela Economia Social e Solidária; que possa, em seguida e dentro de outros padrões macroeconômicos, consolidar uma sociedade em que todos os habitantes do planeta possam dispor de um renda garantida[23], com ou sem trabalho — sobretudo, sem o trabalho vendido, comprado, separado da vida e que seja exercitado sem agredir o meio ambiente e a natureza[24].

Não se trata de excluir da proteção o trabalho subordinado, que é nocivo em sua gênese[25], mas de ampliar e estender o seu alcance.

Quanto à delimitação espacial, as novas técnicas expandiram a ambiência laboral além das edificações e/ou estabelecimentos, passando a vincular o ser humano à atividade profissional, independentemente de estar com família ou amigos e em espaços não relacionados diretamente ao serviço[26]. Nesse sentido, há estudos que cotejam as teorias organizacional conservadora e crítica, e estabelecem uma compreensão adequada sobre as atuais formas de exploração e comprometimento à saúde, em virtude das tecnologias da informação e comunicação e o seu caráter ideológico, que procura evangelizar uma pseudoliberdade atribuída àqueles vinculados ao labor imaterial ou do conhecimento[27].

Esse desvendamento ideológico permite que se tenha como pressuposto teórico a versão analítica que passa a considerar o adoecimento e suas implicações como sendo resultante da subordinação da força do trabalho ao capital. Logo, ele não pode ser eliminado enquanto houver a compra e venda da força de trabalho, daí porque ela deve ser ainda mais protegida. Fixados estes parâmetros, torna-se possível demonstrar que o adoecimento decorrente do trabalho subordinado vai se transfigurando ao longo do tempo. Na medida em que aparecem novas tecnologias e novos modelos de administração e de gestão, os passados somam-se — quando não são eliminados —, às novas formas advindas de concepções ainda mais sofisticadas de divisões sociais de trabalho (...)

O adoecimento perpassa a compra e venda da força de trabalho, a subordinação desta ao capital, é elementar em uma relação marcadamente assimétrica; faz parte da prevalência de um modelo de trabalho separado da vida, centrado no embrutecimento, na alienação e na coisificação[28].

A ambiência laboral é o terminal de ônibus e as vias públicas em que se trafega, o escritório onde se registra a jornada, os terminais de embarque, pátio e pistas dos aeroportos, o espaço aéreo percorrido, qualquer lugar em que se desenvolvam atividades profissionais por meios eletrônicos, ainda que se esteja em casa, em lazer ou viagem[29].

---

(22) ANTUNES, Ricardo. *Os sentidos do trabalho*: ensaio sobre a afirmação e a negação do trabalho. 2. ed. São Paulo: Boitempo, 2006. p. 103-104.
(23) ESTEVES, Juliana Teixeira. *A Seguridade Social no Contexto de uma Renda Universal Garantida*: os fundamentos político-jurídicos para uma ética universal na governabilidade do mundo. Tese de Doutorado. Recife: PPGD UFPE, 2010.
(24) ANDRADE, Everaldo Gaspar Lopes de. *O direito do trabalho na filosofia e na teoria social crítica*. Os sentidos do trabalho subordinado na cultura e no poder das organizações. São Paulo: LTr, 2014. p. 161.
(25) Um trabalho cercado por insegurança, no qual os trabalhadores não sabem que acidentes ou doenças podem afetá-los; muitas vezes desenvolvido em fábricas cujas atmosferas estão carregadas de partículas de poeira, fibras de matéria-prima, nas quais os olhos, os ouvidos, as narinas e a boca são invadidos por nuvens de poeira de linho; desenvolvido para responder ao funcionamento febril da fábrica, que exige do trabalhador uma incessante aplicação de habilidade, de movimento, sob o controle de uma incansável atenção; organizado para encurtar os descansos, as pausas, a fim de prolongar a parte da jornada que o trabalhador entrega gratuitamente para o capitalista; em que o repouso do trabalhador é visto como um furto para o patrão; no qual o emprego de máquinas e a divisão do trabalho despoja o trabalho do operário de seu caráter autônomo, transformando-o num simples apêndice da máquina, responsável por operações mais simples, mais monótonas, mais fáceis de aprender; cujo caráter é enfadonho; em que decrescem os salários, mas a quantidade de trabalho cresce com o desenvolvimento do maquinismo e da divisão do trabalho, pelo prolongamento das horas de labor, pelo aumento do trabalho exigido em um tempo determinado, pela aceleração do movimento das máquinas. Esse trabalho não traz saúde e felicidade para o ser humano. Retirou do homem sua condição de trabalhador ou operador propriamente dito, deixando para ele o papel puramente mecânico de força motriz, além do novo trabalho de vigiar a máquina com os olhos e corrigir os erros dela com as mãos (MARX, Karl. *O capital*. Crítica da Economia Política. Livro I. O processo de produção do capital. São Paulo: Boitempo, 2013. p. 303-483).
(26) Não se cuida de trabalho em local agressivo, mas pelo trabalho que é si mesmo agressivo à saúde (SADY, João José. *Direito do meio ambiente de trabalho*. São Paulo: LTr, 2000. p. 74-75).
(27) 1) ANDRADE, Everaldo Gaspar Lopes de; PINTO, Jailda Eulídia da Silva Pinto. DIREITO AMBIENTAL DO TRABALHO: a ampliação do seu objeto, a partir de uma nova pauta hermenêutica, de novos fundamentos teórico-filosóficos e teórico-dogmáticos. *Revista Eletrônica do Mestrado em Direito da UFAL*. Edição 2014.2.
(28) LIRA, Fernanda Barreto. *Meio ambiente do trabalho e enfermidades profissionais*: os rituais do sofrimento e a morte lenta no contexto do trabalho livre/subordinado. Tese de Doutorado. Recife: PPGD da UFPE, 2015. p. 9.
(29) ARAÚJO JÚNIOR, Francisco Milton. Parâmetros para delimitação do meio ambiente do trabalho na volatilidade da sociedade contemporânea (ciberespaço). São Paulo: *Revista LTr*, Ano 78, n. 4, p. 441-442, abr. 2014.

Nele inclui-se qualquer lugar onde os indivíduos desempenham suas atividades produtivas em convívio com elementos naturais e artificiais. Caso contrário, os trabalhadores seriam menos protegidos que as demais pessoas, o que não se coaduna com os princípios da dignidade humana, valor social do trabalho, não discriminação.

A tutela alcança as pessoas, com ou sem vínculo de emprego formal, que oferecem sua força de trabalho ou vivem de algum tipo de renda digna, contra as formas de degradação da sua sadia qualidade de vida. Não é, pois, um simples direito trabalhista vinculado à relação empregatícia.

Não há como defender, sob argumentos válidos e que considerem a dignidade humana, que o abrigo conferido alcança apenas os subordinados ou aqueles com algum vínculo formal — pois quando a Constituição quis abordar apenas a relação de emprego, foi expressa nesse sentido (art. 7º, I, CF/88). Acolher tal assertiva seria excluir da guarida a maior parte da população, a qual está no desemprego estrutural e tecnológico, porque buscou emprego e este não existe. Não há vagas, e as existentes, em sua grande maioria, são precarizadas.

Os seguintes artigos da Constituição Federal corroboram a afirmação anterior: o Preâmbulo, os arts. 1º, II, III e IV, 3º I, II, III, IV, 4º, II, 5º, *caput* e XIII, 6º, 7º, XXII, XXXIII, 170, VI, VII, Parágrafo único, 180 e 193. Acolher o contrário seria admitir a existência de dois tipos de pessoas, sujeitas a diferentes tipos de arrimo ou, em alguns casos, a nenhum! Nela não há indicação como fundamento da República da cidadania apenas do trabalhador subordinado.

Crer diversamente ao mesmo tempo traria menos amparo ao meio ambiente geral, pois a relação entre este e o meio ambiente de trabalho é cíclica e interminável. A visão ampliativa realiza mais eficazmente a proteção do primeiro, o que é essencial para a preservação das gerações presentes e futuras. "O direito ao meio ambiente é ao mesmo tempo de cada um e de todos, no sentido de que o conceito ultrapassa a esfera do indivíduo para repousar sobre a coletividade"[30].

A poluição lesiona interesses individuais, coletivos, difusos, sociais, familiares, emocionais, dentro e fora do estabelecimento poluidor, conforme reconhecem os arts. 200, 225, § 1º, VI, § 3º, do diploma aludido. Nesse sentido, "a poluição sem fronteiras torna cada vez menos vivível um ambiente degradado[31]".

4. MEIO AMBIENTE DE TRABALHO E SUA PROTEÇÃO COMO DIREITO HUMANO FUNDAMENTAL DE TODOS OS AFETADOS

O meio ambiente de trabalho é um direito fundamental não específico trabalhista, positivado constitucionalmente, relacionado à saúde e segurança, no tocante a todas as tarefas, sem discriminação, alcançando tudo o que estiver ligado à sua execução, direta ou indiretamente.

O ambiente de trabalho deve ser encarado a partir da perspectiva constitucional, cujo objetivo é a proteção da saúde e da vida do homem trabalhador, onde quer que esteja exercendo seu mister e sob qualquer vínculo jurídico de trabalho, e a ele se aproveitam todas as normas que sirvam a essa finalidade, inclusive a CLT e outras normas ambientais e de saúde em geral[32].

Por ser fundamental, merece tratamento prioritário, não podendo ser renunciado, negociado em prejuízo dos seus destinatários, flexibilizado mesmo por negociação coletiva, nem constar de pauta de redução de custos da empresa[33].

A vida é indissociavelmente unida ao direito ao meio ambiente saudável, bem como a qualidade dela está diretamente ligada ao equilíbrio do meio onde se passa boa parte do tempo na busca por subsistência. Mencionado direito não pode sofrer limitação em decorrência de interesses financeiros.

Entre proteger a inviolabilidade do direito à vida e à saúde, que se qualifica como direito inalienável assegurado a todos pela própria Constituição ou fazer prevalecer um interesse financeiro e secundário [...], uma vez configurado esse dilema — razões de ordem ético-jurídica impõem ao julgador uma só e possível opção: aquela que privilegia o respeito indeclinável à vida e à saúde humanas[34].

Em consideração à dignidade humana se faz cogente garantir a hígida qualidade de existência numa ambiência equilibrada e benéfica, sem riscos físicos, químicos, biológicos ou agressões humanas (assédio moral, assédio sexual, discriminações, perseguições etc.).

É preciso lembrar que as enfermidades profissionais, decorrentes do trabalho sacrifício, apenas se transfiguraram ao longo da história, tanto em relação ao esforço físico quanto aos controles e, muitas vezes, às torturas psicológicas de vários gêneros. Não é por acaso que temas como dano e assédio morais — decorrentes das novas formas de gestão e de administração, bem como da utilização massacrante das novas tecnologias, que acarretam lesões e traumas psicofísicos — lesão por esforço repetitivo e depressão, dentre outros — vêm ocupando a literatura jurídico-trabalhista[35].

Os empregados são vistos como peças substituíveis. Deixam de ser considerados enquanto pessoas e passam

---

(30) FIORILLO, Celso Antonio Pacheco; RODRIGUES, Marcelo Abelha. *Manual de Direito Ambiental e Legislação Aplicável*. São Paulo: Max Limonad, 1997. p. 83.
(31) LATOUCHE, Serge. *Pequeno tratado do decrescimento sereno*. São Paulo: WMF Martins Fontes, 2009. p. 83.
(32) SOARES, Evanna. Disponível em: <http://ead01.escola.mpu.mp.br/mod/book/tool/print/index.php?id=6073>.
(33) SOARES, Evanna. Disponível em: <http://ead01.escola.mpu.mp.br/mod/book/tool/print/index.php?id=6073>.
(34) STF, AI 452312, Rel. Min. Celso de Mello. Disponível em: <http://www.stf.jus.br/portal/cms/verNoticiaDetalhe.asp?idConteudo=62859>. Acesso em: 26 set. 2015.
(35) ANDRADE, Everaldo Gaspar Lopes de. *O Direito do Trabalho na Filosofia e na Teoria Social Crítica*. Os sentidos do trabalho subordinado na cultura e no poder das organizações. São Paulo: LTr, 2014. p. 110.

a ser vistos como um meio para a produção. Diante deste quadro, elege-se a competição interna, na qual só os "fortes" se manterão trabalhando. No entanto, ser forte não significa ter qualidades que o tornem um indivíduo de destaque, mas, simplesmente, é o aguentar os ritmos cada vez mais intensos impostos pela organização do trabalho, a competitividade desmedida com seus pares e a invasão dos momentos livres pelo trabalho.

Além disso, acresce-se que este empregado forte deve suportar toda a carga de violência a que está exposto sem que sofra qualquer consequência danosa. As práticas adotadas nestes novos métodos de gestão degradam as condições de trabalho e atingem o indivíduo que trabalha e toda a coletividade. Pode levar o trabalhador exposto às práticas violentas por este, legitimados à depressão e distúrbios psicossomáticos, dentre outros. Quanto aos danos à sociedade, seus reflexos negativos se configuram em problema de saúde pública, o que causa forte impacto nos sistemas de previdência social tendo em vista a crescente dos casos de afastamento e aposentadoria por transtornos mentais[36].

Nessa busca pela humanização, o homem não é visto como máquina produtora de bens e serviços e seu *locus* laboral é espaço de realização pessoal, livre de degradação e poluição.

> A sadia qualidade de vida será alcançada através da fruição de um meio ambiente ecologicamente equilibrado, devendo haver em toda atividade humana, como princípio irrefutável, o respeito ecológico. (...)
>
> O meio ambiente de trabalho, segundo o redimensionamento imposto pela Constituição Federal, compreende o próprio "ecossistema" que envolve as inter-relações da força do trabalho humano com os meios e formas de produção e sua afetação no meio ambiente em que é gerada.
>
> Assim, a proteção constitucional ao meio ambiente traduz-se como defesa da humanização do trabalho, exigindo uma mudança de postura ética na consideração de que o homem está à frente dos meios de produção, resgatando-se o "*habitat* laboral" como espaço de construção de bem-estar e dignidade daquele que labora. (...)
>
> Nesse sentido, a aplicação dos princípios do Direito Ambiental faz-se necessária para a reestruturação e revisão dos meios e formas de implementação da atividade econômica e do modo como o trabalhador se insere nesse processo na busca de sua salvaguarda contra qualquer forma de degradação e poluição do meio ambiente onde exerce seu labuto[37].
>
> Entre tratar os animais e as coisas como pessoas (o que o animismo faria) e tratar as pessoas como coisas à maneira da tecnoeconomia, há espaço para o respeito das coisas, dos seres e das pessoas... É a própria sobrevivência da humanidade ... que nos condena a reintroduzir a preocupação ecológica no âmago da preocupação social, política, cultural e espiritual da vida humana. Reconhecer que a natureza (os animais, as plantas e o resto) tem direitos, milita a favor de uma "ecojustiça" e de uma "ecomoralidade"[38].

A garantia da ambiência estabilizada não se limita à relação obrigacional, tampouco aos limites físicos dos empreendimentos industriais, tendo, pois, natureza de direito difuso, transindividual, indivisível, cujos titulares são pessoas indeterminadas, ligadas por circunstâncias de fato.

> Se o meio ambiente de trabalho é direito humano, deve aplicar-se a todos os trabalhadores, de todas as categorias, ou não se estará diante de um direito humano, mas sim de um singelo direito endereçado a alguns privilegiados. De outra parte, sendo direito humano, mesmo que não se ache expressamente assegurado aos trabalhadores que exerçam as mais diversas tarefas, pela Constituição, entre os direitos fundamentais, não poderá deixar de amparar a todos — afinal, todos têm direito a uma vida saudável e segura, notadamente naquele local em que passamos a maior parte da nossa vida produtiva e de onde obtemos o sustento para a sobrevivência.
>
> (...) é preciso entender-se o meio ambiente do trabalho sem restringir a concepção de trabalho à atividade caracterizada pelo componente da subordinação". Se não se fizer isso, todos os segmentos de trabalhadores não subordinados (autônomos, informais, cooperados, aprendizes, estagiários, pois estão sob os mesmos riscos profissionais) ficarão à margem do direito ao meio ambiente de trabalhos saudável e seguro — o que é inadmissível, a menos que se queira reconhecer, absurdamente, uma sub-categoria de trabalhadores, que pode adoecer, acidentar-se e até morrer em serviço[39].

O meio ambiente do trabalho insere-se no geral, o qual integra o rol dos direitos fundamentais, inclusive por objetivar o acatamento à dignidade da humana, que revela o caráter único de cada ser, figurando como alicerce da República. Não se pode alcançar qualidade de vida sem qualidade de trabalho, nem se pode atingir a "sustentabilidade" ignorando citado aspecto. Aqui pela importância e atualidade do conceito, traz-se a seguinte reflexão:

> As expressões "duradouro" e "sustentável" remetem aos princípios da responsabilidade e da precaução, violados pelos atores do desenvolvimento: energia nuclear, organismos geneticamente modificáveis

---

(36) FILHO, Wilson Ramos; POHLMANN, Juan Carlos Zurita. A Degradação do Meio Ambiente de Trabalho em Decorrência da Violência dos Novos Métodos de Gestão. In: *Meio Ambiente do Trabalho Aplicado*. Homenagem aos 10 anos da CODEMAT. São Paulo: LTr, 2013. p. 283-284.
(37) PADILHA, Norma Sueli. *Do meio ambiente do trabalho equilibrado*. São Paulo: LTr, 2002. p 133.
(38) LATOUCHE, Serge. *Pequeno tratado do decrescimento sereno*. São Paulo: WMF Martins Fontes, 2009. p. 147-148.
(39) SOARES, Evanna. Disponível em: <http://ead01.escola.mpu.mp.br/mod/book/tool/print/index.php?id=6073>.

(OGM), celulares, pesticidas, amianto. Desenvolvimento é palavra tóxica, qualquer que seja o adjetivo que o vistam. O desenvolvimento sustentável agora encontrou seu instrumento privilegiado: os "mecanismos limpos de desenvolvimento" (tecnologias poupadoras de energia ou de carbono sob o manto da ecoeficiência). Isso não passa de diplomacia verbal, pois as performances da técnica não questionam a lógica suicida do desenvolvimento. (...) A batalha das palavras causa estragos, mesmo apenas para impor nuances semânticas que parecem mínimas. Assim, no final dos anos 1970, a expressão desenvolvimento sustentável prevaleceu sobre ecodesenvolvimento, adotada em 1972 na Conferência de Estocolmo, sob a pressão do lobby industrial americano e intervenção pessoal de Henry Kissinger. (...) Desenvolvimento sustentável tem como única função conservar os lucros e evitar a mudança de hábitos quase sem alterar o rumo[40].

E quanto à sustentabilidade? Se voltarmos a produzir, recuperaremos o emprego da indústria automobilística e de sua cadeia produtiva, mas aumentam os níveis de destruição ambiental e de poluição global. Se tivermos a retração do emprego, o desemprego aumenta a barbárie social. Atividades que são profundamente positivas na medida em que preservam a sociedade, pela via reciclável, daquela tendência do capitalismo de destruir as mercadorias para produzir outras, são subvalorizadas e não recebem incentivos. Isso nos faz ter que pensar um novo modo de vida e de produção para o século XXI. Vamos querer viver eternamente nesse sistema que exclusão, precarização, informalidade, desemprego e barbárie social são o predominante?[41]

Aponta-se como resposta a essa interrogação de Ricardo Antunes o trecho abaixo, que ora é apresentado por tecer um contraponto aos valores e vivências modernas e pós-modernas da sociedade:

> A palavra decrescimento enfatiza o abandono do objetivo do crescimento ilimitado, cujo motor é a busca do lucro pelos detentores do capital, com consequências desastrosas para o meio ambiente e para a humanidade. A sociedade é assim condenada a ser instrumento ou meio da mecânica produtiva e o homem tende a se transformar no refugo de um sistema que visa a torná-lo inútil e prescindir dele. Sendo o crescimento econômico um fim a sociedade passa a ser um meio. (...) Decrescimento não é crescimento negativo. A diminuição da velocidade de crescimento mergulha as sociedades na incerteza, aumenta taxas de desemprego, acelera abandono de programas sociais, sanitários, educativos, culturais, ambientais que garantem o mínimo indispensável de qualidade de vida. Nada é pior que uma sociedade trabalhista sem trabalho e uma de crescimento na qual não há crescimento. Isso causa regressão social e civilizacional. Por isso o decrescimento só pode ser considerado numa sociedade de decrescimento, ou seja, no âmbito de um sistema baseado em outra lógica. (...) Decrescimento é a bandeira dos que fazem crítica radical ao desenvolvimento e querem desenhar os contornos de um projeto alternativo para uma política do após-desenvolvimento. Sua meta é uma sociedade em que se viverá melhor trabalhando e consumindo menos. É proposta necessária para que se abra o espaço da inventividade e da criatividade do imaginário bloqueado pelo totalitarismo economicista, desenvolvimentista e progressista[42].

Inúmeros autores alinham-se com as ideias de efetividade dos direitos humanos, enfatizam a eficácia da norma trabalhista no exercício da jurisdição ou o acesso à justiça especializada, analisam o processo como instrumento de realização dos direitos fundamentais[43] ou revolvem o Princípio da Proteção, buscando novas formulações[44]. Há também nessa linha obras que surgem das preocupações do Ministério Público do Trabalho[45].

O resguardo da ambiência de todas as pessoas que trabalham ou vivem de renda digna garantirá a unidade e a harmonia constitucional[46] entre os arts. 1º, II, III, IV, 3º,

---

(40) LATOUCHE, Serge. *Pequeno tratado do decrescimento sereno*. São Paulo: WMF Martins Fontes, 2009. p. 8-10.
(41) Disponível em: <http://amaivos.uol.com.br/amaivos2015/?pg=noticias&cod_canal=41&cod_noticia=12285>. Acesso em: 30 abr. 2016 (Entrevista com Ricardo Antunes).
(42) LATOUCHE, Serge. *Pequeno tratado do decrescimento sereno*. São Paulo: WMF Martins Fontes, 2009. p. 4-6. Em igual sentido: Vivemos numa sociedade de crescimento baseada na desmedida, cuja única finalidade é o crescimento pelo crescimento. No entanto, um crescimento infinito é incompatível com um mundo finito, bem como as nossas produções e nossos consumos não podem ultrapassar as capacidades de regeneração da biosfera. Consequentemente, as produções e os consumos devem ser reduzidos e a lógica do crescimento sistemático e irrestrito deve ser questionada, bem como nosso modo de vida (*Idem*. p. XIII-XIV).
(43) CORDEIRO, Juliana Vignoli; CAIXETA, Sebastião Vieira (Coords.). *O Processo Como Instrumento de Realização dos Direitos Fundamentais*. São Paulo: LTr, 2007.
(44) CAVALCANTI, Ricardo Tenório. Jurisdição, Direitos Sociais e Proteção do Trabalhador. A efetividade do Direito Material e Processual do trabalho. Porto Alegre: Livraria do Advogado, 2008; REIS, Daniela Muradas. *O Princípio da Vedação do Retrocesso no Direito do Trabalho*. São Paulo: LTr, 2010; CARVALHO, Augusto César Leite. *Garantia de Indenidade no Brasil*. São Paulo: LTr, 2013; BORBA, Joselita Nepomuceno. *Efetividade da tutela coletiva*. São Paulo: LTr, 2008.
(45) SIMÓN, Sandra Lia. *A proteção constitucional da intimidade e da vida privada do empregado*. São Paulo: LTr, 2000 (uma vez que o MAT engloba a proteção da intimidade); BRITO FILHO, José Claudio Monteiro de. *Trabalho decente: análise jurídica da exploração, trabalho forçado e outras formas de trabalho indigno*. São Paulo: LTr, 2004; JARDIM, Philippe Gomes; LIRA, Ronaldo José (Orgs.). *Meio Ambiente do Trabalho Aplicado*. Homenagem aos 10 anos da CODEMAT. São Paulo: LTr, 2013; Associação Nacional dos Procuradores do Trabalho. *Meio ambiente de trabalho*. São Paulo: LTr, 2002; MELO, Raimundo Simão de. *Direito Ambiental do Trabalho e a saúde do trabalhador*. 5. ed. São Paulo: LTr, 2013, dentre muitas outras.
(46) Direito ao meio ambiente de trabalho adequado, aqui compreendido em sua expressão mais ampla, abrange todos os aspectos do ambiente seguro e saudável, indo além dos três direitos fundamentais trabalhistas específicos reconhecidos no art. 7º, XXII, XXIII e XXVIII, posto que a singela edição de normas sobre saúde, higiene e segurança não basta para a redução dos riscos inerentes ao trabalho, nem a simples "redução" desses riscos satisfaz o direito ao trabalho em condições seguras, senão a própria eliminação de tais riscos (SOARES, Evanna. Disponível em: <http://ead01.escola.mpu.mp.br/mod/book/tool/print/index.php?id=6073>).

4º, II, 5º, XXIII, 6º, XXII, XXVIII, 170, II, III, IV, VI, VIII, 193. Uma hermenêutica estruturante que, em termos analíticos, articule o princípio da proteção social (pressuposto do Direito do Trabalho) — e seus caracteres de irrenunciabilidade, indisponibilidade e ordem pública, acolhidos no subsistema jurídico, nos arts. 9º, 444, 468, da Consolidação das Leis do Trabalho —, com o da desigualdade de partes[47] (direito processual do trabalho), permitirá ao intérprete e ao aplicador da norma valerem-se dos princípios constitucionais fundamentais previstos no preâmbulo até o art. 5º, o que justifica a atuação do Ministério Público do Trabalho[48] com o manejo dos instrumentos previstos no ordenamento jurídico, em especial audiências públicas, termos de ajustes de conduta e recomendações.

5. A RECONFIGURAÇÃO TEÓRICO-DOGMÁTICA DO MEIO AMBIENTE DO TRABALHO, O ALARGAMENTO DAS PAUTAS SINDICAIS NO CONTEXTO DAS TEORIAS DOS MOVIMENTOS SOCIAIS

Embora tenham sido as pelejas operárias, no âmbito coletivo, que originaram o Direito do Trabalho — o qual, ainda hoje se refaz contínua e dialeticamente com as mutações no mundo do trabalho — houve, ao longo da história, uma prevalência, nas narrativas doutrinais, das reformistas sobre as emancipatórias. Essa omissão está nas raízes das crises do sindicalismo, por mascarar a razão de seu surgimento — enquanto contrário à opressão e à exploração — e o trazer para validar o modo de produção vigente.

> O surgimento do direito do trabalho (...) não foi uma consequência natural do modelo. Fora, sobretudo, uma reação aos movimentos sociais de cunho revolucionário, que, baseados em teorias de cunho marxista, buscaram pela tomada de consciência da classe proletária a superação da sociedade de classes, com a consequente eliminação da própria classe burguesa dominante. [...] O Direito do Trabalho constitui-se, portanto, uma forma de proteção e ampliação dos direitos da classe trabalhadora, servindo, ao mesmo tempo, à manutenção do próprio sistema. [...] O direito do trabalho, base dos direitos sociais, acabou representando a imposição de limites necessários ao capitalismo[49]

A fim de suplantar o colapso que sobre ele se abate, deve o sindicalismo contemporâneo ampliar o combate ao adoecimento, de modo a alcançar todos os atingidos, dentro e fora das organizações produtivas. Isso implica reconhecer, como afirmam Montaño e Duriguetto (2011)[50], o ajuntamento das lutas coletivas em torno de uma única narrativa: o modo de produção capitalista[51], responsável, no caso, pela agressão à natureza, doenças e mortes.

Há seres humanos enfermos, física, mental e psicologicamente, em decorrência desse sistema produtivo, aniquilador e predatório. As novas tecnologias de comunicação e informação, os modernos métodos de administração e de gestão[52] não objetivaram melhorar a qualidade de vida, mas aumentar seu poderio de controle dos corpos, mentes, subjetividades, emoções dos homens e mulheres que, em busca da sobrevivência, se submetem às regras ditadas por ele.

O impacto dessas enfermidades envolve os que mantêm vínculos familiares, sociais, comunitários com esses indivíduos, bem como a Previdência Social, o sistema público de saúde e a coletividade, que os financia. Nessa sociedade apenas os prejuízos, as sequelas físicas, mentais, morais, psicológicas e emocionais são partilhadas, nunca os lucros.

A luta sindical precisa ultrapassar a versão doutrinária habitual e reducionista, transbordar o chão da fábrica[53] e o interior das organizações produtivas, ir ao encontro de outras, visando a se fortalecer combatendo o isolamento social:

> As estruturas estabelecidas e interligadas do poder político, econômico e social podem ser de fato alteradas. Do nosso ponto de vista, movimentos sociais baseados na organização da produção (sindicatos) que se ampliem a outros movimentos da sociedade civil que incluam questões como gênero, ambiente e outros temas sociais centrais, são vitais para

---

(47) ANDRADE, Everaldo Gaspar Lopes de. A Hermenêutica Jurídica Contemporânea no Contexto do Direito do Trabalho. In: DINIZ, João Janguiê Bezerra (Orgs.). *Constituição, Processo e Cidadania*. Brasília: Gomes & Oliveira, 2014. p. 67-68.
(48) Disponível em: <http://mpt.jusbrasil.com.br/noticias/113646543/mpt-busca-solucoes-para-caso-de-menores-bolivianos-postos-a-venda>; <http://mpt-prt15.jusbrasil.com.br/noticias/3047080/bolivianos-sao-encontrados-em-situacao-analoga-a-de-escravos-em-pradopolis-sp-socios-firmam-tac-para-regularizar-conduta>; <http://www.bahianoticias.com.br/app/imprime.php?tabela=justicia_noticias&cod=42266>; <http://oglobo.globo.com/rio/mpt-propoe-pagamento-de-indenizacao-aos-chineses-resgatados-em-pastelaria-18545533>; <http://www.correio24horas.com.br/detalhe/noticia/prostituicao-nao-e-crime-e-trabalho/?cHash=ad48a08b6b26a8e51cfe1a946643bd24>; <http://g1.globocom.jusbrasil.com.br/noticias/100490319/mpt-flagra-prostitutas-alojadas-em-condicoes-degradantes-em-ribeirao>. Todos com acesso em: 30 abr. 2016; <http://www.gazetadopovo.com.br/vida-e-cidadania/procuradora-diz-que-esquema-configura-trabalho-escravo-e-persiste-ha-decadas-1rvqeq8va667wvunr6lsena1g>. Acesso em: 02 maio 2016; <http://m.virgula.uol.com.br/comportamento/video-revela-escravidao-moderna/>. Acesso em: 02 maio 2016.
(49) SOUTO MAIOR, Jorge Luiz. *Relação de emprego e relação de trabalho*. São Paulo: LTr, 2007. p. 24.
(50) MONTAÑO, Carlos; DURIGUETTO, Maria Lúcia. Estado. *Classe e Movimento Social*. São Paulo: Cortez, 2011.
(51) A civilização capitalista... caminha inexoravelmente para sua derrocada catastrófica; já não há necessidade de uma classe revolucionária para abater o capitalismo, ele cava seu próprio túmulo e o da civilização industrial como um todo — André Gorz, Capitalisme, socialisme, écologie. Paris: Galilée, 1991. p. 27 (LATOUCHE, Serge. *Pequeno tratado do decrescimento sereno*. São Paulo: WMF Martins Fontes, 2009. p. 91).
(52) Essa busca do lucro a qualquer preço se dá graças à expansão da produção-consumo e à compressão dos custos. Os *cost killers*, estrategistas formados nas "escolas de guerra econômica", empenham-se para terceirizar os custos a fim de que seu peso recaia sobre empregados, terceirizados, países do Sul, clientes, Estado, serviços públicos, gerações futuras, mas sobretudo sobre a natureza, que se tornou fornecedora de recursos e lixo (LATOUCHE, Serge. *Pequeno tratado do decrescimento sereno*. São Paulo: WMF Martins Fontes, 2009. p. 20-21).
(53) PINTO, Jailda Eulídia da Silva; ANDRADE, Everaldo Gaspar Lopes de. Direito Ambiental do Trabalho: a ampliação do seu objeto, a partir de uma nova pauta hermenêutica, de novos fundamentos teórico-filosóficos e teórico-dogmáticos. *Revista Eletrônica do Mestrado em Direito da UFAL*. Edição 2014.2.

a aventura contra-hegemônica da emancipação social[54].

Ao longo dos últimos anos, os movimentos sociais ocorridos na França apresentaram uma multiplicidade de formas. Determinados terrenos de confronto social foram objeto de protestos: desde as grandes greves contra o Plano Juppé no outono de 1995, até a revolta dos desempregados do inverno de 1997-1998, passando por uma grande quantidade de pequenos conflitos em defesa do emprego, do salário e da redução do trabalho, contra a 'exclusão', pela preservação dos direitos coletivos ligados à condição salarial, sem esquecer as lutas das mulheres, as mobilizações antirracistas e antifascistas, os movimentos pelo direito à moradia ou contra AIDS e a discriminação sexual. A lista é grande[55].

Não deixam de registrar os elementos positivos dessas novas alternativas de contestação, de lutas e de insurgências. Referindo-se a Bihr (1998), destacam a entrada, na cena política, de temas voltados para questões relativas "ao gênero, à raça, à etnia, à religião, à sexualidade, à ecologia, e aquelas que se relacionam à reprodução social, como os bens de consumo coletivo — saúde, educação, transporte, moradia etc.[56]

Desde a Revolução Industrial, as empresas e o trabalho acarretam graves danos à natureza e às pessoas, tanto os obreiros são diretamente atingidos quanto a coletividade. Os desmatamentos praticados pelo agronegócio, lançamentos na atmosfera, pelas fábricas, de produtos químicos, descarte de dejetos nocivos nos rios e mares, uso de agrotóxicos, que contaminam os alimentos, tudo isso lesa a saúde de todos, indistintamente[57].

> Nosso crescimento econômico excessivo choca-se com os limites da finitude da biosfera. A capacidade de regeneração da Terra já não consegue acompanhar a demanda: o homem transforma os recursos em resíduos mais rápido do que a natureza consegue transformar esses resíduos em novos recursos[58].

Além da degradação ambiental, sobrevém a destruição de patrimônios culturais pela construção civil — com o aval dos Municípios e Estados —, bem como a poluição visual e sonora pelo excesso de publicidade, nesse último caso, de forma a misturar a vida dentro e fora do trabalho.

> Montante colossal de poluição material, visual, auditiva, mental e espiritual. O sistema publicitário apossa-se da rua, invade o espaço coletivo — desfigurando-o —, apropria-se de tudo o que tem vocação pública (estradas, cidades, meios de transporte, estações de trem, estádios, praias). São programas televisivos entrecortados pelas inserções publicitárias, crianças manipuladas e perturbadas, florestas destruídas[59].

Conforme as teorias dos movimentos sociais e o novo internacionalismo operário, incumbe aos sindicatos optar por uma visão horizontalizada, alargando suas pautas reivindicatórias, que abrigue toda a sociedade e não apenas as pessoas presentes no interior das organizações produtivas, até porque a globalização[60], ao patrocinar grandes deslocamentos humanos e o desmantelamento das redes de proteção social[61], afeta o planeta inteiro, exemplificativamente, os imigrantes e os países do Sul, bem como transforma em concorrentes os trabalhadores de outros países, na busca comum por qualquer tipo de labor[62].

> As expressões definidoras do novo internacionalismo operário são contrapostas ao internacionalismo operário tradicional: rede, e não hierarquia; descentralização, e não centralização; participação, e não comando; capacitação, e não controle; debate aberto, e não debate restrito; tomada de decisões rápida, e não lenta; temporizada, e não elevada burocracia; flexível, e não formal; orientação para a mobilização, e não para a diplomacia; focalização na construção de coligações com novos movimentos sociais e ONGs, e não exclusiva nos sindicatos, e locais de trabalho; predominante no Sul, e não no Norte[63].

Sob o mencionado pressuposto único (modo de produção capitalista), os movimentos sociais, complexos,

---

(54) WEBSTER, Edward; LAMBERT, Rob. Emancipação social e novo internacionalismo operário: uma perspectiva do Sul. In: SANTOS, Boaventura de Sousa (Org.). *Trabalhar o mundo.* Os caminhos do novo internacionalismo operário. Rio de Janeiro: Civilização Brasileira, 2005. p. 96.
(55) VAKALOULIS, Michel. Antagonismo social e ação coletiva. In: LEHER, Roberto; SETÚBAL, Mariana (Orgs.). *Pensamento Crítico e Movimentos Sociais.* Diálogos para uma nova práxis. São Paulo: Cortez, 2005. p. 133-134.
(56) MONTAÑO, Carlos; DURIGUETTO, Maria Lúcia. Estado. *Classe e Movimento Social.* São Paulo: Cortez, 2011. p. 266.
(57) O crescimento (...) só é um negócio rentável se seu peso recair sobre a natureza, as gerações futuras, a saúde dos consumidores, as condições de trabalho dos assalariados e, mais ainda, sobre os Países do Sul. Por isso, uma ruptura é necessária (LATOUCHE, Serge. *Pequeno tratado do decrescimento sereno.* São Paulo: WMF Martins Fontes, 2009. p. 40).
(58) LATOUCHE, Serge. *Pequeno tratado do decrescimento sereno.* São Paulo: WMF Martins Fontes, 2009. p. 27
(59) LATOUCHE, Serge. *Pequeno tratado do decrescimento sereno.* São Paulo: WMF Martins Fontes, 2009. p. 19
(60) Esta forma de globalização, apesar de hegemônica, não é a única e tem vindo a ser crescentemente confrontada por uma outra forma, uma globalização alternativa, contra-hegemônica, constituída pelo conjunto de iniciativas, movimentos e organizações que, através de vínculos, redes e alianças locais/globais, lutam contra a globalização neoliberal mobilizados pela aspiração a um mundo melhor, mais justo e pacífico, que julgam possível e a que sentem ter direitos (SANTOS, Boaventura de Sousa (Org.). *Trabalhar o mundo.* Os caminhos do novo internacionalismo operário. Rio de Janeiro: Civilização Brasileira, 2005. p. 11-12).
(61) Disponível em: <http://www.scielo.br/pdf/sssoc/n104/03.pdf>. Acesso em 30 abr. 2014 (no texto Ricardo Antunes mostra como os capitais transnacionais buscam ampliar ainda mais o desmonte da legislação trabalhista).
(62) Em igual sentido: SANTOS, Boaventura de Sousa (Org.). *Trabalhar o mundo.* Os caminhos do novo internacionalismo operário. Rio de Janeiro: Civilização Brasileira, 2005. p. 85.
(63) WEBSTER, Edward; LAMBERT, Rob. Emancipação social e novo internacionalismo operário: uma perspectiva do Sul. In: SANTOS, Boaventura de Sousa (Org.). *Trabalhar o mundo.* Os caminhos do novo internacionalismo operário. Rio de Janeiro: Civilização Brasileira, 2005. p. 97.

heterogêneos, multifacetados, necessitam redefinir o objeto desse ramo, alargar o contorno de sua luta, a fim de refugiar todas as possibilidades e alternativas de trabalho e rendas.

o mundo do trabalho sofreu, como resultados das transformações e metamorfoses em curso nas últimas décadas, um processo de desproletarização do trabalho industrial, fabril, que se traduz na diminuição da classe operária tradicional e numa significativa subproletarização do trabalho, decorrente "das formas diversas de trabalho parcial, precário, terceirizado, subcontratado, vinculado à economia informal, ao setor de serviços, etc. Verificou-se uma "heterogenização, complexificação e fragmentação do trabalho". Para ele, há um múltiplo processo que envolve a desproletarização da classe-que-vive-do-trabalho e uma subproletarização do trabalho, convivendo, ambas, com o desemprego estrutural[64].

O tratamento jurídico adequado inicia-se pela desconsideração do trabalho subordinado como centro das teorizações, o qual, no entanto, carece de ainda maior resguardo. Contudo, esse "maior" não significa prevalência sobre os demais tipos, apenas reconhecimento das suas nocivas consequências, por ser vendido, comprado e separado da vida, num processo produtivo em que se introduz a força de trabalho, de forma imediata, e a pessoa humana com sua dignidade, mediatamente. Por essa razão, não há como dissociar o labor como condição de existência e as premissas mínimas que assegurem valor a tais pessoas.

Aqui se reafirma a necessidade de retomada das lutas sindicais reformistas e emancipatórias, que devem se ajuntar aos demais movimentos sociais, posto que — a fim de não sucumbirem ao discurso pós-moderno de que tudo é líquido, interditado, fragmentado — todas as coletividades afetadas pelo ultraliberalismo global precisam unir-se em torno do referido pressuposto, o modo de produção capitalista e as nefastas consequências dele resultantes.

6. CONCLUSÕES

Este artigo procurou demonstrar, inicialmente, que o trabalho contraditoriamente livre/subordinado, como objeto do Direito do Trabalho, encontra-se refutado porque não resiste às evidências empíricas e analíticas presentes em vários estudos da teoria social crítica.

Por outro lado, a produção acadêmica contemporânea da teoria jurídico-trabalhista crítica busca ampliar os cânones da proteção, para alcançar todos os que vivem ou procuram viver de renda ou trabalho compatível com a dignidade humana, em especial o propriamente livre.

Objetivou evidenciar, ainda, que esse campo do conhecimento jurídico surge da luta operária reformista/ emancipatória, que é a sua fonte por excelência. Logo, nada se altera ou modifica, na sua estrutura, sem os movimentos coletivos. As crises que ele próprio vivencia confirma essa hipótese.

Por meio dessa visão analítica, estabeleceu-se uma análise crítico-prospectiva acerca do meio ambiente do trabalho.

O modo e as relações de produção capitalistas, centrados na compra e venda da força de trabalho (subordinação ao capital) não são fenômenos trans-históricos, mas datados. Surgem na modernidade, legitimam-se e universalizam-se para tornar aquele modelo específico de labor o *locus* privilegiado da sociabilidade e objeto dessa área do saber jurídico.

Uma pauta hermenêutica distinta é adequada para explicar que as agressões à natureza e ao meio ambiente, as lesões psicofísicas que afetam os trabalhadores e a coletividade, dentro e fora das organizações produtivas são originárias daquele modelo de produção e de relações laborais que, repita-se, legitimam-se e universalizam-se como pressuposto de sociabilidade da modernidade forjada sob o Espírito do Iluminismo.

Ambicionou-se problematizar, refutar e propor epistemologicamente novos fundamentos para o Direito do Trabalho, a fim de ampliar os cânones da proteção e colocar em relevo os movimentos sindicais — reformistas e emancipatórios —, articulando-os com os novos movimentos sociais, o que possibilita vislumbrar uma narrativa distinta para a ambiência laboral.

Para tanto, fez-se um corte epistemológico, em três sentidos: 1) as agressões ao meio ambiente e à natureza, as diversas formas de adoecimento e as mortes lentas no trabalho estão diretamente vinculadas ao trabalho subordinado; 2) a engrenagem produtiva/industrial/desenvolvimentista é, na sua essência, predatória/destrutiva. Logo, contém em si impactos negativos à vida humana, ao meio ambiente e à natureza; 3) sem destacar-se este *a priori* é impossível estabelecer uma nova pauta hermenêutica que compreenda na ambiência laboral, como afetados, todos os que vivem ou pretendem viver de um trabalho, ou de uma renda, dignos à sociedade e ao meio ambiente como todo.

Caso se atribua, como faz a doutrina clássica, apenas aos poderes instituídos a interpretação e a aplicação das normas, nacionais ou supranacionais, ou melhor, adotando-se na solução dos problemas que afetam o meio ambiente, a natureza e a saúde do trabalhador, apenas uma visão dogmática, o pesquisador omite, neutraliza outra perspectiva fundamental: a de que o Direito do Trabalho surge da luta operária, sendo assim a vertente sindical mais importante que a individual, reproduzindo acriticamente aquilo que aqui se chamou de obsolescência da velha doutrina.

No âmbito da dogmática jurídico-trabalhista, as conquistas e rupturas se deram por conta das lutas coletivas e não por meio dos poderes instituídos. Sem tirar a importância da atuação destes, a produção legislativa nasce da força das ações coletivas. Quando elas entram em crise, isso igualmente ocorre com o próprio ramo do Direito. Basta ver o que vem acontecendo no mundo do trabalho — prevalência da dualização do assalariado ou a terceirização em voga, por exemplo — em todo o planeta.

---

(64) ANTUNES, Ricardo. *Os Sentidos do Trabalho*. Ensaio sobre a afirmação e a negação do trabalho. São Paulo: Boitempo, 2006, p. 209-211. (afirmação do sociólogo da UNICAMP ao se referir às evidências empíricas, presentes em várias pesquisas).

Um olhar diferente para o meio ambiente do trabalho depende, pois, dessa visão crítico-estruturante do próprio Direito do Trabalho, na sua dúplice perspectiva — individual e coletiva ou sindical. O Direito é um campo do saber que integra as ciências sociais. É lamentável a resistência dos doutrinadores em articulá-lo com outros campos dos saberes sociais, que vêm tratando com maior profundidade e consistência teórico-filosófica o fenômeno trabalho humano.

Ao articular esses diversos saberes desvendaram-se os elementos ideológicos que estão por trás da afirmação trabalho livre/subordinado, vislumbrou-se a supremacia das relações coletivas ou sindicais sobre as individuais e, a partir destes pressupostos, estabeleceu-se uma perspectiva distinta da velha doutrina sobre o meio ambiente do trabalho.

Assim, é medida de igualdade e de justiça redefinir o conceito e a compreensão do Direito do Trabalho e assim do meio ambiente do trabalho, ultrapassando a versão reducionista vinculada ao conceito de emprego, de trabalho livre/subordinado ou da relação de emprego regida pela Consolidação das Leis do Trabalho.

Uma ambiência laboral equilibrada, saudável e segura é direito de qualquer pessoa que desempenha atividade ou pretende viver de algum tipo de trabalho ou renda dignos, pois todos merecem receber essa tutela constitucional por ser direito fundamental, o qual deve ser concretizado.

Ao se conferir proteção à saúde física e mental do gênero humano, dentro e fora das fábricas e indústrias, num processo produtivo baseado no ecodesenvolvimento, cujo pressuposto seja a tutela da adequada qualidade de vida, obter-se-á, como consequência natural e indissociável, o amparo da fauna, da flora, no âmbito urbano e rural, atendendo-se ao mandamento constitucional de defesa e preservação do meio para as presentes e futuras gerações, direito fundamental de todos.

Nesse contexto, na busca da efetivação desse já citado direito fundamental, é imperativo o alargamento das pautas reivindicativas sindicais, a partir da junção daquelas propriamente trabalhistas com outras lutas: a) preservação do meio ambiente como um todo; b) respeito à diversidade cultural, de gênero, de raça; c) contra o ultraliberalismo global; d) contra as injustiças e as patologias sociais contemporâneas (apartheids sociais e novas formas de escravidão que afetam os trabalhadores clandestinos, imigrantes e os atingidos pelo desemprego estrutural).

Deve-se reconhecer que a globalização e a mundialização da economia acarretam consequências também planetárias. Um exemplo disso é o movimento migratório, o qual, ao interferir na geopolítica da Terra, traz ainda mais precarização ao trabalho humano, ampliando-se a exclusão social, de forma que os movimentos coletivos não podem defender apenas os trabalhadores do interior das organizações, mas todos aqueles que de alguma forma contribuem para a construção da riqueza de uns poucos.

É imprescindível, pois, ampliar as esferas reivindicativas sindicais e jurisdicionais de proteção à natureza, voltando-se contra o sistema econômico destrutivo e inconsequente, que compromete os destinos da humanidade (agronegócio, que desmata milhares de quilômetros por semestre, destrói quase toda a mata atlântica, as reservas do semiárido, mata as nascentes dos rios e afluentes, utiliza agrotóxicos). Assim, o resguardo jurídico necessita expandir-se, englobando os interesses dos trabalhadores, da sociedade, da natureza. A luta pela saúde e pelo meio ambiente, nele incluído o do trabalho, é a luta pela vida, sendo, portanto, interesse de todos.

No tocante ao acesso à justiça e à efetividade processual no Direito do Trabalho, é preciso articular o princípio da proteção social com o da desigualdade das partes, visando a estabelecer uma hermenêutica estruturante que justifique a aplicação dos princípios constitucionais fundamentais de amparo ao meio ambiente do trabalho, nos seus aspectos individuais, transindividuais e sindicais.

7. REFERÊNCIAS BIBLIOGRÁFICAS

ANDRADE, Everaldo Gaspar Lopes de. *Direito do Trabalho e pós-modernidade*: fundamentos para uma teoria geral. São Paulo: LTr, 2005.

_____. *Princípios de Direito do Trabalho e seus Fundamentos Teórico-Filosóficos*: Problematizando, refutando e deslocando o seu objeto. São Paulo: LTr, 2008.

_____. *O Direito do Trabalho na Filosofia e Teoria Social Crítica*. Os sentidos do trabalho subordinado na cultura e no poder das organizações. São Paulo: LTr, 2014.

_____. *A Hermenêutica Jurídica Contemporânea no Contexto do Direito do Trabalho*. In: RIBEIRO, Marcelo; DINIZ, João Janguiê Bezerra (Orgs.). Constituição, Processo e Cidadania. Brasília: Gomes & Oliveira, 2014.

ANPT — Associação Nacional dos Procuradores do Trabalho. *Meio ambiente de trabalho*. São Paulo: LTr, 2002.

ANTUNES, Ricardo. *Os Sentidos do Trabalho*. Ensaio sobre a afirmação e a negação do trabalho. São Paulo: Boitempo, 2006.

ANTUNES, Ricardo; BRAGA, Ruy (Orgs.). *Infoproletários*: Degradação Real do Trabalho Virtual. São Paulo: Boitempo, 2009.

ANTUNES, Ricardo. Disponível em: <http://amaivos.uol.com.br/amaivos2015/?pg=noticias&cod_canal=41&cod_noticia=12285>. Acesso em: 30 abr. 2016.

ARAÚJO JÚNIOR, Francisco Milton. Parâmetros para delimitação do meio ambiente do trabalho na volatilidade da sociedade contemporânea (ciberespaço). São Paulo: *Revista LTr*, Ano 78, n. 4, abr. 2014.

BORBA, Joselita Nepomuceno. *Efetividade da tutela coletiva*. São Paulo: LTr, 2008.

BRITO FILHO, José Claudio Monteiro de. *Trabalho decente*: análise jurídica da exploração, trabalho forçado e outras formas de trabalho indigno. São Paulo: LTr, 2004.

CARVALHO, Augusto César Leite. *Garantia de Indenidade no Brasil*. São Paulo: LTr, 2013.

CAVALCANTI, Ricardo Tenório. *Jurisdição, Direitos Sociais e Proteção do Trabalhador*. A efetividade do Direito Material e Processual do trabalho deste a Teoria dos Princípios. Porto Alegre: Livraria do Advogado, 2008.

COCCO, Giuseppe; GALVÃO, Alexander Patez; SILVA, Gerardo (Orgs.). *Capitalismo Cognitivo*: Trabalho, Redes e Inovação. Rio de Janeiro: DP&A, 2003.

COUTINHO, Aldacy Rachid. Meio Ambiente do Trabalho: a Questão do Poder Empregatício e a Violência Silenciosa do Perverso Narcísico. In: *Meio Ambiente do Trabalho Aplicado*. Homenagem aos 10 anos da CODEMAT. São Paulo: LTr, 2013.

CORDEIRO, Juliana Vignoli; CAIXETA, Sebastião Vieira (Coords.). *O Processo Como Instrumento de Realização dos Direitos Fundamentais*. São Paulo: LTr, 2007.

ESTEVES, Juliana Teixeira. *A Seguridade Social no Contexto de uma Renda Universal Garantida*: os fundamentos político-jurídicos para uma ética universal na governabilidade do mundo. Recife: Tese de Doutorado. PPGD UFPE, 2010.

FILHO, Wilson Ramos; POHLMANN, Juan Carlos Zurita. A Degradação do Meio Ambiente de Trabalho em Decorrência da Violência dos Novos Métodos de Gestão. In: *Meio Ambiente do Trabalho Aplicado*. Homenagem aos 10 anos da CODEMAT. São Paulo: LTr, 2013.

FIORILLO, Celso Antonio Pacheco; RODRIGUES, Marcelo Abelha. *Manual de Direito Ambiental e Legislação Aplicável*. São Paulo: Max Limonad, 1997.

GORZ, André. *O Imaterial*: Conhecimento, Valor e Capital. São Paulo: Annablume, 2005.

GOSDAL, Thereza Cristina. Disponível em: <http://ead01.escola.mpu.mp.br/course/view.php?id=49.>. Acesso em: 9 abr. 2018.

JARDIM, Philippe Gomes; LIRA, Ronaldo José (Orgs.). *Meio Ambiente do Trabalho Aplicado*. Homenagem aos 10 anos da CODEMAT. São Paulo: LTr, 2013

LATOUCHE, Serge. *Pequeno tratado do decrescimento sereno*. São Paulo: WMF Martins Fontes, 2009.

LAZZARATO, Maurizio; NEGRI, Antonio. *Trabalho Imaterial*: formas de vida e produção de subjetividade. Rio de Janeiro: DP&A, 2001.

LIRA, Fernanda Barreto. *Meio ambiente do trabalho e enfermidades profissionais*: os rituais do sofrimento e a morte lenta no contexto do trabalho livre/subordinado. Recife: Tese de Doutorado. PPGD da UFPE, 2015.

MARX, Karl. *O capital*. Crítica da Economia Política. Livro I. O processo de produção do capital. São Paulo: Boitempo, 2013.

MELO, Raimundo Simão de. *Direito Ambiental do Trabalho e a saúde do trabalhador*. 5. ed. São Paulo: LTr, 2013.

MONTAÑO, Carlos; DURIGUETTO, Maria Lúcia. Estado. *Classe e Movimento Social*. São Paulo: Cortez, 2011.

NASCIMENTO. Amauri Mascaro. Defesa Processual do Meio Ambiente do Trabalho. São Paulo: *Revista LTr*, v. 63, n. 5, p. 583-587, maio de 1999.

PADILHA, Norma Sueli. *Do meio ambiente do trabalho equilibrado*. São Paulo: LTr, 2002.

_____. Meio ambiente do trabalho: um direito fundamental do trabalhador e a superação da monetização do risco. São Paulo: *Revista do TST*, Ano 79, n. 4, 2013.

PEREIRA, Maria Clara Bernardes. *A livre circulação dos trabalhadores no âmbito da comunidade europeia e do mercosul*. Recife: UFPE, 2014.

PINTO, Jailda Eulídia da Silva. *O Direito Ambiental do Trabalho no contexto das relações individuais, sindicais e internacionais do trabalho*: para além da dogmática jurídica, da doutrina da OIT e do direito comunitário. Recife: PPGD. Projeto de Pesquisa Mestrado, 2013.

_____. ANDRADE, Everaldo Gaspar Lopes de. Direito Ambiental do Trabalho: a ampliação do seu objeto, a partir de uma nova pauta hermenêutica, de novos fundamentos teórico-filosóficos e teórico-dogmáticos. *Revista Eletrônica do Mestrado em Direito da UFAL*. Edição 2014.2.

REIS, Daniela Muradas. *O Princípio da Vedação do Retrocesso no Direito do Trabalho*. São Paulo: LTr, 2010.

ROCHA, Julio César da. *Direito Ambiental do Trabalho*. São Paulo: LTr, 2002.

RODRIGUES, Silvia Viana. *Rituais de sofrimento*. São Paulo: Boitempo, 2013.

SADY, João José. *Direito do meio ambiente de trabalho*. São Paulo: LTr, 2000.

SANTOS, Boaventura de Sousa (Org.). *Trabalhar o mundo*. Os caminhos do novo internacionalismo operário. Rio de Janeiro: Civilização Brasileira, 2005.

SIMÓN, Sandra Lia. *A proteção constitucional da intimidade e da vida privada do empregado*. São Paulo: LTr, 2000.

SOARES, Evanna. Disponível em: <http://ead01.escola.mpu.mp.br/mod/book/tool/print/index.php?id=6073.> Acesso em: 09 abr. 2018.

_____. *Educação ambiental no trabalho*. Disponível em: <https://evannasoares.wordpress.com/2010/03/23/educacao-ambiental-no-trabalho/.>. Acesso em: 9 abr. 2018.

SOUTO MAIOR, Jorge Luiz. *Relação de emprego e relação de trabalho*. São Paulo: LTr, 2007.

VAKALOULIS, Michel. Antagonismo social e ação coletiva. In: LEHER, Roberto; SETÚBAL, Mariana (Orgs.). *Pensamento Crítico e Movimentos Sociais*. Diálogos para uma nova práxis. São Paulo: Cortez, 2005.

WEBSTER, Edward; LAMBERT, Rob. Emancipação social e novo internacionalismo operário: uma perspectiva do Sul. In: SANTOS, Boaventura de Sousa (Org.). *Trabalhar o mundo*. Os caminhos do novo internacionalismo operário. Rio de Janeiro: Civilização Brasileira, 2005.

Nuevas tendencias del derecho sindical en Argentina (2010-2016)

Lucas Caparrós[(*)]

1. LA IMPASIBILIDAD LEGISLATIVA, LA ACTIVIDAD JUDICIAL Y LAS NUEVAS TENDENCIAS DEL DERECHO SINDICAL EN ARGENTINA[(1)]

Antes de realizar cualquier consideración sobre las nuevas tendencias del Derecho sindical en Argentina, debe recordarse que la ley 23.551 de Asociaciones Sindicales (LAS), de 1988, instituyó un determinado sistema sindical, que respeta las características del llamado "modelo histórico", y que ha sido descripto por Adrián Goldin como un sistema de "sindicato único impuesto por ley y habilitado por el Estado"[(2)]. Otros autores lo han llamado eufemísticamente 'sistema de pluralidad sindical con unidad promocionada'.

En definitiva, la LAS da forma a este modelo sindical basándose en dos pilares.

Por un lado, la conocida "personería gremial", que no es más ni menos que el otorgamiento que le hace el Estado a un sindicato, a través de un acto administrativo, de la "representación única" de una determinada categoría profesional, basándose, para ello, en un criterio de aparente 'mayor representatividad'.

Es decir que el sindicato que en un momento originario fue reconocido por el Estado como el más representativo, será el único representante de la categoría profesional, y tendrá para sí, con exclusividad, todos los derechos que hacen que un sindicato sea sindicato: 1) la representación en lugar de trabajo, 2) la correspondiente protección de sus representantes (dentro y fuera del lugar de trabajo), 3) la representación del interés colectivo de la categoría profesional, 4) la negociación colectiva, entre otros derechos exclusivos.

Por otra parte, la LAS elige (o privilegia, si se lo quisiera decir de ese modo) un tipo de organización particular. A tal fin, define tres tipos posibles de agrupamiento sindical - vertical, horizontal y por empresa -, para luego expresar que le otorgará la 'personería gremial' (esa carta de derechos sindicales) al sindicato agrupado verticalmente, por rama de actividad.

Únicamente cuando no exista una asociación sindical agrupada de ese modo (verticalmente y por rama de actividad), le podrá reconocer aquella personería gremial a sindicatos agrupados horizontalmente o por empresa (arts. 29 y 30, LAS).

Asimismo, la citada ley establece un grado superior agrupamiento (la federación), de más amplio alcance de representación en sus dimensiones funcional y territorial, a la que podrán asociarse las organizaciones sindicales de primer grado, cediendo algunos de sus derechos sindicales a esta asociación de grado mayor, como lo es la negociación colectiva.

A esta 'federación' también se le otorgará 'personería gremial', respetando aquel primer rasgo característico de representación unitaria.

Así pues, no solo queda conformado un sistema de sindicato único impuesto por ley, centralizado, sino que, asimismo, el sistema posee un altísimo grado de concentración sindical.

Señalados los rasgos característicos del sistema sindical argentino, debe decirse que, desde el año 2010 y hasta el año 2016 (período temporal que se ha considerado para elaborar el presente trabajo), este sistema ha sido objeto de sucesivos embates, no solo propiciados por las sentencias de los tribunales argentinos, sino, también (y como es evidente), por el propio movimiento obrero.

Pese a ello, en el mismo período temporal, la legislación relativa a la materia no ha sufrido la más mínima modificación.

(*) Abogado, docente de la Facultad de Derecho de la Universidad de Buenos Aires.
(1) **Todas las normas estatales argentinas pueden consultarse en <http://www.infoleg.gob.ar/>.**
(2) GOLDIN, Adrián. *El trabajo y los mercados, sobre las relaciones laborales en la Argentina*. Buenos Aires: Eudeba, 1997. p. 54.

Paradojalmente, y a pesar de que la actividad legislativa respectiva se ha mantenido impasible, no son pocas las nuevas tendencias que el Derecho de las relaciones colectivas de trabajo ha experimentado en Argentina.

Una de las explicaciones de aquello es la doctrina sentada por la Corte Suprema de Justicia de la Nación (CSJN), que ha reconocido la jerarquía constitucional del Convenio sobre la libertad sindical y la protección del derecho de sindicación (n. 87) de la OIT, por estar éste integrado al Pacto Internacional de Derechos Económicos, Sociales y Culturales (art. 8º), al Pacto Internacional de Derechos Civiles y Políticos (art. 22) y a la Convención Americana sobre Derechos Humanos (art. 16). Sumado a ello, como afirma Von Potobsky, la CSJN, que tradicionalmente había guardado distancia frente a los convenios de la OIT, "... cambió radicalmente su postura al respecto, no sólo en lo que concierne a las citas del Convenio n. 87, sino sobre todo de su interpretación por los órganos de control de la OIT"[3]. Así, pues, ha quedado claro, ahora también respecto de los convenios de la OIT, que la aplicación de los instrumentos internacionales "en las condiciones de su vigencia" (art. 75, inc. 22, Constitución Nacional Argentina), se traduce en la interpretación que de ellos han hecho los órganos de control en el ámbito internacional[4].

En el ya célebre fallo recaído en los autos "Asociación de Trabajadores del Estado c/ Ministerio de Trabajo"[5] (en adelante, "ATE I"), el Alto Tribunal, además de señalar la jerarquía constitucional del Convenio n. 87 y de poner de manifiesto cuáles son las "condiciones de su vigencia", expresó que: "la Comisión de Expertos ha "recordado" al Estado argentino, "que la mayor representatividad no debería implicar para el sindicato que la obtiene, privilegios que excedan de una prioridad en materia de representación en las negociaciones colectivas, en la consulta por las autoridades y en la designación de los delegados ante los organismos internacionales" (Observación individual sobre el Convenio sobre la libertad sindical y la protección del derecho de sindicación, 1948 (núm. 87), Argentina (ratificación: 1960), 2008)"[6]. En la inteligencia de la CSJN, expresada en el fallo "ATE I", cualquier prerrogativa exclusiva otorgada a las asociaciones sindicales dotadas de personería gremial, que exceda a las allí mencionadas, se daría de bruces (a priori) con las normas contenidas en el Convenio n. 87.

Aquel pronunciamiento de la Corte ha sido, sin duda, el punto de partida de la fuerza judicial deconstructiva del sistema sindical argentino, provocada - como no puede ser de otro modo - por la acción de una parte del movimiento obrero.

Si bien debe resaltarse que el control de constitucionalidad en la Argentina es difuso e inter partes, no resultando los fallos de la CSJN *per se* obligatorios para los tribunales inferiores, lo cierto es que tienen un virtual efecto vinculante; se entiende pacíficamente que para no aplicar la doctrina que emana de las sentencias del Alto Tribunal es necesario aportar nuevos argumentos que justifiquen apartarse de aquella[7].

Las nuevas tendencias en el Derecho de las relaciones colectivas de trabajo han sido muchas. Seguidamente, procuraré identificar algunas de las más relevantes para el estudio comparado del tema que nos ocupa.

2. LA LIBERTAD ASOCIACIÓN

2.1. *Tipos de agrupamiento mencionados en la LAS*

En el sentido expresado en el apartado anterior, acorde con la doctrina de la CSJN que emana del fallo "ATE I", los tribunales nacionales han declarado reiteradamente la inconstitucionalidad de dos preceptos de la Ley de Asociaciones Sindicales n. 23.551 (LAS) - me refiero a los contenidos en sus arts. 29 y 30 - dirigidos a asegurar el diseño legislativo del sistema sindical argentino, cuyo tipo de agrupamiento preferido es el del sindicato agrupado por rama de actividad y con representación del más amplio alcance territorial.

Así pues, la Sala IV de la Cámara Nacional de Apelaciones del Trabajo (CNAT) ha sostenido que "[c]orresponde declarar la inconstitucionalidad del art. 29 de la ley 23.551 en cuanto prevé que sólo podrá otorgarse personería a un sindicato de empresa cuando no obrare en la zona de actuación y en la actividad o en la categoría, una asociación sindical de primer grado pues, dicha norma contraria lo previsto en el Convenio n. 87 de la OIT, el cual posee rango superior a las leyes", y que "...en una Observación individual publicada en 1989, la Comisión expresó que disposiciones como la del art. 29 de la ley 23.551 "podrían tener por efecto restringir el derecho de los trabajadores de constituir las organizaciones que estimen convenientes, así como el de afiliarse a estas organizaciones (art. 2 del Convenio)" (documento ILOLEX 061989ARG087)"[8].

La misma Sala de la CNAT, con similares fundamentos, declaró la inconstitucionalidad del art. 30 de la LAS, que dispone una veda al acceso de los sindicatos de corte horizontal - agrupados por oficio, categoría o profesión - a la "personería gremial", cuando exista una asociación sindical de tipo vertical, que comprenda en su personería

---

(3) Cfr. VON POTOBSKY, Geraldo. *Norma internacional y derecho colectivo del trabajo*. DT2010 (febrero), 229.
(4) Ibídem.
(5) CSJN, 11.11.2008, Fallo: 331:2499, Cita online (La Ley): AR/JUR/10649/2008.
(6) Ibíd., Considerando 8º).
(7) "No obstante que el Alto Tribunal sólo decide en los procesos concretos que le son sometidos y su fallo no resulta obligatorio para casos análogos, los jueces inferiores tienen el deber de conformar sus decisiones a aquéllas (doc. de Fallos 25:364 y Fallos 212:51 y 160) de lo cual emana la consecuencia de que carecen de fundamento las sentencias de los tribunales inferiores que se apartan de los precedentes de la Corte sin aportar nuevos argumentos que justifiquen modificar la posición sentada por el Tribunal, en su carácter de intérprete supremo de la Constitución Nacional y de las leyes dictadas en su consecuencia (causa "Balbuena, César Aníbal s/ extorsión" resuelta el 17.XI.1981)" (CNAT, Sala III, Pavicic, Mariano c. Estado Nacional, 13.09.2001, JA 2001-IV , 287, Cita online: AR/JUR/2937/2001).
(8) CNAT, Sala IV, 14.05.2010, "Ministerio de Trabajo c. Asociación Personal Universidad Católica", DT 2010 (julio), 1818. En el mismo sentido: CNAT, Sala I, 26.04.2012, "Ministerio de Trabajo c. Asociación del Personal de la Universidad Católica de Salta s/ Ley de Asoc. Sindicales", La Ley Online, AR/JUR/14839/2012.

la representación de los trabajadores a los que pretenda representar la organización agrupada de modo horizontal[9].

2.2. Tipos de agrupamiento no mencionados en la LAS

El art. 10 de la LAS, reza: "[s]e considerarán asociaciones sindicales de trabajadores las constituidas por: a) trabajadores de una misma actividad o actividades afines; b) trabajadores de un mismo oficio, profesión o categoría, aunque se desempeñen en actividades distintas; c) trabajadores que presten servicios en una misma empresa".

Al respeto, el Ministerio de Trabajo, Empleo y Seguridad Social (MTEySS) interpretó en reiteradas oportunidades que la enumeración de aquel art. 10º era taxativa y que, consecuentemente, ninguna asociación agrupada de un modo distinto a los allí previstos podía obtener la personería jurídica - como asociación sindical - o acceder a la "personería gremial". Así pues, la CNAT ha sentenciado que "…la interpretación restrictiva asignada por la autoridad de aplicación al art. 10 de la Ley n. 23.551, en cuanto contraría los principios recogidos por ese Convenio [N. 87], resulta también contrario al orden normativo establecido por nuestra Constitución Nacional (arts. 31 y 75, inc. 22)…"[10].

3. TUTELA DE LOS REPRESENTANTES GREMIALES

3.1. De los representantes sindicales de asociaciones con simple personería jurídica

Luego de aquel punto de partida marcado por el fallo "ATE I", las siguientes declaraciones de inconstitucionalidad de la LAS, por parte de la CSJN, no tardaron en llegar. Así pues, en diciembre del año 2009, el Máximo Tribunal emite sentencia en los autos "Rossi, Adriana María c/ Estado Nacional - Armada Argentina"[11] (en lo sucesivo, "Rossi"), en donde dio tratamiento a la tutela del representante sindical perteneciente a una asociación sindical con simple personería jurídica.

En esta segunda sentencia, la Corte reiteró la doctrina que emana de su precedente "ATE I" y declaró inconstitucional el art. 52 de la LAS, en cuanto establece un régimen de protección especial sólo para el representante sindical que pertenece a una asociación sindical dotada de personería gremial.

Lo sentenciado por la CSJN en "Rossi" es, como se advierte con sencillez, la expresión continuada, lógica y coherente de la postura adoptada en "ATE I". En efecto, la tutela del representante sindical es la condición indispensable para que aquella representación pueda ser eficazmente ejercida. Asimismo, si se entiende que las asociaciones más representativas no deben gozar de prerrogativas exclusivas que excedan "…de una prioridad en materia de representación en las negociaciones colectivas, en la consulta por las autoridades y en la designación de los delegados ante los organismos internacionales" (Observación individual sobre el Convenio sobre la libertad sindical y la protección del derecho de sindicación, 1948 (núm. 87), Argentina (ratificación: 1960), 2008)"[12], es evidente que no existe un fundamento válido para privar al representante sindical perteneciente a una asociación con simple personería jurídica del régimen de protección de los representantes sindicales.

En este sentido, atenta la doctrina sentada por el Máximo Tribunal, debe entenderse que todo representante sindical goza del régimen de protección especial establecido en la LAS (arts. 48 y 52).

Trascurridos cinco años desde el dictado del fallo "Rossi", la CSJN se pronunció en los autos "Codina, Héctor c/ Roca Argentina S.A. s/ Ley n. 23.551"[13] (en adelante "Codina"), en el marco de una acción entablada por un representante sindical perteneciente a una asociación con simple personería jurídica, ratificando - ahora en relación a la legislación que rige las relaciones colectivas de trabajo - que el control de constitucionalidad y convencionalidad debe ser ejercido de oficio por los tribunales, en cumplimiento de lo dispuesto en la CADH. Así pues, revocó la sentencia de la instancia anterior en donde se había rechazado aquella demanda, cuyo objeto era obtener la indemnización establecida en el art. 52, de la Ley n. 23.551, puesto que el tribunal inferior se había abstenido de examinar la constitucionalidad del de dicha norma con fundamento en que la declaración de inconstitucionalidad no había sido solicitada por el demandante[14].

Poco después, el Alto Tribunal se expidió en los autos "Nueva Organización de Trabajadores Estatales c/ Instituto Nacional de Servicios Sociales para Jubilados y Pensionados s/ amparo"[15] (en adelante, "NOTE"). Allí, continuando con la tesitura de los precedentes en la materia, expresó que "[l] os arts. 44 y 48 de la Ley n. 23.551, en cuanto establecen prerrogativas en materia de franquicias y licencias gremiales únicamente en favor de los delegados pertenecientes a los sindicatos que cuentan con personería gremial, son inconstitucionales, pues para estar en consonancia con las normas internacionales de rango constitucional que rigen el instituto de la libertad sindical, la legislación nacional no puede privar a las organizaciones sindicales que no hayan sido reconocidas como las más representativas, de los

---

(9) CNAT, Sala IV, "Ministerio del Trabajo c. Asociación Sindical de Intérpretes Masivos", 22.04.2010, La Ley Online; AR/JUR/9748/2010.
(10) CNAT, Sala IV, 24.09.2010, "Ministerio de Trabajo c. Asociación del Personal Jerárquico del Jockey Club", DT 2010 (diciembre), 3322. En el mismo sentido: CNAT, Sala V, 31.08.2011, "Ministerio de Trabajo c. Nueva Organización de Trabajadores Estatales s/ Ley de Asoc. Sindicales", La Ley Online, AR/JUR/49807/2011.
(11) CSJN, 09.12.2009, Fallo: 332:2715, Cita online (La Ley): AR/JUR/45472/2009.
(12) CSJN, 11.11.2008, Fallo: 331:2499, Cita online (La Ley): AR/JUR/10649/2008, Considerando 8º).
(13) CSJN, 11.12.2014, LA LEY 29.12.2014, Cita Online: AR/JUR/61448/2014.
(14) La sentencia de la CSJN, reza: "Los tribunales nacionales no están impedidos de ejercer, de oficio, el control de constitucionalidad, en la medida que los órganos judiciales de los países que ratificaron la CADH están obligados a ejercer, de oficio, el control de convencionalidad, descalificando las normas internas que se opongan a ese tratado, resultando un contrasentido aceptar que la Constitución Nacional, por un lado, confirió rango constitucional a esa norma, incorporó sus disposiciones al derecho interno y así, habilitó la aplicación de la regla interpretativa formulada por la Corte Interamericana de Derechos Humanos, que obliga a los tribunales a ese control, y por el otro, impide que aquellos ejerzan ese examen con el fin de salvaguardar su supremacía frente a normas locales de menor rango".
(15) CSJN, 24.11.2015, LA LEY 05.02.2016, Cita Online: AR/JUR/52406/2015.

medios esenciales para defender los intereses profesionales de sus miembros ni del derecho de organizar su gestión y su actividad".

En definitiva, a través de sus sentencias, la CSJN no sólo declaró la inconstitucionalidad de las normas que diseñan el sistema sindical argentino, en cuanto privan a los representantes sindicales de asociaciones con simple personería jurídica de la tutela especial de la que gozan los representantes pertenecientes a las organizaciones dotadas de personería gremial, sino que, además, puso de resalto la supremacía de las normativa en materia de libertad sindical, a la vez que expuso que toda distinción entre unos y otros representantes sindicales, inclusive en lo que concierne al modo de ejercer dicha representación, repugna a la Constitución Nacional y a los Tratados internacionales de DDHH, como así también a las normas internacionales del trabajo relativas a la Libertad Sindical.

3.2. De los representantes gremiales y la discriminación por cuestiones gremiales

La actividad judicial dirigida en el sentido que vengo señalando no se detuvo, como se verá, en el reconocimiento de la tutela de la que deben gozar las asociaciones sindicales con simple personería jurídica y sus representantes. En efecto, ni la doctrina ni las sentencias judiciales eran contestes al pronunciarse sobre la problemática del representante gremial - es decir, el representante de un gremio de trabajadores no constituido o reconocido como asociación sindical - y de los actos discriminatorios motivados en cuestiones gremiales.

A grandes rasgos, la discusión giraba en torno de la aplicabilidad o inaplicabilidad de la Ley n. 23.592 (conocida como "ley antidiscriminatoria")[16] a las relaciones de trabajo. Luego, entre quienes sostenían la compatibilidad de dicha ley con el ordenamiento jurídico del trabajo, el debate tenía lugar en relación a la posibilidad de ordenar o no la reinstalación del trabajador a su puesto de trabajo, con fundamento en la declaración de nulidad del despido considerado discriminatorio. Finalmente, no existía consenso en cuanto a quién tenía a su cargo la carga de la prueba de la discriminación o de la no discriminación en este tipo de controversias.

Como se habrá advertido, la temática trasciende al Derecho de las relaciones colectivas de trabajo. En lo que aquí importa, el 7 de diciembre de 2010, la CSJN emitió sentencia en los autos "Álvarez, Maximiliano y otros c/ Cencosud S.A."[17] (en adelante, "Álvarez"). Allí, el Alto Tribunal confirmó por el voto de una apretada mayoría - de cuatro contra tres - "…la sentencia que ordenó la reinstalación y reparación económica de los trabajadores víctimas de un despido discriminatorio por su actividad sindical con fundamento en el art. 1 de la Ley n. 23.592 - de actos discriminatorios -, pues nada hay de objetable a la aplicación de esa normativa - que reglamenta un principio constitucional de la magnitud del art. 16 de la Constitución Nacional - al ámbito del derecho individual del trabajo, ello por tres razones: 1) nada hay en el texto de ley ni en la finalidad que persigue que indique lo contrario; 2) la proscripción de la discriminación no admite salvedades o ámbitos de tolerancia, que funcionarían como ‹santuarios de infracciones›: se reprueba en todos los casos, y 3) reviste una circunstancia que hace a la norma por demás apropiada y necesaria en ese ámbito, toda vez que la relación laboral, si algo muestra a estos efectos, es una especificidad que la distingue de manera patente de otros vínculos jurídicos, puesto que la prestación de uno de los celebrantes, el trabajador, está constituida nada menos que por la actividad humana, la cual resulta, *per se*, inseparable de la persona humana y, por lo tanto, de su dignidad".

Sentada, pues, la doctrina de la Corte en cuanto a la aplicabilidad de la Ley 23.592 a las relaciones de trabajo, y a la viabilidad de la orden de reinstalación, el 15 de noviembre de 2011 el Máximo Tribunal se expidió sobre la carga de la prueba en este tipo de controversias. Lo hizo en los autos "Pellicori, Liliana Silvia c. Colegio Público de Abogados de la Capital Federal s/ Amparo"[18] (en adelante, "Pellicori"), en donde fijó un criterio que ya había esbozado en precedentes anteriores, expresando que "[e]n los procesos donde se controvierte la existencia de un motivo discriminatorio del acto en juego resultará suficiente, para la parte que afirma haber sufrido tal acto, la acreditación de hechos que, *prima facie* evaluados, resulten idóneos para inducir su existencia, caso en el cual corresponderá al demandado, a quien se reprocha la comisión del trato impugnado, la prueba de que éste tuvo como causa un motivo objetivo y razonable ajeno a toda discriminación".

El fallo "Pellicori" tiene, además de su importancia en materia de cargas probatorias, particular trascendencia en cuanto al amplio alcance que el Alto tribunal le asigna a la Ley n. 23.592, pues en aquel caso la demandante (Pellicori) argumentó que la discriminación que sufrió fue motivada, principalmente, en su vínculo sentimental con un delegado de personal.

4. EL DERECHO DE HUELGA

4.1. La titularidad del derecho de huelga

El derecho de huelga también ha sido - en el período sujeto a estudio - tratado por la CSJN. El Alto Tribunal se ha expedido por primera vez sobre uno de los extremos del derecho de huelga generador de los más intrincados debates doctrinarios nacionales; me refiero a la titularidad del derecho de huelga.

La titularidad del derecho de huelga ha sido objeto, en Argentina, de las más variopintas interpretaciones doc-

---

(16) El art. 1º de la Ley n. 23.592, reza: "Quien arbitrariamente impida, obstruya, restrinja o de algún modo menoscabe el pleno ejercicio sobre bases igualitarias de los derechos y garantías fundamentales reconocidos en la Constitución Nacional, será obligado, a pedido del damnificado, a dejar sin efecto el acto discriminatorio o cesar en su realización y a reparar el daño moral y material ocasionados. (A los efectos del presente artículo se considerarán particularmente los actos u omisiones discriminatorios determinados por motivos tales como raza, religión, nacionalidad, ideología, opinión política o gremial, sexo, posición económica, condición social o caracteres físicos".
(17) CSJN, 7.12.2010, LA LEY 29.12.2010, Cita Online: AR/JUR/77141/2010.
(18) CSJN, 15.11.2011, LA LEY 24.11.2011, Cita Online: AR/JUR/68958/2011.

trinarias. Una importante razón de ello es el tratamiento normativo que le fue dado a este extremo.

Al respecto, la discusión más intensa y extensa ha versado sobre el significado de un vocablo contenido en el art. 14 bis de la CN Argentina, que garantiza a los "gremios" el derecho de huelga, pero no expresa qué ha de entenderse por "gremios".

Las distintas posturas doctrinarias sobre esa materia pueden clasificarse en cuatro conjuntos, que identificaré como: a) *titularidad orgánica con mayor representatividad* - esta tesis restrictiva expresa que la titularidad de la huelga se halla en cabeza exclusivamente del sindicato dotado de personería gremial; b) *titularidad simplemente orgánica* - postura que entiende que la titularidad de la huelga es de cualquier asociación sindical, sea o no la reconocida como más representativa; c) *titularidad gremial* - esta teoría interpreta que la titularidad de la huelga pertenece a cualquier gremio de trabajadores, aun cuando no esté organizado en una asociación sindical; y d) *titularidad individual* - esta tesis sostiene que la titularidad del derecho de huelga es individual, sin perjuicio que algunas de las facultades de su ejercicio sean de titularidad colectiva[19].

Se observa, a grandes rasgos, que en cuanto a la titularidad del derecho de huelga, en Argentina, las posiciones *amplias* - en sus distintos grados - han tenido una importante recepción doctrinal, ganando allí (y hasta hoy) el lugar predominante[20]. Mientras que en la jurisprudencia, se había entendido que prevalecía la tesis *restrictiva*[21] que, en los últimos tiempos, en general, fue expresada reproduciendo sentencias pretéritas que antes de ahora habían logrado conformar la postura mayoritaria; esta severación, aún antes del dictado del fallo que reseñaremos seguidamente, había perdido vigencia[22].

En ese estado de cosas, el día 7 de junio de 2016, la CSJN se pronunció en los autos "Orellano, Francisco Daniel c. Correo Oficial de la República Argentina S.A. s/ juicio sumarísimo"[23] (en adelante, "Orellano"), en donde entendió que la titularidad del derecho de huelga se halla en cabeza de cualquier organización sindical - dotada o no de personería gremial - y, consecuentemente, dicha titularidad (colectiva, no individual) no es de los gremios en sentido no orgánico. La sentencia reza: "La alocución "gremios" del art. 14 bis de la Constitución Nacional no resulta comprensiva de cualquier grupo informal de trabajadores; la norma garantiza que las asociaciones profesionales destinadas a representar a los trabajadores en el ámbito de las relaciones colectivas se organicen con arreglo a los principios de libertad sindical y de democracia interna y, a tal efecto, les ha impuesto el requisito de la inscripción en un registro especial como medida de control del cumplimiento de tales directivas, y, por lo tanto, no resulta lógico admitir que se otorgue de modo indistinto la titularidad de los derechos más relevantes del ámbito de las relaciones colectivas tanto a las organizaciones que cumplen con todos esos recaudos como a simples grupos informales a los que no les exige satisfacer ninguno de ellos". En este sentido, la Corte consideró ilegítimas las medidas de acción dispuestas por un sujeto distinto a una asociación sindical.

Resulta insoslayable señalar que esa sentencia del Máximo Tribunal ha sido objeto de las más duras críticas por prácticamente la totalidad de la doctrina; ello, principalmente, por su manifiesta deficiencia argumental[24], característica ésta que no se hallaba presente en sus anteriores pronunciamientos. Sin embargo, el fallo "Orellano" tiene los mismos alcances que el resto de las sentencias de la CSJN, como ya se explicara al comienzo de este informe.

4.2. *La comisión de garantías*

En relación al derecho de huelga, es menester destacar que a comienzos del año 2010, mediante el decreto del PEN n. 392/10, se constituyó e integró la Comisión prevista en el art. 24 de la Ley n. 25.877 del año 2004, denominada por su decreto reglamentario n. 272/2006 "COMISIÓN DE GARANTÍAS", facultada - según dispone la citada norma reglamentaria - para: "a) Calificar excepcionalmente como servicio esencial a una actividad no enumerada en el segundo párrafo del artículo 24, de la Ley n. 25.877, de conformidad con lo establecido en los incisos a) y b) del tercer párrafo del citado artículo. b) Asesorar a la Autoridad de Aplicación para la fijación de los servicios mínimos necesarios, cuando las partes no lo hubieren así acordado o cuando los acuerdos fueren insuficientes, para compatibilizar el ejercicio del derecho de huelga con los demás derechos reconocidos en la CONSTITUCIÓN NACIONAL, conforme al procedimiento que se establece en el presente. c) Pronunciarse, a solicitud de la Autoridad de Aplicación, sobre cuestiones vinculadas con el ejercicio de las medidas de acción directa. d) Expedirse, a solicitud de la Autori-

---

(19) Existe, además, una quinta posición que no puede ser incluida en ninguno de los grupos antes identificados, pero que recorre a todos y cada uno de ellos, elaborada por Eduardo ÁLVAREZ: se trata de su teoría "variable y dinámica del sujeto del conflicto", en la que distingue distintos supuestos de hecho, concluyendo que la titularidad del derecho de huelga es versátil (vid. ÁLVAREZ, Eduardo, "Reflexiones críticas sobre el sujeto del Derecho de Huelga", DT 2010 (junio), 1373).
(20) *Cfr.* GARCÍA, Héctor Omar. "El derecho de huelga", en *Tratado de Derecho Colectivo del Trabajo,* SIMÓN, Júlio C. (Dir.); AMBESI, Leonardo (Coord.). Buenos Aires: La Ley, 2012. Tomo II, p. 590 y ss. (Cap. 26).
(21) Ibídem.
(22) Es que los fallos dictados en los autos "Orellano, Francisco Daniel c/ Correo Oficial de la República Argentina S.A. s/ juicio sumarísimo" (28/12/2012, CNAT, Sala I, La Ley Online, AR/JUR/74970/2012), "Millicay, Domingo Esteban c/ Correo Oficial de la República Argentina S.A. s/ despido" (16.12.2013, CNAT, Sala VII, Rubinzal Online, RC J 1279/14) y "Juárez, Juan Pablo c/ Farmacity S.A. s/ juicio sumarísimo" (13.11.2008, CNAT, Sala VI, Rubinzal Online, RC J 2439/09) habían venido a turbar las aguas calmas de la postura jurisprudencial de la CNAT que, pese a los cuestionamientos propiciados por parte de la doctrina, hasta hace muy poco se mantuvo impertérrita. Ello, sumado a la doctrina que emana de los ya célebres fallos de nuestra CSJN "ATE I", "Rossi" y "ATE II" que, sin referirse expresamente a la titularidad del derecho de huelga, trazan una línea argumental que se da de bruces con la de la tesis restrictiva de la titularidad del derecho de huelga.
(23) CSJN, 7.6.2016, LA LEY 22.06.2016, Cita Online: AR/JUR/30900/2016.
(24) *Vid.* CARO FIGUEROA, José A. "Huelga, titularidad del derecho de huelga y libertad sindical", DT 2016 (julio), 1516; García, Héctor Omar, "¿Quiénes son titulares del derecho de huelga?", DT 2016 (julio), 1532; Mugnolo, Juan Pablo, "Titularidad, sindicato y gremio", La Ley, Año LXXX n. 125, Tomo La Ley n. 2616-D; entre otros.

dad de Aplicación, cuando de común acuerdo las partes involucradas en una medida de acción directa requieran su opinión. e) Consultar y requerir informes a los entes reguladores de los servicios involucrados, a las asociaciones cuyo objeto sea la protección del interés de los usuarios y a personas o instituciones nacionales y extranjeras, expertas en las disciplinas involucradas, siempre que se garantice la imparcialidad de las mismas".

Sin perjuicio del exceso reglamentario en el que ha incurrido el PEN en relación a la desnaturalización de las funciones de la "Comisión de Garantías" dispuestas en el art. 24 de la Ley n. 25.877[25], en lo que concierne al período temporal en análisis, dicha Comisión ha exhibido una magra actividad, emitiendo su primer dictamen con fecha 23 de noviembre de 2010 y registrado, a la fecha, siete dictámenes en total, a seis años desde su constitución e integración[26].

En su primer dictamen, la Comisión emitió opinión respecto de una medida de acción dispuesta en el marco de un servicio hospitalario, expresando la imposibilidad de reducir los servicios de uno de los sectores participantes de la medida de acción y, por lo demás, estableciendo la fijación de un sistema de "guardias pasivas" y la limitación de la medida de acción a dos días a la semana, con un previo aviso no menor a cinco días. Este dictamen ha sido objeto de críticas por parte de la doctrina, particularmente porque, al dictaminar, la Comisión avanzó más allá de los confines de sus funciones[27].

En el segundo de sus dictámenes la Comisión se declaró incompetente para "fijar servicios mínimos"[28] en abstracto, respecto de un conflicto que aún no se había "materializado en medidas de acción directa concretas"[29].

En su tercer dictamen (2011), la Comisión de Garantías calificó como "servicio esencial a las actividades desarrolladas por el personal técnico aeronáutico en virtud de que forma parte del servicio de aeronavegación que reviste tal característica"[30] (la de servicio esencial), estableciendo la necesidad de prestación de servicios mínimos.

El cuarto de los dictámenes de la Comisión (2012), resulta, en su contenido, similar al primero, aunque referido a un conflicto que tuvo lugar en otro sector funcional y territorial del servicio de salud.

En sus quinto (2013) y séptimo (2014) dictámenes, la Comisión reitera lo expresado en su primer pronunciamiento, puesto que el conflicto llevado a su conocimiento se desarrollaba entre las mismas partes (aunque con la suma de un sindicato de trabajadores que no había participado de la primera medida de acción), sin que los extremos fácticos que dieron fundamento a aquel primer dictamen hayan variado.

En su sexto dictamen (2014), la Comisión de Garantías emitió opinión sobre un paro general de actividades llevado a su consideración, limitándose a recordar cuál es la normativa aplicable a las medidas de acción en el marco de servicios esenciales, en lo que a ese segmento de la actividad afectaba la huelga general.

5. INCLUSIÓN Y EXCLUSIÓN DEL DERECHO DE SINDICACIÓN

5.1. De los trabajadores privados de la libertad

En un hecho de superlativa importancia para el Derecho de las relaciones colectivas de trabajo, a fines del año 2012 fue constituido el Sindicato Único de Trabajadores Privados de la Libertad Ambulatoria (SUTPLA), que se propone representar a los trabajadores privados de su libertad ambulatoria, que prestan servicios en establecimientos penitenciarios[31].

Dicha organización, junto a la Central de Trabajadores de la Argentina (*CTA de los trabajadores*) ha interpuesto diferentes acciones - concluidas con distinto éxito - tendientes obtener el reconocimiento de los derechos contenidos en el ordenamiento jurídico del trabajo y a exigir su cumplimiento[32].

En lo que aquí importa, el día 10 de noviembre de 2015, la CSJN se pronunció en los autos "Sindicato Único de Trabajadores Privados de la Libertad Ambulatoria c. Estado Nacional - Ministerio de Justicia y Derechos Humanos de la Nación y otros s/ amparo"[33], en la que dicha organización reclamaba el pago de una retribución igual al valor mensual del *salario mínimo vital y móvil* a todos los internos de los establecimientos penitenciarios federales que realizan trabajos remunerados. Allí, el Alto Tribunal expresó: "del texto de la demanda y de la documentación adjuntada simplemente surge que el SUTPLA solicitó su inscripción como entidad gremial con arreglo a las disposiciones de la Ley n. 23.551, mas no que esa inscripción en el registro respectivo haya sido dispuesta por la autoridad de aplicación [...] la omisión de demostrar la inscripción del SUTPLA en el registro especial para las asociaciones sindicales también obsta a la posibilidad de encuadrar al presente reclamo como una acción colectiva [...] Ello es así ya que el artículo 43 de la Constitución Nacional solo otorga legitimación para demandar en defensa de derechos de incidencia colectiva a aquellas asociaciones que se encuentren "...registradas conforme a la ley, la que determinará los requisitos y formas de organización".

De lo sentenciado por la Corte se infiere que lejos de desconocerle a este tipo de trabajadores el derecho de sindicación, el Máximo Tribunal parece haber reconocido

---

(25) Vid. GARCÍA, Héctor O. "La huelga en los servicios esenciales", en *Derecho del Trabajo*, RODRÍGUEZ MANCINI, Jorge (Director). Buenos Aires: Astrea, 2010. p. 340 y ss.
(26) Todos los dictámenes de la Comisión de Garantías pueden ser consultados en el siguiente sitio: <http://www.trabajo.gob.ar/garantias/>.
(27) Vid. TRIBUZIO, José, "Huelga en los servicios esenciales", en *Tratado de Derecho Colectivo del Trabajo*, op. cit., Tomo II, p. 865 y ss.
(28) Dictamen 1/2010, CG.
(29) *Ibídem*.
(30) Dictamen 2/2011, CG.
(31) Cfr. PORTA, Elsa. *El trabajo en contexto de encierro*. Buenos Aires: Ediar, 2016. p. 243.
(32) Vid. PORTA, Elsa. El sindicato y los derechos individuales homogéneos de incidencia colectiva, DT2013 (diciembre), 3185.
(33) CSJN, 10.11.2015, LA LEY 03.12.2015, Cita online: AR/JUR/46001/2015.

que los trabajadores privados de libertad son titulares del derecho de sindicación, pese a que en ausencia de su reconocimiento administrativo como asociación sindical por parte de la autoridad administrativa, consideró que la organización no se encontraba legitimada para accionar. No obstante ello, y a pesar de los argumentos esgrimidos por el tribunal, la resolución de la CSJN nada dice al respecto.

Por otra parte, señala Elsa Porta que, "…en los hechos, los trabajadores detenidos han ejercido el derecho de huelga, aun antes de que existiera una organización sindical que los representase" citando una medida de acción gremial que tuvo lugar en el año 2011[34]. Agrega la autora que "[e]xiste también un ejemplo de, si se quiere más orgánico, tanto del ejercicio del derecho de huelga como de la negociación colectiva, dado que en el mes de noviembre de 2012, el sindicato que agrupa a los trabajadores privados de la libertad ambulatoria (SUTPLA) convocó a una huelga pacífica de tres días […] La huelga no llegó a concretarse porque el día 21 de noviembre de ese año, el Sr. Director Nacional del Servicio Penitenciario Federal se reunió con las autoridades de la citada entidad gremial y con los representantes de la Central de Trabajadores Argentinos (CTA)…" acordando la creación de una mesa de diálogo permanente, en donde se fijaron distintos tópicos en materia de condiciones de trabajo para ser tratados en las primeras reuniones[35].

5.2. De las fuerzas de seguridad

En el período en estudio, se reavivó el debate doctrinario sobre la posibilidad de sindicalización de las fuerzas de seguridad, producto, en parte, de una serie de pronunciamientos judiciales que versaron sobre dicha materia, originados por las reiteradas denegatorias del Ministerio de Trabajo, Empleo y Seguridad Social respecto de las solicitudes de inscripción gremial de diferentes organizaciones sindicales que se proponen representar los trabajadores de las fuerzas de seguridad.

En efecto, fueron varias las Salas de la CNAT que se han expedido sobre el derecho de sindicación de las fuerzas de seguridad en el segmento temporal analizado. Mayoritariamente, lo han hecho en sentido negativo[36].

Pueden extraerse - en un esfuerzo de síntesis - tres principales argumentos vertidos por los tribunales para fundar sus decisorios en aquel sentido.

En primer lugar, se ha dicho que no existe legislación que regule la posibilidad de sindicación de las fuerzas de seguridad (sólo la Ley n. 23.544 dispone excluir de la negociación colectiva a los integrantes de dichas fuerzas)[37].

En segundo término, se ha sostenido que "[a]l dejar los convenios de la OIT números 87 y 98 expresamente establecido que es la legislación nacional la que "deberá determinar" hasta qué punto se aplicarán a las fuerzas armadas y a la policía las garantías previstas en dichos convenios, ponen en claro que los derechos allí considerados deberán ser objeto de una legislación especial -nacional- en cuanto respecta a esas fuerzas, de modo tal que por el solo hecho de que esa legislación aún no se haya formulado no es procedente concluir que ello implique derechamente la aceptación de aquellas prerrogativas a los casos de las mencionadas fuerzas"[38].

El tercer argumento es que las fuerzas de seguridad están constituidas por funcionarios públicos que integran al propio Estado, debiendo garantizar siempre la seguridad interna, por lo que no pueden asimilarse a los trabajadores regidos por la LAS[39].

Por otra parte, se ha sostenido que la LAS "…no ponderó cómo la organización jerárquica vertical, que caracteriza el desenvolvimiento de esas fuerzas y de la que depende, en gran parte, la operatividad del servicio, convive con el principio de democracia sindical"[40], por lo que resulta "…necesaria la sanción de una ley particular que defina el alcance los derechos sindicales de los integrantes…" de las fuerzas de seguridad[41].

Transitan una solitaria senda los votos en minoría de algunos de los magistrados de la CNAT y los dictámenes de Fiscal General del Trabajo[42], y un fallo de la Sala II de aquella Cámara, que se han expedido en sentido positivo respecto a la sindicalización de las fuerzas de seguridad.

Los fundamentos de dicha postura ponen el acento en la ausencia de una norma que prohíba o restrinja el derecho de sindicación de las fuerzas de seguridad[43], derecho que se halla garantizado en la CN (arts. 14 y 14 bis), como así también el Convenio n. 87 de la OIT. En este sentido, se afirmó que la ausencia de una norma que contenga disposiciones particulares sobre la sindicalización de las fuerzas de seguridad no puede interpretarse en modo alguno como creador de una prohibición (conforme lo dispone el art. 19 de la CN)[44].

---

(34) Cfr. PORTA, Elsa. El trabajo en contexto de encierro, op. cit., p. 253 y 254.
(35) Cfr. PORTA, Elsa. El trabajo en contexto de encierro, op. cit., p. 254 y 255.
(36) Sala V, en los autos "Asociación Profesional de Policías de la Provincia de Buenos Aires c. Ministerio de Trabajo s/ Ley de Asociaciones Sindicales", sentencia n. 66.086, del 12/11/2002 y en "Sindicato Policial Buenos Aires c. Ministerio de Trabajo s/Ley de Asoc. Sindicales", sentencia n. 72.667, del 22.10.2010; Sala X, en la causa, "Asociación Profesional Policial de Santa Fe c. Ministerio de Trabajo s/ Ley de Asoc. Sindicales", sentencia n. 11.541, del 17.3.03 y en "Sindicato de Policías y Penitenciarios de la Policía de Buenos Aires c. Ministerio de Trabajo s/ Ley de Asociaciones sindicales", sentencia n. 20.961 del 30.04.2013; Sala VI en el expediente "Ministerio de Trabajo c. Sindicato Único del Personal de Seguridad s/ Ley de Asoc. Sindicales", sentencia n. 58.565 del 15.2.2006 (Cfr. PORTA, Elsa, "Sindicalización de policías y penitenciarios", DT2014 (marzo), 590).
(37) CNAT, Sala V, "Sindicato Policial Buenos Aires c. Ministerio de Trabajo", 22.10.2010, Laley online, Cita Online: AR/JUR/71260/2010.
(38) Ibídem.
(39) CNAT, Sala X, 30/04/2013, "Sindicato de Policías y Penitenciarios de la Policía de Buenos Aires c. Ministerio de Trabajo s/ley de asoc. Sindicales", La Ley 11.09.2013, cita online: AR/JUR/15022/2013. La misma Sala se ha expedido en idéntico sentido en "Ministerio de Trabajo, Empleo y Seguridad Social c. Sindicato de Trabajadores Policiales s/ ley de asoc. Sindicales", 19.03.2015, Laley online Cita Online: AR/JUR/13103/2015.
(40) Del dictamen de la Procuradora General de la Nación, Alejandra GILS CARBÓ, en los autos "Sindicato Policial Buenos Aires c. Ministerio de Trabajo s/Ley de Asociaciones Sindicales". 05.12.2012, S.C.S. N. 909, LXVI.
(41) Ibídem.
(42) Vid. PORTA, Elsa, "Sindicalización de policías y penitenciarios", op. cit.
(43) Normas de córdoba y tierra del fuego
(44) CNAT, Sala II, 18.12.2013, "Ministerio de Trabajo c. Unión de Policías Penitenciarios Argentina Córdoba 7 de agosto s/ ley de asoc. Sindicales", DT 2014 (marzo), Cita Online: AR/JUR/86790/2013. El art. 19 de de la CN argentina establece en su parte pertinente que "…Ningún habitante de la Nación será obligado a hacer lo que no manda la ley, ni privado de lo que ella no prohíbe".

Asimismo, se sostuvo que "[l]a única norma legal vigente, limitativa de los derechos derivados de la libertad sindical, es el art. 2º de la Ley n. 25.344 [que ratificó el Conv. n. 154 OIT], pero ella se limita a excluir la aplicación del régimen de negociación colectiva sin vedar el derecho de los policías a organizar sindicatos y a afiliarse al de su elección para la protección y promoción de sus intereses..."[45].

En la sentencia de la Sala II se expresó, además, que en relación a lo dispuesto en el art. 9º del Convenio n. 87 de la OIT, que prevé la posibilidad de que los Estados limiten los derechos contenidos en dicho instrumento respecto de las fuerzas armadas y la policía, "...el Comité (de Libertad Sindical) indicó que la Comisión de Expertos en Aplicación de Convenios y Recomendaciones ha señalado que, habida cuenta de que este artículo del Convenio prevé únicamente excepciones al principio general, en caso de duda, los trabajadores deberían tener consideración de civiles (ver caso 1771, párrafo 499 en Recopilación de decisiones y principios del Comité de Libertad Sindical del Consejo de Administración de la OIT, "La Libertad Sindical", 4º edición (revisada) OIT, Ginebra, 1996, párrafo n. 222 en pág. 51)"[46].

Finalmente, es menester señalar que el día 13 de agosto de 2015, la CSJN realizó una audiencia pública, previo a pronunciarse en los autos "Sindicato Policial Buenos Aires c. Ministerio de Trabajo s/ Ley de Asoc. Sindicales", en los que dicha organización persigue el otorgamiento de personería jurídica; en esa oportunidad fueron escuchadas las posturas de los *amicus curiae*. Este expediente ya cuenta con el dictamen de la Procuradora General de la Nación[47] desfavorable a aquella pretensión. El Alto Tribunal aún no ha emitido su sentencia.

6. REPRESENTACIÓN DEL INTERÉS COLECTIVO

En el año 2013, la CSJN se pronunció en los autos "Asociación de Trabajadores del Estado s/ acción de inconstitucionalidad"[48] (en adelante, "ATE II"). Allí, el Máximo Tribunal atacó el corazón del sistema sindical argentino instituido por ley o, cuando menos, uno de sus atrios.

En efecto, en dicha sentencia la Corte declaró inconstitucional el art. 31, inc. a), de la LAS, que dispone como prerrogativa exclusiva de las asociaciones sindicales dotadas de personería gremial nada menos que "[d]efender y representar ante el Estado y los empleadores los intereses individuales y colectivos de los trabajadores".

Para ello, la CSJN nuevamente fundó su postura reiterando los argumentos esgrimidos en los fallos "ATE I" y "Rossi", recordando, una vez más, que no son admisibles los privilegios otorgados a las asociaciones sindicales "más representativas" que excedan de una prioridad en materia de representación en las negociaciones colectivas, de consulta por las autoridades y de designación de delegados ante organismos internacionales.

Este ha sido, quizá, el golpe más duro que recibió el sistema sindical establecido en la LAS, pues la pregunta que emerge tras el fallo es la siguiente: ¿qué valor conserva el instituto de la "personería gremial" si se le ha quitado de su esfera de exclusividad a la mismísima representación del interés colectivo de la categoría profesional de que se trate? La respuesta es - sólo hasta ahora - la "prioridad" de representación en la negociación colectiva, valor cuya magnitud estará determinada por la interpretación que se realice sobre significación del término "prioridad". Ésta es la incógnita.

7. CONSIDERACIONES FINALES

Sin perjuicio de la superlativa importancia que poseen todos y cada uno de los tópicos aquí analizados, las nuevas tendencias que en el período en estudio exhibe el Derecho de las relaciones colectivas de trabajo han provenido, en su gran mayoría, como se ha visto, de los constantes pronunciamientos de la CSJN - y de los tribunales inferiores -, que declaran la inconstitucionalidad de diversas normas contenidas en la LAS; pero no de cualquier precepto, sino de los que conforman el núcleo duro del sistema de "personería gremial", definitorio del modelo sindical argentino.

En efecto, como se ha visto, el Máximo Tribunal se expidió por la invalidez constitucional de la exclusividad de las asociaciones sindicales dotas de personería gremial para ejercer la representación de los trabajadores y del sindicato en el lugar de trabajo, para que estos representantes gocen excluyentemente de una tutela especial y para, en definitiva, representar el interés colectivo de la categoría profesional de que se trate. También interpretó que el sujeto titular del derecho de huelga es toda asociación sindical, calificada o no como la "más representativa". Todo ello, con el virtual efecto vinculante que la doctrina que emana de las sentencias de la Corte tiene sobre los tribunales inferiores.

Esa fuerza deconstructiva del sistema sindical argentino, ejercida desde la Corte, parece que no fuera a detenerse[49]. De hecho, se ha sostenido que dentro de las pocas prerrogativas exclusivas de las asociaciones reconocidas como "más representativas" que el Alto Tribunal considera compatibles con el bloque constitucional, no se halla la exclusividad en la negociación colectiva, sino la mera prioridad para negociar colectivamente. Afirma Rodríguez Mancini que "conforme con los fallos de la Corte Suprema referidos a la invalidez de normas excluyentes ("ATE" (uno y dos), "Rossi") la capacidad representativa de la asociación sindical con personería gremial, debe entenderse reconocida a toda asociación sindical"[50], pues por los efectos de la declaración de inconstitucionalidad del art. 31, inc. a) de la LAS, norma que es "...justamente la que otorga a la asociación privilegiada con la personería gremial el derecho

---

(45) *Ibídem*.
(46) *Ibídem*.
(47) Dictamen de la Procuradora General de la Nación, Alejandra GILS CARBÓ, en los autos "Sindicato Policial Buenos Aires c. Ministerio de Trabajo s/Ley de Asociaciones Sindicales". 05.12.2012, S.C.S. n. 909, LXVI.
(48) CSJN, 18/06/2013, S.C.A. n. 598, L. XLIII, LA LEY 03.07.2013, 6, Cita Online: AR/JUR/22557/2013.
(49) *Cfr*. MUGNOLO, Juan Pablo. "Deconstrucción del monopolio sindical", DT2012 (enero), 3477.
(50) RODRÍGUEZ MANCINI, Jorge. "ATE II", DT 2013 (agosto), 1829.

exclusivo para "defender y representar ante el Estado y los empleadores los intereses individuales y colectivos de los trabajadores" [...] no queda duda acerca de qué clase de representación es la que se reconoce y de qué modo igualmente indiscutible una negociación colectiva expresa esa representación de intereses colectivos ahora extendida por el fallo de la Corte Suprema a toda asociación sindical debidamente registrada"[51].

En la praxis, el sistema de personería gremial parece haber perdido todo peso específico en el nivel confederal, en donde, hasta hace muy poco, convivían cinco centrales sindicales[52], número que actualmente se ha reducido a tres, por la reunificación de la CGT - única central dotada de personería gremial - dispuesta en el congreso de esa confederación celebrado el día 22 de agosto de 2016. Lo que evidencia, además, que la imposición legal de unidad sindical cede ante la voluntad de los trabajadores y que, asimismo, para que se consume la unidad sindical no es necesaria una imposición legal.

Pese a todo ello, como adelanté al comienzo de este trabajo, el Poder Legislativo Nacional parece no haber tomado nota de la doctrina que emana de los fallos de la CSJN, como tampoco de los efectos que éstos tienen sobre los tribunales inferiores.

La compatibilidad de las sentencias de los tribunales con la garantía de libertad sindical del bloque constitucional no soluciona - como es obvio - la ausencia del correlato de ello en la normativa legal argentina. La tarea de reconstrucción del sistema sindical, que indefectiblemente tiene que emprenderse desde el Congreso Nacional, debe, por ejemplo, resolver - tan luego - cuál es el tipo de representación de los trabajadores en la empresa que guarde coherencia con la doctrina de la Corte[53].

Como señala Goldin, "la descalificación de las normas vigentes en ausencia de otras que las reemplacen, generará (como se advierte ya) incertidumbre y caos, fracturando más profundamente - y debilitando, por tanto - la acción sindical"[54]. La ausencia de un régimen legal acorde con la Libertad Sindical - particularmente en el ámbito privado, en donde no existe estabilidad absoluta del trabajador -, sofoca la acción sindical, a la vez que genera una innecesaria litigiosidad, seguida de indeseables marchas y contramarchas en las relaciones de trabajo, en sus dos dimensiones, individual y colectiva. La imperiosa necesidad de una reconstrucción del sistema sindical argentino instituido por ley es ostensible.

No bastará, por supuesto, con remendar paliativamente una ley que, a casi treinta años de recibir las primeras observaciones de la CEACR de la OIT, se ha mantenido inalterada, impermeable a los reproches que desde afuera y desde adentro se le realizan, aplazando una transformación que firme y progresivamente se le impone.

---

(51) *Ibídem*.
(52) Me refiero a las llamadas "CGT Azopardo", "CGT Alsina", "CGT azul y blanca", "CTA autónoma" y "CTA de los trabajadores".
(53) *Cfr.* GOLDIN, Adrián, "La representación en la empresa y la tutela sindical. A partir de la jurisprudencia de la Corte Suprema de Justicia de la Nación", DT2011 (febrero), 219.
(54) *Ibídem*.

O DIREITO DO TRABALHO NO BRASIL DE HOJE: DO PESADELO AO SONHO

Márcio Túlio Viana[*]

Tateando pela casa
Toda escura
Esbarrando em degraus
Seguindo o medo
Das paredes

(Alberto Bresciani, "Breu")

(dedicado ao amigo Jorge Luiz Souto Maior)

1. INTRODUÇÃO

Dizem que, na Idade Média, as pessoas sabiam muito menos da vida — e por isso tinham muito mais medos.

Medo do mar, dos bosques, dos raios, do diabo, das bruxas e seus feitiços. Medo dos loucos, das almas, das ruivas, do céu, do inferno, do fim do mundo...

Medos da noite: quem podia ter uma cama dormia recostado em travesseiros, para que o anjo da morte — se viesse buscá-lo — o encontrasse alerta, pronto para lutar.[1]

Medo também do sono — pois a qualquer momento podia aparecer *Incubus*, o demônio que se deitava sobre o corpo da mulher, ou *Sucubus*, sua versão feminina, que procurava o homem.

Em sua fúria de sexo, tanto *Incubus* como *Sucubus* violavam os corpos e as almas de suas vítimas. E por isso elas acordavam suando, aflitas, com sensação de peso no peito[2].

Em italiano, a palavra "incubo" significa "pesadelo". Mesmo em nossa língua, o verbo "incubar" lembra um pouco a ação daqueles demônios. A palavra inglesa *"nightmare"* tem igual origem histórica.

Pois bem.

Hoje, não sem razão, notícias sobre reformas nos enchem de medo. Qual será o pesadelo que desaba sobre o Direito do Trabalho?

2. O PESADELO

Como sabemos, há mais de três décadas o Direito do Trabalho vem sofrendo fortes pressões — como se recebesse o peso de *Incubus* ou de *Sucubus* sobre o seu corpo. E essas pressões não são apenas econômicas, políticas ou ideológicas. São também emocionais.

---

[*] Pós-Doutor junto à Universidade de Roma I La Sapienza e pela Universidade de Roma II Tor Vergata. Doutor em Direito pela Universidade Federal de Minas Gerais. Professor da Universidade Federal de Minas Gerais e Professor do Programa de Pós-graduação em Direito da Pontifícia Universidade Católica de Minas Gerais.
[1] SADAUNE, Samuel. La peur en Moyen-âge. Rennes: Éditions Ouest de France, 2012. p. 13.
[2] AVELINO, Jamil David, com base em Melton.Os medos na Idade Média — séculos X — XIII. Disponível em: <http://br.monografias.com/trabalhos3/os-medos-na-idade-media/os-medos-na-idade-media.shtml>. Dados colhidos também em Vocabulário Treccani. Disponível em: <http://www.treccani.it/vocabolario/incubo/>. Diz aquele autor que "os demônios se convertiam em *Incubus* e *Sucubus*, não ao bel prazer ou para satisfazer suas intenções carnais, tendo em vista que seus corpos não constituem de sangue e carne, e sim com a intenção de causar danos no corpo e na alma do homem, ou seja, em dobro. Kramer e Sprenger, em seu *Malleus Maleficarum*, supunham que todas as bruxas se submetiam aos *Incubus* e *Sucubus* voluntariamente, se entregando às práticas de orgias e fornicação. Essa era uma prática sexual condenada, pois "cada um dos pecados que o homem comete se encontra fora de seu corpo, mas o homem que comete fornicação peca neste corpo."

Num tempo que celebra — muito mais intensamente — as liberdades, e tem muito menos certezas, sonhos e projetos, é bem mais fácil criticar um Direito forte, impositivo, com uma meta a cumprir.

E o Direito do Trabalho é assim: um Direito com um projeto, um Direito imperativo, um *Direito sonhador*. Não quer, e nunca quis, outro sistema. Mas sempre quis, e quer ainda, humanizar um pouco o sistema que existe.

Hoje, não só ele sofre pressões, como os meios de pressioná-los e disseminam. Eles estão presentes no novo modelo produtivo, nas novas formas de consumir, nos novos contratos de emprego e até nos objetos à nossa volta.

Vejam-se, por exemplo, a influência que as empresas em rede exercem sobre as fontes materiais do Direito do Trabalho. Como não é segredo para ninguém, o novo modo de produzir divide cada vez mais a classe operária, diminuindo o seu poder de fogo para criar as normas de proteção.

Pois o Direito do Trabalho não é como o Direito Civil, que se constrói e se realiza sem grandes traumas. Ele opõe uma classe a outra, e desse modo só consegue crescer com a força do grupo. Até o seu grau de efetividade depende disso.

Outro exemplo são os modos de trabalho que isolam os trabalhadores — como os prestados em casa. E ainda as terceirizações, que — mesmo na fábrica — os dividem em duas classes, com problemas e interesses diferentes.

Por outro lado, estamos muito mais voltados para nós mesmos, celebrando o nosso *eu*. Até os objetos — cada vez mais variados, abundantes, personalizados — acentuam essa nossa tendência, na medida em que temos muito mais ocasiões de afirmar — em cada compra, em cada escolha — a nossa vontade, o nosso modo de ser.[3]

Ora, naturalmente, afirmar o nosso *eu* tem o seu lado bom. Mas também nos afasta das solidariedades, a não ser daquelas pontuais, emocionais, de circunstância, sem ligação com os grandes sonhos, como as provocadas por um terremoto ou um tsunami.

Cada vez mais, queremos ser leves, livres e soltos, o que também pode ser bom, mas nos deixa desgarrados das bandeiras, dos ideais, dos compromissos, que ajudavam a dar sentido às nossas vidas. E desse modo também enfraquecem o Direito do Trabalho, levando embora a lembrança das lutas operárias e nos fazendo esquecer da importância de conspirarmos juntos.

Esse processo de personalização, de supervalorização do *eu*, acaba desgastando as estruturas que construímos.[4] Já não aceitamos do mesmo modo as regras, as ordens, as hierarquias e as instituições em geral — dentre as quais se insere o sindicato.

Desse modo, embora sejam suas maiores vítimas, os trabalhadores são também sujeitos dessas transformações. Os novos modos de sentir e de viver a vida — *turbinados*, em boa parte, pela mídia — invadem suas subjetividades, num processo de contaminação recíproca. Assim é, por exemplo, que a pressão por rapidez os faz aceitar mais facilmente os contratos precários, a rapidez de tudo os adapta aos novos ritmos de trabalho, a busca por performances do corpo os leva a exigir sempre mais de si mesmos e a sede de mudanças torna mais *natural* a alta rotatividade de seus empregos.

Em nome da igualdade, fica também mais fácil defender a ideia de que as partes devem discutir seus contratos sem interferências — como se a relação de forças fosse também igual. Em nome da liberdade, a empresa se vê mais à vontade para se libertar *do próprio Direito*. Juntos, os discursos (e aspirações) por mais liberdade e igualdade — que à primeira vista seriam sempre positivos — ajudam a legitimar a "livre negociação", por menos igual que ela seja.

É verdade que não é *todo* o Direito do Trabalho que sofre tensões. As normas que protegem o empregador, por exemplo — a começar do poder diretivo — continuam vivas e até mais fortes. O mesmo acontece com aquelas que entram em sintonia com outros valores do nosso tempo, e não colidem diretamente com os grandes interesses empresariais — como as que combatem as discriminações e os assédios, especialmente os mais visíveis.

Aliás, nem mesmo se pode dizer que essas últimas regras sejam mesmo *trabalhistas*, em sentido próprio, pois não visam distribuir renda, só o fazendo de forma circunstancial e indireta. Têm natureza civilista, e por isso o seu espectro é muito mais amplo que o da fábrica: afinal, não há diferença entre impedir que um operário negro se torne chefe, só por ser negro, e proibir que um pobre de pés no chão entre numa igreja para rezar. Além disso, como dizíamos, são normas que se alinham com as ideias de igualdade e liberdade, que também podem ser úteis à empresa.

Mais de um autor já escreveu que as tensões que o Direito do Trabalho vem sofrendo, em todo o mundo, não são nenhuma novidade; afinal, a crise é a sua "companheira de viagem". No entanto, é possível que a crise atual — nascida na década de 1960, e agravada na década de 1980 — seja diferente de todas as outras, pois tem ajudado a empresa a resolver uma contradição histórica.

Essa contradição é a de ter de reunir os trabalhadores para disciplina-los e organizar a produção, sem conseguir, ao mesmo tempo, impedir o resultado disso — ou seja, a união deles, tanto no aspecto físico como no plano das ideias e emoções. Ora, nas últimas quatro ou cinco décadas, a empresa foi aprendendo a *produzir sem reunir*, e mesmo quando reúne, consegue desunir os trabalhadores — seja, por exemplo pelos contratos desiguais, seja pelo *status* diferente.

Em síntese, houve um *reaparelhamento* do sistema, e também em vários planos: objetivo e subjetivo, concreto e abstrato, material e imaterial, tecnológico e científico, cultural e emocional. Tudo reunido, sincronizado, cada elemento interagindo com o outro, e todos se reforçando entre si. Em termos trabalhistas, ou sociais, esta parece ter sido (e é ainda) a mais grave crise da história do Direito do Trabalho.

Na verdade, não foi apenas o emprego que se tornou estrutural; a própria crise se fez assim, instalando-se com armas e bagagens no cenário social, a tal ponto que muitos

---
(3) Nesse sentido, LIPOVETSKY, Gilles. *L'èredu vide*: essaissurl'individualismecontemporain. Paris: Gallimard, 1983, *passim*.
(4) FERRARESE, Maria Rosaria. *Le istituzioni della globalizzazione*: diritto e diritti nella società transnazionale. Bologna: Il Mulino, 2000, *passim*.

já nem a percebem. É como se tivéssemos trocado para sempre a marcha do nosso automóvel — digamos, da *primeira* para a *quinta* — alterando assim a velocidade, o consumo de gasolina e os riscos da estrada.

É que a crítica de já não se limita a um ou outro artigo de lei. O Direito do Trabalho, hoje, é questionado *por dentro*. Sua própria existência é posta em xeque, embora nem sempre se explicite isso. A lógica do "sempre mais", vivida pelo sindicato, e que entrava em compasso com a mesma lógica do capital, dá lugar a do "sempre menos", em descompasso com o acúmulo crescente de poder em poucas mãos. A própria ideia da proteção se inverte: num tempo regido pela esquizofrenia, passa-se a acreditar que quanto menor ela for, mais empregos irá abrir, ou seja, maior ela será.

Mas a crise do Direito do Trabalho, entre nós, tem também uma dimensão nacional. Em outras palavras, há uma crise dentro da crise, que emergiu desde a segunda eleição da Presidente Dilma Rousseff.

O que estará acontecendo no Brasil?

Basicamente, a esquerda brasileira levantava duas bandeiras — a ética e a social. Como, infelizmente, a prática da ética nem sempre acompanhou o discurso correspondente, a classe conservadora conseguiu, com suas denúncias — e *por tabela* — enfraquecer o discurso e a prática do social.

O resultado é que hoje, depois de tantos processos e prisões, é o Direito do Trabalho que se torna réu. Ele é o *Exterminador do Futuro*[5], o inimigo que supostamente proíbe o País de crescer e impede o trabalhador até mesmo de continuar trabalhando.

A onda conservadora traz de volta a ideia da "mão invisível", de Adam Smith, segundo a qual a liberdade total, ou quase total, é capaz de produzir a igualdade geral, ou quase geral. Assim, formalmente, não se critica o Direito do Trabalho por distribuir riquezas, mas por evitar que as riquezas sejam melhor distribuídas. Diminuir os direitos passa a ser a solução para que o trabalhador viva melhor, ou seja, para que os próprios direitos — milagrosamente — aumentem.

Ao lado da "mão invisível", espremendo o Direito, o discurso lembra uma outra mão — a de Getúlio Vargas, "um ditador", que teria criado a CLT sob inspiração de Mussolini. Afirma ainda o discurso que a lei é "anacrônica"[6], escondendo ou ignorando o fato de que já sofreu mais de 600 alterações[7].

Além dos sofismas — presentes nas falas e nos textos — o *marketing* político invade espaços supostamente neutros, fora do seu campo de influência e na aparência confiáveis — como "programas de auditório", nas rádios, e esquetes humorísticos na TV. Exemplo do último caso aconteceu recentemente no "Zorra Total", da Globo, que em dois ou três episódios tentou (talvez sem grande êxito, face ao seu baixo nível) ridicularizar os fiscais do Ministério do Trabalho e as normas de proteção ao trabalhador.

Outro elemento estratégico é o medo[8]. Se, na Idade Média, ele podia ser explicado também pela ignorância, nas eras moderna e pós-moderna tem servido sobretudo estrategicamente, para justificar até as mais sanguinárias ditaduras. E como, em geral, "há mais medos de coisas más do que coisas más propriamente ditas", aceitamos de boa vontade os controles. Um exemplo é a Muralha da China, em cuja construção morreu provavelmente mais gente do que teria morrido sem ela, pela ação dos inimigos.[9]

Eduardo Galeano[10] também nos fala sobre o medo:

> *Os que trabalham tem medo por ter trabalho. Os que não trabalham têm medo de nunca encontrar trabalho. Quando não temos medo da fome, temos medo da comida. Os civis têm medo dos militares. Os militares têm medo da falta de armas. As armas, da falta de guerras.*

Ora, desde as últimas guerras já não temos a mesma fé na razão, no progresso da ciência, na evolução incessante: se a ciência nos oferece computadores, vida mais longa e até melhores vinhos, também nos ameaça com transgênicos, efeito estufa e bombas atômicas. Hoje, mais do que nunca, o futuro nos parece incerto, aberto. Tudo pode acontecer, como já está acontecendo: de repente, um rio pode se encher de peixes mortos, um caminhão avançar sobre as pessoas ou um novo vírus infectar o ambiente.

Por tudo isso — mas também pelo clima criado estrategicamente — o trabalhador de hoje vive com medo. A cada notícia de desemprego, ou a cada comentário do *Jornal Nacional* ou da *Globo News*, ele passa a ser convencido de que — como diz o provérbio — "mais vale um pássaro na mão do que dois voando". Também assim, cria-se um contexto favorável à destruição de seus direitos.

No Brasil, para piorar a situação, aquele que seria o guardião da Constituição Federal — o STF — parece caminhar a passos largos no mesmo sentido, seja por ter uma visão tradicionalmente mais "civilista" — que ignora, reduz ou deprecia as razões do Direito do Trabalho — seja por se mostrar mais sensível às influências políticas ou midiáticas. Há poucos meses, um de seus ministros, Gilmar Mendes, chegou a comparar a Justiça do Trabalho a tribunais soviéticos.

Como sabemos, uma das novas propostas quer expandir a terceirização. Ora, a essa altura, ninguém ignora os efeitos desta prática — inclusive sobre os não terceirizados[11]. Mas é bom acrescentar que a terceirização é também um discurso: ao transformar o homem em mercadoria, per-

---

(5) Para lembrar um filme com este título.
(6) Termo usado pelo Jornal "O Estado de São Paulo", no editorial do dia 5 de novembro de 2016.
(7) Segundo pesquisa de Jorge Luiz Souto Maior.
(8) Como tem alertado Jorge Luiz Souto Maior, em textos e palestras.
(9) COUTO, Mia. Conferência. Disponível em: <https://www.youtube.com/watch?v=5xtgUxggt_4>. Acesso em: 16 nov. 2016.
(10) Citado por COUTO, Mia. *Idem*.
(11) Vejam-se, por exemplo, os textos de Grijalbo Coutinho, Souto Maior, Maurício Godinho Delgado, Gabriela Delgado, Hugo Cavalcanti Mello e tantos outros de igual quilate. Eu mesmo já escrevi um pequeno livro sobre o tema.

verte a própria essência do Direito do Trabalho, sinalizando tristemente para o futuro.

De fato, como notamos em outro texto[12], o Direito do Trabalho já não pode dizer — como declara a OIT — que "trabalho não é mercadoria". Tal como o fazendeiro que aluga seu burro de carga para o vizinho, uma empresa pode alugar um operário — com todos os seus ossos e carnes — para outra. Assim, o que se compra e o que se vende já não é apenas a "energia humana", como se dizia, mas *os corpos humanos*. Algo não muito diferente, em substância, do tráfico de órgãos.

Como também já escrevemos[13], esse fator — ao lado de outras razões — talvez ajude a explicar por que o terceirizado tende a sofrer mais que os empregados comuns. Afinal, se o seu corpo se torna é *mercadoria*, nada mais natural do que tratá-lo desse modo — sem considerar a dimensão humana. Aliás, segundo pesquisas, ele próprio tende a se sentir assim, ainda que de forma nebulosa ou confusa. E se é verdade, por exceção, que um ou outro pode nada sentir, é difícil saber o que seria mais trágico.[14]

Outra proposta é a que pretende instalar a regra do "negociado sobre o legislado". Ora, como se sabe, o negociado sempre pôde prevalecer sobre o legislado, desde que fosse mais favorável aos trabalhadores. Era como um elevador que só pudesse subir ou no máximo continuar no andar térreo. Assim, o que se quer, na verdade, é a possibilidade de negociar a lei *para baixo*. O elevador passaria a ter subsolos. E como, realmente, está cada vez mais difícil subir, o próprio sindicato se vê tentado a aderir ao projeto, que lhe dá nova função — a de evitar que se *desça demais* — e com isso lhe garante sobrevida. No entanto, sua participação também legitima o processo de desmonte.

A propósito, não custa lembrar, com Arigón, que as normas de ordem pública envolvem bens jurídicos "inerentes à condição humana"; por isso, além de não poderem retroagir, devem avançar sempre. Também por isso, o legislador simplesmente *não pode* ignorá-las, ou transformá-las em normas de ordem privada. Elas estão *fora de seu alcance*.[15]

Seja como for, porém, o bom dos pesadelos é que depois nos despertamos — e a realidade em volta nos alivia um pouco. Mais tranquilos, e já sem o peso de *Incubus* ou *Sucubus*, podemos então construir sonhos melhores — e até realizá-los efetivamente.

Qual seria o novo sonho? O que esperar do Direito do Trabalho?

3. O SONHO

Voltaire escreveu certa vez que "o presente está grávido do futuro". Cada pequeno pedaço de mundo, por mais novo que seja, traz dentro de si o germe do outro pequeno pedaço que o irá suceder.

Mesmo os artistas — capazes, tantas vezes, de antecipar o futuro — tecem os mais loucos delírios com os fios do presente. E até os nossos sonhos e pesadelos — que nos parecem tão irreais, imaginários, fantasiosos — se articulam de algum modo com o nosso dia a dia, com as coisas em volta, com o nosso *eu*.

Desse modo, se olharmos bem à nossa volta, examinando um pouco do que se passa nas esquinas, talvez possamos enxergar à frente — e descobrir algumas possibilidades para o trabalhador, o sindicato e o Direito do Trabalho.

Pensar o futuro é também enfrentar o medo. É abrir a porta de nossa casa, que nos protege, e sair de peito aberto para a rua, enfrentando todos os seus riscos e possibilidades. E é também negociar em dois tempos — com o passado e como presente.

Ora, no universo dos movimentos sociais — como em tantos outros campos — parece haver um *mix* de tendências variadas, às vezes quase opostas, que têm levado a novos comportamentos e a novas formas de luta. Das redes às ruas, há de tudo um pouco — como *flash mobs*, *memes*, *robôs* virtuais, *performances* e ocupações reais. Numa das últimas ações no Brasil, *hackers* chegaram até a invadir a agenda do Presidente Temer, marcando dia e hora para a sua suposta renúncia...

Para ficar apenas nas ocupações, é curioso notar como elas realizam, a cada dia, pequenos sonhos, invertendo a lógica de teorizar primeiro e praticar depois. Aos poucos, com idas e vindas, têm ajudado a tecer de novo — e também de forma nova — solidariedades que pareciam perdidas, unindo o sem-casa ao sem-terra, o aluno ao professor, a feminista ao militante LGBT.

É certo que também nesse campo há fortes pressões em contrário — interagindo e se fortalecendo mutuamente. Com frequência, por exemplo, a grande mídia não só enfatiza as decisões judiciais que reprimem ocupações, como ignora solenemente as que buscam preservá-las.[16] Ao mesmo tempo, ao divulgar protestos de rua contra o Governo, fala em "sindicalistas", não em "trabalhadores", o que se conecta sutilmente com a crescente demonização do sindicato — seja por parte do empresariado, seja no discurso de muitos teóricos, seja através da mesma mídia.

Seja como for, as ocupações contam a seu favor comum forte elemento emocional — tão comum, aliás, nesses novos tempos — ao lado de uma vontade de agir diretamente, rapidamente, e da forma mais livre e igualitária que for possível. E como elas vêm tendo sucesso, mesmo em pequenas doses, talvez possam servir de inspiração para que o sindicato se refaça — e o Direito do Trabalho não apenas se fortaleça, mas possa avançar em novas direções.

Nesse último sentido, é importante notar como vem crescendo, em nossa doutrina[17], a ideia de um Direito do Trabalho mais humano, menos monetarista, mais sensível às necessidades de autorrealização do homem. E essa ideia

---

(12) "Os golpes do golpe". In: RAMOS, Gustavo Teixeira e outros (Org.). *A classe trabalhadora e a resistência ao golpe de 2016*. Bauru: Canal 6.
(13) Idem.
(14) Ibidem.
(15) ARIGON, Mario Garmendia. *Orden Público y Derecho del Trabajo*. Montevideo: La Ley Uruguay, 2016. p. 175-181.
(16) Segundo pesquisa feita por um dos alunos do doutorado da PUC-Minas, Cauã Baptista Pereira de Resende.
(17) Nesse sentido, Jorge Luiz Souto Maior, Cleber Lucio de Almeida, Maria Cecilia Máximo Teodoro e Leonardo Wandelli, para citar apenas alguns nomes.

— no limite, ou já no reino da utopia — talvez possa nos levar a considerar ilícito o trabalho alienante, tanto quanto a produção de bens nocivos à sociedade, inserindo no sistema capitalista uma contradição ainda maior — e anunciando, quem sabe, a sua superação.

Na verdade, o próprio Direito do Trabalho pode e deve *ser ocupado*. É preciso inverter a lógica da destruição, relendo, criticando e refazendo — na medida, é claro, do possível — cada pequeno artigo de lei que violar o princípio da proteção ao mais fraco[18]. E essa tarefa cabe a cada um de nós, em seu pequeno mundo.

Fromm[19] usa o mito do Paraíso para ilustrar a nossa relação com a liberdade. Diz ele que quando Adão come a maçã, *desobedecendo*, assume a verdadeira dimensão humana. Pela primeira vez ele pensa, decide e faz. A partir daí, a cada novo passo, está condenado a escolher, com todos os riscos e possibilidades que as escolhas trazem. E não tem como voltar atrás: dois anjos, com espadas flamejantes, guardam as portas do Paraíso.

Hoje, mais do que nunca, as encruzilhadas se multiplicam — e com elas as próprias escolhas. Exatamente porque as instituições estão em crise, os valores morais oscilam e a própria norma é questionada, o futuro passa a depender muito mais de nós. Afinal, "sem um sistema de valores, nada do corpo social é capaz de reproduzir-se"[20]. E ao escolher os nossos caminhos — em geral sem buracos, sem curvas e cheios de luz — não podemos ignorar as estradas tortuosas e escuras por onde caminham os oprimidos.

---

(18) A propósito do tema, veja-se a excelente tese de SEVERO, Valdete Souto. *Elementos para o uso transgressor do Direito do Trabalho*. S. Paulo: USP, 2015.
(19) FROMM, Eric. *O medo à liberdade*. Rio de Janeiro: Zahar, (s.d.), p. 30 e segs.
(20) A observação, com base em TOCQUEVILLE e DURKHEIM, é formulada por LIPOVETSKY, Gilles; SEBASTIEN, Charles. *Os tempos hipermodernos*. S. Paulo: Barcarolla, 2004. p. 118.

EL ORDEN PÚBLICO SOCIAL

Mario Garmendia Arigón[(*)]

1. LA ESENCIA DE LA LEGISLACIÓN OBRERA

En las primeras décadas del siglo XIX, ciertos países industrializados europeos comenzaron a abandonar su política abstencionista, dando inicio a un lento proceso de intervencionismo legislativo en materia social[(1)], que apuntaba a corregir las injusticias que había traído consigo el auge y expansión de la economía de mercado. A partir de impulsos legislativos aislados y asistemáticos, el Derecho del Trabajo fue edificando una dogmática basada en una profunda significación moral y antropocéntrica de las cuestiones jurídicas[(2)], que reaccionó contra la filosofía materialista que prevalecía hasta el momento.

Uno de los grandes aportes del Derecho del Trabajo a la teoría general del Derecho, fue la nueva y diferente formulación de las ideas de *justicia* e *igualdad*. La nueva disciplina fue capaz de reconocer la *paradoja de la libertad*, es decir, la tendencia de que la máxima libertad termine ambientando la máxima opresión[(3)], y advirtió que sólo pueden tenerse como verdaderamente libres las relaciones que se plantean entre sujetos que estén en un plano de igualdad *real* y no meramente *formal*. La noción de igualdad dejó de ser así una *premisa* para ubicarse como *meta* a alcanzar mediante las normas jurídicas.

Comienza a construirse la noción de *justicia social*, que no sólo admite, sino que también exige la intervención de la ley como instrumento indispensable para proveer de amparo a las necesidades que la vida social genera a las personas. Una de las premisas de este novedoso sentido de justicia, es la necesidad de apreciar las diferencias que existen entre los distintos sujetos, de forma tal que las ventajas y las cargas, los derechos y los deberes, sean distribuidos teniendo en cuenta las circunstancias impuestas por la realidad. De este modo, el Derecho del Trabajo surge desde su propio origen como un instrumento que pretende plasmar la igualdad, a través de la consagración de normas que introducen desigualdades con un sentido inversamente proporcional a las que existen en la práctica.

El mayor punto de quiebre con la precedente concepción liberal clásica, vino dado por la comprensión de que la única forma de asegurar una verdadera igualdad entre los sujetos pasa por *introducir limitaciones a la autonomía de la voluntad individual*. El Derecho del Trabajo advierte que no hay verdadera libertad cuando el trabajador puede consentir la realización de jornadas de trabajo extenuantes a cambio de salarios deplorables.

La gran contribución que realiza el Derecho del Trabajo a la evolución del pensamiento jurídico es, precisamente, la de cuestionar el sentido y los contenidos que la escuela liberal clásica había atribuido a la noción del "orden público" y postular su *redefinición* a partir de premisas y finalidades sustancialmente distintas de las anteriores. Es

---

(*) Decano da Facultad de Derecho CLAEH – Centro Latinoamericano de Economia Humana, Punta Del Este. Magíster em Direito do Trabalho e Seguridade Social. Professor da Facultad de Derecho de la Universidad de la República (Montevideo) y en la Facultad de Derecho del CLAEH (Punta del Este).
(1) El antecedente más remoto se remonta al año 1788, cuando el Parlamento inglés estableció la edad mínima de 8 años para la admisión de los aprendices. Sin embargo, esta norma y otras adoptadas con posterioridad (p. ej, la *Health and Morals of Apprentices Act*, de 1802, la *Cotton Mills and factories Act*, de 1819, etc.) no fueron cumplidas en la práctica. En Francia, la ley del 22 de marzo de 1841 (*relative au travail des enfants employés dans les manufactures, usines ou ateliers*) introdujo el tema en aquel país, prohibiendo el trabajo de los niños menores de 8 años, y estableciendo límites horarios para los mayores de esa edad. Al igual que había acontecido con las normas inglesas, la francesa también se ganó rápidamente la reputación de resultar absolutamente carente de aplicación. En Prusia, el 9 de mayo de 1839, se dictó la primera ley del trabajo y le siguieron las leyes del 17 de enero de 1845, del 9 de febrero de 1849 y del 16 de marzo de 1856. Estas normas fueron las primeras que procuraron sistematizar la regulación del trabajo en cuerpos que se asimilan a pequeños códigos. Luego las leyes de trabajo se generalizaron en la mayoría de los Estados alemanes. OLSZAK, Norbert. *Histoire du Droit du Travail*. Paris: Económica, 2011. p. 52. DURAND, P.; JAUSSAUD, R. *Traité de Droit du Travail*. París: T. I, Dalloz, 1947. p. 75, PÉREZ BOTIJA, Eugenio. *Curso de Derecho del Trabajo*. 6. ed. Madrid: Tecnos, 1960. p. 61. DE LA CUEVA, Mario. *El Nuevo Derecho Mexicano del Trabajo*, tomo II, 19. ed. Porrúa: Editorial México, 2003. p. 24 y ss.
(2) V. MONEREO PEREZ, José Luis. La reforma social en España: Adolfo Posada, Ministerio de Trabajo y Asuntos Sociales, *Colección Historia Social*, Madrid, n. 32, p. 43 y ss., 2003.
(3) ZAGREBELSKY, Gustavo. *El Derecho dúctil*. Madrid: Trotta, 1995. p. 98.

el surgimiento de lo que habría de denominarse el *"orden público social"*. Es así que nuestra disciplina emerge como la expresión de una radical transformación ideológico-jurídica, que replantea las bases de lo que hasta ese momento había sido concebido como *"orden público"* por el pensamiento liberal. De la supremacía y amparo a ultranza de todas las expresiones jurídicas derivadas del concepto de libertad, se evoluciona hacia un sentido diferente del *orden público*, que toma como punto de partida el enunciado *"el trabajo no es una mercancía"*.

El sistema liberal, que reposaba fundamentalmente en la *fuente contractual* y en la *autonomía de la voluntad* como regla de oro del orden público y principio a preservar por toda la construcción normativa que se edificó sobre dicha base, comienza a ser cuestionado por corrientes de pensamiento jurídico que defienden una nueva noción de orden público — el *orden público social* o *laboral* — que se manifiesta con sentidos inversos a los conocidos hasta el momento[4], pues plantea como uno de sus principios básicos y esenciales, la *limitación de la autonomía de la voluntad* y el *fortalecimiento de la imperatividad e indisponibilidad* de las normas jurídicas[5].

2. LA NATURALEZA INDISPONIBLE DE LA LEGISLACIÓN LABORAL

Los apuntados cambios sufridos por la teoría jurídica, resultan además determinantes de una importante revisión del papel que asumirían las normas jurídicas en el funcionamiento social en general. De un rol relativamente pasivo, consistente en la ordenación y sistematización de las conductas de los sujetos que conviven en la sociedad, la norma jurídica comienza a asumir una posición mucho más activa e incisiva, desplegándose como un instrumento que penetra en los ámbitos particulares, hasta el momento, inexpugnables para la ley.

El Estado asume que la intervención en las cuestiones propias de la sociedad civil no es algo que deba permanecer ajeno a la esfera de sus potestades y deberes, y en esta línea comienza a utilizar al Derecho como una herramienta para crear, modificar o consolidar realidades sociales.

Las normas jurídicas dejan de ser concebidas como un mecanismo para asegurar la más absoluta discrecionalidad y disponibilidad de los derechos e intereses de los particulares a través de la vía contractual, para pasar a transformarse en instrumento crítico y de cambio, cuestionador de la habilidad de la autonomía de la voluntad como medio para consagrar el nuevo ideal de justicia que comenzaba a gestarse.

La ley, tenida hasta el momento como un elemento supletorio de la voluntad de los particulares, comienza a emerger como una herramienta legítima, útil y eficaz para cambiar las realidades sociales, mediante la consagración de tratamientos diferenciales y compensadores de las desigualdades determinadas por aquéllas.

Este nuevo rol sólo puede ser cumplido eficazmente mediante un importante fortalecimiento del *perfil imperativo de la ley*, manifestado concretamente en la *indisponibilidad* de sus contenidos y orientaciones.

El *"nuevo Derecho"* genera normas dotadas de un sentido tuitivo y *provocador de igualdad*, y deben asegurar su eficacia mediante la limitación de la autonomía de la voluntad. El reconocimiento de la situación de desigualdad real que viven los sujetos del contrato laboral, *proscribe la posibilidad de reconocerles libre albedrío para determinar las condiciones de su relacionamiento*.

La nueva visión plantea, por consiguiente, una *fuerte limitación de la autonomía de la voluntad individual*, en el entendido de que lo contrario terminaría provocando la inanidad de cualquier construcción jurídica de corte protector[6].

Lejos de menospreciar o disminuir la valoración de la *libertad*, el Derecho del Trabajo vino a plantear que en el ámbito de las relaciones laborales la forma real de tutelarla debía consistir en *limitar la eficacia legitimadora que hasta entonces se había reconocido a las manifestaciones de voluntad de los particulares*.

La aparición y desarrollo del vínculo laboral subordinado determinó la caída en crisis de la premisa de la igualdad de los sujetos contratantes y el nuevo Derecho que emergió como consecuencia de esta circunstancia demostró que sólo mediante la creación de normas que se ubicaran *más allá* de la disponibilidad de los particulares sería posible aportar algún elemento de justicia e igualdad a dicha relación.

El nuevo sentido que se aportaba a la noción de orden público, se presentaba entonces, más que como un límite, como un impulso hacia una mayor y más sincera tutela de la libertad del individuo (libertad real y no meramente formal o *técnica*[7]) y por ello, como un

---

(4) Sergio Gamonal y César Rosado, citan a Nadège Meyer, quien "explica que la noción de Orden Público Social, propia del derecho del trabajo, es diferente de la de Orden Público General, dado que este último busca el respeto de las libertades individuales y el primero busca la protección del contratante débil, en este caso, el trabajador", MEYER, Nadège. *L'Ordre Public en Droit du Travail*, L.G.D.J., París, 2006. p. 99, op. cit. por GAMONAL, Sergio; ROSADO, César. *El principio de protección del trabajador en el Derecho norteamericano*, Legal Publishing, Thomson Reuters La Ley, Santiago de Chile: Colección Ensayos Jurídicos, 2014. p. 18.
(5) José Luis Ugarte Cataldo se pregunta "¿Cómo puede haber realización del ser humano y libertad en un espacio donde se establece una relación rutinaria de mando y subordinación? ¿Qué tipo de compromiso puede adoptar el Derecho del Trabajo — si es que puede — para poner luz a la emancipación en un rincón de poder y dominación?" y, más adelante: "¿Cómo puede un trabajador que ya no controla ni dispone de su trabajo — por tanto no se auto-gobierna —, sometiéndose al poder de otro, seguir siendo llamado una persona libre?". El autor considera que "sólo un modelo de Derecho del Trabajo organizado en torno a la acción colectiva de los trabajadores está a la altura de ese desafío" y, evocando a Sinzheimer, prioriza lo colectivo por sobre la intervención legal, en tanto "sólo en organización colectiva los trabajadores son capaces de sostener una acción que les restablezca aquello que la relación laboral les despoja: no estar sometido al poder arbitrario de otro", Derecho del Trabajo: invención, teoría y crítica, op. cit., p. 2 y ss.
(6) De Ferrari explica textualmente que "Toda la legislación social se desplomaría en un santiamén y el peso de las desigualdades sociales volvería a gravitar en forma decisiva sobre la equidad de las fórmulas legales si dichas disposiciones no tuvieran ese carácter <de orden público> y pudieran ser derogadas por la voluntad del hombre". Lecciones de Derecho del Trabajo, T. I, *Facultad de Derecho y Ciencias Sociales*, Montevideo, 1961. p. 408.
(7) BARBAGELATA, H.-H. *Derecho del Trabajo*. 3. ed. actualizada con la colaboración de Daniel Rivas. Montevideo: FCU, 2007. p. 180, t. I, vol. 2.

instrumento de acercamiento hacia el nuevo ideal de la justicia social[8].

3. ORDEN PÚBLICO: CONCEPTO EJE DEL DERECHO DEL TRABAJO

El orden público ocupa un lugar fundamental en el esquema dogmático del Derecho del Trabajo[9]. El sentido antropocéntrico y tuitivo que se encuentra en el origen de la disciplina, determina que los bienes jurídicos que ésta acoge, se constituyan naturalmente en componentes propios del concepto de orden público.

El compromiso esencial que para la persona del trabajador significa la relación de trabajo[10], hace manifiesta la incorrección que supone considerar a esta última como un mero intercambio de prestaciones, sometida a reglas mercantiles y condiciona el desarrollo de un nuevo esquema de tratamiento jurídico, que reacciona contra el inspirado exclusivamente en parámetros materialistas[11], para ganar un lugar dentro del esquema general de los derechos humanos.

La ubicación de la persona humana como centro del sistema, hace emerger una serie de valores que exigen de las normas jurídicas un tratamiento especial, pues forman parte de la *conciencia jurídica colectiva*, o *patrimonio jurídico de la humanidad*.

La importancia que poseen estos valores — que manifiestamente encajan dentro de la noción de orden público[12] — hace necesario que los mismos accedan a un nivel de reconocimiento y amparo jurídico superlativo, que permanezca en cierta forma abstraído de los vaivenes y avatares que suele sufrir el Derecho positivo.

Esos valores representan rasgos culturales de nuestro tiempo histórico, y constituyen el resultado de lentos procesos evolutivos de compleja raigambre social. Por este motivo, no parece correcto que su consideración por parte del Derecho pueda quedar librada a la aleatoriedad que a menudo caracteriza a los cambios legislativos y que, al contrario, resulte imprescindible dotar a los mismos de un fundamento, conceptual e instrumentalmente, más sólido e inmutable, que permita concebirlos en su verdadera dimensión de "*pretensiones subjetivas absolutas, válidas por sí mismas con independencia de la ley*"[13].

Por otra parte, es evidente que la especial imperatividad, como manifestación instrumental con que habitualmente es identificada la noción del orden público[14], también ha resultado de importancia para ubicar al instituto en un punto crucial dentro de la estructura del Derecho del Trabajo.

Como ya fuera señalado[15], la *legislación industrial* emergió con una vocación francamente limitadora de la autonomía de la voluntad, pues solamente mediante esta vía le resultaría posible imponer su novedosa filosofía protectora, evitando que sus normas — inspiradas, precisamente, en este último sentido — quedaran libradas al albedrío de los particulares, que seguramente terminaría desvirtuándolas o, directamente, dejándolas de lado[16].

Fue a partir de tales consideraciones que se conformó un núcleo de derechos laborales indisponibles para las voluntades particulares, que se inserta automáticamente dentro de cada relación de trabajo, como una especie de estatuto prefijado, que tiende a generar una identidad colectiva de trabajadores asalariados. Se trata de una uniformidad

---

(8) PLÁ RODRÍGUEZ, A. El orden público y el derecho del trabajo. Teoría y práctica en Iberoamérica En *Rev. Derecho Laboral*, T. XXIII, n. 119, p. 448 y ss.. El autor cita la opinión coincidente de Fernández Gianotti, "*La ampliación voluntaria de la ley 9.688 y el orden público*", en la *Rev. argentina Derecho del Trabajo*, 1974, p. 722. Al respecto, señala Lanfranchi: "Algunos han señalado que el Derecho del Trabajo es un límite a la libertad de trabajo, porque, al imponer requisitos para la legitimidad de las relaciones de trabajo, restringe y limita la libertad de contratación. La observación es correcta si por libertad se entiende la que proclamó el liberalismo económico de la Revolución Francesa, esto es, la meramente formal, pero es falsa si se considera la igualdad y la libertad reales que deben imperar en la vida social. El liberalismo económico (...) descansaba en la falsa creencia de que la libertad jurídica coincidía con la libertad económica y, en consecuencia, con la libertad de contratación. La enseñanza que se desprende de las explicaciones históricas prueba que la libertad de contratación puede únicamente existir entre hombres igualmente libres, o expresado en otras palabras, solamente la igualdad económica conduce a la igualdad jurídica. La exigencia de las necesidades vitales impedirá, en contra de lo que sostuvo el liberalismo económico, que se imponga la libertad, máxime cuando la necesidad es permanente y acompaña al hombre durante toda su vida, pues el trabajador que ve morir de hambre a su familia, aceptará el salario que le ofrezcan. Teórica y formalmente, pudo hablar el liberalismo económico de libertad; en la realidad de las relaciones de trabajo no existió y cuando los principios jurídicos no coinciden con la realidad y cuando, en consecuencia, conducen a un divorcio entre el derecho y la vida y, como resultado final, a la injusticia, dejan de ser principios jurídicos y se convierten en medios de opresión. (...) El Derecho del Trabajo no puede ser contemplado como un límite a la libertad de contratación, sino como un esfuerzo para establecer la igualdad económica de los factores de la producción, Capital y Trabajo, y hacer posible una auténtica libertad de contratación". (...) "*El Derecho del Trabajo no es un límite a la libertad de contratación, sino a la libertad de explotar al factor trabajo y constituye la posibilidad de una auténtica libertad de contratación*", "La noción de orden público en Derecho del Trabajo", En *Rev. argentina Derecho del Trabajo*, T. XX, Buenos Aires, 1960. p. 165 y ss.
(9) V. GAMONAL CONTRERAS, S. *Introducción al Derecho del Trabajo*. Santiago de Chile: Ed. Cono Sur Ltda., 1998. p. 107 y *Fundamentos de Derecho Laboral*. Santiago: LexisNexis, 2008. p. 17.
(10) Menger criticaba a los autores del Código Civil alemán, señalando que trataban al "contrato de servicios, cual si fuera un contrato de compra-venta, o como cualquier contrato que tenga por objeto la prestación de una cosa", cuando en realidad en estos contratos los servicios no pueden "ser separados de la individualidad del obrero, que representa un valor absoluto". Agregaba Menger que los trabajaodres resultan "sometidos al patrono, no sólo con referencia a los servicios que prestan, sino con toda su personalidad. Deben emplear, no solamente toda su fuerza, según las órdenes del patrono o amo, sino que con frecuencia excesiva deben someter en beneficio de los intereses del patrono mismo sus propios bienes personales (persönlicher Güter): la vida, la salud, la energía, cuando no el honor y la moralidad". Menger, A., El Derecho Civil y los Pobres, *op. cit.*, p. 283.
(11) Durand y Jaussaud, *op. cit.*, p. 133.
(12) Entendido como el conjunto de valores de la vida, que por la especial trascendencia que asumen en determinado estadio de la evolución social, pasan a integrar la conciencia jurídica colectiva y se constituyen en objetos de tutela privilegiada por parte del Derecho. Ver, del autor, Orden público y Derecho del Trabajo, 2. ed., La Ley Uruguay, Montevideo, 2016.
(13) Según propone Zagrebelsky, *op. cit.*, p. 47.
(14) Ya se ha señalado que esta eficacia instrumental ha acompañado tradicionalmente al orden público. Sin embargo, no es correcto entender que el concepto de orden público se agote solamente en dicha expresión instrumental. Ver *supra Capítulo II*, numeral 6.
(15) Ver *supra, Capítulo III*, numeral 5.
(16) DE FERRARI, F. Lecciones, *op. cit.*, p. 408; SARTHOU, Helios. *Aspectos de la autonomía de la voluntad en el Derecho del Trabajo*. En *Rev. Derecho Laboral*. T. XV, n. 86-87-88, Montevideo, mayo-diciembre 1972. p. 375; TOSCA, Diego M. *Fuentes del Derecho del Trabajo*, cap. VI del Tratado de Derecho del Trabajo, (Mario Ackerman, Director, Diego M. Tosca, Coordinador), T. I, Rubinzal-Culzoni Editores, Santa Fe, 2005. p. 452.

pluridimensional[17] que alcanza a todos los trabajadores por igual y que resulta una expresión instrumental prototípica del orden público en materia laboral. La imposición normativa que no deja margen a la autonomía de la voluntad, busca primordialmente eliminar el predominio económico o jerárquico de la voluntad del empleador, y se presenta, así, como una herramienta imprescindible para desplegar con verdaderas posibilidades de éxito el arsenal tuitivo que generaría el Derecho del Trabajo[18].

De este modo, hablar de Derecho del Trabajo, implica, casi ineludiblemente, hablar de orden público[19].

4. EL ORDEN PÚBLICO SOCIAL

El empleo de las expresiones *orden público laboral* u *orden público social*, apuntan a enfatizar uno de los efectos típicos de las normas laborales: su complacencia para admitir la superación de los niveles de los beneficios por ellas consagrados, sea mediante normas jerárquicamente inferiores, sea por la manifestación de la voluntad particular.

Los valores que se integran a la noción del orden público, representan los ideales de un colectivo social y ofic…an como *orientadores* o *guías de la evolución* del ordenamiento jurídico positivo, así como de la hermenéutica con que debe ser abordado el mismo.

Las particularidades y potencialidad aplicativa que en la materia laboral presentan estos valores superiores, han provocado el efecto de generar una especie de "*círculo virtuoso*" con relación a la materialidad del orden público: por una parte, han determinado una suerte de laboralización de este último instituto, gracias al aporte de novedosos contenidos, y por otra, han jerarquizado la materia laboral, elevándola a un nivel "*fundacional*", del que su *constitucionalización* se presenta como una clara evidencia[20].

La protección del trabajo humano, aparece así, como una expresión específica del más amplio amparo jurídico que va dirigido a la dignidad del hombre[21] y forma parte, indiscutiblemente, de ese complejo e interdependiente entramado de valores superiores que configuran la idea del orden público. La constitucionalización de estos bienes jurídicos vinculados con la materia laboral, constituye una expresión de la elevada consideración que los mismos merecen en la conciencia jurídica colectiva, y los acerca a una concepción más profunda del Derecho que aquélla a la que el llamado "*positivismo legislativo*" los había reducido, al identificar todo lo que pertenece al mundo del Derecho, con lo establecido explícitamente en la ley[22].

Pero la profundidad de esta nueva perspectiva jurídica se ahonda todavía más si se alcanza a comprender que la verdadera dimensión de estos valores inherentes a la propia condición humana, los situaría por encima "*de toda disposición jurídica*"[23], lo que, incluso, podría proyectarse más allá de la disponibilidad del propio constituyente, puesto que su superlativa esencia, merece una estabilidad tal que podría no resultar compatible ni siquiera con las acotadas posibilidades de variación que posee aquél[24].

---

(17) Según la expresión que utiliza Jeammaud, Antoine. La flexibilización del Derecho Laboral en Francia. *En Revista de Trabajo,* Año I, n. 4, MTSS, set.-oct. 1994. p. 80.
(18) V. PÉREZ BOTIJA, E., op. cit., p. 84, quien señala que la irrenunciabilidad de derechos constituye una "...*exigencia técnica de las propias normas que el trabajo regulan*...".
(19) TOSCA, D. M. *Fuentes del Derecho del Trabajo, cap. VI del Tratado de Derecho del Trabajo,* (Mario Ackerman, Director, Diego M. Tosca, Coordinador), T. I, Rubinzal-Culzoni Editores, Santa Fe, 2005. p. 455.
(20) UGARTE CATALDO, José Luis. *Derechos fundamentales en el contrato de trabajo,* Legal Publishing. Santiago de Chile: Thomson Reuters, 2013. p. 3 y ss.; MONEREO PÉREZ, José Luis. Derechos sociales de la ciudadanía y Ordenamiento Laboral, Consejo Económico y Social (CES), *Colección Estudios,* Granada, 1996. p. 116 y ss.; VV.AA., El trabajo y la Constitución, Estudios en homenaje al Profesor Alonso Olea, Academia Iberoamericana de Derecho del Trabajo y de la Seguridad Social, Ministerio de Trabajo y Asuntos Sociales (España), Madrid, 2003; VV.AA., Comentario a la Constitución Socio-Económica de España (Dirección José Luis Monereo Pérez, Cristóbal Molina Navarrete, María Nieves Moreno Vida), Comares editorial, Granada, 2002; de Vicente Pachés, F., El derecho del trabajador al respeto de su intimidad, Consejo Económico y Social, Colección Estudios, N. 64, Madrid, 1998. p. 29.
(21) BARBAGELATA, H.-H. Perspectiva de una Carta de derechos fundamentales para el MERCOSUR y Papel de una Carta Social y de las Declaraciones y Pactos Internacionales en el MERCOSUR. Contenido de la Carta Social, *VII Jornadas Rioplatenses de Derecho del Trabajo y Seguridad Social. Costos laborales. Carta de derechos fundamentales.* Montevideo: FCU, 1993; ERMIDA URIARTE, Ó. *Meditación sobre el Derecho del Trabajo, op. cit.,* p. 9.
(22) V. ZAGREBLESKY, G., *op. cit.,* p. 33 y 39; FERRAJOLI, Luigi. *Derechos y garantías. La ley del más débil.* 4. ed. Madrid: Ed. Trotta, 2004. p. 66. José L. Ugarte deal positivismo como "...*una concepción del derecho que sostiene al mismo tiempo las siguientes tesis: que el derecho deriva de hechos sociales, que su contenido no tiene ninguna conexión necesaria con la moral y que la forma de reconocerlo o identificarlo es recurrir al origen de una "fuente dotada de autoridad"* (Ugarte Cataldo, José Luis, *Derecho del Trabajo: invención, teoría y crítica, op. cit.,* p. 11, nota al pie número 6. V., también: Fonseca, María Hemilia, *Direito ao trabalho:* um direito fundamental no ordenamento jurídico brasileiro. São Paulo: LTr, 2009. p. 26 y ss.
(23) Señala Gustav Radbruch que hay "...*principios de derecho fundamentales que son más fuertes que toda disposición jurídica, por ejemplo, una ley que los contradiga, y carente por ello de validez. Esos principios básicos se llaman derecho natural o derecho racional. Es cierto que ellos han estado rodeados en particular de muchas dudas, pero el trabajo de los siglos ha elaborado una firme reserva, recogida en las llamadas declaraciones de derechos del hombre y el ciudadano con tal universal consenso, que la duda en relación con muchos de ellos solo puede mantenerse todavía por un escepticismo deseado*". RADBRUCH, Gustav. *Relativismo y Derecho.* 2. ed. Bogotá: Ed. Temis, 2009. p. 71. A propósito de Radbruch, es interesante traer a colación la anotación que realiza Luis Villar Borda en la "Introducción" al citado pequeño volumen que recoge reflexiones del gran jusfilósofo alemán. Dice Luis Villar Borda: "El positivismo jurídico tuvo en Gustav Radbruch a uno de los más eminentes juristas de la República de Weimar, a uno de sus representantes más conspicuos. En su Filosofía del derecho y en su Introducción a la ciencia del derecho daba clara preferencia al derecho en caso de conflicto con la justicia, "pues es más importante la existencia del orden jurídico que su justicia, ya que la justicia es la segunda gran misión del derecho, siendo la primera, la seguridad jurídica, la paz". Los horrores del nazismo, del cual Radbruch fue víctima al verse destituido de toda actividad académica y política y reducido al exilio interior, que sobrellevó con la mayor entereza y dignidad, cambiaron radicalmente su posición con respecto al positivismo...". Según Villar Borda, la nueva posición de Radbruch plantea la siguiente tesis central: "el conflicto entre la justicia y la seguridad jurídica debió resolverse con la primacía del derecho positivo sancionado por el poder, aun cuando por su contenido sea injusto e inconveniente, a no ser que la contradicción de la ley positiva con la justicia alcance una medida tan insoportable, que deba considerarse como falso derecho y ceder paso a la justicia" (loc. cit.). En una línea similar, aunque bastante más pragmática, Rawls afirma que "La injusticia de una ley no es, por lo general, razón suficiente para no cumplirla, como tampoco la validez legal de la legislación (definida por la actual legislación) es una razón suficiente para aceptarla. Cuando la estructura básica de la sociedad es razonablemente justa, estimada por el estado actual de cosas, hemos de reconocer que las leyes injustas son obligatorias siempre que no excedan ciertos límites de injusticia", Rawls, John, Teoría de la justicia, Fondo de Cultura Económica, 1ª edición electrónica, México, 2012, p. 485.
(24) BARBAGELATA, H.-H. *Derecho del Trabajo, op. cit.,* p. 122. La Corte Interamericana de Derechos Humanos, en el primer caso contencioso en el que interviniera (caso Velásquez Rodríguez. Sentencia del 20 de julio de 1988. Secretaría de la Corte, Serie C. 1988, § 165, p. 69) señalaba: "*El ejercicio de la*

El orden público social o laboral se presenta, de este modo, como un *sesgo* o *faz* dentro de la compleja integralidad sustantiva del orden público[25], aportando al mismo una consideración marcadamente antropocéntrica del universo jurídico, y revalorizando la trascendencia de la tutela automática de los contenidos que conforman el instituto. La protección del ser humano que trabaja, que se encuentra centrada en el núcleo principal del Derecho del Trabajo, sitúa a la finalidad de la disciplina en el corazón mismo de los derechos humanos fundamentales, y le reconoce el merecimiento de una tutela jurídica privilegiada[26].

Este amparo jurídico dirigido al trabajador, no puede ser considerado un valor meramente perteneciente al Derecho del Trabajo, sino que forma parte del *acervo general del orden público*, en tanto *expresión de bienes jurídicos inherentes a la condición humana*.

Por este motivo, las particularidades, sustantivas e instrumentales, que el orden público asume como consecuencia del aporte laboralista (por ejemplo, el denominado "carácter unilateral") no pueden llevar a la errónea conclusión de que esta disciplina ha generado un concepto autónomo del instituto. Por el contrario, el Derecho del Trabajo ha aportado nuevos valores y perspectivas al concepto genérico del orden público, enriqueciéndolo en su esencia y en su instrumentalidad tuitiva[27].

Las bases y fundamentos esenciales del Derecho del Trabajo constituyen uno de los aspectos sobre los que se sustenta la estructura de la sociedad, en la medida que forman parte de los derechos del hombre, fin último de toda vida social. Contrariamente a lo que acontece con otras disciplinas, en las que *algunos de sus aspectos* se consideran "de orden público", el Derecho del Trabajo, por principio, constituye *una parte* del orden público[28], debido a las características de la materia de la que está integrado.

En este punto, corresponde recordar que el carácter *trascendente* del orden público respecto del Derecho positivo, determina que su expresión o explicitación normativa concreta no constituye una condición necesaria para concluir en su existencia[29]. De este modo, la calidad inherente al orden público que pueda atribuírsele a un determinado bien jurídico, se independiza de la calificación legislativa.

Esto legitima al intérprete a concluir en la pertenencia al orden público de cierto bien jurídico que es tutelado por una norma, a pesar de que la misma guarde silencio al respecto. Incluso es posible que se plantee la situación inversa, es decir, que la calificación "de orden público" que el legislador atribuye a una determinada norma, no resulte obligatoriamente oponible al analista, quien está habilitado a concluir lo contrario, si considera que los bienes que se encuentran tutelados en la misma claramente no responden al espíritu del instituto[30].

La cuestión adquiere una particular manifestación en la materia laboral debido a que, por su propia sustancia, la misma puede ser considerada, en principio, como enteramente integrante (es decir, *como una porción*) del orden público. Esto habilita a sostener que a su respecto existe una *presunción de pertenencia* al orden público, que determina que la inclusión de la mencionada declaración en las normas laborales — si bien podría considerarse que aporta una mayor certeza a la tarea interpretativa — resulta de una eficacia todavía menos condicionante que la que puede tener en otras disciplinas jurídicas[31].

---

función pública tiene unos límites que derivan de que los derechos humanos son atributos inherentes a la dignidad humana y, en consecuencia, superiores al poder del Estado. Como ya lo ha dicho la Corte en otra ocasión (...), la protección de los derechos humanos, en especial de los derechos civiles y políticos recogidos en la Convención, parte de la afirmación de la existencia de ciertos atributos inviolables de la persona humana que no pueden ser legítimamente menoscabados por el ejercicio del poder público. Se trata de esferas individuales que el Estado no puede vulnerar o en las que sólo puede penetrar limitadamente. Así, en la protección de los derechos humanos, está necesariamente comprendida la noción de restricción al ejercicio del poder estatal". Cfe. Urioste Braga, F., Naturaleza jurídica de la protección internacional de los derechos humanos, FCU, Montevideo, 1992, p. 18. En una sentencia dictada por el Tribunal de Trabajo número cinco de San Justo (República Argentina), se refiere a la relación existente entre el orden público y la autoridad de la cosa juzgada, sosteniendo la preeminencia del primero sobre la segunda. Allí se señala: "Si bien - en principio - la sentencia pasada en autoridad de cosa juzgada es un bien que queda incorporado al patrimonio del interesado, dicha incorporación no es absoluta, pues en aquellos supuestos en que la cosa juzgada recae sobre una decisión que contraría en forma evidente el orden público (...) bien puede dejársela de lado dando preeminencia a este último" [caso "Salomón, Adrián César c/ Núñez Cores e Hijos SRL y/o José Núñez s/ cobro de pesos, expte. N. 2743].
(25) GAMONAL CONTRERAS, Sergio. *Fundamentos de Derecho Laboral*. Santiago: Lexis Nexis, 2008. p. 18.
(26) BARBAGELATA, H.-H. *El particularismo del Derecho del Trabajo y los derechos humanos laborales, op. cit.*, p. 219 y ss.; ERMIDA URIARTE, Óscar. Meditación sobre el Derecho del Trabajo. *Cuadernillos de la Fundación Electra*, núm. 1, Montevideo, 2011. p. 9; PLÁ RODRÍGUEZ, A. Los derechos humanos para el Derecho Laboral. *In Cuadernos de la Facultad de Derecho y Ciencias Sociales*, n. 1, Montevideo, 1968, p. 68; "Los derechos humanos y el derecho del trabajo". *In rev. Debate Laboral*, n. 6, Costa Rica, 1990. p. 11.
(27) V. RODRIGUEZ MANCINI, J. *op. cit.*, p. 18: "El orden público laboral constituye uno de los integrantes del orden público. Entre los principios que este último impone, se halla el protectorio de los trabajadores subordinados porque a la comunidad le interesa mantenerlo como uno de los principios que exige para el logro del bien común". V. también: GAMONAL CONTRERAS, S. *Fundamentos de Derecho Laboral, op. cit.*, p. 18 y ss.
(28) DE LA CUEVA, M., *op. cit.*, p. 253.
(29) Ver *supra, Capítulo II, numeral 5. de Luca Tamajo, La norma inderogabile..., cit.,* p. 49.
(30) V. LAROMBIÈRE, *op. cit.*, p. 167. Se trata, con todo, de un problema delicado, sobre todo, porque involucra la exigencia de que el intérprete asuma una actividad de *valoración de la norma positiva, tarea que algunos consideran como asunto de política y no de la ciencia jurídica*. V. BULYGIN, Eugenio. "El problema de la validez en Kelsen". *In Validez y eficacia del Derecho*. Buenos Aires: Astrea, 2005. p. 102. Este problema, sin ser idéntico, presenta ciertas semejanzas con la diferenciación que actualmente se reconoce entre los conceptos de *vigencia* (o *existencia*) y la *validez* de las normas. El concepto de *vigencia* guarda relación con la *forma* de los actos normativos y presta atención a que los mismos hayan tenido un proceso de gestación acorde a las pautas indicadas en las normas que regulan dicho proceso. La *validez*, en cambio, guarda relación con el *significado* y atiende a la coherencia entre el *contenido* de los preceptos y los enunciados en las normas superiores. V. FERRAJOLI, Luigi. *Derechos y garantías*. La ley del más débil. 4. ed. Madrid: Ed. Trotta, 2004. p. 22; RADBRUCH, Gustav. *Relativismo y Derecho*. 2. ed. Bogotá: Ed. Temis, 2009. p. 71; RAWLS, John. *Teoría de la justicia*. 1. ed. electrónica, México: Fondo de Cultura Económica, 2012. p. 485. V. *supra, nota al pie número 262*.
(31) Como señala Amauri Mascaro Nascimento, la estructura normativa del Derecho del Trabajo, "no se reduce a la dimensión exclusivamente lógico--formal, separada del momento de integración de una clase de hechos considerada según un orden de valores. Se desarrolla como experiencia, no apenas como norma, como quiere el positivismo; ni solamente como valor, como quiere el idealismo, sino integrando esas dimensiones en un movimiento continuo que se objetiva a través del proceso histórico-cultural". Teoría General del Derecho del Trabajo, traducción de Jaime Marín Villegas. São Paulo: LTr, 1999. p. 71.

La admisión de este característico sentido *"trascendente"* que posee el orden público en general, así como la exacerbada expresividad que el mismo asume en el Derecho del Trabajo, aporta un inestimable componente ético a la disciplina[32], que queda ubicada así, en una dimensión conceptual superior a la meramente dimanante de la normativa legal positiva.

Pero en el perfil que el orden público contornea en la materia laboral, se vislumbra la presencia de una idea fundamental y orientadora, especie de materia prima a partir de la cual se construye la estructura del orden público social, y que se sintetiza en la fórmula matriz: *"el trabajo no es una mercancía"*.

Esta es la máxima en la que se resumen y hacia la que confluyen todas las elaboraciones dogmáticas que generó el Derecho del Trabajo, y por ello, puede ser considerada la llave principal del instituto del orden público social.

La fórmula, explicitada con esos términos[33] en la Declaración de Filadelfia, de 1944, sobre los fines y objetivos de la OIT, en realidad desde el punto de vista *jusfilosófico* puede considerarse presente desde varias décadas antes, pues es precisamente inspirada en ella que se produce el surgimiento del Derecho del Trabajo. En la misma, se expresa un pronunciamiento ético, verdaderamente definidor de nuestra cultura contemporánea, y un rasgo fundamental para comprender, tanto la evolución de la teoría general del derecho como particularmente, el surgimiento y desarrollo del Derecho del Trabajo en el último siglo[34].

Tal como enseña Grandi, esta declaración *"...encierra, con una afirmación categórica, un principio reconstructivo, cuyo significado ético-jurídico no deber ser mal entendido. Este no significa, en efecto, negación del mercado, sino negación solamente de la naturaleza mercantil del trabajo; si el trabajo no es una mercancía, el mercado de trabajo es, sin embargo, una realidad"*[35].

El enunciado no es, precisamente, una descripción de lo que acontece en la realidad, sino una afirmación de tenor ético-jurídico, que marca una pauta ineludible con relación a la manera en que debe ser concebida la regulación del trabajo humano. La toma de conciencia respecto de la necesidad de sustraer la consideración jurídica del trabajo humano, de las reglas mercantiles, supone un avance que ennoblece el sentido evolutivo del Derecho.

131.- Pero a su vez, esta fundamental declaración principista, se corporiza y reproduce en otros dos valores singularmente trascendentes y poseedores, a su vez, de un enorme potencial multiplicador.

Por una parte, el que impone la premisa de que el trabajo, como objeto ajeno a las variables mercantiles, resulta merecedor de *protección jurídica privilegiada*.

En segundo lugar, el valor que supone adjudicar a la *justicia social* el rol de oficiar como criterio rector básico de todo desarrollo jurídico-normativo vinculado con el trabajo, y a cuya consecución debe estar dirigida toda la estructura científica de la disciplina que lo regule.

De modo que, la materialidad fundamental del orden público social queda representada a través de un tríptico conformado por los siguientes valores básicos:

-El trabajo no es una mercancía;

-El trabajo es objeto de tutela jurídica especial;

-La consecución de la justicia social es el criterio rector de la regulación jurídica del trabajo.

132.- A partir de estos tres valores fundamentales, germina el reconocimiento y la tutela de una serie de derechos humanos específicamente vinculados con el trabajo, cuya trascendencia los ha llevado a quedar plasmados en textos jurídicos internacionales de tal nivel, que bien pueden conceptualizarse como una verdadera reserva de valores jurídicos de nuestra época[36].

Siguiendo el esquema propuesto por Barbagelata, los mismos serían[37]:

I) El principio de protección al trabajo, dentro del que se incluye, el derecho al trabajo, el derecho a trabajar, el derecho a la libre elección del trabajo y el derecho a la formación, con las garantías correspondientes, especialmente de quienes actúan dentro de una relación de trabajo.

---

(32) ERMIDA URIARTE, Óscar. *Ética y Derecho del Trabajo. In Veinte Estudios Laborales en Memoria de Ricardo Mantero Álvarez*, FCU, 2004. p. 19. Francesco Carnelutti identificaba como misión del Derecho la de imponer la ética a la economía. CARNELUTTI, Francesco. Teoría General del Derecho, *Teoría General del Derecho*. Madrid: Ed. Revista de Derecho Privado, 1941. p. 56.
(33) El artículo 427 del Tratado de Versalles se refería a que "...el trabajo no debe considerarse simplemente como un artículo de comercio..."
(34) SUPIOT, A. *El espíritu de Filadelfia, La justicia social frente al mercado total*. Barcelona: Ed. Península, 2011. p. 25; LEE, Eddy. *La Déclaration de Philadelphie: retrospectiv et perspective. In VV.AA., La Mondialisation, origines, développements et effects*, sous la direction de James D. Thwaites, Les presses de l'Université Laval, Québec, 2004. p. 35 y ss.
(35) GRANDI, Mario. *El trabajo no es una mercancía. Reflexiones al margen de una fórmula para volver a meditar. In Evolución del Pensamiento Juslaboralista, Estudios en Homenaje al Prof. H.-H. Barbagelata*, op. cit., p. 192.
(36) Como por ejemplo, la Declaración Universal de Derechos Humanos (1948); Carta Internacional Americana de Garantías Sociales; Declaración Americana de los Derechos del Hombre; Declaración de las Naciones Unidas sobre la eliminación de todas las formas de discriminación racial (1963); Convención Internacional sobre la Eliminación de todas las formas de discriminación racial (1965); Pacto Internacional de Derechos Civiles y Políticos (1966); Pacto Internacional de Derechos Económicos, Sociales y Culturales (1966); Declaración sobre el Progreso y el Desarrollo en lo Social (1969); Convención Americana sobre Derechos Humanos — Pacto de San José de Costa Rica (1969) — y su Protocolo Adicional — Protocolo de San Salvador (1988) —; Convención sobre la Eliminación de todas las formas de discriminación contra la mujer (1979); Declaración de los Derechos de los impedidos (1975); Declaración sobre la raza y los prejuicios raciales (1978); Declaración sobre la eliminación de todas las formas de intolerancia y discriminación fundadas en la religión o las convicciones (1981); Declaración sobre los derechos humanos de los individuos que no son nacionales del país en que viven (1985). Declaración sobre el Derecho al desarrollo (1986) Convención sobre los Derechos del Niño (1989); Convención Internacional sobre la protección de los derechos de todos los trabajadores migratorios y sus familiares (1990); Declaración sobre los derechos de las personas pertenecientes a minorías nacionales, étnicas, religiosas o lingüísticas (1992); Preámbulo de la Constitución de la OIT (1919); Declaración de Filadelfia (1944); Declaración de Querétaro (1974); Declaración de la OIT sobre los principios y derechos fundamentales en el trabajo (1998). Sobre el punto, ver BARBAGELATA, H.-H. *Derecho del Trabajo*, cit., p. 124; CHANGALA, R. y GARCÍA VEIRANO, A. *Las normas internacionales sobre Derechos Humanos como fuente del Derecho del Trabajo. In Treinta y seis estudios sobre las fuentes del Derechos del Trabajo*, cit., p. 191 y ss.
(37) Derecho del Trabajo, op. cit., p. 124.

II) El derecho, sin discriminación de ninguna especie, a condiciones equitativas y satisfactorias, que aseguren, en especial:

a) Remuneración justa que, por consiguiente, permita satisfacer las necesidades físicas, intelectuales y morales;

b) Condiciones de existencia dignas, incluyendo el derecho a la inviolabilidad de la conciencia moral y cívica;

c) Seguridad e higiene en el trabajo;

d) Estabilidad y promoción en el empleo;

e) La limitación de la jornada, el descanso semanal, las vacaciones anuales y el aprovechamiento y disfrute del tiempo libre;

f) Reglamentación y protección especial del trabajo de las mujeres y los menores de 18 años.

III) Derecho sindical, que comprende:

a) Libertad sindical;

b) Derecho a la acción sindical, a la negociación, y de huelga, sin perjuicio de que la ley reglamente su ejercicio y efectividad.

IV) Derecho a la seguridad social, que incluye: protección contra el desempleo, invalidez, viudez, vejez, y otros casos de pérdida de los medios de subsistencia por circunstancias independientes de la voluntad y derecho a la vivienda decorosa.

133.- De modo que, el contenido material del orden público social, conformado por el mencionado tríptico de valores fundamentales, y la miríada de derechos y garantías que a partir de los mismos se han generado, representan un engranaje fundamental en la estructura integral del orden público y se constituyen en verdaderas pautas identificatorias de la cultura jurídica contemporánea.

No obstante, la actual coyuntura pone en tela de juicio esta última afirmación, al crear un estado de situación que a algunos ha llevado a pronosticar el fin del Derecho del Trabajo, quizás como el resultado de una nueva mutación — en este caso, involutiva — de la sustancia del orden público.

5. PROGRESIVIDAD Y DIMENSIÓN TRASCENDENTE DEL ORDEN PÚBLICO SOCIAL

En materia laboral la dinámica del orden público se orienta en el sentido de la *"progresividad"*. Los bienes jurídicos que integran el sistema de los derechos humanos fundamentales -entre los cuales están ubicados los atinentes al ser humano en tanto trabajador- evolucionan al impulso de una fuerza que tiende a dotarlos de una cada vez más elevada consideración jurídica.

Sin embargo, esta tendencia ascendente, sólo puede apreciarse si se parte de la comprensión de que *orden público* y *Derecho positivo*, constituyen nociones que no resultan totalmente identificables. De lo contrario, el jurista que comience su análisis del orden público a partir del estudio particular de la legislación — y sin alcanzar a concebir al instituto en su verdadera dimensión supralegal — sólo llegará a percibir la evolución del mismo como una línea zigzagueante y quebradiza, que acompaña las hesitaciones propias de las normas que integran el Derecho positivo.

La admisión de esta línea evolutiva ascendente, se presenta como una constante en la doctrina de los derechos humanos[38] y se erige en guía inestimable para la interpretación y aplicación del Derecho en tal ámbito[39]. La vocación de "irreversibilidad"[40] que se vislumbra en los niveles tutelares que alcanzan estos bienes jurídicos deja entrever en su propia concepción, la presencia de la dogmática juslaboralista, que desde siempre ha enfatizado el *"sentido unidireccional"* del orden público social o laboral; constantemente enfocado hacia la superación de los umbrales de protección. Del mismo modo, la prevalencia del criterio del *favor al interés del trabajador* — regla hermenéutica básica que en el Derecho del Trabajo permite determinar cuál habrá de ser la norma aplicable entre dos que tienen vocación de serlo[41] —, también constituye una pauta a seguir en la aplicación de los derechos humanos en general, ámbito en el que tiene acogida la llamada interpretación *pro cives* o *pro libertatis*, que supone la primacía de la norma que resulte más favorable a la persona[42].

6. CUESTIONAMIENTOS AL ORDEN PÚBLICO SOCIAL

Es habitual que los cuestionamientos que se dirigen contra el Derecho del Trabajo hagan foco en la rigidez de sus normas y defiendan la conveniencia de flexibilizarlo a partir de, por ejemplo, la revalorización de la autonomía de la voluntad individual. Este tipo de consignas suelen provocar severos impactos y generan, en lo inmediato, graves detrimentos en materia social. La estrategia, no obstante, no suele conseguir éxito más allá de lo instrumental, sin alcanzar la sustancia del orden público y los valores materiales que lo constituyen, que se ubican en un sitial jurídico inaccesible para la norma que apunta a retrogradar.

La agudeza del jurista deberá, entonces, enfocarse hacia la búsqueda de los instrumentos que permitan supe-

---

(38) Por ejemplo, BIDART CAMPOS, Germán y HEERENDORF, Daniel. *Principios de derechos humanos y garantías*. Buenos Aires: Ed. Elías, 1991; PECES-BARBA, Gregorio. *Los valores superiores*. Madrid: Tecnos, 1984. p. 52 y ss., PÉREZ LUÑO, Antonio Enrique. *Derechos humanos, Estado de derecho y Constitución*. Madrid: Tecnos, 1991, 4. ed., BOBBIO, Norberto. *El tiempo de los derechos*. Madrid: Ed. Sistema, 1991; CANÇADO TRINDADE, Antônio Augusto. "La protección internacional de los derechos económicos, sociales y culturales en el final del siglo", en El Derecho Internacional en un mundo en transformación, estudios en homenaje al profesor Eduardo Jiménez de Aréchaga. Montevideo: FCU, 1993, t. I, p. 349; URIOSTE BRAGA, F., *op. cit.*, p. 19 y ss.; BARBAGELATA, H.-H. *El particularismo del Derecho del Trabajo y los derechos humanos laborales, op. cit.*, p. 243 y ss.
(39) Ver sentencia argentina publicada en la Rev. Derecho Laboral, t. XLI, n. 191, p. 843 y ss., con comentario de H.-H. Barbagelata.
(40) Barbagelata presenta a la irreversibilidad como un corolario del principio de progresividad, consistente en la *"imposibilidad jurídica de que se reduzca la protección ya acordada a los trabajadores por normas anteriores"* y, con cita a Abramovich y Courtis, agrega que *"La prohibición de regresividad no es ajena al Derecho Constitucional"*; BARBAGELATA, H.-H. *El particularismo del Derecho del Trabajo y los derechos humanos laborales, op. cit.*, p. 245 y 246.
(41) PLÁ RODRÍGUEZ, A. *Los principios, op. cit.*, p. 99 y ss.
(42) AYALA CORAO, C. M. *El derecho de los derechos humanos* (La convergencia entre el Derecho Constitucional y el Derecho Internacional de los derechos humanos). E. D., 9.12.94, p. 11, citado en la sentencia argentina dictada por el Dr. Oscar Zás y publicada en rev. Derecho Laboral, *op. cit.*

rar los efectos perniciosos inmediatos que provienen de la legislación positiva, y alcanzar la reivindicación jurídica de los valores básicos que deben prevalecer[43]. La relevancia que poseen los bienes jurídicos integrantes del concepto de orden público social, determina que su efectividad práctica no puede quedar cautiva de su eventual reglamentación por normas positivas.

El renovado impulso de los llamados *procesos de reforma laboral*, que se ponen en práctica mediante modificaciones introducidas por vía legislativa o incluso reglamentaria, se inspira en los postulados sostenidos por los impugnadores de la disciplina, y sobre tales bases se encaminan hacia la desarticulación del garantismo que aquélla construyó durante décadas[44].

Frente a esta tendencia ¿es posible defender la vigencia de los valores fundamentales y constitutivos del orden público, *a pesar de* la voluntad expresa en contrario manifestada en una norma positiva? ¿Puede el intérprete abstraerse de lo establecido en la ley e ir más allá de ésta, aplicando los valores superiores que conforman la esencia del orden público social?

Las dificultades que se presentan en este camino son fácilmente apreciables[45]. Su aplicación extrema implica desconocer el rol del legislador, habilitando el *"enseñoramiento del Derecho"* por parte de los jueces[46].

A este respecto, no se puede desconocer que *"...la sujeción a la ley ya no es, como en el viejo paradigma positivista, sujeción a la letra de la ley, cualquiera que fuere su significado, sino sujeción a la ley en cuanto válida, es decir, coherente con la Constitución"*[47] y, todavía menos se puede dejar de tener en cuenta que la jurisprudencia *desempeña un papel principal en la evolución del derecho del trabajo*[48]. Pero también debe señalarse la improcedencia de pretender *"saltearse"* la voluntad del legislador y postular la necesidad de acudir directamente a los valores constitucionalizados, *"creando"* las reglas que los expresen integralmente[49].

De todos modos, es importante denotar la frecuencia con que los juristas se ven afectados por el *mal hábito* de *invertir* la pirámide del ordenamiento jurídico, comenzando sus razonamientos a partir de las normas de jerarquía inferior. Si el jurista razona como corresponde, esto es, a partir de la cúspide del ordenamiento, sólo se vería impelido a descender hacia niveles más bajos del mismo en la búsqueda de preceptos que identifiquen, detallen, expresen *debidamente*, o mejoren los postulados contenidos en aquella superlativa esfera.

Este tipo de razonamiento jurídico (es decir, el que corresponde, según elementales principios rectores del funcionamiento del orden jurídico), tendría dos consecuencias verdaderamente importantes: por una parte, que si el intérprete ubicara la solución jurídica o *regla* aplicable al caso[50], perfecta e integralmente consagrada en la propia Constitución, no tendría necesidad de iniciar su "descenso", salvo a los efectos de abocarse a la búsqueda de un precepto que mejore lo dispuesto en la Carta[51].

La segunda consecuencia, se plantea cuando en la Constitución no se logra ubicar la *"regla"*, sino el *"principio"* de solución para el caso. Esto determina la necesidad de que el analista hurgue en niveles inferiores, procurando detectar allí las *reglas* que *expresen debidamente* las grandes líneas que pueden inferirse de aquellos principios constitucionales.

Pero si en ese descenso, el intérprete se topa con *reglas* que no resultan acordes a tales *principios* superiores del ordenamiento, corresponde que reaccione, absteniéndose de aplicarlas de manera meramente mecánica, y deteniéndose a analizar si las mismas pueden considerarse o no, inspiradas en un *interés general*, única condición legitimadora de la restricción del derecho a ser protegido en el goce de los

---

(43) La sentencia dictada por el juez argentino Dr. Oscar Zás (publicada en *Rev. Derecho Laboral, op. cit.*) es un buen ejemplo en tal sentido.
(44) BRONSTEIN, Arturo. *Derecho Internacional y Comparado del Trabajo. Desafíos actuales.* Madrid: Plaza y Valdes Editores, 2010. p. 15 y ss.
(45) V. NINO, Santiago. *Introducción al análisis del Derecho.* 2. ed. ampliada y revisada, 16ª reimpresión. Buenos Aires: Ed. Astrea, 2012. p. 432 y ss.
(46) V. ZAGREBELSKY, G., *op. cit.*, p. 152.
(47) FERRAJOLI, Luigi. *Derechos y Garantías. La ley del más débil.* 4. ed. Madrid: Editorial Trotta, 2004, *op. cit.*, p. 152.
(48) SUPIOT, A. *Derecho del Trabajo, op. cit.*, p. 43. Gamonal destaca que el derecho laboral es un *"ordenamiento de formalismo abierto o soft"*, pues así se construye en respuesta ante el poder fáctico que el empleador ostenta respecto del trabajador, que resulta difícil de limitar o regular en todos sus detalles y hasta sus últimas consecuencias. A partir de esa constatación, es que se hace ingresar la regla in dubio pro operario o la primacía de la realidad. En materia procesal, eso se traduce, según el autor, en el hecho de que *"...el juez tenderá a revisar la ley, en base a nuestra cultura jurídica deudora de los ideales de la modernidad, aunque interpretará las normas y llenará los vacíos en base a los principios del derecho laboral consagrados en la misma Constitución (el de protección y el de libertad sindical) y en los tratados internacionales respectivos"*. GAMONAL CONTRERAS, Sergio. El Derecho procesal del trabajo, sus caracteres y el principio de igualdad por compensación. *Revista Derecho del Trabajo, La Ley Uruguay*, núm. 10, enero-marzo 2016, p. 21.
(49) V. BARBOSA GARCIA, Gustavo Filipe. La jurisprudencia y la potestad de legislar. In *Revista Derecho del Trabajo, La Ley Uruguay*, núm. 4, julio-setiembre 2014. p. 157 y ss. MÁXIMO TEODORO, María Cecília. *O juiz ativo e os direitos trabalhistas.* São Paulo: LTr, 2011. p. 153 y ss. En el mismo sentido, indica Mangarelli que la aplicación directa de la Constitución no debe habilitar excesos *"...que impliquen un cambio de las disciplinas jurídicas que ya no se reconozcan en su particularidad, ni puede llevarnos a excesos por parte de los jueces en la interpretación de la Constitución"*. MANGARELLI, C., *"¿Hacia un orden público social internacional garantista de derechos laborales?", op. cit.*, p. 29.
(50) Zagrebelsky explica el concepto de *"regla"*, por contraposición a la idea de *"principio"*. Así, señala que la distinción esencial entre ambos conceptos, consiste en que *"...las reglas nos proporcionan el criterio de nuestras acciones, nos dicen cómo debemos, no debemos, podemos actuar en determinadas situaciones específicas previstas por las reglas mismas; los principios, directamente, no nos dicen nada a este respecto, pero nos proporcionan criterios para tomar posición ante situaciones concretas pero que a priori aparecen indeterminadas. Los principios generan actitudes favorables o contrarias, de adhesión o apoyo o de disenso y repulsa hacia todo lo que puede estar implicado en su salvaguarda en cada caso concreto. (...) Se podría indicar la diferencia señalando simplemente que son las reglas, y sólo las reglas, las que pueden ser observadas y aplicadas mecánica y pasivamente (...) La "aplicación" de los principios es completamente distinta y requiere que, cuando la realidad exija de nosotros una "reacción", se "tome posición" ante ésta de conformidad con ellos". Op. cit.*, p. 110-111. V. también: ALEXY, Robert. Tres teorías sobre los derechos fundamentales y la teoría de los principios, Universidad Externado de Colombia, Serie de teoría jurídica y Filosofía del Derecho, n. 28, 2003, p. 93 y ss. y *Teoría de los derechos fundamentales*, Centro de Estudios Políticos y Constitucionales, Madrid, 2001, p. 83 y ss.
(51) Según se define en la multicitada sentencia pronunciada por el juez argentino, Oscar Zás: "Una norma es operativa cuando está dirigida a una situación de la realidad en la que puede operar inmediatamente, sin necesidad de instituciones que deba establecer el Congreso", agregando luego que "En materia de derechos humanos, la doctrina ha concluido a favor de la admisión de una presunción a favor de la autoejecución o auto-aplicabilidad (*"self-executing"*) de las normas sustantivas contenidas en los tratados respectivos, excepto si contienen una estipulación expresa de su ejecución por medio de leyes subsecuentes que condicionen enteramente el cumplimiento de las obligaciones contraídas", *op. cit.*, p. 855-856.

bienes jurídicos enunciados en el artículo 7 de la Constitución. En caso de arribar a una conclusión negativa en tal sentido, habrá de movilizar los instrumentos que aseguren la vigencia y eficacia directa e inmediata de los valores superiores que consagra el texto constitucional[52].

7. EL CONTENIDO DEL ORDEN PÚBLICO SOCIAL

La cuestión es abordada en la tercera parte de la obra.
Tercera Parte
Perspectivas y Conclusiones
-Capítulo VI-
Perspectivas

1.- Cambios, cuestionamientos y más cambios. 2.- La individualización del Derecho del Trabajo. 3.- ¿Crisis del orden público social? 4.- Diversas realidades, diversas tutelas. 5.- La crisis de empleo como factor equilibrador. 6.- Teoría de alcance medio.

8. CAMBIOS, CUESTIONAMIENTOS Y MÁS CAMBIOS

134.- Es un hecho indiscutible que, la *legislación industrial*, primero, y el Derecho del Trabajo, después, han estado históricamente signados por los cuestionamientos.

Su fuerte impregnación social[53], su estrecha vinculación con la economía, y la utilización del recurso jurídico consistente en la introducción de limitaciones a la autonomía de la voluntad, constituyen tres argumentos suficientemente fuertes y explicativos de este destino natural que le fuera reservado.

Acompañando el propio nacimiento de las primeras normas laborales, y casi por generación espontánea, surgieron las más diversas impugnaciones que advertían sobre lo que apreciaban como una intrínseca contradicción de aquéllas, que, por una parte pretendían sustentarse en argumentos de índole moral o ético[54], de protección del trabajador, pero, al mismo tiempo, incurrían en (lo que se visualizaba como) la *inconsecuencia* de limitar su libertad, mediante la imposición de preceptos indisponibles, menospreciando y desplazando al contrato, e iniciando un proceso de *colonización del comportamiento del trabajador*[55].

La legislación laboral fue una *hija no deseada de la industrialización*[56], tolerada como una suerte de mal necesario[57], como una forma de enfrentar la *cuestión social,* "*una consecuencia disfuncional de la ordenación liberal de la vida económica y social*"[58] y, en última instancia, como alternativa ante el "*peligro de 'dejar que la desesperación se apodere del hombre inculto' y ello le haga caer en la 'tentación' revolucionaria*"[59].

Pero, aun sin haberse desprendido nunca en forma definitiva de aquellas críticas (y de las consecuentes crisis que lo afectaron)[60], el Derecho del Trabajo "*alcanzó un principio de aceptación*"[61] y consiguió evolucionar con un impulso ascendente, logrando hacer ingresar sus preocupaciones más relevantes dentro de la esfera sustantiva del orden público e incluso promoviendo nuevas orientaciones instrumentales respecto de este instituto. Hacia fines de la sexta década del siglo veinte, los pronósticos sólo auguraban una acentuación de la tendencia garantista[62], al influjo de la búsqueda constante de una mayor justicia social[63].

135.- Sin embargo, en la década de los setenta el escenario mundial se vio sacudido por la instalación de una crisis económica que, con el tiempo, demostraría poseer rasgos de permanencia (o, al decir de Bronstein, "*de largo alcance en el derecho del trabajo*"[64]) y consecuentemente, cierta estructuralidad. La conjunción de otros factores — políticos, sociales, culturales, ideológicos — comienza a socavar las bases sobre las que se asentaba el paradigma del *estado de bienestar* y determina el inicio de una etapa de hipervaloración de lo económico, en detrimento de lo social.

---

(52) Por ejemplo, y dependiendo de cada ordenamiento, la declaración de inconstitucionalidad de las leyes, acción de amparo, acción de nulidad de los actos administrativos, etc.
(53) BARBAGELATA, H.-H. *El Particularismo del Derecho del Trabajo y los Derechos Humanos Laborales*, op. cit., p. 33.
(54) BARBAGELATA, H.-H. *Curso sobre la Evolución...*, op. cit., p. 102.
(55) SIMITIS, S. "Il Diritto del Lavoro e la riscoperta...", *op. cit.*, p. 90; SUPIOT, A. Pourquoi un Droit du Travail. In *Droit Social*, n. 6, junio 1990, p. 485; EDELMAN, "La déjuridicisation du fait de la loi (regards un peu sombres sur les lois Auroux)", *Droit Social*, n. 5, mayo 1984, p. 291; JEAMMAUD, A. Droit du travail 1988: des retournements, plus qu'une crise. En *Droit Social*, n. 7-8, julio-agosto 1988.
(56) GARMENDIA ARIGÓN, M. *Eficacia práctica de las normas laborales*. Montevideo: FCU, 2005. p. 37. V., al respecto. RUSSOMANO, Mozart V. Sistematização e constitucionalização do Direito do Trabalho. *In* VV.AA., *El Trabajo y la Constitución*. Estudios en Homenaje al Prof. Alonso Olea, Academia Iberoamericana de Derecho del Trabajo y de la Seguridad Social, Madrid, 2003, p. 97. El autor señala que el sentido intervencionista e interventor de las normas laborales estaban claramente fuera del *espíritu de la época*. *Loc. cit.* También: BARBAGELATA, H.-H. Derecho del Trabajo vs. Capitalismo, *Cuadernillos de la Fundación Electra*, Páginas Memorables, Montevideo, 2014.
(57) Al respecto se ha hecho notar la paradoja del Derecho del Trabajo consiste en que su vocación emancipatoria tiene que expresarse en gran medida a través de una acción coactiva que se impone desde el "*estado de naturaleza*" de las relaciones económicas entre el capital y el trabajo. Desdentado Bonete, Aurelio, *Prólogo a la obra de Baylos Grau, Antonio y Terradillos, Juan, Derecho Penal del Trabajo*. Madrid: Ed. Trotta, 1990.
(58) MONEREO PÉREZ, J. L. *La reforma social en España...*, op. cit., p. 232.
(59) Idem, p. 235.
(60) Destaca Monereo que el Derecho del Trabajo, "en su intrínseca historicidad", se ha evidenciado como "un Derecho cíclico, que sufre procesos de intensa adaptación y que "renace" continuamente de sus cenizas cuando todo parecería apuntar a la "tabula rasa", MONEREO PÉREZ, J. L. Transformaciones del trabajo y futuro del derecho del trabajo en la 'era de la flexibilidad. In: *Revista Derecho del Trabajo*, La Ley Uruguay, núm. 10, enero-marzo 2016. p. 34. Para ilustrar sobre esa capacidad de supervivencia de la disciplina, Barretto Ghione utiliza el término "resiliencia", que explica como "la capacidad de salir fortalecido de una situación de crisis, o cualidad de mejorar que tienen ciertos materiales al ser sometidos a situaciones extremas", BARRETTO GHIONE, Hugo. El empleo ante la nueva crisis económica y la resiliencia del Derecho del Trabajo como efecto no querido del neoliberalismo. *Revista de Trabajo*, año 5, núm. 7, nueva época, 2009, p. 157 y ss.
(61) BARBAGELATA, H.-H. *Curso sobre la Evolución del...*, op. cit., p. 14.
(62) SARTHOU, H. Aspectos de la autonomía de la voluntad en el Derecho del Trabajo. *In Rev. Derecho Laboral*, t. XV, n. 86-87-88, 1972. p. 375.
(63) PLÁ RODRÍGUEZ, A. *El orden público y el derecho del trabajo...*, op. cit., p. 448 y ss.; BRONSTEIN, A. *Derecho Internacional y Comparado del Trabajo*, op. cit., p. 10 y ss.
(64) BRONSTEIN, A. *Derecho Internacional y Comparado del Trabajo*, op. cit., p. 14.

Profundas y aceleradísimas transformaciones tecnológicas completan el círculo, al determinar el surgimiento de nuevas formas de organización del trabajo y permitir una globalización del mercado, de dimensiones y fluidez sin precedentes[65].

136.- El mundo del trabajo sufre directamente el impacto de estos revolucionarios cambios, y comienza, a su vez, a dejar de manifiesto sus propias y drásticas transformaciones.

Así, por ejemplo, el ingreso masivo a la oferta de trabajo de contingentes otrora apartados del mismo — como mujeres y jóvenes —, la proliferación de contrataciones atípicas[66], la generalización del trabajo a tiempo parcial, la preferencia por las contrataciones a término, las nuevas modalidades de trabajo parasubordinado[67], constituyen fenómenos provocadores de una fuerte segmentación del mercado laboral[68].

Los procesos de fuerte desindustrialización y el surgimiento y desarrollo de actividades de otro tipo (por ejemplo, en el sector terciario de la economía), determinan, o bien el desplazamiento hacia los mismos de aquellos trabajadores que se encuentran en condiciones de insertarse en ellos, o directamente la exclusión de quienes no logran hacerlo. Cualquiera de estas dos alternativas, sumadas a la marcada tendencia hacia la desconcentración empresarial[69], posee la virtualidad de provocar la desestructuración de la *clase trabajadora clásica*, que fuera el insumo básico de los sindicatos, y eslabón indispensable de la estructura del Derecho del Trabajo[70].

Un nuevo equilibrio — o, más precisamente, desequilibrio — se balancea entre los sindicatos y las empresas[71] que, desde la cresta de la ola, están en condiciones de utilizar — en ciertos casos por sincera necesidad, y en otros, por simple conveniencia — una batería de argumentos que hacen aflorar los temores más profundamente enquistados en la conciencia de los trabajadores (riesgos de cierre, pérdida del trabajo, posibilidades de elección infinitas entre una infinita oferta de trabajo, facilidad para la *deslocalización* de la producción[72] etc.), que les permiten conservar y mejorar una posición notoriamente prevaleciente en el escenario de las relaciones laborales[73] y que deja sentir sus efectos en el ordenamiento jurídico positivo[74].

---

(65) Bronstein resume las nuevas realidades en orden cronológico, del siguiente modo: "el fin de la era de la energía barata a partir de 1974; el crecimiento de la competencia internacional, principalmente a partir del sudeste asiático a principios de los años 80 y de China de los 90 en adelante (a lo que ahora habría que añadir la India); la revolución digital; la caída de los **regímenes comunistas y el final de la Guerra Fría; y el proceso de globalización. Cada uno de estos fenómenos** -agrega el autor- ha ejercido una fuerte influencia sobre el derecho del trabajo convencional (es decir, el derecho que se desarrolló sobre la base de las relaciones laborales estándar)." BRONSTEIN, A. *Derecho Internacional y Comparado del Trabajo*, op. cit., p. 14.
(66) RASO DELGUE, Juan. *La contratación atípica del trabajo*. 2. ed. Montevidéu: AMF, 2009. p. 26 y ss.
(67) SUPIOT, A. *El Derecho del Trabajo*, op. cit., p. 75. BRONSTEIN, A. *Derecho Internacional y Comparado...*, op. cit., p. 53 y ss. y, del mismo autor: Ámbito de la relación del trabajo: el debate en la OIT. In *La subordinación o dependencia en el contrato de trabajo, en el proceso de transformación de la empresa*. Santiago de Chile: LexisNexis, 2005; ERMIDA URIARTE, Óscar. La recomendación de la oit sobre la relación de trabajo. In *Rev. Derecho Laboral*, T. XLIV; ERMIDA, Oscar; HERNÁNDEZ ÁLVAREZ, Oscar. Crítica de la subordinación. In *Rev. Derecho Laboral*, T. XLV; ALIMENTI, Jorgelina Fulvia. La dependencia laboral. In VV.AA., *Tratado de Derecho del Trabajo*, Mario Ackerman (Director), Diego M. Tosca (Coordinador), T. I, Santa Fe: Rubinzal-Culzoni Editores, 2005. p. 169 y ss.; CASTELLO, Alejandro. De la fuerza expansiva a la reducción del círculo de sujetos protegidos por el Derecho Laboral. Una nueva tendencia de fines del siglo XX. In *Rev. Derecho Laboral*, T. XLI; BARRETTO, Hugo. La determinación de la relación de trabajo en la Recomendación 198 y el fin del discurso único de la subordinación jurídica. In *Rev. Derecho Laboral*, T. L; BARBOSA GARCÍA, Gustavo Filipe. *Competência da Justiça do Trabalho. Da relação de emprego à relação de trabalho*. Rio de Janeiro: Editora Forense, 2012; DANTAS, Roberta. *Relação de emprego e Direito do Trabalho. Papel histórico, crise e renascimento*. São Paulo: LTr, 2015.
(68) GIUGNI, G. Giuridificazione e deregolazione nel diritto del lavoro italiano. In *Giornale di Diritto del Lavoro e di Relazioni Industriali*, n. 30, Milan, 1986. p. 329. BRONSTEIN, A. *Derecho Internacional y Comparado del Trabajo*, op. cit., p. 15; GOLDIN, Adrián O. *La tendencia de transformación del Derecho del Trabajo*, Monografías Jurídicas, LexisNexis, Abeledo Perrot, Bs. As., 2002. p. 31; MONEREO PÉREZ, J. L. Transformaciones del trabajo y futuro del derecho del trabajo en la 'era de la flexibilidad'. In *Revista Derecho del Trabajo*, La Ley Uruguay, núm. 10, enero-marzo 2016, p. 31 y ss.
(69) VV.AA., *La Descentralización Empresarial y el Derecho del Trabajo*, FCU, Montevideo, 2000. CASTELLO, Alejandro. *Responsabilidad Solidaria en el Derecho del Trabajo*. Montevideo: FCU, 2004. p. 22 y Grupo de Empresas y Derecho del Trabajo, Montevodeo: FCU, 2006. GARMENDIA ARIGÓN, M. La nueva consideración de la empresa y su influencia en la caracterización de las relaciones laborales. In *Las transformaciones de la empresa en el Derecho del trabajo* (Encuentro Argentino-Uruguayo de Profesores de Derecho del Trabajo (Buenos Aires — Mdeo., junio 2005), Rubinzal-Culzoni Editores, Mario Ackerman — Diego Tosca (Compiladores). BRONSTEIN, A. *Derecho Internacional y Comparado del Trabajo*, op. cit., p. 72 y ss.; CAPRON, Michel. Les mutations des stratégies d'entreprise. In VV.AA., *La Mondialisation*, origines, développements et effects, sous la direction de James D. Thwaites, Les presses de l'Université Laval, Québec, 2004, p. 137 y ss.; MONEREO PÉREZ, J. L. *Transformaciones del trabajo y futuro del derecho del trabajo en la 'era de la flexibilidad'*, op. cit., p. 51 y ss.
(70) SPYROPOULOS, G. Problemas actuales del sindicalismo en el mundo. *Revista del Trabajo*, Buenos Aires, 1991.
(71) MASSONI, Túlio de Oliveira. Desafíos para el sindicalismo: perspectivas más allá de la relación de empleo. In *Revista Derecho del Trabajo*, La Ley Uruguay, núm. 10, enero-marzo 2016, p. 115 y ss.; PERONE, Giancarlo. Panorama y desafíos del movimiento sindical ante la crisis económica. In *Revista Derecho del Trabajo*. La Ley Uruguay, julio-setiembre 2016; BREITENFELLNER, Andreas. Le syndicalisme mondial: un partenaire potentiel. In VV.AA., *La Mondialisation*, origines, développements et effects, sous la direction de James D. Thwaites, Les presses de l'Université Laval, Québec, 2004. p. 105 y ss.; van LIEMT, Gijsbert. La mondialisation de l'economie: options des travailleurs et stratégies des entreprises dan les pays à coûts salariaux élevés. In VV.AA., *La Mondialisation*, origines, développements et effects, op. cit., p. 221 y ss.
(72) Según Bronstein, en la edad de oro del capitalismo el crecimiento económico descansaba "*en el hecho de que el comercio internacional no era afectado por la competencia entre los países de salarios altos y bajos*", que producían, respectivamente, bienes de alto y bajo valor añadido, resguardados por derechos aduaneros y obstáculos burocráticos a las importaciones. La situación cambió radicalmente a partir de la década de los 80, con el surgimiento de los "*nuevos países industrializados*" (sudeste asiático, China e India), el levantamiento de las protecciones aduaneras y otras barreras al comercio global, provocaron una nueva realidad en que "*los países de salarios altos y bajos comenzaron a competir internacionalmente en un mercado crecientemente globalizado. Los flujos internacionales de capital, información y otras innovaciones tecnológicas así como los nuevos patrones de organización del trabajo fueron también factores importantes que contribuyeron a la deslocalización de la producción, lo que inevitablemente influyó en los niveles de empleo en los países con salarios altos*". BRONSTEIN, A. *Derecho Internacional y Comparado del Trabajo*, op. cit., p. 22. V. además: VV.AA., *La mondialisation*, origines, développements et effects (sous la direction de James D. Thwaites, Les presses de l'Université Laval, Québec, 2004.
(73) ERMIDA URIARTE, O. El impacto de las dificultades económicas de la empresa sobre las condiciones de trabajo. In *Rev. Derecho Laboral*, t. XXXIV, n. 164, Montevideo, 1991, p. 615 y ss.
(74) JAVILLIER, J. -C. Ordre juridique, relations professionnelles et flexibilité. Approches comparatives et internationales. En *Droit Social*, n. 1, París, 1986, p. 65.

137.- La conformación de este escenario determina que el Derecho del Trabajo haya quedado ubicado — una vez más, pero probablemente, como nunca antes[75] — en el centro de la polémica.

Algunos dirigen hacia él la denuncia de haberse constituido en uno de los factores que directamente propiciaron el estancamiento económico. Otros, más moderados, lo identifican como un obstáculo que impide una salida más rápida o sencilla de las crisis. En uno y otro caso, la flexibilización o desregulación de la disciplina, se presenta como un camino imperativo, como presupuesto o premisa de cualquier ulterior intento de recuperación económica, en los términos de una doctrina que, si bien se originó en un contexto histórico ubicable hace ya más de cuatro décadas, ha dejado plantada su huella hasta la actualidad, determinando que (al menos en el caso de los países de Europa occidental) el *"Derecho Social del Trabajo se encuentra — por el momento — en un proceso de ciclo largo de reforma permanente en un sentido inequívocamente liberalizador"*[76].

En esta línea, buena parte de los instrumentos que el Derecho del Trabajo generó con la finalidad de proteger al trabajador carente de amparo y expuesto a las condiciones inhumanas de las factorías surgidas con el desarrollo de la revolución industrial, son presentados en la actualidad como atavismos carentes de sentido o como elementos contraproducentes respecto de cualquier intento por mejorar los niveles de empleo[77], tema este último, que se erige con rasgos especialmente dramáticos, si se tiene en cuenta el valor que la cultura moderna le atribuye al hecho de contar o no con un trabajo[78] y la grave escasez que de esta materia tan apreciada se evidencia en determinadas regiones del planeta.

Así, se menciona que la meta de generar nuevos empleos es incompatible con el mantenimiento de reglas jurídicas que obstaculizan la posibilidad de acudir a formas atípicas de contratación laboral, que entre otras cosas, impiden acceder a regímenes dinámicos para la determinación del tiempo de trabajo, conspiran contra la posibilidad de obtener una reducción en los costos de la *mano de obra*, o no permiten a la empresa desprenderse con mayor facilidad — o con menos gastos económicos — de los trabajadores que ya no requiere[79].

Por lo demás, tal ordenamiento jurídico, surgido y desarrollado para un determinado sistema de organización del trabajo, habría dejado de poseer aptitud para ser aplicado a las nuevas realidades, en la que predominan conceptos tales como fábrica flexible, producción *just in time*, círculos de calidad, grupos de trabajo semiautónomos etc.[80]

9. LA INDIVIDUALIZACIÓN DEL DERECHO DEL TRABAJO

138.- Si bien los mecanismos mediante los que las corrientes flexibilizadoras proponen alcanzar sus metas son

---

(75) BARBAGELATA, H.-H. *Curso sobre la Evolución…, op. cit.*, p. 253.
(76) MONEREO PÉREZ, J. L. Transformaciones del trabajo y futuro del derecho del trabajo en la 'era de la flexibilidad. In *Revista Derecho del Trabajo*, La Ley Uruguay, núm. 10, enero-marzo 2016, p. 34. El maestro granadino hace hincapié en que ello es así a pesar de que *"no hay base alguna para culpabilizar al Derecho del Trabajo y al Estado Social de Derecho"* por las crisis económicas o de desempleo, cuyos efectos sociales, antes bien, ha contribuido a "amortiguar". Pese a ello, *"…la "culpabilización" del Derecho Social del Trabajo se sigue utilizando interesadamente por razones ideológico-políticas (aunque esa imputación esté desprovista de toda base empírica y científica). La crisis económica se aduce como un exponente de la supuesta falta de flexibilidad jurídica e institucional y un fundamento para llevar a cabo nuevas reformas laborales de urgencia para revisar las estructuras del mercado de trabajo y "liberarlas" del corsé que ha venido suponiendo la desmercantilización parcial del trabajo asalariado y del conjunto de las garantías sociales que integran los "bienes comunes"*. Loc. cit. En una línea muy similar, Bronstein destaca que si bien el debate sobre la flexibilidad laboral (y, más ampliamente, sobre la sostenibilidad del Estado de bienestar) estuvo asociado en su origen (segunda mitad de la década de los años 70) a la crisis (estancamiento-inflación-desempleo) que afectó a las economías europeas occidentales, continúa "activo" hasta la actualidad, por cuanto *"…la mayoría de las reformas del mercado de trabajo se han hecho bajo el supuesto de que el mercado necesita más flexibilidad de la que realmente permite el actual derecho del trabajo"*. Incluso, agrega el mencionado autor, que el debate se ha actualizado por vía de la introducción en Europa occidental del *"concepto de la llamada 'flexiseguridad' (un equilibrio entre la flexibilidad para los empleadores y la seguridad para los empleados) (…) En el Libro Verde de la Comisión Europea (2006) se promueven precisamente políticas laborales orientadas hacia la flexiseguridad"*. BRONSTEIN, A. *Derecho Internacional y Comparado del Trabajo, op. cit.*, p. 15. V., también: MONEREO PÉREZ, J. L. *Transformaciones del trabajo y futuro del derecho del trabajo en la 'era de la flexibilidad'. op. cit.*, p. 54 y ss.
(77) A modo de ejemplo, véase: LEE, Sangheon; DEIRDRE, McCann; MESSENGER, Jon C., El tiempo de trabajo en el mundo. Tendencias en horas de trabajo, leyes y políticas en una perspectiva global comparativa, *Informes OIT*, Ministerio de Trabajo e Inmigración, Madrid, 2008. p. 24 y ss.
(78) Al respecto, expresa Barbagelata: "…el estar dentro o fuera de una relación de trabajo, continúa siendo una distinción extremadamente importante, tanto por sus connotaciones jurídicas como por sus repercusiones sociales; máxime en un momento en que el crecimiento del sector informal de la economía en todos los países, pero especialmente en el llamado tercer mundo, ha llevado a muchos a pensar que el derecho del trabajo había prohijado solamente una nueva categoría de privilegiados", en "Los actores de las relaciones laborales", *Revista de la Facultad de Derecho y Ciencias Sociales*, Año XXXI, enero-junio de 1990, n. 1 y 2, Montevideo, 1990. p. 9.
(79) BOYER, Robert. *La flexibilité du travail en Europe*. Paris: Editions La Découverte, 1986; BRONSTEIN, A. La flexibilidad del trabajo en los países industrializados: perfiles de un debate. En *Rev. Derecho Laboral*, t. XXXII, n. 153, Montevideo, 1989. p. 3 y ss.; ERMIDA URIARTE, O. *La flexibilidad*, Montevideo: FCU, 2000. p. 10 y ss. Bronstein identifica cuatro rigideces reales o presuntas en torno a las que se planteó el debate sobre la flexibilidad laboral: 1) la protección contra el despido injustificado, a la que se atribuyó el efecto de impedir que las empresas pudieran adaptar la fuerza de trabajo a sus ciclos productivos; 2) la rigidez en la distribución en las horas de trabajo, a la que se objeta el no permitir a las empresas organizar los turnos según sus necesidades reales, que muchas veces dependen de necesidades impredecibles del mercado; 3) la rígida clasificación de los puestos de trabajo, que obstruye la posibilidad de redesplegar trabajadores y 4) los salarios mínimos legales y la negociación colectiva por sector de actividad, que provoca un incremento de los costos laborales y un impacto negativo en la competencia, en especial *"cuando forzaban subidas de salarios por encima de los incrementos de productividad"*. BRONSTEIN, A. *Derecho Internacional y Comparado del Trabajo, op. cit.*, p. 17.
(80) Señala Monereo que "…el Trabajo ha sufrido cambios cualitativos vinculados a las nuevas formas de organización de las empresas: estamos ante un "trabajo flexible" que fácilmente se desliza hacia la precariedad laboral" (MONEREO PÉREZ, J. L. Transformaciones del trabajo y futuro del derecho del trabajo en la 'era de la flexibilidad'. In *Revista Derecho del Trabajo, op. cit.*, p. 31-32). V., además: ERMIDA URIARTE, O. *La flexibilidad, op. cit.*, p. 17 y ss.; JEAMMAUD, A. *La flexibilización…, op. cit.*, p. 80; SOUBIE, Raymond. Après les negociations sur la flexibilité (III). *Droit Social*, n. 4, Paris, 1985. p. 291. PLÁ RODRÍGUEZ, A. La descentralización empresarial y el Derecho del Trabajo. In: *Cuarenta y dos estudios sobre la descentralización empresarial y el Derecho del Trabajo*. Montevidéu: FCU, 2000. p. 15; GARMENDIA, M. La nueva consideración de la empresa y su influencia en la caracterización de las relaciones laborales. In: *Las transformaciones de la empresa en el Derecho del trabajo* (Encuentro Argentino-Uruguayo de Profesores de Derecho del Trabajo (Buenos Aires — Montevideo, junio 2005), Rubinzal-Culzoni Editores, Mario Ackerman — Diego Tosca (Compiladores), p. 841 y ss. ACKERMAN, M. *El trabajo, los trabajadores y el Derecho del trabajo, op. cit.*, p. 32 y ss. ALIMENTI, J. *La dependencia laboral, op. cit.*, p. 148 y ss.

muy variados[81], es posible advertir que una de las vías que con mayor eficacia permite lograr dicho efecto, es la que consiste en reducir a una mínima expresión la injerencia del Estado en el ámbito de las relaciones individuales de trabajo y, como contrapartida, revalorizar el rol otorgado a la *autonomía de la voluntad* en dicho ámbito[82].

El hecho de haber asumido que los bienes jurídicos tutelados por el Derecho del Trabajo, que forman parte de la sustancia del orden público, determinó la conformación de un núcleo de preceptos que, por considerarse fundamentales, adquirieron carácter de inalienables, insertándose en cada contrato individual como una suerte de estatuto preestablecido que contribuyó a forjar una identidad colectiva de trabajadores asalariados.

Esta *"uniformidad pluridimensional"* de la que habla Jeammaud[83] — una de las expresiones instrumentales del orden público social — provoca el surgimiento de una identidad de derechos y obligaciones para trabajadores y empleadores, cualesquiera sean la empresa, rama de actividad, condiciones del mercado, características personales o rendimiento de los asalariados[84], y precisamente por este motivo, se expone como uno de los blancos principales de las aspiraciones desreguladoras[85].

La alternativa que se propone, consiste en erradicar dicha uniformidad de las relaciones de trabajo, supliéndola por reglas particulares y *a la medida* de cada circunstancia del mercado[86]. Solamente así, se dice, sería posible recrear una modalidad *más libre* de vinculación jurídica y económica entre trabajador y empleador, al margen de factores heterónomos que enturbian el funcionamiento natural del mercado, al incidir en el juego de la oferta y la demanda de la mano de obra.

De este modo, el paradigma del planteamiento consiste en que cada trabajador individual pueda negociar eficazmente y sin limitaciones, todas las condiciones del relacionamiento con su empleador, incluida la determinación del tipo contractual que los unirá en el futuro[87], a lo que se suma — para hacer todavía más complicado el panorama — una *crisis de identidad*[88] del propio contrato de trabajo, que es el resultado de, no sólo una creciente *complejización del tipo contractual laboral* (por incorporación de una multiplicidad de *"tipos contractuales flexibles"* que apunta a atender *"a las circunstancias cambiantes del momento"*), sino, además, de la consabida *"huida del Derecho del Trabajo"* que implica la difuminación de la figura del propio trabajador subordinado, *"en virtud de las estrategias empresariales de deslaboralización que lo convierten en socio, autónomo o colaborador, cuando no en un falso autónomo"*[89].

Esta prédica *individualizadora* ha rendido sus frutos, logrando que determinados planteamientos, difícilmente imaginables poco tiempo atrás, hayan pasado a constituirse en cuestiones objeto de análisis y generadoras de debates y opiniones encontradas. Así, la doctrina laboralista ha comenzado a aclimatarse a ideas que, por ejemplo, propugnan asignar a las normas laborales, un carácter supletorio respecto de la autonomía de la voluntad[90].

Además, cabe destacar que la eficacia flexibilizadora de este tipo de fórmulas, ya ha sido *testeada* en la práctica, donde ha demostrado sus virtudes y, en especial, la ventaja que se deriva de su singular *sigilo*, que torna en los hechos innecesario ingresar en el complicado terreno de proponer explícitamente a la discusión pública el debate sobre la modificación o derogación del contenido de las normas laborales[91].

De este modo, al influjo de estos mecanismos jurídicos, las normas laborales continúan exhibiendo una misma apariencia exterior, pero, sin embargo, pierden o ven descaecida su sustancia, al verse privadas de un mecanismo que en la práctica determine la obligatoriedad de su aplicación a las relaciones de trabajo. La liberalización de los obstáculos para que las disposiciones pactadas en los contratos individuales terminen sustituyendo a las normas legales o resultantes de la negociación colectiva, habilitaría, en definitiva, un camino que desemboca en la pérdida de eficacia de todo el ordenamiento laboral supra-individual[92].

139.- Ya no sorprenden las afirmaciones de quienes defienden la aplicación de una hermenéutica estrictamente civilista a la relación individual de trabajo ni la difusión de apreciaciones que aluden a la necesidad de abandonar la idea de una disciplina *"cerrada y vinculante"*, proponiendo

---

(81) ERMIDA URIARTE, O. *La flexibilidad, op cit.*, p. 10 y ss.; LYON-CAEN, G. *La bataille...*, op. cit., p. 802.
(82) ROMAGNOLI, U. *La desregulación y las fuentes del Derecho del Trabajo, op. cit.* Señala el autor: "...la desregulación comporta no tanto una disminución de reglas, cuanto antes bien una calidad diferente de las relaciones entre sus fuentes, las cuales -haciendo disponible, derogable y flexible lo que el Derecho del Trabajo tradicional ha hecho indisponible, inderogable y rígido- se disponen a escribir su anti-historia." JEAMMAUD, A. *La flexibilización...*, op. cit., p. 80; GARMENDIA, M. El orden público social, en crisis. In *Rev. Derecho Laboral*, n. 190, p. 359 y ss.
(83) JEAMMAUD, A. *La flexibilización...*, op. cit., p. 80.
(84) En una obra de 1922, el prestigioso economista francés, Gaëtan Pirou, hacía notar que la fijación colectiva de las condiciones de trabajo resultaba impuesta por las características de la organización del trabajo en la gran industria. PIROU, Gaëtan. *Les problemes de contrats collectifs de travail en France. Revue Intern. du Travail*, Vol. V, 1922, p. 41, cit. por GALLART FOLCH, Alejandro. *Las convenciones colectivas de trabajo en la doctrina y en las legislaciones extranjeras y española*. Granada: Comares, 2000. p. 13.
(85) SUPIOT, A. *Critique...*, op. cit., p. 137; SIMITIS, S. *Il diritto del lavoro e...*, op. cit., p. 88, JEAMMAUD, A. *La flexibilización...*, op. cit., p. 585.
(86) Monereo anota que se ha producido "...*un cambio del modelo antropológico de trabajador*" que presenta, como una de sus proyecciones, lo que el autor denomina la "*deshomogeinización*" de la figura del trabajador, es decir, el "*la transición paulatina del «trabajador masa» al «trabajador heterogéneo» del postfordismo*", MONEREO PÉREZ, J. L. Transformaciones del trabajo y futuro del derecho del trabajo en la 'era de la flexibilidad'. In *Revista Derecho del Trabajo*, op. cit., p. 43.
(87) MENGONI, L. op. cit., p. 8; RIVAS, D. La flexibilidad y la autonomía privada del trabajador. En *La Justicia Uruguaya*, t. 116, 1997, p. 65 y ss.
(88) MONEREO PÉREZ, J. L. *Transformaciones del trabajo y futuro...*, op. cit., p. 49.
(89) Ibidem.
(90) SEÑALA LYON-CAEN, G. Actualmente el objetivo parece ser la creación de un Código de Trabajo supletorio. Darle total soberanía al contrato de trabajo individual. Esto nunca ha existido, y difícilmente exista. El proyecto de 'contrato colectivo de empresa' enteramente libre de todo contacto exterior, y que no se perfecciona con sindicatos, sino con representantes elegidos por el personal a estos efectos, constituye una nueva presentación de esta vieja aspiración (...), En *La bataille..., op. cit.*, p. 810.
(91) ROSENBAUM, J.; GARMENDIA, M. El discreto proceso de reforma laboral el Uruguay. *Rev. Judicatura*, n. 40, agosto 1999, p. 165 y ss.
(92) GARMENDIA, M. *El orden público social en crisis*, cit.

la reducción del Derecho del Trabajo a una *"porción congrua"*[93], que le permita conservar sus lineamientos más elementales, pero con normas estrictamente limitadas a definir algunas pautas mínimas (muy mínimas, debería decirse), que no obstaculicen el desarrollo de la autonomía de la voluntad[94].

En defensa de este tipo de planteamientos se utilizan, incluso, fundamentos de tipo ético-jurídico, pues, por ejemplo, se señala que la alternativa permitiría eliminar los obstáculos y presiones que el grupo ejerce sobre el trabajador individual, proscribiendo el efecto perverso que se deriva del hecho de obligar al trabajador individual a interiorizar las reglas de comportamiento en cuya elaboración no ha participado personalmente y revalorizando, en cambio, los instrumentos que permitan la reflexión y la decisión individual[95].

"En realidad — se sostiene — está en juego el derecho del trabajador individual a ser tratado y respetado como persona y a participar en el debate social y político"[96] y se permite que éste se convierta en *"artesano de los diferentes aspectos de su vida profesional"*, que sea *"gestor de sí mismo y de las propias oportunidades de empleo"*, que se transforme *"en empresario de sí mismo"*[97].

Sin embargo, la meta de la individualización plena sólo puede ser alcanzada luego de recorrer una serie de instancias previas, de *"individualización gradual"*, liberándose espacios cada vez mayores para la regulación mediante la autonomía privada[98] y, a su vez, privilegiando y promoviendo los niveles de negociación colectiva cada vez más cercanos al puesto de trabajo concreto (negociación colectiva de empresa, o aun, de sectores de empresa), a expensas del debilitamiento de los niveles superiores (de oficio o de rama de actividad)[99].

10. ¿CRISIS DEL ORDEN PÚBLICO SOCIAL?

140.- Frente a este panorama de profundas transformaciones[100], surge casi naturalmente la interrogante sobre si no debería asumirse que el orden público social se encuentra atravesando una fase profundamente crítica, incluso proclive a derivar hacia un estado de virtual difuminación.

La confusión en que frecuentemente se cae al asimilar la *sustancia* y la *instrumentalidad* del orden público y la incorrecta tendencia a considerar el concepto como si el mismo fuera estrictamente dependiente del veleidoso tratamiento que el Derecho positivo otorga a ciertos bienes jurídicos, seguramente puede resultar determinantes de una respuesta afirmativa para esta pregunta[101].

Sin embargo, si se sigue estrictamente la distinción propuesta entre la *sustancia material* del orden público social y sus *manifestaciones instrumentales*[102], y si se comparte lo señalado en cuanto al *carácter trascendente* que posee este concepto con relación a las circunstanciales tendencias que puede presentar el Derecho positivo[103], quizás esa inicial respuesta afirmativa comience a perder algo de firmeza.

141.- En principio, parece indispensable distinguir entre (por una parte) la crisis que podría estar afectando al orden público social *en cuanto a su esencia*, de (por otra parte) la crisis que podría considerarse alcanzando a sus *manifestaciones instrumentales clásicas*, es decir, aquellas mediante las cuales el Derecho del Trabajo tradicionalmente ha intentado llevar tutela a los bienes jurídicos que componen a aquel instituto.

Sin desconocer que entre estos dos aspectos existen lazos extremadamente estrechos, y siendo evidente que el descaecimiento de la *sustancia* del orden público social, determinaría inexorablemente la retracción de sus *manifestaciones instrumentales* consecuentes; la situación inversa, en cambio, no necesariamente provocaría los mismos efectos en relación a la esencia del orden público.

Por diversas circunstancias, un determinado ordenamiento positivo podría comenzar a plasmar normas jurídicas reductoras de la tutela que tradicionalmente se ha otorgado a los bienes jurídicos inherentes al orden público social. Incluso, sin necesidad de consagrar normas de tal tenor, puede comenzar a variar en sentido peyorativo la *forma de aplicación práctica* del Derecho del Trabajo[104]. Sin embargo, dicha tendencia no debe indefectiblemente asumirse como un síntoma infalible de la posible afectación de la materia o contenido *nuclear* del orden público social.

Sin renegar del carácter mutable que debe reconocerse como propio del orden público[105], la variación de su *sustancia* no debe ser entendida como un dato frecuente,

---

(93) LYON-CAEN, G. *La bataille...*, op. cit., p. 810.
(94) SIMITIS, S. *op. cit.*, p. 96.
(95) SIMITIS, S. *op. cit.*, p. 92; SUPIOT, A. *Pourquoi...*, op. cit., p. 490; BORRAJO DACRUZ, E. *op. cit.*, p. 73 y ss.
(96) SIMITIS, S. *op. cit.*, p. 88.
(97) SUPIOT, A. *Pourquoi...*, op. cit., p. 490; SIMITIS, S. Le droit du travail a-t-il un avenir?. *5º Congreso Regional Europeo de Derecho del Trabajo y Seguridad Social*, 17-21 de setiembre de 1996. Leiden, Países Bajos, p. 8; BARBAGELATA, H.-H. *Curso sobre la Evolución...*, op. cit., p. 264 y ss.
(98) MONEREO PÉREZ, J. L. Transformaciones del trabajo y futuro del derecho del trabajo en la 'era de la flexibilidad. In *Revista Derecho del Trabajo*, op. cit., p. 54-55.
(99) GARMENDIA, M. Los efectos jurídicos de un nuevo modelo de negociación colectiva en Uruguay. Primera aproximación. In *Libro de ponencias a las XII Jornadas Uruguayas de Derecho del Trabajo y la Seguridad Social*. Montevideo: FCU, 2000; MONEREO PÉREZ, J. L., *ibidem*.
(100) Según Monereo, "...el Derecho del Trabajo se halla, nuevamente, sujeto a un intenso proceso de cambio cualitativo, a cuyo final — que no se atisba todavía — algo es ya seguro: surgirá un nuevo Derecho más liberalizador, flexible y diversificado en todos sus ámbitos y contenidos. No se vislumbra todavía un modelo sociedad (¿del trabajo?) "estabilizada" y por ello no se puede pretender la obtención de "un" modelo jurídico estable. El proceso es inacabado y lo más significativo sea quizás el hecho mismo de que la contingencia y la improvisación se hayan instalado en el Derecho Social, en sus instituciones y en sus estructuras normativas", MONEREO PÉREZ, J. L. Transformaciones del trabajo y futuro del derecho del trabajo en la 'era de la flexibilidad'. In *Revista Derecho del Trabajo*, op. cit., p. 34.
(101) Incluso el autor de este trabajo así la planteó en un artículo redactado en 1997, titulado "La crisis del orden público social", que fuera presentado como ponencia en la 2ª etapa de las Jornadas Uruguayas-Santafesinas, Santa Fé-República Argentina, y que posteriormente, con ligeras variantes, fuera publicado en la *Rev. Derecho Laboral*, n. 190.
(102) Ver *supra*, Capítulo IV, numeral 3.
(103) Ver *supra*, Capítulo V, numeral 2.
(104) ROSENBAUM, J. y GARMENDIA, M. *El discreto proceso...*, op. cit.
(105) Ver *supra*, Capítulo II, numeral 4.

cotidiano o corriente, pues de lo contrario habría que colegir que los profundos valores que hacen a la propia idea del instituto, tienen una naturaleza efímera, que, por definición, resultaría incompatible con el mismo. La inserción y consagración de un bien jurídico dentro de la materialidad del orden público, es el resultado de un verdadero proceso social y cultural, lento por naturaleza, a través del cual se logra un asentamiento del mismo en la conciencia jurídica colectiva. Del mismo modo, si bien es preciso contemplar la posibilidad de que se produzcan cambios en el sentido de la corriente, y que los mismos determinen la expulsión de la matriz del orden público de ciertos elementos que otrora eran considerados como integrantes de la misma, no debería atribuirse a este proceso una celeridad o simplicidad mayor que la que pudo haber tenido aquel otro que antes lo había introducido a dicha matriz.

La variabilidad de las normas integrantes del Derecho positivo es, en cambio, notoriamente más dinámica y acentuada y, a pesar de que las mismas poseen, por naturaleza, la vocación de constituirse en expresión fidedigna de los valores que la conciencia colectiva ha adoptado como propios, también es necesario estar atentos ante la eventualidad de que las normas positivas también pueden presentar desviaciones que las hagan tomar distancia respecto de dichos valores. La carga que se impone al intérprete consistirá, pues, en analizar si las nuevas orientaciones que adquieren las normas jurídicas positivas están o no revelando una mutación en el contenido sustancial del orden público.

Por otra parte, como fuera expresado, en el caso del orden público social, el dinamismo adquiere un sentido tendencialmente enfocado hacia la progresividad[106], que si bien no puede ser considerado de carácter absoluto, es decir, como sinónimo de imposibilidad total de retrocesos, en cambio sí puede provocar el enunciado de una *presunción simple*, favorable a considerar ajustadas al orden público, en principio, exclusivamente aquellas normas del Derecho positivo que mantengan o incrementen la tutela de tales bienes jurídicos. Se trataría de la aplicación particular del principio *pro homine* que, como se indicara, rige en el ámbito de los Derechos Humanos, determinando criterios extensivos de interpretación para aquellas normas que los consagran o amplían y restrictivos, para aquellas que los limiten o restrinjan[107].

En otros términos: la norma jurídica positiva que consagre una disminución en la tutela de un determinado valor integrante de la sustancia del orden público social, lejos de condicionar la conclusión de que ha variado la consideración jurídica que el colectivo social le atribuye a dicho bien, debería ser objeto de un análisis riguroso, debido a que la ya mencionada *presunción de progresividad*, estaría determinando, o bien una conclusión negativa en cuanto a su legitimidad (por tratarse de una norma positiva en contradicción con los valores superiores que conforman el orden público), o en el mejor de los casos, la conclusión de que se trata de una norma excepcional, que basa su legitimidad para marcar una inflexión en la línea de principio, en razones de interés general[108].

La retracción de la tutela positiva de cierto bien jurídico no supone una mengua de la valoración esencial que el mismo merece, la que en un Estado de derecho y en condiciones normales, seguramente terminará prevaleciendo[109].

142.- Establecidos de este modo, una vez más, los fundamentos por los cuales resulta indispensable distinguir entre *materialidad* e *instrumentalidad* del orden público social, corresponde reflexionar acerca de si la crisis que se cierne sobre el Derecho del Trabajo, puede considerarse una consecuencia de que los valores que éste había jerarquizado hasta situarlos en la dimensión máxima del ordenamiento jurídico, han recibido la *visita del ángel* que les comunicó su expulsión del Edén.

El pensamiento *neoclásico* o *neoliberal*, seguramente responda afirmativamente a esta interrogante, puesto que su principal aspiración a este respecto, consiste, precisamente, en identificar al trabajo con una mercancía y darle así, el mismo tratamiento que al resto de los elementos que comparten tal condición[110]. Y relegar el trabajo a la mera condición de mercancía[111], provoca inevitablemente la caída de los otros dos valores fundamentales que integran la sustancia del orden público social: el trabajo ya no será merecedor de una tutela especial y la aplicación de cualquier criterio de justicia social a su regulación jurídica resultaría una incongruencia con respecto a la propia premisa que sirve de punto de partida.

Sin embargo, en el actual estadio de la evolución del Derecho, no parece posible considerar que este tipo de planteamientos haya logrado socavar la preeminente ubicación que en la esencia de la conciencia jurídica universal ostenta la máxima ética que declara impertinente dar al trabajo el tratamiento de una mercancía.

---

(106) Ver *supra*, Capítulo IV, numeral 3.
(107) Ver *supra*, nota n. 275.
(108) Ver *supra*, Capítulo V, numeral 5.
(109) Esta es la línea de razonamiento que se consagra en el artículo 7 de la Constitución, donde se habilita al legislador a que, por razones de interés general, limite el derecho a ser protegido en el goce de determinados bienes jurídicos, pero esto no implica un menoscabo de la esencia de estos últimos, en tanto inherentes a la personalidad humana. Ver *supra*, § 94, Cassinelli Muñoz, *op. cit*.
(110) Al respecto, señala Barbagelata: "El Derecho del Trabajo aparece como un obstáculo para la concreción absoluta del paradigma del 'mercado global' que postula. Desde esta óptica, la solución no podría ser otra que llevar la flexibilización de la normativa laboral hasta sus últimos extremos, o sea una desregulación tan amplia como sea posible, es decir, hasta el extremo en que el propio sistema constitucional y la opinión pública lo permitan, aunque era el límite que reconocía — aunque a regañadientes — el propio Hayek para su política de volver atrás las agujas del reloj". BARBAGELATA, H.-H. Hablemos de flexibilidad y globalización. In *Rev. Derecho Laboral*, t. XLII, n. 194, abril-junio 1999. p. 254. Del mismo autor: Derecho del Trabajo vs. Capitalismo, *op. cit*. V., además: SUPIOT, A. *El espíritu de Filadelfia*, *op. cit*., p. 34 y, del mismo autor: "Délégalisation, normalisation et droit du travail", *Droit Social*, n. 5, maio 1984, p. 296 y ss.
(111) Monereo denuncia que las políticas de flexibilidad laboral y desregulación legislativa vienen provocando una *"remercantilización"* de las relaciones laborales, basado en un repliegue de la normativa estatal y un incremento del papel regulador de la autonomía privada (colectiva e individual). Esto configura, dice Monereo, "...una constitución flexible del trabajo post-industrial e incluso tendencialmente "post-social", muy influida por la expansión de la ideología del liberalismo jurídico y político". MONEREO PÉREZ, J. L. Transformaciones del trabajo y futuro del derecho del trabajo en la 'era de la flexibilidad. In *RDT*, La Ley Uruguay, núm. 10, enero-marzo 2016, p. 56 y ss.

Más allá de los pronósticos y augurios, la adopción por la Conferencia General de la OIT de la *Declaración sobre los principios y derechos fundamentales relativos al trabajo y su seguimiento*, representa una rotunda confirmación de que trabajadores, empleadores y gobiernos de todo el planeta, aún consideran vigentes y con vigor, los valores que impulsaron a otras generaciones a constituir la OIT[112].

Más aún: hay autores que, como Mangarelli, plantean que actualmente se verifica un proceso de construcción de un *orden público social internacional*[113], que se manifiesta a través de una ampliación o ensanchamiento en el sistema de fuentes del Derecho del Trabajo, de tal suerte que a las normas clásicas[114] se le han venido a sumar *otros instrumentos* de diversa índole y variada eficacia jurídica[115], que contienen un *núcleo de derechos laborales universales* (libertad sindical, negociación colectiva, prohibición de discriminar, prohibición de cometer actos de acoso laboral/sexual/moral, prohibición del trabajo infantil y del trabajo esclavo, derecho a la limitación de la jornada y al descanso), según una tendencia que — según la autora — indicaría el surgimiento de una *"conciencia universal de respeto de los derechos laborales, con un orden público social, que seguramente será en el futuro un orden público social internacional que garantice en la práctica la vigencia efectiva de los derechos laborales en los distintos países"*[116].

Pero no todos vislumbran con tanto optimismo lo que pueda provenir de los ámbitos *inter* o *supranacionales*. Antes bien, otros autores, como Monereo, identifican a nivel de las instituciones políticas de la Unión Europea el lugar en que se origina e impulsa un radical proceso transformador del *"Derecho Social del Trabajo (nacido al calor y amparo del constitucionalismo democrático-social) en los Estados nacionales avanzados, impulsado especialmente a partir de la Segunda Postguerra Mundial, y que permitió el control político de la economía y la garantía efectiva de los derechos sociales de la ciudadanía y bienes públicos"* hacia *"un constitucionalismo débil de tipo neoliberal ("post-social"); Derecho Flexible del Trabajo que subordina la constitución social a las exigencias maximalistas de la constitución económica"*. Según Monereo, ese desplazamiento es radical, aunque paulatino, *"para hacerlo más asumible y aceptable por la sociedad"*[117].

Como quiera que sea, sin desconocer el carácter controversial[118] del planteo que realiza Mangarelli, hay que señalar que se trata de una idea interesante y que merece ser analizada con atención, más allá de que, en lo inmediato, pueda apreciarse que los *instrumentos* en que se estaría reflejando ese nuevo *orden público social internacional* del que habla la citada autora, se encuentran demasiado alejados de la coercibilidad que resulta inherente a las normas jurídicas[119]. En todo caso, está claro que la mundialización de la economía ha provocado una crisis de los poderes normativos de los Estados nacionales, provocando una *"desarmonía entre el ámbito reglamentario y las estructuras económicas reales"*[120] y que, para el Derecho del Trabajo, representa un gran desafío encontrar los mecanismos que le permitan recomponer la eficacia y el alcance de su tutela ante las nuevas realidades de la economía global.

11. DIVERSAS REALIDADES, DIVERSAS TUTELAS

143.- De modo que el impulso hacia la desregulación del Derecho del Trabajo, no parece hasta el momento poseer la energía necesaria como para enervar la *sustancia conceptual* del orden público social, que permanece a salvo, en un sitial superior al alcanzable por la norma de nivel legislativo.

Sin embargo, es cuando se ingresa al análisis de las *manifestaciones instrumentales* del orden público, donde se detectan las mayores mutaciones, y el punto en el que quizás sí sea necesario asumir la presencia de una crisis

---

(112) KELLERSON, Hilary. La Déclaration de 1998 de l'OIT sur les principes et des droits fondamentaux: un défi pour l'avenir?. In VV.AA., *La Mondialisation, origines, développements et effects, op. cit.*, p. 272. La autora destaca el valor intrínseco de la Declaración, que reafirma la universalidad de los principios y derechos fundamentales en una época de gran incertidumbre y de dudas relativas a tales derechos.
(113) MANGARELLI, C. ¿Hacia un orden público social internacional garantista de derechos laborales?, *op. cit.*, p. 31.
(114) BRONSTEIN, A. *Derecho Internacional y Comparado del Trabajo, op. cit.*, p. 6 a 10.
(115) Tales como, las ya mencionadas Declaración de principios y derechos fundamentales en el trabajo de la OIT y Declaración Sociolaboral del Mercosur, así como otros todavía más novedosos: las cláusulas sociales de los tratados de libre comercio; los códigos de conducta de las empresas dirigidos al personal de las mismas; los protocolos de actuación formulados por empresas, instituciones y organismos públicos y los códigos de conducta dirigidos a los proveedores de las empresas (*soft law*). MANGARELLI, C. *op. cit.*, p. 32 y 33.
(116) MANGARELLI, C. *op. cit.*, p. 34. Incluso, la autora visualiza que ese *orden público social internacional extenderá sus fronteras más allá del trabajo subordinado*, lo que vincula "con una tendencia anunciada pero aún no completada" hacia la "*ampliación del campo del derecho del trabajo para comprender todo tipo trabajo, abarcando varias modalidades contractuales con distintos niveles de protección*". Ibidem.
(117) MONEREO PÉREZ, J. L. Transformaciones del trabajo y futuro del derecho del trabajo en la 'era de la flexibilidad'. In *RDT*, La Ley Uruguay, núm. 10, enero-marzo 2016, p. 31-32.
(118) THWAITES, James D. La 'clause sociale': protection de droits humaines ou protectionnisme économique?. In VV.AA., *La Mondialisation, origines, développements et effects, op. cit.*, p. 321 y ss.
(119) Al respecto, Bronstein señala que "A menos que el derecho del trabajo pueda, como la economía, tener eficacia transnacional — lo que sólo se puede lograr mediante normas internacionales, o aún mejor supranacionales — será muy difícil mantener la misma dinámica que permitió ofrecer una mejor protección a un número creciente de trabajadores durante la mayor parte del siglo pasado". BRONSTEIN, A. *Derecho Internacional y Comparado del Trabajo, op. cit.*, p. 31.
(120) J. Murray, Los códigos de conducta empresariales y las normas del trabajo. En R. Kyloh (editor): *Los sindicatos y el reto de la mundialización*, OIT/Oficina de Actividades para los Trabajadores, Documento de trabajo dentro del Proyecto INT/97/M01/ITA (Ginebra, 1998), p. 45, *op. cit.* en el documento del Grupo de Trabajo sobre las Dimensiones Sociales de la Liberalización del Comercio Internacional, del Consejo de Administración de la OIT (GB.273/WP/SDL/1, 273ª reunión), Ginebra, noviembre de 1998, p. 1. El fenómeno se presenta como uno de los resultados de la crisis regulativa que sufre la ciencia jurídica por efecto del fenómeno de la globalización y del que da cuenta Ferrajoli (*Derechos y garantías, op. cit.*, p. 17). La complejidad que adquieren las sociedades contemporáneas provoca un "...debilitamiento de la misma función normativa del derecho y, en particular, la quiebra de sus funciones de límite y vínculo para la política y el mercado...". Véase tambien: Sitio web de The Conference Board of Canada, sección titulada: Corporate Social Responsibility "Better Business, Better World", www.conferenceboard.ca/ ccbc/csr_topic/default.htm, cit por JUSTICE, Dwight. El concepto de la responsabilidad social de la empresa: desafíos y oportunidades para los sindicatos. In La responsabilidad social de la empresa: mitos y realidades, *Oficina Internacional del Trabajo*, Educación Obrera, 2003, n. 130, p. 1; Comisión de las Comunidades Europeas, Libro Verde (Fomentar un marco europeo para la responsabilidad social de las empresas), Bruselas, 18.7.2001, p. 4.

que determine la conclusión de que los instrumentos a los que tradicionalmente recurrió el Derecho del Trabajo para tutelar sus valores más caros, ya no sean los más aptos en la actualidad, o que al menos, los mismos merezcan ciertas correcciones en cuanto a su aplicación concreta a determinadas situaciones.

El despliegue realizado en los dos últimos siglos por las normas laborales, no ha sido en vano, y el nutrido instrumental de tutela que ha aportado al trabajador, sin duda ha contribuido a variar la condición penosa que éste sufría en el inicio de la industrialización.

El desarrollo de la legislación social, la actuación libre de las organizaciones profesionales, el perfeccionamiento y ampliación de los sistemas de seguridad social, la universalización del manejo de la información, el acceso masivo a la educación y a la capacitación, novedosas formas de producción y roles profesionales que hacen posible el surgimiento de categorías de trabajadores altamente especializados, son algunas de las tantas condiciones novedosas que la realidad presenta en nuestros días.

Tales condiciones conforman la *nueva circunstancia* en la que está inserto el trabajador contemporáneo, y que determinan el surgimiento de razonables titubeos acerca de si continúa siendo pertinente que el Derecho del Trabajo impida, por ejemplo, que este trabajador protegido, calificado, e incluso, a veces bien remunerado, pueda renunciar individualmente a beneficios laborales establecidos por la legislación.

El íntimo apego a la realidad que caracteriza al Derecho del Trabajo, determina que la disciplina no pueda desconocer la existencia real de circunstancias diferentes a aquellas que existían en la época de su nacimiento. Las condiciones generalizadas de explotación y pauperismo, propias del auge de la revolución industrial, aparentan haber dado paso a realidades sociales más equilibradas y justas.

144.- Sin embargo, las respuestas no son sencillas y la tentación de caer en simplificaciones se ve enfrentada a la advertencia proveniente de la cotidiana realidad, que exhibe un mundo moderno profundamente diverso y desigual, que impide brindar soluciones con pretensión de validez generalizada.

Conviviendo temporalmente con el trabajador "moderno" y razonablemente protegido, se encuentra una multitudinaria y creciente masa de trabajadores "primitivos", sumergidos en las tinieblas de un mundo que parece no considerarlos y que no se detiene a esperarlos.

¿De qué realidad debe partirse cuando se pretende analizar y extraer conclusiones acerca del "mundo moderno"? ¿Es éste el mundo de los 350 millones de trabajadores empleados en los países de altos ingresos, o el de los 2.000 millones que luchan por sobrevivir en los países pobres?

¿Es el mundo que disfruta el gerente de una importante empresa multinacional, o el que sufre el aislado trabajador rural de alguna recóndita zona de América Latina?

Si la realidad del trabajo ha variado tanto en relación a una centuria atrás, ¿por qué será necesario que la Conferencia General de la OIT continúe ocupando su tiempo y esfuerzo en dictar normas que proscriban las *peores formas de trabajo infantil* y atender de cerca su seguimiento y aplicación?[121]

145.- La respuesta no resulta demasiado complicada de inferir: en realidad, se está todavía muy lejos de alcanzar la generalización de un equilibrio en las condiciones de trabajo y de calidad de vida del trabajador y su familia.

Pero aún así, permanece en pie una porción de la interrogante inicial: ¿por qué al trabajador "moderno", que ha alcanzado un relativo punto de equilibrio con su empleador, continúa estándole vedada la posibilidad de recuperar integralmente su autonomía de la voluntad individual?; ¿por qué no liberarlo — al menos a él — de esas trabas?

Tal planteamiento parte de la hipótesis de que las diferentes modalidades y condiciones en que el ser humano trabaja en la actualidad, podrían y deberían considerarse de manera diversa por parte del Derecho. Por eso se menciona la aparición de un Derecho del Trabajo "*...de segundo tipo, que prospera a la sombra del anciano...*" y que debe su nombre al hecho de que "*...la mayor parte de las nociones fundamentales del Derecho del Trabajo (empleador, empresa, representación, huelga, e incluso la noción de asalariado) no se encuentran presentes*"[122].

Este Derecho del Trabajo "*de segundo tipo*" — también sugestivamente bautizado "*Derecho Personalista del Trabajo*"[123] —, reacciona contra la excesiva relevancia que se le otorga a la noción de subordinación — como criterio formal tipificante del contrato de trabajo — y la consecuente desatención de la sustancia básica a la que debería atender primordialmente el Derecho del Trabajo: la existencia real y concreta de desequilibrios contractuales.

Esto implica un profundo cuestionamiento de la idea de que todo trabajador que desempeña su actividad en condición de "*jurídicamente subordinado*", se encuentra en una posición desequilibrada respecto de su contraparte contractual. A la inversa, también supone asumir que existen trabajadores "*jurídicamente independientes*" que, sin embargo, también son merecedores de una tutela especial por parte del Derecho.

Se sostiene que como consecuencia de este yerro respecto del verdadero blanco hacia el que apuntar la mira, el Derecho del Trabajo ha cometido el pecado histórico de hiperproteger relaciones de trabajo que ya habían alcanzado un estadio de relativo equilibrio, dejando fuera del amparo a un sinnúmero de relaciones sociales dominadas por la inequidad real[124].

---

(121) En el año 1999, la 87ª Conferencia General de la OIT, adoptó el Convenio n. 182, sobre la prohibición de las peores formas de trabajo infantil y la acción inmediata para su eliminación. V.: OIT, Programa Internacional para la Erradicación del Trabajo Infantil (IPEC) Niños en trabajos peligrosos: Lo que sabemos, lo que debemos hacer. Disponible en: <http://www.ilo.org/ipecinfo/product/download.do?type=document&id=17096>. V.: HILOWITZ, Janet. Label social et lutte contre le travail des enfants: quelques réflexions. In VV.AA., *La Mondialisation, origines, développements et effects*, sous la direction de James D. Thwaites, Les presses de l'Université Laval, Québec, 2004. p. 245 y ss.
(122) SUPIOT, A. *Pourquoi...*, op. cit., p. 489.
(123) BORRAJO DACRUZ, E., *op. cit.*, p. 73.
(124) GIUGNI, G. Diritto del Lavoro (voce per una enciclopedia), *Giornale di Diritto del Lavoro e di Relazioni Industriali*, n. 30, año VIII, 1986, p. 22; Romagnoli, U., "Il grande esodo", ejemplar fotocopiado.

Como respuesta frente a la crisis del concepto de "*subordinación*" hoy es apreciable un movimiento de adaptación que exige *ampliar la mira*, para captar a modalidades de trabajo que, según las ideas clásicas, calificarían como de *autonomía*, evitando que queden excluidos del campo de protección del Derecho del Trabajo[125].

La sumisión a órdenes ha dejado de ser tomada como el elemento característico del asalariado y se admite que la necesidad de protección debe reconocerse también a quien, sin recibir tales órdenes, se encuentra en situación de *dependencia económica* o de *hiposuficiencia*[126] respecto de un empresario. Estas tendencias habilitan afirmaciones tales como que "*el Derecho del Trabajo ha dejado de ser el derecho de los obreros o de los empleados para convertirse en el derecho común de toda relación laboral*"[127].

146.- La propuesta consiste entonces, en el planteo de una idea que podría resumirse en la consigna "*Derechos del Trabajo diferentes, para situaciones diferentes*".

Los grados de tutela e indisponibilidad de las normas, podrían ser dúctiles o variables, en función de las circunstancias concretas de cada trabajador[128]. A mayores niveles de equilibrio real entre las partes que se vinculan contractualmente, mayor aflojamiento de las limitantes impuestas externamente por parte del Derecho.

Esta nueva perspectiva parte de la profundización, hasta sus últimas consecuencias, de una importante característica del Derecho del Trabajo: su concreción e íntimo apego a la realidad. Sin embargo, esta nota no solamente es jerarquizada en cuanto tal, sino que parece adquirir una diferente dimensión, al convertirse en un verdadero *nuevo principio rector* del Derecho del Trabajo, con pretensión de subordinar al resto de los principios "*clásicos*".

Expresado en otras palabras: los principios tradicionalmente definidores del Derecho del Trabajo (especialmente el principio protector) asumirían, según esta novedosa perspectiva, matices diferenciales en función de la realidad concreta sobre la que se proyectarían en cada situación particular. De este modo, si bien no se plantea el total abandono de la indisponibilidad *in pejus* como noción típica de las normas del Derecho del Trabajo, sí se propone una *conversión funcional* de las manifestaciones instrumentales del orden público social, al influjo de la máxima: "*que renuncie a lo que quiera, el que verdadera o legítimamente pueda*".

147.- Esta propuesta "diversificadora" del Derecho del Trabajo no resulta carente de rasgos seductores. En definitiva, el orden jurídico no debe convertirse en una traba para el desarrollo de la persona humana y, a fin de cuentas, el enunciado teórico de lo que se propone, se ubica muy próximo al clásico paradigma de la disciplina: *tratar igual a los iguales, y desigual a los desiguales*.

Es un hecho incontrastable que, por ejemplo, existen determinadas categorías de trabajadores que, por su alta condición jerárquica, quedan ubicados en una posición muy cercana al empleador, y que, incluso, asumen por delegación, ciertos atributos propios de la figura de este último, al punto que otros trabajadores, situados en categorías jerárquicamente inferiores, llegan a identificarlos con la propia figura de aquél[129].

Es muy claro que no fue a partir de ellos que surgió y se desarrolló el Derecho del Trabajo[130]. Tanto, que no han faltado los críticos del déficit de "*selectividad social*" que ganó a esta disciplina, en su tendencia a abarcar dentro de su órbita de amparo, incluso, a sujetos que, como es el caso de los altos ejecutivos, carecían de la *condición proletaria* que había resultado determinante para que se produjera el lanzamiento de la legislación social[131]. Y, probablemente sea razonable aceptar a su respecto, una morigeración en la aplicación de determinados instrumentos tutelares que tienden a limitar la validez de las expresiones de voluntad, para así dotarlos de una mayor autonomía en la determinación de sus condiciones particulares de trabajo.

La atribución de relevancia jurídica-laboral a este tipo de distinciones, indispensablemente requiere ubicar dónde se encuentra el punto de inflexión que marca la frontera entre las diversas categorías de trabajadores, tarea que, por su delicadeza, debe abordarse con criterio objetivo y riguroso.

Así, por ejemplo, en el Derecho comparado se ha acuñado la expresión "trabajador-dirigente" para identificar a aquel que, por delegación de atribuciones del empleador, actúa sustituyéndolo en el ejercicio del poder de dirección, no bastando que tal delegación esté referida a la realización de actos aislados, sino que resulta necesario que comprendan genéricamente una parte sustancial de la actividad de la empresa, o de un sector relativamente autónomo de la misma[132].

---

(125) BRONSTEIN, A. Ámbito de la relación del trabajo: el debate en la OIT. In VV.AA., *La subordinación o dependencia en el contrato de trabajo, en el proceso de transformación de la empresa*. Santiago de Chile: Lexis Nexis, 2005. p. 16.
(126) DEVEALI, Mario L. *El derecho del trabajo en su aplicación y sus tendencias*, T. I, Astrea, Bs. As., 1983, p. 179, *apud* GOLDIN, A. *La tendencia…, op. cit.*, p. 34.
(127) Informe SUPIOT, p. 50.
(128) GHERA, E. La subordinazione fra tradizione e nuove proposte. In *Giornale di Diritto del Lavoro e di Relazioni Industriali*, n. 40, año X, 1988, p. 631.
(129) En tanto reciben órdenes directamente de ellos, deciden la imposición de sanciones disciplinarias, y hasta negocian colectivamente con el sindicato representando a la empresa. La especial posición jerárquica que esta categoría de trabajadores ocupa en la empresa, implica en muchos casos una verdadera contradicción con los intereses de los otros empleados, extremo que no ha resultado indiferente para diversas legislaciones en el Derecho comparado. V. SANTORO-PASSARELLI, Francesco. *Nozioni di Diritto del Lavoro*. 19. ed. Napoli, 1967. p. 88.
(130) DE LA CUEVA, Mario. *El Nuevo Derecho Mexicano del Trabajo*, tomo II, 19. ed. México: Editorial Porrúa, 2003. p. 88 y ss.
(131) RIVAS, D. *La subordinación…, op. cit.*, p. 39. DE LA CUEVA, M. *El Nuevo Derecho…, op. cit.*, p. 92 y ss.
(132) Según indica Barassi, la función directiva "…debe constituir el ejercicio de un poder discrecional, vale decir que quien ejerce la función directiva no debe limitarse a ser un simple portavoz del empresario. Las causas determinantes del orden dado deben provenir de modo autónomo del cerebro y de la sensibilidad de quien dicta la orden. Este elemento de la 'discrecionalidad' es esencial y ha sido ya puesto de relieve por todos los que se han ocupado del asunto. (…) Agrego que tal discrecionalidad —prosigue el autor— no incide sobre una determinada facultad, sino sobre un ciclo amplio de facultades que constituyen el poder de organización (dirección y control) del empresario", *Tratado…, op. cit.*, nota 15, p. 510-511. En términos similares, Santoro-Passarelli, señala que los empleados con funciones directivas poseen poderes de iniciativa, y de determinación de la actividad y rumbo de la empresa. Asimismo, se encuentran en posición de negociar en representación del empleador, aunque la efectiva existencia de este elemento no resulta imprescindible *Op. cit.*, p. 96. Krotoschin define a estos trabajadores como aquellos que "…prestan servicios superiores de dirección (…) empleados que en la organización

Si bien el aludido calificativo[133] resulta variable en función de las particularidades propias de cada realidad (nacional, empresarial etc.), existen ciertos rasgos comunes a todos estos trabajadores, que se conjugan para otorgarles una amplia discrecionalidad en relación a la organización de la empresa (aunque, claro está, dentro de los límites resultantes de la superior voluntad del principal) y un muy particular posicionamiento con respecto al resto de los trabajadores, derivado de la circunstancia de presentarse como delegatarios de los poderes típicos del empleador (en especial, del poder de dirección y del poder disciplinario).

148.- Este cúmulo de elementos permite que estos trabajadores accedan a un estado de relativa independencia moral y material[134], que los sitúa en un limbo entre el empleador y el resto de los trabajadores, y que resulta susceptible de crear la impresión de que su condición subordinada ha desaparecido totalmente o, al menos, que la misma ha quedado relegada a una expresión desdeñable.

Esto puede alentar a proponer que los trabajadores que integran esta categoría, queden sustraídos de la tutela típica del Derecho del Trabajo, o que la aplicación de la misma a su respecto adquiera particularidades ajustadas a la condición diferencial que ostentan. Tal temperamento, es el que inspira a diversas legislaciones a otorgar relevancia jurídica a esta distinción fáctica, y en su mérito, a regular específicamente su situación[135].

Sin embargo, su condición subordinada, a veces muy tenuemente perceptible durante la vigencia de la relación de trabajo, no desaparece del todo[136], y suele hacerse presente con rasgos dramáticos al momento de llegar ésta a su fin, oportunidad en la que estos trabajadores toman conciencia de su verdadera condición y quedan destinados a afrontarla en la soledad más extrema.

149.- Pero todavía pueden mencionarse algunos otros factores que vienen a complicar aún más la delicada tarea de detectar distingos fácticos que habiliten la atribución de tratamientos jurídicos diferenciales. Así, por ejemplo, podrían plantearse infinitos cuestionamientos referidos a cuál sería el criterio más adecuado a estos efectos, y cualquiera que se propusiera podría merecer impugnaciones fundadas.

---

interna de la empresa ejercen funciones representativas del empleador (...) personas que como jefes, desempeñan funciones de mando o de vigilancia, siendo ellas mismas altos empleados en situación de dependencia frente al empleador", *Manual de Derecho del Trabajo*, Buenos Aires, 1975. p. 43. A nivel de Derecho positivo, el Código Sustantivo del Trabajo de Colombia, define a los "altos empleados", como aquellos "...que por razón de sus cargos en la empresa, representen al patrono o tengan funciones de dirección o de confianza personal o puedan fácilmente ejercer una indebida coacción sobre sus compañeros", y luego ejemplifica enumerando a gerentes, subgerentes, administradores, jefes de personal, secretarios privados de junta directiva, gerencia o administración, directores de departamento, ingenieros jefes, asesores jurídicos, directores técnicos y otros empleados semejantes (artículos 389 y 358 inciso 2, respectivamente). En aplicación de estas normas, el Tribunal Supremo del Trabajo de Colombia, sistematiza las características de los "cargos de dirección", señalado que quienes los desempeñan: "a) actúan en función no simplemente ejecutiva, sino conceptiva, orgánica y coordinativa múltiple, esencialmente dinámica, que persigue el desarrollo y buen éxito de la empresa o servicio considerado como abstracción económica o técnica, a diferencia del trabajador ordinario, que no lleva sino su propia representación y cuya labor se limita a la ejecución concreta de determinada actividad dentro de los planes señalados de antemano por el impulso directivo; b) ocupan una posición especial de jerarquía en la empresa o servicio con facultades disciplinarias y de mando sobre el personal ordinario de trabajadores y dentro de la órbita de la delegación, jerarquía que por regla general coincide con el alto rango del cargo (...); c) obligan al patrono frente a sus trabajadores (...); d) están dotados de determinado poder discrecional de auto-decisión, cuyos límites resultan de la ubicación que ocupen en la escala jerárquica o, en último término, de la voluntad superior del empleador; e) cuando la gestión no es global, son elementos de coordinación o enlace entre las secciones que dirigen a la organización central; f) finalmente y por todo lo anterior, constituyen un tipo intermedio de trabajador entre el patrono al que representan y el común de los asalariados". Sentencia citada por Conti Parra, El Fuero Sindical, Ed. Temis, Bogotá, 1981, p. 96. Una interesante reseña de otros pronunciamientos jurisprudenciales colombianos puede consultarse en Manrique Villanueva, Jorge Eliecer, "Los trabajadores de dirección, confianza y manejo en Colombia: aproximación al sector público y al sector privado". In *Revista Derecho del Trabajo*, La Ley Uruguay, n. 11, abril-junio 2016. p. 247 y ss.

(133) Que no debe ser identificado con el de *"personal de confianza", ya que no necesariamente resultan términos sinónimos. En efecto, existen cargos de confianza que no son de dirección, e inversamente, hay cargos de dirección que no son de confianza.* V. VARELA, R.; ERMIDA URIARTE, O. *Consejos de Empresa y Comisiones Paritarias.* Montevideo: Acali Editorial, 1978. p. 169.

(134) DE FERRARI, F. *Lecciones...*, T. IV, *op. cit.*, p. 415.

(135) El Comité de Libertad Sindical de la OIT, ha reconocido que la situación de estos trabajadores es objetivamente diferenciable de la del resto, pero que ello no debería constituirse en fundamento para retacear su derecho a constituir sindicatos libremente (OIT, Libertad sindical: Recopilación de decisiones y principios del Comité de Libertad Sindical del Consejo de Administración de la OIT, Ginebra, Oficina Internacional del Trabajo, cuarta edición (revisada), 1996, n. 231, p. 52, 281º informe, caso num. 1534, párrafo 170; OIT, *op. cit.*, p. 53, Recopilación de 1985, párrafo 260; OIT, *op. cit.*, p. 53, 295º informe, caso num. 1751, párrafo 373; OIT, *op. cit.* p. 52, 84° informe, caso núm. 425, párrafo 62; OIT, *op. cit.*, pág. 52, 295º informe, caso num. 1792, parrafo 546). Así, resulta habitual que, tal como ocurre en Italia, estos trabajadores tengan un *"encuadramiento sindical autónomo", independiente de las organizaciones sindicales de empleadores o de trabajadores* (V. BARASSI, L., *op. cit.*, p. 513), *siendo frecuente la existencia de organizaciones sindicales conformadas exclusivamente por "trabajadores-dirigentes" o "autónomos" o "parasubordinados"* (CARINCI FRANCO, De Luca Tamajo; RAFFAELE, Tosi; PAOLO Y TREU, Tiziano, t. 1, *El Derecho Sindical.* Granada: Ed. Comares, 2015. p. 117 y ss.). Algo similar ocurre en Colombia, donde el artículo 406 del Código Sustantivo del Trabajo los excluye del fuero sindical (V. CONTI PARRA, *op. cit.*, p. 94; MANRIQUE VILLANUEVA, J. E., *op, cit.*, p. 257). *En Uruguay, la ley que creó los Consejos de Salarios (n. 10.449, del 12 de noviembre de 1943), prohibió que la representación de los trabajadores a los mismos, fuera ejercida por trabajadores que desempeñen cargos de dirección (artículo 12), disposición a la que se atribuye la intención de preservar la autenticidad de los delegados* (V. PLÁ RODRÍGUEZ, A. El Salario en el Uruguay, Facultad de Derecho y Ciencias Sociales, T. II, Montevideo, 1956, p. 180; ERMIDA URIARTE, O. Sindicatos en Libertad Sindical, *op. cit.*, p. 60). *Posteriormente, el decreto reglamentario de esta ley (de fecha 19 de noviembre de 1943), dispuso que los salarios de estos trabajadores serán fijados por Consejos de Salarios específicamente constituidos a tales efectos. Por su parte, el decreto 87/977, de fecha 15 de febrero de 1977, dispuso en su artículo 1º: "En toda empresa perteneciente al sector privado podrá constituirse una Comisión Paritaria por cada uno de los siguientes órdenes de trabajadores: a. Obreros; b. Empleados; y c. Personal de dirección, incluyendo técnicos y supervisores"* (Sobre el punto puede verse, VARELA, R.; ERMIDA URIARTE, O. *Consejos de Empresa..., op. cit.*, p. 171). En otra línea, la relevancia que el Derecho positivo uruguayo ha otorgado a este tipo de distinciones, también resulta apreciable en materia de administración del tiempo de trabajo, donde el decreto 611/80, excluye de la limitación legal de la jornada, a aquellos trabajadores que ocupen cargos superiores al de jefe de sección. V. PLÁ RODRÍGUEZ, A. Curso de Derecho Laboral, t. I, vol. 1, Montevideo: Acali, 1979. p. 136 y ss. V., además: BRAIN, Daniel Horacio. Aplicación del derecho del trabajo al personal superior o jerárquico en la República Argentina. In *Revista Derecho del Trabajo*, La Ley Uruguay, núm. 11, abril-junio 2016, p. 245 y ss.; GOMES, María Irene; DE OLIVEIRA CARVALHO, Catarina. La relación laboral del trabajador dirigente en el ordenamiento portugués. In *Revista Derecho del Trabajo*, La Ley Uruguay, núm. 11, abril-junio 2016, p. 233 y ss.; MANRIQUE VILLANUEVA, Jorge Eliecer. Los trabajadores de dirección, confianza y manejo en Colombia: aproximación al sector público y al sector privado. In *Revista Derecho del Trabajo*, La Ley Uruguay, núm. 11, abril-junio 2016, p. 247 y ss.

(136) FERREIRA PRUNES. *Cargos de confiança no direito brasileiro do trabalho.* São Paulo, 1975, p. 21 a 25, cit. por VARELA, R.; ERMIDA URIARTE, O., *op. cit.*, p. 169.

12. LA CRISIS DE EMPLEO COMO FACTOR EQUILIBRADOR

150.- Sin embargo, no parecen ser éstos los escollos más importantes para evitar que prospere la tesis de la diversificación del Derecho del Trabajo.

Por el contrario, el más grave inconveniente surge, precisamente, de uno de los extremos de la realidad que se pretende solucionar a través de la nueva propuesta: la crisis de empleo que atraviesa buena parte del planeta. El manifiesto empeoramiento de los índices de ocupación, con un persistente desempleo en los países industrializados, la aparición de desocupación en masa en las economías en transición y la intensificación del desempleo y subempleo en muchas partes del mundo en desarrollo, constituye un fenómeno de tal envergadura que ha inspirado el lanzamiento de pronósticos tan sombríos como polémicos, como la "*desaparición del trabajo*", o al menos, la desaparición de algunas de las modalidades que el mismo ha asumido tradicionalmente[137].

Frente a este panorama, hay quienes se plantean si no resulta indecente invocar la libertad de opción y cuestionar la vigencia de un sistema imperativamente aplicable a todos por igual[138], cuando el flagelo de la desocupación no repara en las características propias de cada trabajador, sino que los somete a todos ellos, indiferenciadamente a la amenaza inminente de la pérdida de sus trabajos.

La crisis de empleo, provoca un efecto insospechadamente profundo en la conciencia de los trabajadores, y sensaciones de inestabilidad e inseguridad, comienzan a ganar sus ánimos con inusitada generalidad, obligándolos a acostumbrarse a convivir con el temor de perder abruptamente su fuente de ingresos y de subsistencia personal y familiar. Esto condiciona el surgimiento de una situación de precarización general del trabajo[139], que determina que la finalidad de conseguir o mantener el empleo, se imponga a cualquier manifestación libre de voluntad y difícilmente puedan encontrarse trabajadores que opongan reparos ante alguna condición contractual, si lo que está en juego es la posibilidad de acceder o permanecer en el mercado de trabajo.

En este contexto, ¿es posible admitir la propuesta aplicación diferenciada de los instrumentos tutelares del Derecho del Trabajo?

13. TEORÍA DE ALCANCE MEDIO

151.- La relatividad e íntimo apego a la realidad que caracterizan al Derecho del Trabajo, determinan a Barbagelata a augurarle al juslaboralista el destino de contentarse con permanecer discretamente ubicado en la antesala del recinto de los grandes enunciados jurídicos, y asumir que la elaboración de teorías en la materia, sólo es posible en la medida que las mismas presenten un perfil de baja intensidad. Se trata de lo que, en Sociología, Merton ha denominado "*teorías de alcance medio*", es decir, aquellas que no poseen vocación de aplicación abstracta, generalizada e indiscriminada frente a cualquier situación, sino que dependen de las características de cada caso, tolerando restricciones en cuanto a su vigencia en determinadas condiciones[140].

Si bien el recurso a este tipo de fundamentos podría visualizarse como un fácil expediente para resolver situaciones con un método exclusivamente fenoménico, casuístico, o — en definitiva — poco científico, en realidad representa una condición impuesta ineludiblemente por el hecho de ser el Derecho del Trabajo, una disciplina eminentemente determinada por la dinámica cotidianeidad social, elemento que se contrapone a todo intento de teorización estricta.

152.- A la luz de esta teoría de alcance medio, podría admitirse que determinadas situaciones concretas, que presenten rasgos a partir de los que resulte lícito establecer distingos jurídicos, puedan ser objeto de un tratamiento diferencial en cuanto a los niveles de tutela que se les provee, y específicamente, en cuanto a la determinación de los grados de amplitud con que, por ejemplo, se atribuirá eficacia jurídica a sus manifestaciones de voluntad.

De este modo, sería posible defender que ciertos colectivos de trabajadores (directivos, parasubordinados, informales, autónomos etc.), por la posición que ocupan en el universo laboral, reciban un tratamiento jurídico diferencial, compatible con cierta disminución en el estado de estricta tensión que suelen presentar los instrumentos tutelares de los bienes que forman parte del orden público social.

Incluso, esta *distensión por categorías*, que afecta a determinadas expresiones instrumentales del orden público, podría en la actualidad presentarse como la expresión más cabal de la aplicación de un criterio de justicia a la reglamentación del trabajo y como una imprescindible actualización de las pautas que deben guiar los mecanismos de su aplicación a la realidad.

Sin embargo, esto no implica que, respecto de alguno de estos colectivos de trabajadores, pueda considerarse restringida la vigencia de los valores que conforman la sustancia material del orden público social[141]. Por el contrario, es por asumir que también respecto de ellos rigen los mismos valores, que puede admitirse una morigeración de ciertos instrumentos tutelares, de forma que resulte compatible

---

(137) RIFKIN, Jeremy. *The end of work*: The decline of the global labor force and the dawn of the post-market era (New York, G. P. Putnam's Sons, 1995); BRIDGES, W. *Jobshift*: How to prosper in a workplace without jobs, Londres, Nicholas Brealey, 1995, *op. cit.* en OIT, *Políticas de empleo en una economía mundializada*, Conferencia Internacional del Trabajo, 83ª reunión, Informe V, 1996, p. 11, nota 12.
(138) PÉLISSIER, Jean. Droit civil et contrat individuel de travail. *Droit Social*, N. 5, mayo 1988, p. 387.
(139) La precarización del trabajo supone la presencia de un fuerte componente subjetivo, que pasa por la existencia de un sentimiento de "*poca estabilidad*" e "*inseguridad*" respecto del trabajo. V. GUERRA, P. A. *El empleo precario y el empleo atípico*. Revisión bibliográfica y propuestas para el debate. Documento de Trabajo n. 105, Santiago, 1994. p. 55.
(140) BARBAGELATA, H.-H., recoge esta construcción de R. K. Merton, Social Theory and Social Structure, The Free Press Glencoe, Illinois, 1957, V. esp. Teoría y estructura sociales, FCE, México, 1965, 2ª parte, XI, y señala que "*...los estudiosos del Derecho del Trabajo, deberían conformarse con elaborar teorías (...) de alcance medio...*", *El particularismo del Derecho del Trabajo y los derechos humanos laborales*, *op. cit.*, p. 40.
(141) Ver *supra*, Capítulo V, numeral 6.

con la posibilidad de que ingresen, o no sean expulsados, del universo protectorio que brinda el Derecho del Trabajo.

En éste, como en tantos otros ámbitos del Derecho del Trabajo, se expande un muy amplio campo para la actuación de los diversos operadores jurídicos, y en especial de los jueces[142]; tarea cuyo correcto despliegue exige tener presente la trascendencia que poseen los bienes en juego, así como el momento crucial que los mismos enfrentan en la actualidad.

Capítulo VII-
Conclusiones

153.- Difícilmente pueda detectarse en todo el vasto universo de la ciencia del Derecho, una noción con similares grados de potencialidad y complejidad que los que presenta la del orden público.

Su capacidad de evocar las más profundas bases conceptuales del Derecho, se proyecta a su vez, con incontenible energía hacia la provocación de efectos jurídicos singularmente relevantes en cuanto a su firmeza y estrictez.

El orden público, como una especie de *ángel de la guarda* del Derecho, ha venido a constituirse, al mismo tiempo, en su reserva ética fundamental y en la sala de armas a la que éste acude para pertrecharse y defender sus más caros bastiones.

154.- Pero, pese a su trascendencia — y al igual que lo que acontece con el aludido ángel — su imagen real ha permanecido velada para la intelección de los juristas, quienes se esfuerzan por representarla, pero solamente alcanzan a describir algunos de los rasgos que de ella han podido atisbar.

A pesar de las diferencias que en general se aprecian entre las distintas exposiciones doctrinarias, todas coinciden en resaltar la enjundia de este concepto que hunde sus raíces en los albores mismos de la historia del Derecho. Su influencia, aunque difusa en cuanto a sus exactos sentidos y alcances, ha resultado determinante en casi todos los sistemas jurídicos contemporáneos, y su invocación ha hecho las veces de fundamento de autoridad para poner fin a más de una controversia originada en la aplicación de normas jurídicas.

155.- En su dimensión sustantiva, el orden público representa para el actual estadio evolutivo del Derecho, una intrincada amalgama de valores fundamentales, inherentes a la naturaleza humana, y que provienen de distintos ámbitos del universo jurídico. El surgimiento del Derecho del Trabajo significó la consecuencia de un cambio fundamental en la concepción que hasta el momento se tenía de estos valores y a su vez propulsó la profundización de dichos cambios.

Sin embargo, los mismos no supusieron un quiebre en la integralidad sustantiva que posee el orden público, sino la admisión por parte de este instituto, de nuevas perspectivas y sentidos.

La convicción acerca de la necesidad de sustraer al trabajo de la mera consideración mercantil, representó un cambio cultural cuya trascendencia excedió con creces los límites del Derecho. Se trató de una opción crucial en la historia de la humanidad, y sus derivaciones significaron la apertura de una nueva perspectiva de vida para millones de personas que, de lo contrario, habrían permanecido sujetas, generación tras generación, al destino impuesto por el hecho de haber nacido en la opulencia o en la miseria.

Es cierto que el Derecho del Trabajo no logra eliminar por completo todos los condicionamientos que vienen pautados desde la propia cuna, pero sin dudas contribuyó en enorme medida a reforzar la esperanza en la justicia y en su calidad de vehículo para alcanzar la igualdad.

El amparo al trabajador es, por consiguiente, un valor que dibuja el contorno de la cultura jurídica contemporánea, y que, por este motivo, no puede ser considerado patrimonio exclusivo del Derecho del Trabajo, sino que debe ser concebido en una dimensión superior, formando parte del acervo general del orden público, por ser expresión vigente de la propia condición del ser humano.

156.- En cuanto a sus manifestaciones instrumentales, si bien el orden público ha sido tradicionalmente identificado con determinada eficacia de las normas jurídicas en relación con las voluntades de los particulares, es claro que tal concepto resulta extremadamente restringido.

Es cierto que la nota de especial imperatividad ha sido una de las expresiones más típicas del orden público, debido a que se ha presentado como un mecanismo necesario a los efectos de preservar la vigencia de determinados valores que, por su trascendencia, deben quedar ubicados más allá de la voluntad de los particulares.

La expresión "orden público social", fue precisamente generada en la fragua de esta confusión entre esencia e instrumentalidad, pero la trascendente carga conceptual que la misma adquirió posteriormente, le otorga la utilidad de ratificar la importancia del aporte juslaboralista al concepto general del orden público.

157.- La asimilación de la esencia del orden público con la eficacia imperativa de ciertas normas, coincide con una concepción del Derecho que ubica a la ley como eje fundamental de toda su estructura, y que incluso tiende a plantear una confusión total entre ambas ideas.

La superación de este positivismo legislativo a ultranza permite advertir la existencia de determinados valores válidos por sí mismos, y cuya vigencia y efectividad deben preservarse con independencia del reconocimiento explícito por la norma positiva. Y probablemente sea ésta la manifestación más relevante que en nuestro tiempo ha comenzado a desarrollar la noción del orden público.

Los valores inmanentes a la condición humana poseen su propio fulgor, y el mismo les permite alcanzar operatividad jurídica inmediata y una calidad trascendente respecto del Derecho Positivo. La norma positiva debe adecuarse y contemplar debidamente al orden público. Pero la existencia de tal meta no debe hacer caer en el yerro de creer que es a través del análisis del Derecho positivo que se puede inferir automáticamente la sustancia del orden público.

Por el contrario, es posible que la norma positiva contradiga los valores integrantes de esta última noción, y es tarea del jurista discernir si tal circunstancia se encuentra legitimada en razones excepcionales de interés general (que habilita a privilegiar la tutela de ciertos valores en detrimento de otros) o si, simplemente se trata de una transgresión del orden público.

158.- En la materia laboral, esta perspectiva posee la potencialidad de adquirir interesantes proyecciones frente al éxito que a nivel legislativo han tenido determinadas propuestas flexibilizadoras.

Las nuevas realidades imponen características diferentes al trabajo del hombre, y las mismas deben ser debidamente contempladas por el Derecho. Esto determina la posibilidad de admitir revisiones de los instrumentos clásicos, asumiendo la eventualidad de que no todos ellos estén en condiciones de responder en debida forma a los actuales desafíos. Tal alternativa puede derivar en un enorme ensanchamiento de los límites para la actuación de todos los operadores jurídicos.

De este modo, sería posible contemplar la variación de lo accesorio, y aún conservar energías para defender lo medular. Sólo concluyendo que es esto último lo que ha variado, podrá considerarse en crisis la noción del orden público social.

En este caso, el mercado nuevamente fagocitaría el trabajo y esto determinaría que ya nada fuera igual. Los tiempos por venir se encargarán de demostrar si el trabajo humano conservará la dignidad que el Derecho Laboral le ha permitido adquirir.

Quizás muchos consideren que el modo condicional empleado en este último párrafo no se ajusta a la realidad presente. Y es posible que no se equivoquen. Pero aun siendo consciente de tal extremo, el autor ha preferido mantener esta redacción, apostando, quizás ingenuamente, a mantener viva una llama de esperanza.

159.- La reivindicación del sentido antropocéntrico del Derecho del Trabajo, y de los tres valores básicos que esta disciplina ha aportado al concepto del orden público (el trabajo no es una mercancía, el trabajo debe ser objeto de una protección jurídica especial y el criterio de la justicia social, como rector de la regulación del trabajo humano) constituye una tarea que queda destinada a los juristas.

Al encararla, es imperioso abandonar la incorrecta sinonimia "ley-Derecho" — adherida como premisa en los razonamientos jurídicos de la última centuria — y soltando amarras, adentrarse en el difícil y sinuoso sendero que supone asumir que lo verdaderamente importante, "... *por el mero hecho de serlo, nunca puede ser puesto, sino que debe ser siempre presupuesto*"[143].

Difícilmente puedan encontrarse mejores palabras que las expresadas por Couture[144] para ubicar en sus justos términos la verdadera y profunda dimensión que lleva implícita esta invocación de la tarea autónoma y responsable del jurista:

> El instante supremo del derecho no es el día de las promesas más o menos solemnes consignadas en los textos constitucionales o legales. El instante, realmente dramático, es aquel en que el juez, modesto o encumbrado, ignorante o excelso, profiere su solemne afirmación implícita en la sentencia: "esta es la justicia que para este caso está anunciada en el Preámbulo de la Constitución".
>
> No puede concebirse un juez que diga sin temblor esas palabras. Detrás de ellas están no sólo la ley y la Constitución, sino la historia misma con el penoso proceso formativo de la libertad. Detrás de ella hay guerras y luchas internas, crisis colectivas y grandes exaltaciones de pueblos. Como consecuencia de esas crisis y de esas luchas, es que se redactó la Constitución y se juró solemnemente. (...)
>
> Porque la Constitución vive en tanto se aplica por los jueces; cuando ellos desfallecen, ya no existe más.

Es en la diaria actividad jurídica donde se resume todo el heroísmo del orden público. Porque esta profunda y compleja idea, no es más que un enorme *collage*, cuyas infinitas piezas son los pequeños e inconscientes gestos que cotidianamente adopta cada uno de nosotros.

---

(142) GAMONAL CONTRERAS, S. *El Derecho procesal del trabajo, sus caracteres y el principio de igualdad por compensación*, op. cit., p. 21.
(143) ZAGREBELSKY, G., *op. cit.*, p. 9.
(144) COUTURE, E. J. *Las garantías constitucionales del proceso civil*. In Estudios de Derecho Procesal en honor de Hugo Alsina. Buenos Aires: Ediar, 1946. p. 212 y 213.

A RELAÇÃO ENTRE NORMAS COLETIVAS AUTÔNOMAS E LEGISLAÇÃO ESTATAL: TRÊS NOTAS SOBRE O MODELO NORMATIVO BRASILEIRO

Sayonara Grillo Coutinho Leonardo da Silva[*]

1. INTRODUÇÃO

Os tempos presentes trazem de volta à centralidade do debate a temática da negociação coletiva de trabalho, os efeitos jurídicos de seus resultados, suas relações de temporalidade, hierarquia e eficácia subjetiva. Estamos diante de mais um paradoxo: o instituto jurídico volta à cena, quando os atores sindicais perdem força, seus fundamentos político-filosóficos sofrem intensos e direcionados questionamentos, o discurso da crise econômica volta a ser ouvido e os sentidos do trabalho, do diálogo social e do pluralismo político se enfraquecem.

Os projetos de reformulação sistêmica do modelo de relações sindicais e coletivas do trabalho com estímulo e suporte à atuação dos atores sindicais profissionais que se apresentaram nas últimas décadas em perspectiva contra-hegemônica, pugnavam por uma valorização da autonomia coletiva com o objetivo de universalizar os direitos sociais, potencializar o controle sobre o poder do empregador, e democratizar a vida da empresa e do país. Em direção oposta está a alegada *valorização da negociação coletiva* decorrente de proposições político-governamentais[1] e de decisões judiciais que, ao expressar giros paradigmáticos, reinterpretam regras e normas em desconsideração a princípios caros e orientadores do Direito Constitucional do Trabalho e mesmo do Direito Coletivo do Trabalho, ao construir uma nova hermenêutica decisória.

Distante da jurisprudência anterior adotada pelo Supremo Tribunal Federal[2] no exercício do controle de

---

[*] Professora Associada da Universidade Federal do Rio de Janeiro — UFRJ, vinculada ao Programa de Pós-Graduação em Direito — PPGD, onde coordena o grupo de pesquisa *Configurações Institucionais e Relações de Trabalho* — CIRT, cadastrado no diretório do CNPq. Doutora em Ciências Jurídicas e Mestre em Teoria do Estado e Direito Constitucional (PUC-Rio). Desembargadora do Trabalho no Tribunal Regional do Trabalho da 1ª Região. *Uma primeira versão substancialmente reduzida deste artigo foi apresentada na Revista do Tribunal Superior do Trabalho, 82/4, dez. 2016.*
(1) Refiro-me à proposta de ampliação do espaço negocial trazido no documento Ponte para o Futuro produzido e divulgado em 2015. Fundação Ulisses Guimarães, PMDB, 2015. Disponível em: <http://pmdb.org.br/wp-content/uploads/2015/10/RELEASE-TEMER_A4-28.10.15-Online.pdf>, bem como à redação proposta no PLC 38/2017 para introduzir na CLT o art. 611-A que teria a seguinte redação: "A convenção coletiva e o acordo coletivo de trabalho têm prevalência sobre a lei quando, entre outros, dispuserem sobre: I — pacto quanto à jornada de trabalho, observados os limites constitucionais; II — banco de horas individual; III — intervalo intrajornada, respeitado o limite mínimo de trinta minutos para jornadas superiores a seis horas; IV — adesão ao Programa Seguro-Emprego, de que trata a Lei n. 13.189, de 19 de novembro de 2015; V — plano de cargos, salários e funções compatíveis com a condição pessoal do empregado, bem como identificação dos cargos que se enquadram como funções de confiança; VI — regulamento empresarial; VII — representante dos trabalhadores no local de trabalho; VIII — teletrabalho, regime de sobreaviso, e trabalho intermitente; IX — remuneração por produtividade, incluídas as gorjetas percebidas pelo empregado, e remuneração por desempenho individual; X — modalidade de registro de jornada de trabalho; XI — troca do dia de feriado; XII — identificação dos cargos que demandam a fixação da cota de aprendiz; XIII — enquadramento do grau de insalubridade; XIV — prorrogação de jornada em ambientes insalubres, sem licença prévia das autoridades competentes do Ministério do Trabalho; XV — prêmios de incentivo em bens ou serviços, eventualmente concedidos em programas de incentivo; XVI — participação nos lucros ou resultados da empresa. § 1º No exame da convenção coletiva ou do acordo coletivo de trabalho, a Justiça do Trabalho observará o disposto no § 3º do art. 8º desta Consolidação. § 2º A inexistência de expressa indicação de contrapartidas recíprocas em convenção coletiva ou acordo coletivo de trabalho não ensejará sua nulidade por não caracterizar um vício do negócio jurídico. § 3º Sendo pactuada cláusula que reduza o salário ou a jornada, a convenção coletiva ou o acordo coletivo de trabalho deverão prever a proteção dos empregados contra dispensa imotivada durante o prazo de vigência do instrumento coletivo. § 4º Na hipótese de procedência de ação anulatória de cláusula de convenção coletiva ou de acordo coletivo de trabalho, quando houver a cláusula compensatória, esta deverá ser igualmente anulada, sem repetição do indébito. § 5º Os sindicatos subscritores de convenção coletiva ou de acordo coletivo de trabalho deverão participar, como litisconsortes necessários, em ação individual ou coletiva, que tenha como objeto a anulação de cláusulas desses instrumentos." PLC 38/2017.
(2) Refiro-me à decisão proferida em 2001 em Recurso Extraordinário pelo Supremo Tribunal Federal, cuja ementa transcrevo: "Estabilidade provisória da empregada gestante (ADCT, art. 10, II, b): inconstitucionalidade de cláusula de convenção coletiva do trabalho que impõe como requisito para gozo do benefício a comunicação da gravidez ao empregador. 1. O art. 10 do ADCT foi editado para suprir a ausência temporária de regulamentação da matéria por lei. Se carecesse ele mesmo de complementação, só a lei a poderia dar, não a convenção coletiva, à falta de disposição constitucional

constitucionalidade, que muito bem rechaçou a possibilidade de as convenções e acordos coletivos de trabalho transigirem em prejuízo de direitos fundamentais dos trabalhadores, julgados mais recentes admitiram como válidas normas contestadas contidas em acordos e convenções. Tais normas: (a) estabeleceram cláusulas de transação e quitação individual e extrajudicial de direitos em Planos de Dispensa Voluntária;[3] (b) afastaram a regra legal que determina o pagamento de horas *in itinere* nos termos do art. 58, parágrafo segundo da CLT;[4] (c) deram a temas até então considerados como infraconstitucionais[5] o *status* de questão constitucional de forma a possibilitar o exercício da jurisdição de controle pelo STF em Arguição de Descumprimento de Preceito Fundamental sobre a redação da Súmula n. 277 dada pelo Tribunal Superior do Trabalho em 2012,[6] com a determinação de suspensão de todos os processos em curso e efeitos de decisões judiciais proferidas com base na ultratividade das normas de acordos e de convenções coletivas.[7] Ao traçar um *"breve histórico da prevalência da autonomia coletiva no STF"*, o ministro relator Gilmar Mendes sublinha a proeminência da *autonomia coletiva da vontade* e da *autocomposição dos conflitos trabalhistas* por aquela corte.[8]

---

que o admitisse. 2. Aos acordos e convenções coletivas de trabalho, assim como às sentenças normativas, não é lícito estabelecer limitações a direito constitucional dos trabalhadores que nem à lei se permite". (BRASIL, STF-RE 234186-3, Ministro Relator Sepúlveda Pertence, 2001). Segundo a fundamentação e as premissas adotadas pelo Supremo Tribunal Federal, os direitos fundamentais sociais diante da natureza irrenunciável dos direitos constitucionais dos trabalhadores e do princípio da norma mais benéfica não estão sujeitos à deliberação (e, portanto, à transação pela autonomia coletiva). E remeto também à interpretação dada pelo Supremo Tribunal Federal aos limites dos efeitos das regras coletivas dispositivas: "Sabemos que no RE n. 205.815, do qual fui Relator para acórdão, pacificou-se a interpretação em relação a esse texto. Parece-me evidente que o inciso XIV tem vigência na hipótese de ausência de convenção coletiva, ou seja, havendo negociação coletiva poderão as partes dispor de forma diversa ao fixado no inciso XIV da Constituição." Ministro Nelson Jobim, transcrito do acórdão referente ao julgamento do RE 215.411/SP, sobre o art. 7º inciso XIV da Constituição, o Supremo Tribunal Federal, em 2000. Diga-se de passagem que tal premissa vem sendo observada de modo cuidadoso pela jurisprudência do Tribunal Superior do Trabalho, seja em sua Súmula n. 423, seja nos julgados que não admitem as teses empresariais que defendem a ultratividade de regras coletivas de flexibilização das normas, pois a excepcionalidade do acordo coletivo que afasta norma legal cogente obsta que lhe seja atribuído efeito derrogatório *in pejus*, em prazo superior ao seu período de vigência.
(3) Conforme decidido pelo Supremo Tribunal Federal no RE 590.415-RG, de relatoria do ministro Luiz Roberto Barroso, assim ementada: "PLANO DE DEMISSÃO INCENTIVADA — PDI) Ementa: DIREITO DO TRABALHO. ACORDO COLETIVO. PLANO DE DEMISSÃO INCENTIVADA. VALIDADE E EFEITOS. 1. Plano de demissão incentivada aprovado em acordo coletivo que contou com ampla participação dos empregados. Previsão de vantagens aos trabalhadores, bem como de quitação de toda e qualquer parcela decorrente da relação de emprego. Direito do empregado de optar ou não pelo plano. 2. Validade da quitação ampla. Não incidência, na hipótese do art. 477, § 2º da Consolidação das Leis do Trabalho, que restringe a eficácia liberatória da quitação aos valores e às parcelas discriminadas no termo de rescisão exclusivamente. 3. No âmbito do direito coletivo do trabalho, não se verifica a mesma situação de assimetria de poder presente nas relações individuais de trabalho. Como consequência, a autonomia coletiva da vontade não se encontra sujeita aos mesmos limites que a autonomia individual. 4. A Constituição de 1988, em seu art. 7º, XXVI, prestigiou a autonomia coletiva da vontade e a autocomposição dos conflitos trabalhistas, acompanhando a tendência mundial ao crescente reconhecimento dos mecanismos de negociação coletiva, retratada nas Convenções n. 98/1949 e n. 154/1981 da Organização Internacional do Trabalho. O reconhecimento dos acordos e convenções coletivas permite que os trabalhadores contribuam para a formulação das normas que regerão a sua própria vida. 5. Os planos de demissão incentivada permitem reduzir as repercussões sociais das dispensas, assegurando àqueles que optam por seu desligamento da empresa condições econômicas mais vantajosas do que decorreriam da mera dispensa por decisão do empregador. É importante, por isso, assegurar a credibilidade de tais planos, a fim de preservar a sua função protetiva e de não desestimular o seu uso. 2 7. Provimento do recurso extraordinário. Afirmação, em repercussão geral, da seguinte tese: "A transação extrajudicial que importa rescisão do contrato de trabalho, em razão de adesão voluntária do empregado a plano de demissão incentivada, enseja quitação ampla e irrestrita de todas as parcelas objeto do contrato de emprego, caso essa condição tenha constado expressamente do acordo coletivo que aprovou o plano, bem como dos demais instrumentos celebrados com o empregado."Registre-se em respeito à compreensão adequada da decisão proferida no *leading case* RE 590.415-RG, citada pelos relatores nas decisões monocráticas proferida na MCADPF 323 e no RE 895.759, que o plenário do Supremo Tribunal Federal não fixou tese jurídica admitindo natureza ampla e supletória às negociações coletivas, mas tão somente, dentro dos objetivos da repercussão geral, tese sobre validade de transação extrajudicial, em razão de adesão voluntária a PDV que estabeleça cláusula de quitação ampla e irrestrita de parcelas trabalhistas, se transacionada expressamente tanto pelo sindicato, quanto pelo empregado. Para Mauricio Godinho Delgado, a decisão "não traduz, em si, autorização genérica para a flexibilização, desregulamentaão ou descaracterização de direitos individuais e sociais fundamentais trabalhistas que sejam, nessa dimensão, instituídos e regulados por norma imperativa heterônoma estatal." O autor registra que o caso é específico, pois foi firmado por sindicatos que amplamente debateram o tema, tendo forte tradição organizativa e que a decisão vinculante do STF traz requisitos específicos para a validação dos planos, em especial a clareza sobre a quitação, a inclusão em regras individuais e coletivas, a participação regular e formal da entidade sindical representativa no instrumento coletivo negociado, bem como que o plano de despedida voluntária negociado contenha vantagens "efetivas e notáveis" para o trabalhador aderente. (DELGADO, Mauricio Godinho. *Curso de Direito do Trabalho*. 16. ed. São Paulo: LTr. 2017. p. 1502). Afirma, ainda, que o caso concreto não trata de situação jurídica em que tenha sido afrontado direitos fixados imperativamente em norma heterônoma estatal ou internacional. (*Id. Ibidem*).
(4) Decisão monocrática proferida pelo ministro Teori Zavascki nos autos do RE 895.759, DJ, 22.9.2016 "O acórdão recorrido não se encontra em conformidade com a *ratio* adotada no julgamento do RE 590.415, no qual esta Corte conferiu especial relevância ao princípio da autonomia da vontade no âmbito do direito coletivo do trabalho. Ainda que o acordo coletivo de trabalho tenha afastado direito assegurado aos trabalhadores pela CLT, concedeu-lhe outras vantagens com vistas a compensar essa supressão. Ademais, a validade da votação da Assembleia Geral que deliberou pela celebração do acordo coletivo de trabalho não foi rechaçada nesta demanda, razão pela qual se deve presumir legítima a manifestação de vontade proferida pela entidade sindical. Registre-se que a própria Constituição Federal admite que as normas coletivas de trabalho disponham sobre salário (art. 7º, VI) e jornada de trabalho (art. 7º, XIII e XIV), inclusive redução temporária da remuneração e fixação de jornada diversa da constitucionalmente estabelecida. Não se constata, por outro lado, que o acordo coletivo em questão tenha extrapolado os limites da razoabilidade, uma vez que, embora tenha limitado direito legalmente previsto, concedeu outras vantagens, por meio de manifestação de vontade válida da entidade sindical."
(5) Ver decisão sobre ultratividade na norma coletiva e incorporaçãoaos contratos individuais dos direitos autonomamente assegurados nos autos do AI 731.954-RG, de relatoria do Ministro Cezar Peluzo.
(6) Sobre o tema, compartilho as considerações lançadas no artigo *A caminho de um novo e desnecessário Direito do Trabalho — A triste sina de Sísifo — Sobre a recente decisão do ministro Gilmar Mendes que suspendeu a Súmula n. 277 do TST*, de autoria dos ministros Augusto César Leite de Carvalho, Lélio Bentes Corrêa e Luiz Philippe Vieira de Mello Filho, em 18 de outubro de 2016. Disponível em: <http://jota.info/artigos/caminho-de-um-novo-e-desnecessario-direito-trabalho-triste-sina-de-sisifo-18102016>.
(7) Ver Medida Cautelar na Arguição de Descumprimento de Preceito Fundamental n. 323, Distrito Federal, proposta pela Confederação Nacional dos Estabelecimentos de Ensino, CONFENEN, com decisão liminar concedida pelo ministro Gilmar Mendes em 14 de outubro de 2016, conforme publicada na Revista LTr 80-10/1226-1241.
(8) "Breve histórico da prevalência da autonomia coletiva no STF. É preciso destacar que a jurisprudência do Supremo Tribunal Federal tende a valorizar a autonomia coletiva da vontade e da autocomposição dos conflitos trabalhistas, nos termos do art. 7º, XXVI, da Constituição Federal. Mencione-se, neste sentido, o RE 590.415-RG, Rel. Min. Roberto Barroso, no qual foi confirmada a validade de plano de dispensa incentivada devidamente chancelada por acordo coletivo." (STF, MC ADPF 323). *Revista LTr* 80-10/1235.

Afirma-se na nova narrativa decisória da Suprema Corte que no âmbito coletivo não há desequilíbrio de poder entre os sujeitos contratantes, de modo a afastar a necessária proteção construída pelo direito individual do trabalho.[9] E que a "essência da negociação coletiva" ocorre a partir de "prestações sinalagmáticas acordadas com o empregador", assentada em um direito do empregador à obtenção de um "devido contrabalanceamento".[10] Estabelece ainda que "dentro dos limites da razoabilidade" há que se reconhecer a "especial relevância à autonomia da vontade no âmbito do direito coletivo do trabalho", inclusive para afastar "direito assegurado aos trabalhadores pela CLT.[11]

Os giros hermenêuticos que os Tribunais empreendem no tempo, reconfigurando o Direito do Trabalho, em especial o direito coletivo, têm sido objeto das reflexões acadêmicas da autora há aproximadamente quinze anos. A influência do contexto político e econômico nacional no comportamento decisório das cortes superiores; o fenômeno da flexibilização jurisprudencial; a distinção entre autonomia privada coletiva e autonomia coletiva; entre autonomia da vontade e autonomia coletiva; a falaciosa valorização da negociação coletiva por interpretações que ampliam a eficácia dos pactos, como se autonormação, autotutela e auto-organização não fossem aspectos intrínsecos da autonomia coletiva, esta sim, fonte produtora de normatividade etc. são aspectos de estudos anteriores, cujos pressupostos analíticos permanecem válidos para compreender os tempos presentes.[12]

Não obstante, este artigo pretende contribuir de modo singelo com o atual debate sobre as relações entre as normas oriundas de fontes autônomas e heterônomas, e, mais especificamente, sobre a relação entre acordos e convenções coletivas e legislação estatal no Direito do Trabalho brasileiro.[13] Torna-se necessário fazer uma crítica desta nova narrativa decisória que coloniza o Direito do Trabalho pela lógica do direito contratual privado, desprezando a natureza normativa específica das normas coletivas. Para que se reconheça nos instrumentos coletivos pactuados *a alma de lei em um corpo de contrato,* é preciso abandonar as teses de que as negociações coletivas são meras transações nas quais se firmam compromissos mercadológicos recíprocos, bem como que os conteúdos pactuados estariam infensos ao controle judicial. Afinal, como normas jurídicas que são, devem ser interpretadas do mesmo modo que as demais normas trabalhistas, observando a hierarquia e a regra hermenêutica da norma mais favorável. Após um breve escorço teórico sobre negociação coletiva e os três modelos normativos de recepção de suas normas ao sistema jurídico, é apresentado o posicionamento clássico da doutrina brasileira sobre fontes, em especial sobre as relações entre as normas autônomas e heterônomas no Direito Brasileiro. Ao final, retoma-se o problema da necessária incorporação da eficácia das normas coletivas em um em um sistema constitucional democrático, com o conceito de *autonomia coletiva constitucionalizada*, e realiza-se uma crítica das concepções que defendem a ampliação das relações supletórias.

2. CONSIDERAÇÕES TEÓRICO-METODOLÓGICAS

A singularidade do Direito do Trabalho e sua capacidade de atingir funções de civilização das relações laborais, estabilização das relações sociais e políticas e controle duplo do poder econômico e da ação direta das classes trabalhadoras, conforme categoria cultural construída, se explicita por meio de múltiplos aspectos. *Wolfang Däubler* destaca como as principais dimensões decorrentes da especificidade do campo juslaboral: (a) a proteção do trabalho e sua função mediata de conservação da ordem pela 'pacificação das relações socioeconômicas'; (b) a incidência sobre situações concretas de trabalho, com ampla diversidade de ocupações e rápidas transformações tecnológicas e produtivas, a exigir regulações específicas e criativas para problemas inéditos decorrentes da inserção na vida da empresa ou nas cadeias produtivas e como estrutura de suporte e estabilização normativa; e (c) a incidência de normas constitucionais, que ao permear o Direito do trabalho, o estabilizam.[14]

---

(9) BRASIL, STF, RE 590.415-RG. Sobre a necessária superação do princípio de que há uma equivalência dos sujeitos convenentes no plano coletivo, diante dos novos desequilíbrios introduzidos com o neoliberalismo e que revolveram os fundamentos do estado de bem estar, construído nos anos de expansão do direito do trabalho e sindical no mundo contemporâneo, a autora escreveu anteriormente: "A autonomia coletiva com força constitucional pressupõe uma restrição da esfera de liberdade individual do empresário e de seu poder de direção e do princípio da livre iniciativa (...). A presente hegemonia neoliberal (não obstante constituam os ideais constitucionais positivados nos princípios de um Estado Social) provoca um desequilíbrio no originário sistema de valores constitucionalizados. A ampliação da liberdade (entendida aqui no sentido estrito de liberdade de mercado) em detrimento da igualdade implica uma perda do protagonismo social do trabalho e uma redução da autonomia coletiva, que podem impedir inclusive sua própria funcionalidade. O final do século trouxe, pois, novos desequilíbrios às relações entre capital e trabalho, que se projetam também nas Relações Coletivas de Trabalho. Assim, outros desafios se colocam para assegurar a expressão da autonomia coletiva como poder social efetivo, capaz de contrarrestar a desenfreada expansão dos poderes do capital nas relações laborais." SILVA, Sayonara Grillo Coutinho. *Relações Coletivas de Trabalho:* configurações institucionais no Brasil contemporâneo. São Paulo, LTr, 2008. p.100.
(10) BRASIL, STF, MC-ADPF 323.
(11) "Ainda que o acordo coletivo de trabalho tenha afastado direito outorgado a trabalhadores pela CLT, concedeu-lhe outras vantagens com vistas a compensar essa supressão. Ademais, a validade da votação da Assembleia Geral que deliberou pela celebração do Acordo Coletivo de Trabalho não foi rechaçada nesta demanda, razão pela qual se deve presumir legítima a manifestação de vontade proferida pela entidade sindical" RE 895.759, 22.9.2016. O afastamento da norma legal, com eficácia para toda a categoria profissional em benefício de afiliados e não afiliados às entidades sindicais foi admitido. Entrementes, não se permite instituição de benefício financeiro em favor dos sindicatos contratantes, mantendo interpretação limitada da autonomia sindical na Súmula Vinculante n. 40, *in verbis* "A contribuição confederativa de que trata o art. 8º, IV, da Constituição Federal, só é exigível dos filiados ao sindicato respectivo."
(12) Sobre tais questões refleti e apresentei minhas concepções no livro *Relações Coletivas de Trabalho*: configurações institucionais no Brasil contemporâneo. São Paulo: LTr, 2008.
(13) Reconhecem-se as insuficiências das díades bem como que o binômio heteronomia versus autonomia pode reforçar uma separação que não resiste a uma análise percuciente, pois desconsideram fatores que perpassam tais construções, o cenário político-econômico, o tipo de atuação do Estado do domínio econômico, a arena da seguridade social etc. Contudo, as díades lei/negociação, regulação heteronomia/autonomia, intervencionismo/abstencionismo são importantes para o entendimento dos diferenciados processos de juridificação e construção de modelos jurídicos e de Estado, questões relevantes para este artigo, em abordagem contida nos aspectos normativos da regulação laboral. Sobre a crítica às díades, ver Sayonara Grillo Coutinho Leonardo da Silva. *Relações Coletivas de Trabalho...* p. 122.
(14) DÄUBLER, Wolfang. *Direito do Trabalho e sociedade na Alemanha.* São Paulo: LTr, 1997. p. 45-46.

Em consequência lógica às funções e especificidades do mundo do trabalho, o direito laboral se construiu por meio da combinação das esferas da autonomia coletiva e da intervenção estatal. Assim, quando há uma boa articulação das fontes provenientes das negociações realizadas diretamente pelos setores econômicos e sindicais, e aquelas provenientes das instâncias estatais, preserva-se o necessário espaço para as regulações específicas (ou adequações setoriais). Assegura-se também a capacidade de os atores sociais e os instrumentos coletivos de trabalho incidirem sobre novos conflitos, com rapidez e atualidade, ao mesmo tempo que se estabelece um limite constitucional e legal e a criação de uma chave de leitura que permita examinar a validade das normas coletivamente pactuadas.

Na combinação entre negociação coletiva e intervenção estatal, tem-se a explicitação da construção de um moderno ramo jurídico que é o Direito do Trabalho, síntese dos sistemas estatuário e contratual, oriundos das tradições jurídicas diferenciadas dos modelos romano-germânico e anglo-saxão, da *common law* e *da civil law*.[15]

Não à toa, ainda que em países nos quais o Direito é legislado por excelência, as fontes como modos de produção jurídica trabalhista são classificadas como heterônomas, se forem criações externas às partes, ou autônomas, elaboradas pelos próprios interessados. As fontes autônomas produzidas pelos interessados — como as convenções coletivas e os acordos coletivos de trabalho — são instrumentos privilegiados para especificar no mundo concreto das relações laborais as normas imperativas cogentes, *consideradas patamar mínimo* para a adaptação e para atualizar as regras às inovações das técnicas, processos produtivos e realidades cambiantes do mundo do trabalho. São recebidas e reconhecidas como válidas pela ordem jurídica instituída quando "arrostam o interesse público primário".[16]

De um ponto de vista analítico, a clássica distinção proposta por Otto Kahn-Freund entre dois modelos de negociação coletiva, estático/contratual ou dinâmico/institucional tem valor heurístico, pois permite compreender os modos de funcionamento de sistemas de relações laborais. No primeiro modelo, as partes se reúnem, negociam e se afastam depois de firmado um acordo. No segundo, há a criação de órgãos de negociação permanente. A distinção, segundo Fernando Valdés Dal-Ré, acaba por direcionar as investigações científicas nos campos metodológico e conceitual.[17]

Pesquisadores e juristas imersos em sistemas negociais dinâmicos buscam compreender os processos de negociação (*bargainingunit*); as organizações e entidades negociadoras (*power organization*) e as regras de procedimentos sobre tratativas (*procedure rules*). As consequências acadêmicas e culturais geram o desenvolvimento de uma nova disciplina, das relações laborais ou *industrial relations*, de perfil interdisciplinar com conceitos provenientes não somente do direito, mas também da sociologia e da economia.[18]

No Brasil, como em inúmeros países que adotam sistemas estáticos, os estudos jurídicos privilegiam a análise do resultado, dos efeitos e da eficácia das normas coletivas. São escassos os estudos no campo jurídico sobre os procedimentos negociais concretos, condicionamentos e estrutura da negociação coletiva de trabalho.[19]

Este artigo compartilha a advertência metodológica feita pelo jurista Fenando Valdés Dal-Ré, com consciência sobre seus limites analíticos. Reconhece-se a escassez das pesquisas jurídicas sobre as convenções coletivas de trabalho e negociações coletivas no Brasil e os problemas graves que tal insuficiência alimenta, a exemplo do estímulo com que parte da jurisprudência resolve os problemas relacionados à relação entre normas autônomas e heterônomas, ou aqueles relativos às relações entre normas pactuadas em níveis de negociação diferenciados (empresa x categoria).

Embora as dificuldades de construção sistemática e harmônica de uma teoria das normas coletivas no marco da Constituição de 1988 sejam oriundas de um conjunto de fatores, dentre os quais, a ausência de uma teoria consistente e interdisciplinar sobre negociação coletiva, acredita-se que a falta de explicitação na teoria jurídica dos condicionamentos fáticos às manifestações da autonomia coletiva neste início de século XXI[20] contribui sensivelmente para que certas concepções se limitem a tratar a negociação coletiva como barganha, e seus resultados positivos como contratos ou ainda como manifestação de uma autonomia coletiva privada, que permite ou promove a equivalência ou igualdade dos sujeitos na relação laboral.

Não obstante, Fernando Valdés Dal-Ré adverte sobre o crescimento das abordagens que reduzem a negociação coletiva a um modo de regulação flexível, consoante uma visão funcionalista, de filiação conservadora e neoliberal, que acaba por subordiná-la à lógica de mercado. Tais visões se distanciam das funções originais da negociação coletiva como um método de limitação dos poderes econômicos e das faculdades dos empregadores, e negam o caráter complexo da instituição, no qual sobressai a dimensão política, de mecanismo de regulação de poder e de controle do poder empresarial para atingir um maior equilíbrio das relações de trabalho.

---

(15) SUPIOT, Alain. *Crítica del derecho del Trabajo*. Madrid: Ministerio de Trabajo y Asuntos Sociales Subdirección General de Publicaciones, 1996.
(16) FELICIANO, Guilherme Guimarães. *Curso Crítico de Direito do Trabalho*. Teoria Geral do Direito do Trabalho. São Paulo: Saraiva, 2013. p. 202. Remeto ao autor a utilização de fonte para "designar os diferentes modos de realização, material ou formal, do direito objetivo atual (fonte criadora)", sendo as primeiras "elementos ônticos que estão na base de elaboração da norma jurídica, *i.e.*, a matéria-prima original de que dimana o valor plasmado na norma, a origem primária do fenômeno jurídico tridimensional (fato, valor e norma)," que no Direito do Trabalho, segundo Feliciano, relevam a divisão social do trabalho e a técnica como forças produtivas que promovem mudanças nas normas, nas ideologias, na estrutura social e fontes formais como modos de expressão, veículos de exteriorização do Direito. *Op. cit.*, p. 157-159.
(17) VALDÉS DAL-RÉ, Fernando. *La negociación colectiva, entre tradición y renovación*. Granada: Comares, 2012.
(18) VALDÉS DAL-RÉ, Fernando. *Op. cit.*, p. 3-4.
(19) VALDÉS DAL-RÉ, Fernando. *La negociación colectiva, entre tradición y renovación*. Granada: Comares, 2012.
(20) Sobre os fatores inibidores à negociação coletiva de trabalho, remeto às pesquisas de José Francisco Siqueira Neto. Sob uma perspectiva dos procedimentos ver os estudos clássicos do referido autor, em especial *Contrato coletivo de trabalho*: perspectiva de rompimento com a legalidade repressiva. São Paulo: LTr, 1991, um dos poucos que trabalharam o procedimento negocial no país.

Com novos condicionamentos relacionados às transformações sociais, globais e produtivas no novo capitalismo surgem novos desequilíbrios nas relações coletivas de trabalho. E dentre as transformações produtivas e sociais, Fernando Valdés Dal-Ré sublinha como fatores relevantes que influenciam nas mutações da negociação a descentralização produtiva, a individualização, a erosão da política frente à economia provocada pela globalização e a aparição de novos atores econômicos e sociais. No que diz respeito às mudanças de ordem política, as que decorrem das alterações no sistema de negociação propostas pelo poder público, em especial as que afetam o sistema de fontes do direito laboral, trazem subjacentes concepções diversas sobre a intervenção do Estado nas relações de trabalho.[21]

Em nosso país, as modificações no sistema negocial que atingem o sistema de fontes laborais e sua articulação não decorrem apenas de proposições legislativas, mas em boa medida de decisões judiciais, como as adotadas recentemente pelo Supremo Tribunal Federal citadas na primeira seção, *supra*.

São graves as consequências de tais mutações para o Direito do Trabalho e para o constitucionalismo. Diante da radicalidade das transformações sistêmicas provocadas pela própria atuação estatal, que assentada em um discurso de empregabilidade deixa de expressar uma vontade de reequilíbrio assimétrico das relações de poder por meio de técnicas de proteção, Fernando Valdés Dal-Ré alerta como tais mudanças podem acabar por alterar o próprio sentido do Direito do Trabalho:

> *La pérdida del control político sobre el orden económico globalizado transforma la función de la regla jurídico-laboral, que se percibe ahora, en lo esencial, como un medio para moderar o para eliminar las disposiciones limitativas al juego de las leyes ordinarias del mercado. En suma, el canon primero de valoración de la legislación laboral ya no es o no solo es la tutela del trabajo mismo, sino la eficiencia del mercado.*[22]

Diante de tal reconfiguração nas funções assumidas pela negociação coletiva e pelo próprio Direito do Trabalho em contexto de crise institucional e econômica, sob os auspícios das políticas de austeridade e de excepcionalidade permanente — como as que foram adotadas nos países ibéricos e agora chegam ao Brasil, a professora Nunzia Castelli observa como se constrói um paradigma pró-contratualização do direito, com a privatização do conceito de interesse geral. Ao comentar as críticas liberais ao pretenso "autoritarismo" e "paternalismo do Estado" que estariam na raiz do direito laboral, Castelli afirma que "não surpreende que a inderrogabilidade se apresente cada vez mais como um *problema* do que como *fundamento* do direito do trabalho."[23]

E é exatamente sobre o sentido da inderrogabilidade das normas cogentes trabalhistas, seu caráter de ordem pública social, por sua inserção no plano dos direitos fundamentais constitucionais e diante de seu reconhecimento como integrante do núcleo essencial dos direitos humanos que devem ser examinados os três modelos normativos encontrados no moderno Direito do Trabalho de admissibilidade e incorporação da negociação coletiva no ordenamento jurídico. Afinal, as reconfigurações fáticas, muitas vezes admitidas pela jurisprudência, são negociadas por alguns sindicatos, promovidas pela legislação infraconstitucional sob uma ordem constitucional e de direitos humanos internacionais com a qual se chocam. Uma normatividade fática emergente como expressão da *lex mercatória*, que esbarra e se contrapõe à normatividade democraticamente instituída pela cidadania ativa, estabelecida na Constituição de 1988.

3. COMPLEMENTAÇÃO, SUPLEMENTAÇÃO E REGIME SUPLETÓRIO: TRÊS MODELOS NORMATIVOS

A fenomenologia do Direito do Trabalho tem sido bastante alterada nas últimas décadas. As cicatrizes visíveis tornam o sistema de fontes e a relação entre elas fragmentada, múltipla e complexa.[24] Não obstante, permanecem as suas vigas constitutivas, que permitiram uma universalização de direitos, a redução das desigualdades e uma importante civilização do poder patronal nos últimos anos. Para compreender as razões da permanência do sistema jurídico é importante registrar que, grosso modo, o Direito do Trabalho moderno construiu três sistemas normativos diversos de admissibilidade da negociação coletiva, conforme relação de *suplementaridade, complementaridade ou supletoridade*.[25]

Regra geral, as normas estatais têm caráter cogente e caracterizam-se pela indisponibilidade. A norma coletiva acresce direitos aos trabalhadores, melhora suas condições de trabalho, podendo o que for pactuado coletivamente *suplementar (I)* o conjunto normativo estabelecido em lei. Tal regime é universalmente admitido em todos os países de-

---

(21) *Op. cit.*, p. 16.
(22) VALDÉS DAL-RÉ, Fernando. *La negociación colectiva, entre tradición y renovación*. Granada: Comares, 2012. p. 16.
(23) CASTELLI, Nunzia. *Contrato, consenso, representación*: reflexiones sobre la juridicación de las relaciones laborales. Albacete: Bomarzo, 2014. p. 217, tradução livre.
(24) PAIXÃO, Cristiano. Complexidade, diversidade, fragmentação: um estudo sobre as fontes do Direito do Trabalho no Brasil. In: *Os novos horizontes do Direito do Trabalho*. São Paulo: LTr, 2005. p. 102-118.
(25) Optamos por nos referir aos três sistemas, pois expressam relação entre normas jurídicas e normas negociadas coletivamente. Não se desconhecem, entretanto, outras classificações. Para Ignácio Garcia Perronte Escartin, há um quarto modelo, *o de exclusividade*, para o qual há uma reserva legal para a atuação do Estado. No Brasil, é o regime que predomina no âmbito da administração pública direta, autárquica e fundacional, em que a Constituição reserva à lei a possibilidade de definir padrões salariais e fixar reajustes, atualizações ou direitos, obstando a adoção de convenções coletivas de trabalho. De toda sorte, como negociação coletiva é procedimento, a Convenção 151 assegura a negociação e a participação dos servidores na definição de tais temas, ainda que reservadas à lei ou de iniciativa privativa do chefe do Poder Executivo. Perronte Escartin também não se refere à relação de supletoriedade, afirmando haver uma *relação de concorrência* quando ambas as fontes (lei e negociação) incidem sobre os mesmos fatos, ora com predomínio de uma, ora de outra. Por outro lado, advirta-se que os modelos não devem ser vistos como momentos sucessivos ou tendências evolutivas (Cf. Ronaldo Lima Santos). Já Martín Valverde "*sistematiza las distintas posibilidades de contacto entre norma colectiva y norma estatal como relaciones de suplementariedad o concurrencia no conflictiva; de subsidiariedad; de complementariedad o articulación; de supletoriedad; y la colisión o conflicto.*" *Apud*: Alexandre Teixeira Bastos Cunha, *Op. cit.*, p. 273.

mocráticos que reconhecem a negociação coletiva. Permite a concretização dos objetivos tutelares do ramo jurídico de melhoria das condições sociais e de vida dos trabalhadores e a redução das desigualdades sociais.

O modelo de suplementação está assentado na primazia da autonomia coletiva sobre a autonomia individual e na subordinação de ambas as garantias mínimas asseguradas pela ordem jurídica cogente,[26] permeada por normas de indisponibilidade absoluta ou relativa. É a concepção acolhida no coração da própria definição de contrato de trabalho da legislação consolidada que indica a substituição automática das normas individuais pelas coletivas e legais mais benéficas, conforme dicção do art. 444 da CLT ("as relações contratuais de trabalho podem ser objeto de livre estipulação das partes interessadas em tudo quanto não contravenha às disposições de proteção ao trabalho, aos contratos coletivos que lhes sejam aplicáveis e às decisões das autoridades competentes"). Esta noção foi constitucionalizada em 1988, como direito fundamental dos trabalhadores (Art. 7º *caput*, c/c XXI), incluído nas Declarações Internacionais de Direitos Humanos, internalizadas no Brasil com status de supralegalidade.

O Direito do Trabalho contém um conjunto de normas de ordem pública diante de sua natureza social indisponível. Contudo, regulando relações privadas, não poderia deixar de admitir entre a lei e a negociação coletiva uma relação de complementaridade, com objetivo de estabelecer regulações sobre situações novas, particulares, concretas, ou para submeter ao regime do direito, relações de força, racionalizando o poder empregatício. Com *função complementar (II)*, a negociação coletiva pode regular temas e assuntos nos quais há vácuo legal ou nos quais a lei remete expressamente à convenção ou a acordos a regulação da matéria. Para Alexandre Teixeira Freitas Bastos, mediante tal técnica "*el legislador impone una regla o principio, pero delega a los interlocutores sociales la responsabilidad de definir las modalidades concretas de su aplicación. Por tanto, la regulación de un supuesto dado solamente se concreta mediante la aplicación articulada entre las distintas disposiciones estatal y autónoma. Hay entre norma estatal y el convenio colectivo una relación de interdependencia, determinada expresamente por la primera.*"[27]

Nos países que ratificaram a Convenção n. 154 da Organização Internacional do Trabalho, a negociação coletiva é estimulada com as funções de suplementação e complementação. Afirma o art. 2º desta Convenção que são finalidades da negociação: a) fixar condições de emprego e trabalho, b) regular as relações entre trabalhadores e empregadores, c) regular relações entre organizações de trabalhadores e empregadores ou suas organizações. Ou seja, estabelecer condições, regras, modos de relações internas e externas à empresa, de forma a promover mecanismos de democratização do poder. Em sentido semelhante, o reconhecimento de que a negociação entre as partes, ao lado de procedimentos independentes e imparciais, é um modo apropriado de resolver conflitos que surjam na administração pública motivados pela necessidade de determinar condições de emprego é assegurado pela Convenção n. 151 da Organização Internacional do Trabalho, promulgada no Brasil pelo Decreto n. 7.944, de 6 de março de 2013. Junto com a Recomendação n. 159, a Convenção trata das Relações de Trabalho na Administração Pública.

Como exemplos de relação de complementaridade no direito brasileiro, podem ser citados a delegação legislativa para o campo dos acordos coletivos da prerrogativa de instituir Comissões de Conciliação Prévia (Lei n. 9.958/2000); estabelecer acordos de Participação nos Lucros e Resultados, sem natureza salarial e com apuração de parcelas semestralmente (Lei n. 10.101/2001); fixar reajustes salariais e disciplinar a política salarial (Lei n. 10.192) etc.

Diante de tais sistemas, cria-se um modelo mais complexo de relações coordenadas entre as hierarquias (formal, estática e dinâmica, material) normativas no Direito do Trabalho, no qual se avalia, em primeiro lugar, *a validade da norma* e do seu processo de produção (emanada legitimamente de órgão competente e conforme procedimentos adequados) para, ato contínuo, observar em que espaço a norma formalmente válida incide, considerando-se sua relação com as demais fontes formais de Direito do Trabalho, à luz da dinâmica instaurada pelo princípio da norma mais favorável.[28] E a função de juridificação do conflito social de trabalho se expressa pela natureza cogente das normas imperativas da ordem pública social laboral, que torna indisponível à vontade coletiva ou individual o conjunto normativo legal e constitucional.[29]

---

(26) A existência de normas imperativas, de um direito absolutamente necessário no campo do direito laboral, que limita sensivelmente a autonomia privada e a submete às prescrições legais e constitucionais, decorre da própria função do ramo jurídico de integrar o conflito de trabalho e submetê-lo a um processo de juridificação. Neste sentido, a imperatividade da Constituição e das leis do trabalho supõe uma indisponibilidade que obsta aos sujeitos coletivos ou individuais sua desvinculação do regime legal. "*Dentro de esas prescripciones legales aparecen normas imperativas que exhiben una voluntad del legislador de no admitir otra regulación de una materia determinada que la contenida en la ley aplicable. Este tipo de normas suelen llamarse de derecho necesario absoluto y son aquellas que no admiten el despliegue de la autonomía de la voluntad (ni individual ni colectiva)*" Manuel Carlos Palomeque López, Manuel Álvarez de la Rosa. *Derecho del Trabajo*. Madrid: Editorial Universitaria Centro de Estudios Ramón Areces, 2009. p. 297.
(27) CUNHA, Alexandre Teixeira de Freitas Bastos. *El convenio colectivo en el sistema de fuentes de derecho en Brasil*. Tese de Doutoramento. Universidade Complutense de Madri, 2007, *mimeo*, p. 279.
(28) SANTOS, Ronaldo Lima dos. *Teoria das Normas Coletivas*. São Paulo: LTr, 2009. p. 272.
(29) A formação do Direito do Trabalho com a juridificação do fato trabalho opera a sua publicização pela inserção na ordem constitucional e sua reconfiguração. "O processo empregado pela técnica jurídica para lograr os objetivos de proteção ao trabalhador tem seu ponto de apoio na superação das normas puramente supletivas ou dispositivas, porque assente na livre vontade das partes contratantes. Dá-se, ainda, a apropriação de energias normativas do direito público, que se fundiram nas relações privadas no trabalho, através de normas chamadas de interesse público ou de ordem pública. O sistema atuante impregnou-se de imperatividade — jus cogens — em relações contratuais cujo interesse ultrapassou o estritamente individual. A publicização do direito privado — momento de larga dramaticidade entre pirivatistas — é fenômeno que se observou mais pronunciadamente no Direito do Trabalho, até pela revisão do alcance de institutos como o da renúncia e da transação." Paulo Emílio Ribeiro de Vilhena, *Op. cit.*, p. 32. A partir dessas lições, observa-se como a *tese jurídica* fixada pelo Supremo Tribunal Federal no RE 590.415-RG, ao reduzir a ordem pública social e admitir a validade da renúncia pela dupla transação (coletiva e individual), subverte não somente lógica da interpretação jurídica dominante nas cortes laborais como segue no caminho contrário ao da publicização do trabalho, base do constitucionalismo social.

Não obstante, há hipóteses em que por expressa autorização reconhece-se a validade de negociações coletivas com cláusulas consideradas supletórias ou supletivas. Nos casos e espaços em que se admite que a negociação coletiva possa regular determinado assunto ou relação de forma contrária àquela prevista na lei, tal norma tem sua natureza jurídica alterada, de cogente para dispositiva.[30] Os regimes de *supletoridade (III)* atribuem à negociação coletiva a capacidade de flexibilizar a norma jurídica *in pejus* durante sua vigência por se tratar de uma simples derrogação imprópria, que incide no tempo exato de vigência da norma coletiva sem jamais admitir ultratividade já que excepciona norma legal. Em realidade, não há uma relação estanque hierárquica em que a norma coletiva substitui a regra legal, mas sim um afastamento provisório, pois deixa a lei de incidir sobre determinada relação jurídica ou ato jurídico, cedendo espaço para a regulação proveniente da negociação coletiva.

A regulação supletiva típica é aquela que no âmbito laboral decorre das normas que não têm caráter mínimo e são dispositivas. Permite regulação pelas partes, técnica utilizada para a ampliação das negociações coletivas. Exatamente pelo fato de o Estado legislador disponibilizar para a vontade das partes a regulação, constitui tal *iusdispositivum* uma exceção.[31] Nesse sentido, a relação entre a lei e os resultados na negociação coletiva não se define pela aplicação do princípio da norma mais favorável, mas sim pela própria natureza jurídica das normas imperativas que o Direito do Trabalho contempla como expressão da intervenção do Estado neste domínio.[32] Tal relação se estabelece em casos específicos, é limitada e controlada no país.

Como bem adverte Ronaldo Lima dos Santos, "a práxis histórica demonstra que a maioria dos Estados não se limita à adoção de apenas um modelo, mas acolhe concomitantemente aspectos de cada um deles; porém, observa-se sempre uma predominância de um ou outro modelo em cada Estado, o que possibilita uma análise mais objetiva das relações entre as normas autônomas e as heterônomas."[33]

Importa dizer que os modelos jurídicos de complementação e suplementação correspondem a sistemas de relações de trabalho, conforme compreende Richard Hyman, que foram desenvolvidos em um *processo de desmercadorização institucional,* no âmbito de sistemas nacionais e que são pressionados atualmente pela internacionalização.[34] Sistemas nacionais de relações de trabalho envolvem relações sociais e laborais — nas quais regulações substanciais e procedimentais interagem — e modelos de regulação. Dentre os três modelos de regulação conhecidos, há aqueles em que predominam as contratações coletivas, os que realçam a legislação e os raros casos assentados em valores e crenças de regulações comunitárias. Vale a advertência de que "o contraste entre regulação estatutária e 'voluntária' é bem conhecido, embora seja de alguma forma enganador,"[35] pois há uma inserção do sistema negocial em estatuto jurídico e a própria legislação ou regulação é também, em certo sentido, negociada.

Tais sistemas constituem campos de tensão, envolvem verdadeiras *lutas normativas,* já que o complexo de normas, valores e crenças não está envolto em consenso, e podem moldar tanto os espaços de negociação coletiva quanto de legislação.[36] Contudo, antes que tais *lutas normativas* se explicitassem com força entre nós, no âmbito de um sistema legislado de relações laborais, uma doutrina jurídica consistente construiu sólidas diretrizes sobre os processos de integração dos resultados das negociações coletivas no ordenamento jurídico e bem compreendeu que a Constituição de 1988 prestigia os modelos de complementação e suplementação, em detrimento das relações supletórias, contidas e limitadas aos casos raros nela prevista.

Por conseguinte, considerando-se que no Brasil, predomina o regime de suplementação e complementação, e os casos de utilização supletória raros, devidamente limitados pela Constituição, cabe fazer uma pausa na análise para retomar algumas lições da doutrina sobre as fontes do Direito do Trabalho e a relação entre fontes formais autônomas e heterônomas no sistema nacional, a partir de autores

---

(30) Ou de normas absolutamente imperativas para normas relativamente imperativas ou dispositivas. Nesta concepção, são normas absolutamente imperativas as que não admitem derrogação ou ab-rogação pelas partes, somente sublevação; relativamente imperativas as que comportam alterações prejudiciais nos casos admitidos por negociação coletiva e as dispositivas, as que comportam derrogabilidade individual (Guilherme Guimarães Feliciano. *Op. cit.*, p. 201).
(31) PALOMEQUE LÓPEZ, Manuel Carlos; ÁLVAREZ DE LA ROSA, Manuel. *Derecho del Trabajo*. Madrid: Editorial Universitaria Centro de Estudios Ramón Areces, 2009, p. 298-299.
(32) Não obstante, adverte-se que a autora deste ensaio entende que eventuais antinomias entre normas coletivas, normas legais e constitucionais não se resolvem apenas no âmbito da comparação do conteúdo das regras autônomas ou heterônomas pela aplicação do princípio mais favorável e das regras legais incidentes (arts. 444 e 620 da CLT, e art. 7º *caput* e XXVI, CRFB). Tais técnicas pressupõem a validade das normas coletivas, que não devem ser examinadas apenas do ponto de vista dos aspectos jurídico-formais, mas se voltam a compreender o procedimento de formação da vontade coletiva e o contexto das relações socioeconômicas e laborais nas quais se inserem. As normas coletivas provenientes da autonomia coletiva são válidas para regular a relação interna entre os grupos econômico e profissional, independentemente do cumprimento de determinados requisitos formais, como registro, número de presentes em assembleia etc. Contudo, só produzirão efeitos jurídicos adequados ao afastar normas legais específicas quando recebidas e integradas no sistema jurídico." (Sayonara Grillo Coutinho Leonardo da Silva, *Op. cit.*, p. 492). E "a integração da autonomia coletiva como poder social juridificado, que fundamenta a negociação coletiva como fonte de direito, realça a integração das realidades do sistema constitucional, destacando a necessária correspondência com os valores materiais presentes na ideia de direito traçada pelo constituinte." (*Op. cit.*, p. 33).
(33) SANTOS, Ronaldo Lima dos. *Teoria das Normas Coletivas*. São Paulo: LTr, 2009. p. 274.
(34) "As relações laborais podem ser definidas como a regulação do trabalho e do emprego, desde que se entenda a regulação (controle através de regras, segundo o dicionário), no seu sentido mais lato, como abrangendo uma teia complexa de processos sociais e um terreno de resistência e luta real ou potencial." HYMAN, Richard. Europeização ou erosão das relações laborais? *Revista Crítica de Ciências Sociais*, n. 62, jun. 2002. p. 13.
(35) HYMAN, Richard. Europeização ou erosão das relações laborais? *Revista Crítica de Ciências Sociais*, n. 62, jun. 2002. p. 14.
(36) "Deve salientar-se que este complexo de normas, crenças e valores não constitui necessariamente uma ideologia consensual, como no modelo dunlopiano (...) de um sistema de relações laborais, sendo antes usualmente um terreno de luta ideológica. O resultado desta luta normativa pode contribuir para moldar tanto a lei como a negociação coletiva. Por consequência, um sistema de relações laborais é um campo de tensão entre, por um lado, as pressões exercidas pelo mercado no sentido da mercadorização da força de trabalho, e, por outro, as normas sociais e institucionais que asseguram a sua (relativa) 'desmercadorização' — um termo que tomo emprestado de Esping-Andersen (1990). É uma arena em que se desenrola a disputa entre a persecução de uma 'sociedade de mercado' e a defesa de princípios de 'economia moral'. (Richard Hyman. *Op. cit.*, p. 15).

clássicos. O objetivo é refletir e problematizar as recentes decisões do Supremo Tribunal Federal sobre eficácia jurídica de normas coletivas, não somente pelo seu significado contextual na conjuntura presente, mas, sobretudo, a partir de critérios hermenêuticos.

4. AS CLÁSSICAS RELAÇÕES ENTRE AS NORMAS AUTÔNOMAS E HETERÔNOMAS NO DIREITO BRASILEIRO

Embora poucos autores nacionais tenham se debruçado sobre a morfologia das relações coletivas, consistentes estudos foram produzidos no campo da dogmática a respeito dos instrumentos negociais resultantes dos processos multifacetados de negociação coletiva. Em *Teoria das normas coletivas*, Ronaldo Lima dos Santos pontua que em modelos diversos "a regra é a relação entre as normas coletivas e a legislação estatal estruturar-se de forma que à norma estatal compete o estabelecimento de um tratamento normativo mínimo, a cuja observância está obrigada a convenção coletiva, que poderá prever condições mais favoráveis aos trabalhadores".[37] Esta teoria é fundada na premissa de que a legislação contém dispositivos insuscetíveis de derrogação em prejuízo.

Estudo clássico e precursor foi realizado por Antônio Álvares da Silva, em Direito Coletivo do Trabalho, inspirado no sistema alemão de cogestão. Defensor de um robustecimento do sistema de negociações coletivas, de alterações no ordenamento nacional, crítico do 'paternalismo' e defensor da 'modernização', o professor retomou, ao longo de sua obra, o tema da contratação coletiva, no auge dos debates sobre a introdução do contrato coletivo de trabalho, e enfrentou especificamente a questão da hierarquia das fontes normativas: "Os instrumentos normativos, sejam de que espécie forem, existem para criar normas mais favoráveis às partes contratantes, salvo poucas exceções," que se encontram na Constituição (item VI e XII do art. 7º), afirma Antônio Álvares da Silva.[38] E ao contextualizar prossegue: "dentro do atual estágio de desenvolvimento do Direito Coletivo do Trabalho seria restrito e errôneo dizer que a norma coletiva criada visa a proteger apenas o empregado. Hoje, esta limitação paternalística está superada".[39] Não significa, contudo, afastar a lei; a liberdade de negociação atua somente na presença de normas dispositivas. Para o jurista mineiro, "o espaço da negociação coletiva é o que ainda não foi ocupado pela Constituição e pelas leis imperativas. Não há a alternativa do primado do contrato coletivo sobre a lei e, muito menos, sobre a Constituição. Aqui haveria quebra até mesmo do próprio estado de direito."[40]

Amplo defensor da autonomia sindical, Evaristo de Moraes Filho sempre criticou o aumento das regras de disponibilidade ou relativização da imperatividade das normas. Chamado a se manifestar sobre as reformas liberalizantes da década de 1990, afirmou em entrevista: "contrato de trabalho é cada vez mais flexível, temporário. Já se aprovou até mesmo a possibilidade de as Convenções Coletivas de Trabalho concederem menos do que a lei escrita prescreve, desde que o sindicato concorde... Isto é subversão! As fontes normativas obedecem a uma hierarquia que parte da Constituição, passa pela lei que regulamenta a norma constitucional, pelo decreto, até chegar às portarias e instruções. Então, como admitir que, em face do disposto no art. 5º da Constituição de 1988, uma convenção possa revogar uma lei? O que explica isso é o eterno inconformismo do patronato. Trata-se de uma luta permanente."[41]

Arion Sayão Romita, jurista liberal que empreendeu verdadeira campanha contra o princípio da proteção,[42] debruçou-se sobre o conflito de normas. Situou a hierarquia como sistema escalonado a partir da capacidade derrogatória ao examinar o conflito entre lei e norma coletiva no contexto da adoção de medidas de excepcionalidade econômica. Depois de recusar a tese de que as convenções coletivas de trabalho se condicionam pela Constituição e não pela lei, Romita afirma a superioridade de lei nova menos benéfica perante a convenção coletiva e pontifica: "no conflito entre a lei e a convenção coletiva de trabalho, prevalece a segunda quando celebrada durante a vigência da norma geral para outorgar maiores vantagens aos trabalhadores (princípio da condição mais benéfica). O mesmo, contudo, não ocorre na situação inversa. Se a convenção coletiva preexiste à lei, o conflito se resolve em favor desta, que impera sobre a manifestação da autonomia privada coletiva."[43]

Da nova geração de juristas, Ronaldo Lima dos Santos explica sua posição doutrinária: "a) a lei é considerada hierarquicamente superior aos acordos e convenções coletivas; b) as normas coletivas não podem estabelecer disposições menos favoráveis aos trabalhadores que as contidas na lei (*reformatio in pejus*); c) as normas coletivas só podem estabelecer condições menos favoráveis quando a própria lei instituidora do direito o permitir, como as hipóteses previstas no art. 7º, incisos VI, XIII, XIV, XXVI, da Constituição Federal de 1988; d) as normas coletivas têm prevalência quando preveem condições mais favoráveis que as previstas

---

(37) SANTOS, Ronaldo Lima dos. *Op. cit.*, p. 274.
(38) SILVA, Antônio Álvares da. *Contratação Coletiva*. p. 229.
(39) SILVA, Antônio Álvares da. *Op. cit.*, p. 230: "Evidentemente que tal complexo normativo compõe os interesses de ambos os lados, e não apenas os de um, já que ambos vão suportar os resultados da negociação e as consequências da regra criada. Como em toda atividade legiferante abaixo do poder constituinte, as partes que negociam têm limites objetivos a que devem obedecer. O primeiro deles é a Constituição, com os direitos mínimos nela fixados. O segundo é o das leis cogentes ou imperativas que, se revogadas ou modificadas, colocaria a vontade grupal acima da geral e do próprio interesse público. Mas poderá regulamentar diferentemente do que é determinado em leis dispositivas, exatamente em razão da liberdade da negociação."
(40) SILVA, Antônio Álvares da. *Op. cit.*, p. 231.
(41) MORAES FILHO, Evaristo de. *Apud* MOREL, Regina; GOMES, Ângela Castro; PESSANHA, Elina (Org.). *Sem medo da Utopia*: Evaristo de Moraes Filho: arquiteto da sociologia e do Direito do Trabalho no Brasil. São Paulo: LTr, 2007. p. 137.
(42) Para um mapeamento dos sentidos dos doutrinadores na cultura dos juristas do trabalho, ver Sayonara Grillo Coutinho Leonardo da Silva, Luiz Eduardo Figueira. A proteção na cultura jurídica trabalhista: revisão conceitual. *Revista de Direitos Fundamentais e Democracia*, Curitiba, v. 12, n. 12, p. 302-325, jul./dez. 2012.
(43) ROMITA, Arion Sayão. Conflito de Normas em Direito do Trabalho. In: *Direito e processo do trabalho*. Estudos em homenagem ao prof. Octavio Bueno Magano. MALLET, Estêvão; ROBORTELLA, Luiz Carlos Amorim (Orgs.). São Paulo, LTr, 1996. p. 87.

em lei (*in mellius*)."⁽⁴⁴⁾ Contudo, o autor defende tese de que diante de um pluralismo sistêmico, técnicas diversas podem ser utilizadas para garantir uma homeostase do sistema, tais como as técnicas de ponderação, pautadas pelo princípio da proporcionalidade, que estabelece que na presença de colisão, pode haver a predominância de convenções aparentemente menos benéficas sobre regras legais, desde que o núcleo dos direitos fundamentais se preserve sem ser afetado.[45]

A utilização do princípio da proporcionalidade como mecanismo hermenêutico para resolver eventual colisão de princípios é também defendida por Alexandre Teixeira Bastos Cunha, já que a autonomia não pode afrontar a dignidade do trabalhador, que como pessoa humana possui um núcleo irredutível de direitos fundamentais constitucionalmente previstos. A autonomia coletiva, em sua dimensão reguladora das condições laborais, não pode "*inducir a una desregulación del Derecho del trabajo, lo que es correcto puesto que, de este modo, estará violando la Constitución brasileña, que consagra el trabajo con derechos como un valor esencial para el Estado de Derecho, configuración con la que no se concilia el supuesto de desregulación del Derecho del trabajo*".[46]

No labor de construção de novos conceitos explicativos, Mauricio Godinho Delgado trata o tema da relação entre normas coletivas negociadas e normas estatais a partir das diretrizes interpretativas provenientes do que denomina *princípios da criatividade jurídica* e da *adequação setorial negociada*. Pelo primeiro, nomina a normatividade intrínseca da autonomia coletiva de produção de normas jurídicas e não de simples cláusulas contratuais, desde que em "harmonia com a normatividade heterônoma estatal". E pelo segundo, batiza na doutrina jurídica nacional a fórmula de penetração das normas autônomas em casos de conflito com as normas estatais existentes.[47] Delgado admite variegadas possibilidades de atribuição de eficácia jurídica a regras autônomas, mas estabelece alguns limites objetivos. Afirma que seu princípio de adequação setorial não prevalece em caso de renúncia a direitos, nem quando diz respeito a direitos revestidos de indisponibilidade absoluta.[48] Acrescenta ao conceito os três conjuntos convergentes de normas cogentes e imperativas que devem ser observados pelas normas autônomas, denominando-os de "*patamar civilizatório mínimo*": as normas constitucionais em geral, as de tratados e convenções internacionais com vigência interna e as regras legais infraconstitucionais "que asseguram patamares de cidadania ao indivíduo que labora".[49] Verifica-se uma cláusula de abertura para a atuação do intérprete do Direito, com balizas estabelecidas a partir da distinção entre normas heterônomas de disponibilidade absoluta e relativa.

Em um contexto de proposições de reforma trabalhista conservadora, como a iniciada em dezembro de 2016, Delgado reafirma a integração da negociação coletiva no conjunto normativo constitucional, que não pode "desconsiderar, objetivamente, os princípios humanísticos e sociais da própria Constituição Federal, ou de, inusitadamente, rebaixar ou negligenciar o patamar de direitos individuais e sociais fundamentais"[50]

A *autodeterminação coletiva* é princípio jurídico prestigiado por Augusto César Leite de Carvalho, que realça a existência de uma evolução constitucional em direção à liberdade sindical, mormente por meio de quatro elementos: a consagração da negociação coletiva como mecanismo para resolver conflitos transindividuais; o reconhecimento das convenções e acordos coletivos; a autorização para a flexibilização por concertação coletiva de salários e jornada; e a exigência da "precedência da negociação" aos dissídios (Art. 114, parágrafos; art. 7º XXVI, VI e XIII, CRFB). Em seu *Curso e Discurso*, o jurista bem especifica a importância da negociação para enfrentar novas condições de trabalho, resultantes da introdução de novas tecnologias, automação, progressos técnicos em múltiplas áreas que exigem necessárias adequações e levam a novas regulações, originalmente não existentes.[51]

---

(44) SANTOS, Ronaldo Lima dos. *Op. cit.*, p. 279.
(45) SANTOS, Ronaldo Lima dos. *Op. cit.*, p. 285. Esta é também a posição de juristas estrangeiros como se pode observar pelo regime espanhol já reformado por medidas de flexibilidade. Afirmam Palomeque López e Álvarez de la Rosa que quando houver normas em conflito, aplica-se o princípio da norma mais favorável, desde que não haja um conflito entre norma estatal e convencionais, pois "*Los convénios de bien respetar las leyes (...) y están subordinados a la misma y a los reglamentos (...). Los convenios sólo pueden interaccionar para suplementar lo legislado (desarrollo del derecho necesario relativo) para complementarlo (margen de colaboración internormativa) o para suplir la falta o el carácter dispositivo de la regulación. No hay posibilidad de solucionar el conflicto normativo entre ley y convenio con la sola aplicación del principio de aplicar la norma más favorable. El conflicto entre normas estatales y convencionales tiene que solucionarse dentro del esquema general de la relación Ley-convenio colectivo y sólo si aquélla permite (por la estructura de sus mandatos) la suplementariedad, este será más favorable y aquí no hay colisión; hay cumplimiento de la norma legal de mínimos y su mejora; si la ley declara de naturaleza dispositiva sus preceptos, sencillamente no cabe la norma más favorable.*" PALOMEQUE LÓPEZ, Manuel Carlos; ÁLVAREZ DE LA ROSA, Manuel. *Derecho del Trabajo*. Madrid: Editorial Universitaria Centro de Estudios Ramón Areces, 2009. p. 300.
(46) CUNHA, Alexandre Teixeira de Freitas Bastos. *El convenio colectivo en el sistema de fuentes de derecho en Brasil*. Tese de Doutoramento. Universidade Complutense de Madri, 2007, mimeo, p. 461.
(47) DELGADO, Mauricio Godinho. *Curso de Direito do Trabalho*. 15. ed. São Paulo: LTr, 2016. p. 1464-1465.
(48) Esta é uma importante delimitação que, a meu juízo, foi olvidada no momento da fixação da tese jurídica adotada no RE 590.415-RG, cujas premissas incorporam a linguagem e o campo conceitual presente no magistério de Godinho Delgado, mas que delas se afastam ao concluir o silogismo e admitir a validade da transação de cláusula coletiva que institui termo extrajudicial para a quitação de direitos trabalhistas. Não foi esta, contudo, a análise realizada pelo jurista, que em seus artigos recentes afirma que a decisão do Supremo versa sobre instituto supralegal (PDV), e que, portanto, por não ser regulado em norma estatal brasileira ou em norma da Organização Internacional do Trabalho, estaria em conformidade com o princípio da adequação setorial negociada. (Mauricio Godinho Delgado, *Op. cit.*, p. 1501).
(49) Mauricio Godinho Delgado explicita sua posição mais ampla no sentido de que as normas legais infraconstitucionais que não podem ser objeto de transação coletiva são, de modo exemplificado, os "preceitos relativos à saúde e segurança no trabalho, normas concernentes a bases salariais mínimas, normas de identificação profissional, dispositivos antidiscriminatórios etc." e afirma que a jurisprudência trabalhista já construiu uma linha limítrofe para a realização da adequação setorial: "*estando a parcela assegurada por norma imperativa estatal (Constituição, Leis Federais, Tratados e Convenções Internacionais ratificados), ela prevalece soberanamente, sem possibilidade jurídica de supressão ou restrição pela negociação coletiva trabalhista — salvo se a própria regra heterônoma estatal abrir espaço à interveniência da normatização coletiva negociada.*" (*Op. cit.*, p. 1467).
(50) DELGADO, Mauricio Godinho. *Curso de Direito do Trabalho*. 16. ed. São Paulo: LTr, 2017. p. 113.
(51) CARVALHO, Augusto César Leite de. *Direito do Trabalho. Curso e Discurso*. São Paulo: LTr, 2016. p. 80-86.

Entretanto, a autodeterminação condiciona-se à proteção ao trabalho, compreendida como princípio constitucional, cláusula constitucional que restringe a atuação tanto do intérprete quanto do legislador. O poder constituinte não rompeu com a tradição nacional de obstar a redução de direitos pela autodeterminação coletiva, ressalvadas as hipóteses admitidas pela própria Constituição (compensação de jornada, irredutibilidade salarial e transação sobre os turnos ininterruptos de revezamento). Para Carvalho, carece de fundamento de validade qualquer norma que se desvie da lógica interna do sistema jurídico brasileiro constitucionalmente estabelecido que assegura o primado da proteção, sendo pois, inconstitucional, lei que institua sistemas de derrogação de direitos indisponíveis por acordos e convenções.[52]

Emerge de modo consensual entre a boa doutrina jurídica citada que as funções atribuídas à negociação coletiva no sistema constitucional brasileiro instauram espaços de complementação e de suplementação normativa. Contudo, há amplo dissenso quanto à possibilidade de ser adotado pelo legislador ou até mesmo pelo constituinte derivado um modelo normativo fundado em relações supletórias, ainda que se admita, sociologicamente, que no estágio posterior da Constituição de 1988 tenha ocorrido uma diversificação maior no sistema de fontes, e tornado o Direito do Trabalho *"mais complexo, menos harmônico, mais diversificado, menos previsível"* pela atenuação da prevalência da lei como fonte de direito.[53] Diante de tal cenário, a atividade judicial torna-se central, o que impõe uma nova racionalidade decisória, como argumenta Cristiano Paixão: "Esse amplo panorama de fragmentação e multiplicidade exige, tanto do profissional do direito como do observador crítico, a utilização de categorias de análise que possibilitem lidar com a complexidade do Direito do Trabalho na atualidade. E, para isso, é necessário inserir os princípios e conceitos jurídicos ligados ao mundo do trabalho num cenário ampliado. É fundamental recuperar, no contexto paradigmático do Estado Democrático de Direito, a ideia de Constituição como norma jurídica e como processo político-social".[54]

Como não poderia deixar de ser, a Constituição de 1988, fundante da ordem jurídica democrática, volta ao centro de análise. É corrente a assertiva de que a Constituição teria trazido para o art. 7º a ideia de flexibilização, com o rol exaustivo previsto nos incisos VI, XIII, XIV.[55] Entendo que se encerram nos três incisos os únicos casos admitidos na Constituição de relação supletória, sendo que todas as normas infraconstitucionais devem corresponder exatamente aos temas específicos de salário e jornada de trabalho. Ainda assim, cabe ao intérprete promover um diálogo de fontes, e não simplesmente sobrepor a regra autônoma à regra heterônoma.[56]

5. AUTONOMIA COLETIVA CONSTITUCIONALIZADA

A complexidade do sistema de fontes de direito, os novos desequilíbrios provocados por um cenário de desprestígio do trabalho, tanto do ponto de vista conjuntural, quanto estrutural, depois de reestruturações produtivas que alteraram substancialmente as condições territoriais, numéricas e de constituição da solidariedade entre os trabalhadores e, com isso, as dimensões de eficácia da atuação sindical, trazem novos desafios para os juristas.

De um ponto de vista de um sistema jurídico que se constitucionaliza e internacionaliza de tal modo que o trabalho não pode ser apartado dos direitos humanos e do sistema de proteção internacional e que todas as normas jurídicas, inclusive as provenientes da negociação coletiva bem sucedida devem ser interpretadas a partir da Constituição e não do plano infraconstitucional, é necessário reconstruir a autonomia e sua fundamentação.

A autora compartilha da tese de Manuel Correa Carrasco no sentido de que autonomia coletiva não é nem pode ser reduzida ou confundida com autonomia privada. Coerente com as vertentes teóricas e analíticas que tomam como ponto de partida o pluralismo jurídico, observa-se que a autonomia coletiva é a *"representación de un poder originariamente extraestatal"* e seu sistema jurídico deve ser coerente com "*su potencialidad ordenadora de la realidad,*

---

(52) Augusto César Leite de Carvalho, *op. cit.*, p. 86-87.
(53) "No que se refere às fontes do Direito do Trabalho, o panorama é de diversidade. A lei passa a conviver com uma supremacia bastante relativizada, com normas coletivas, regulamentos empresariais e o crescimento do papel da jurisprudência. O declínio da lei como fonte principal do Direito do Trabalho pode ser abordado sob duas perspectivas, ambas qualitativas: a perda da centralidade e o reconhecimento da relevância da atividade judicial no mundo das relações de trabalho." Cristiano Paixão, *op. cit.*, p. 108.
(54) Cristiano Paixão, *op. cit.*, p. 113.
(55) São as seguintes as hipóteses de relações supletórias no direito brasileiro, nos quais atribuiu-se funções derrogatórias à negociação coletiva: (*a*) *para instituição de contrato de trabalho a prazo*, de curta duração, (Lei n. 9.601/1998), (b) *para estabelecimento de banco de horas* (Lei n. 9.601/1998), (c) *para validação do trabalho em tempo parcial e suspensão temporária do contrato de trabalho* (MP 1.709/ MP 2.164-41), (d) *para criação de Comissões de Conciliação Prévia* (Lei n. 9.958, de 2000), e outros casos recentes raros, como estabelecimento de média de horas *in itinere* em pequenas empresas, o Projeto de Proteção ao Emprego, aprovado em 2015 etc.
(56) Sobre o tema, já me manifestei quando defendi a integração das normas coletivas por meio do filtro de leitura de uma *autonomia coletiva constitucionalizada*. E sobre o conceito de autonomia coletiva afirmei que: "Assim como a liberdade, também a autonomia coletiva deve ser compreendida dentro do paradigma do constitucionalismo contemporâneo. Tal poder social das classes trabalhadoras, reconhecido pelo Direito através de um conjunto de instrumentos normativos, que inclui o da autonomia privada coletiva, fundamenta a capacidade de autorregulação dos sujeitos sociais. Adotou-se neste trabalho o conceito de autonomia coletiva proposto por Manuel Carrasco, que contempla a autonormação, a autotuleta e a auto-organização, sob uma perspectiva aqui designada de autonomia coletiva constitucionalizada ao permitir a incorporação deste poder social como potência — realidade emergente de poderes existentes na sociedade — a um conjunto de valores reconhecidos na própria Constituição. INTEGRA EM DECORRÊNCIA UM SISTEMA DE GARANTIAS ESSENCIAIS, SEM AS QUAIS DEIXA DE TER SENTIDO A CAPACIDADE DE FUNDAMENTAÇÃO DOS CONTEÚDOS NEGOCIADOS COLETIVAMENTE. QUANDO SE APREENDE A AUTONOMIA COLETIVA SOB UMA PERSPECTIVA CONSTITUCIONAL, ELA APENAS ADQUIRE A CAPACIDADE DE FUNDAMENTAÇÃO, TEÓRICA E/OU NORMATIVA, SE HOUVER UM AMBIENTE FORMADO DE LIBERDADE SINDICAL, DE AUTONOMIA E DIREITO PLENO DE GREVE. SALIENTE-SE AINDA QUE COM SEUS TRÊS ELEMENTOS INDISPENSÁVEIS (FACULDADES DE AUTO-ORGANIZAÇÃO, AUTOTUTELA E AUTONORMAÇÃO) A AUTONOMIA COLETIVA ASSIM DEFINIDA CONSTITUIU UM CONCEITO OPERACIONAL." (Sayonara Grillo Coutinho Leonardo da Silva, *op. cit.*, p. 492).

labor en la que, como hemos visto, concurre con el Estado"⁽⁵⁷⁾. Deve-se reconhecer que um maior ou menor equilíbrio entre os valores distributivos que pugnam pela igualdade e aqueles que acentuam as dimensões de liberdade, relaciona-se com a negociação coletiva real e com as circunstâncias e contextos socioeconômicos, ideológico-culturais de cada tempo e espaço.

Autonomia coletiva não é autonomia privada ou autonomia de vontades e sua interpretação não pode ocorrer a partir do campo do direito privado e da lógica das teorias civilistas das obrigações. No desenvolvimento da hermenêutica e das concepções que colocam a Constituição no coração do sistema jurídico, a irradiar normatividade para todo o ordenamento, defende-se o que foi denominado anteriormente de autonomia coletiva constitucionalizada.⁽⁵⁸⁾

Autonomia coletiva constitucionalizada é uma proposta conceitual que estabelece um filtro para atribuir validade às normas coletivas. A regularidade da negociação não se esgota nos aspectos formais relacionados à titularidade do sindicato, registro e presença dos requisitos legais de validade.

Supõe que exista uma liberdade sindical plena, compreendida não como regime de pluralismo sindical, mas em sua dimensão concreta de *direito de atividade*, na qual as coletividades de trabalhadores organizados possam formular um programa de ação sindical concreta e recebam das instituições estatais a proteção e o suporte para assegurar espaços de ação. É bastante diverso do que se tem disseminado com a criminalização crescente das manifestações coletivas, passeatas, greves etc. Não olvide-se que a liberdade sindical é bem jurídico constitucionalmente protegido e internacionalmente reconhecido como direito humano fundamental de natureza complexa e multifacetada, que exige concreção para efetivar-se, seja com abstencionismo estatal ou com suporte e proteção.

Em perspectiva teórica, reconhecer que a autonomia coletiva é um modo de expressão de um poder social dos trabalhadores, que foi admitido pelo direito como mecanismo de distribuição de recursos de poder ao movimento sindical de trabalhadores de maneira a permitir sua constituição como ator social. E, em conjunto com as demais instituições do sistema de justiça e de fiscalização do trabalho, possam agir para realizar funções bastante precisas de legitimação do sistema jurídico, com vistas à estabilização dos conflitos coletivos e concretização dos objetivos constitucionalmente definidos de redução das desigualdades e valorização do trabalho humano.

A potencialidade ordenadora da negociação coletiva e seu reconhecimento como fonte nas constituições democráticas trazem novos desafios. Para superar as limitações que a delimitação da relação entre fontes autônomas e heterônomas a partir dos três modelos de relações (complementares, suplementares e supletórias) jurídicas, um novo esforço teórico de fundamentação se faz necessário. A proposta de Manuel Carrasco é a construção de um paradigma constitucional sobre a negociação coletiva que não se limite aos aspectos formais da constituição positivada, mas se deduza da constituição material.⁽⁵⁹⁾

O processo de juridificação de uma autonomia coletiva constitucionalizada é um modo de receber e integrar o ordenamento jurídico à autonomia coletiva e à negociação resultante de sua ação, outorgando-se racionalidade. Mas para que da facticidade (das normas extra estatais) advenha juridicidade, exige-se uma releitura do conceito de fonte de direito e do modo pelo qual o Estado e o Direito modulam as exteriorizações da autonomia coletiva, incluindo ou excluindo os resultados das negociações coletivas no sistema jurídico. O problema atual para a teoria jurídica não é saber como se incorporam as manifestações extra estatais no direito, mas sim como promover os processos de integração recíprocos para incluir a autonomia coletiva ao conjunto de valores previstos na própria Constituição.

Por conseguinte, do reconhecimento do *status* constitucional dos acordos e convenções coletivas de trabalho não advém a simples validação do conteúdo de todas as suas regras, mas sim que a negociação coletiva como direito fundamental deve integrar um sistema de garantias de direitos fundamentais. Apartar as normas deste sistema é esvaziar sua potencialidade.

O conteúdo material e as condições e contextos do procedimento real da negociação precisam ser avaliados. Para atribuir validade jurídica às cláusulas negociadas é necessário que o resultado do processo esteja em consonância com a teleologia da Constituição: atingir maior igualdade material, reduzir as desigualdades e controlar o poder econômico, limitar a livre iniciativa com a ação do direito do trabalho e da liberdade sindical, reconhecer a democracia como constitutiva dos espaços sociais e de trabalho e valorizar o pluralismo político. Assim, autonomia coletiva constitucionalizada é a compreensão da "*autonomia coletiva como meio para a realização das metas constitucionalmente proclamadas em matéria de democracia e direitos sociais. (....) No âmbito das relações laborais, o reconhecimento constitucional do princípio da igualdade material constitui a essência própria do Direito do Trabalho: proteger o contratante individual e tutelar a posição do sujeito coletivo, impondo ao Estado o desenvolvimento de uma atividade que corrija o desequilíbrio produzido pelo déficit de poder da classe trabalhadora e pelo superávit do poder econômico.*"⁽⁶⁰⁾

A hermenêutica decisória prestigiada pelo Supremo Tribunal Federal no julgamento do Recurso Extraordinário 590.415-RG, no entanto, desconhece o enlace das dimensões materiais e formais de uma autonomia coletiva integrada e interpretada pelos fundamentos de um direito coletivo de trabalho reconfigurado pela compreensão dos desequilíbrios trazidos pelo neoliberalismo e pela reestruturação produtiva, e reinterpretado a partir do constituciona-

---

(57) CORREA CARRASCO, Manuel. *La negociación colectiva como fuente del derecho del trabajo*. Madrid: Universidad Carlos III; Boletín Oficial del Estado, 1997. p. 106.
(58) Sayonara Grillo Coutinho Silva, *op. cit.*, p. 96-100, Manuel Correa Carrasco. *Op. cit.*
(59) CORREA CARRASCO, Manuel. *La negociación colectiva como fuente del derecho del trabajo*. Madrid: Universidad Carlos III; Boletín Oficial del Estado, 1997. p. 40.
(60) Sayonara Grillo Coutinho Leonardo da Silva, *op. cit.*, p. 99. A seção dialoga e se fundamenta na obra de Manuel Correa Carrasco.

lismo contemporâneo e da gramática dos direitos humanos fundamentais.

6. REFLEXÕES FINAIS

As mudanças paradigmáticas nas relações entre o pactuado e o legislado, realizadas em contexto de crise, sem diálogo social, sem estrutura jurídica, que dê suporte à liberdade sindical, por meio de reinterpretações judiciais que se assemelham com um ativismo negativo, e que desconsideram as clássicas relações entre lei e convenções e acordos coletivos constituem, hoje, motivo de apreensão para os hermeneutas do trabalho brasileiros comprometidos com a cidadania e a democracia.

A construção dos Direitos do Trabalho como mecanismo de acesso à cidadania social, sua legitimação ao longo da história brasileira como instrumento de redução das desigualdades[61] e inclusão social e o crescimento da importância das negociações coletivas nas três últimas décadas, que demonstraram um amadurecimento das relações de trabalho entre 2005 a 2015, está em risco diante das proposições legislativas recentes.[62] Este é também o cenário em virtude das recentes decisões proferidas pelo Supremo Tribunal Federal, que tem o potencial de desorganizar o já fragmentado sistema de relações coletivas de trabalho. Não se deve desconsiderar a estrutura triangular do direito coletivo do trabalho com o sindicato, a greve e a negociação coletiva, e a advertência de Oscar Ermida Uriarte, no sentido de que "*a inexistência ou imperfeição de qualquer destes três pilares determina o mau funcionamento do direito coletivo do trabalho e, consequentemente, o cumprimento insuficiente ou o descumprimento da função de autotutela.*"[63]

É importante lembrar que entre 1990 e 2002 houve completa desestruturação do sistema de relações laborais no Brasil, por meio de um conjunto de ações adotadas pelos três poderes, que desregulamentaram e privatizaram temas essenciais para a valorização do trabalho humano, instrumentalizaram a negociação coletiva para fins de gestão da crise, e repassaram aos sujeitos sociais e econômicos a administração dos efeitos perversos de sua política econômica. O objetivo de tais ações foi uma flexibilização fática desenfreada, em parte admitida pelo reconhecimento judicial de práticas empresariais que descumpriam de forma sistemática as normas trabalhistas e a eficácia jurídica de cláusulas negociadas coletivamente, bem como por medidas provisórias de redução de direitos.[64] A partir de um conjunto expressivo de estudos provenientes das áreas de sociologia, economia e da própria medicina do trabalho, a doutrina trabalhista brasileira, ao longo das duas primeiras décadas deste século XXI, teve que reconhecer como o movimento de flexibilização das normas trabalhistas e das práticas produtivas levadas a efeito na década neoliberal, legou apenas precariedade e desigualdade, além de ter enfraquecido a própria normatividade jurídica laboral e suas instituições de suporte. Não à toa, nas ciências jurídicas e sociais, flexibilização laboral se qualifica como precarização das condições laborais, consenso estabelecido na comunidade científica a partir de variegados estudos empíricos e interdisciplinares realizados na última década.

Deste modo, a comunidade acadêmica trabalhista recebe com preocupação a nova narrativa decisória da Suprema Corte, pois reconhece que a afirmação de um princípio do equilíbrio nas relações coletivas contém menos um diagnóstico fático e mais uma prescrição normativa futura. Ou seja, trata-se de um princípio para orientar uma interpretação promocional da atuação coletiva dos trabalhadores com vistas a contrarrestar o poder econômico e não para validar transações a direitos constitucionais irrenunciáveis como o de ação.

A singularidade da negociação coletiva é exatamente não ser um contrato privado com prestações sinalagmáticas adquiridas com os conteúdos negociados, e seu reconhecimento constitucional ocorre exatamente por não se confundir a convenção coletiva de trabalho com o contrato privado firmado entre partes isomorfas que transacionam de modo a permitir que o poder econômico receba um (*in*) *devido contra balanciamento*.[65] Autonomia coletiva não se confunde com autonomia da vontade e não há nos modelos normativos conhecidos modo de validação de norma coletiva que isente o empregador de cumprir norma legal de indisponibilidade absoluta.

Nem mesmo aceitando-se o regime supletório seria possível validar norma autônoma que afasta direito material assegurado aos trabalhadores pela CLT, *mormente quando tal legislação admite e delimita o espaço da supletoridade* especificamente quanto a tal regra.[66]

O que um giro jurisprudencial que acolha teses que se distanciam dos fundamentos do sistema normativo adota-

---

(61) Não se desconhece que o Direito do Trabalho também pode ser instrumento de institucionalização de desigualdades, como, aliás, examino em artigo específico. Contudo, em sua ambiguidade constitutiva, pensando em uma perspectiva mais clássica, não há como negar tal dimensão: "O Direito do Trabalho projeta-se, em sua evolução histórica, como direito protetor, de par com sua natureza de direito ambivalente na vida produtiva e de direito integrativo no campo social e jurídico." DONATO, Messias Pereira. *Processo de formação histórica do Direito do Trabalho*. p. 173.
(62) Cf. PL 944 de março de 2015, PL 427 de 2015, PL 4.962 etc.
(63) URIARTE, Oscar Ermida. *Apuntes sobre la huelga*. Montevideo, FCU, 1983, apud: SANTOS, Enoque Ribeiro dos. *Direitos Humanos na negociação coletiva. Teoria e prática jurisprudencial*. São Paulo: LTr, 2004.
(64) SILVA, Sayonara Grillo Coutinho Leonardo da. *Relações Coletivas de Trabalho: configurações institucionais no Brasil Contemporâneo*. São Paulo: LTr, 2008. p. 362 a 472.
(65) CUNHA, Remeto Alexandre T. B.: "No se puede concebir que la negociación colectiva tenga como fin su propósito inverso, o sea, la vía negocial no se destina a ensanchar el poder de las empresas para la determinación de un patrón de las relaciones de trabajo, en la medida en que el Derecho colectivo del trabajo, en general, y la negociación colectiva, en particular, entre otras cosas, objetivan constituirse en mecanismos de ampliación de la intervención de los trabajadores en la toma de decisiones de la empresa, potenciando, a través de la reducción del poder de comando patronal, una mayor democratización de los medios de producción."
(66) É o caso da determinação legal de pagamento das *horas in itinere*. Se o regime legal especificou que é possível a negociação coletiva transigir sobre horas *in itinere* quando presentes os requisitos cumulativos do parágrafo terceiro do art. 58 da CLT (somente em empresas de pequeno porte e mesmo assim apenas para fixar tempo médio do trajeto para fins de apuração do tempo devido), admitindo a supletoridade em tal caso, não é possível desprezar os limites que o próprio sistema supletório estabeleceu para permitir que acordos e convenções coletivas firmados sem respeitar os requisitos legais (parágrafo terceiro) possam simplesmente extinguir e afastar o direito as *horas in itinere*.

do classicamente no país nos legará? Uma real autonomia coletiva como fundamento democrático de um sistema pluralista de partilha de poder político e econômico para redução das assimetrias das relações sociais e trabalhistas? Ou nos legará uma negociação coletiva funcionalizada para ajustes pontuais e setoriais em relações de emprego como meio para promoção de flexibilidade das condições laborais ou modo de regulação *alternativo* à regulamentação estatal? A atuação decisionista se apresentará como uma cunha para abrir brechas nos modelos de regulação adotados pela ordem constitucional brasileira?

Cabe uma última reflexão: as proposições contidas na maior parte dos projetos hoje em discussão[67] instaurariam um modelo supletório no Brasil? Acredita-se que embora rumem para admissão de amplas relações de supletoridade, eles avançam para além de uma reorganização do sistema de fontes, com cisões mais graves. As decorrências provocam a ruptura com os três modelos normativos. Não se trataria apenas de uma reformulação no modo de articulação das fontes heterônomas e autônomas do Direito do Trabalho. Proposições oriundas de alguns setores empresariais e até mesmo acadêmicos pretendem criar ordem e sistemas jurídicos diversos, "pacotes de normas", com uma cisão entre ordens regulatórias diferenciadas, a serem escolhidas pelas partes conforme conveniência privada. O objetivo é enfraquecer as regras provenientes de uma negociação coletiva e torná-las dessubstantivizadas em uma alternativa conservadora às regras legais que instauram ordem pública social. Outra hipótese é transformar a natureza jurídica e social das regras legais em normas totalmente dispositivas, sem exigibilidade ou eficácia vinculante, passível de ser afastada ou suprimida.

O resultado previsível em sistemas de força, recessão e estagnação econômica, desemprego e democracia de baixa intensidade é aquele no qual os agentes do mercado que detêm posição privilegiada na estrutura de poder escolhem as normas que lhes convém, sob falsas opções, instaurando uma "*seleção natural*" promovida por predadores econômicos, em um *darwinismo normativo* como aquele que, no âmbito das empresas, geram a extinção de planos de cargos de salários, normas internas, e que no Brasil levou ao desaparecimento do regime de estabilidade decenal.[68] A 'opção' pelo FGTS acantonou os trabalhadores ao regime de estabilidade de tal modo, que quando o regime constituinte esteve presente, a 'proteção' econômica do fundo despontou como reivindicação trabalhista. Os sistemas normativos menos interessantes para os objetivos empresariais podem desaparecer, caso não haja forte resistência.

A apropriação discursiva[69] de uma reivindicação de autonomia e de capacidade insurgente das classes trabalhadores em dar-se a norma jurídica com o reconhecimento da juridicidade das negociações coletivas e de sua capacidade de estabelecer relações de complementação e suplementação do ordenamento legal — e que, em casos raros, admite relações supletórias como válvulas de escape em situações singulares em que sindicatos fortes e coletividades autoconscientes de suas escolhas históricas necessitam realizar ajustes temporários em matéria de jornada e salário —, ganha contornos dramáticos.

A proposição legislativa contida no PLC 38/2017, conforme aprovada na Câmara dos Deputados e atualmente em tramitação no Senado Federal, desconstitucionaliza o conteúdo material da autonomia coletiva e do direito do trabalho tal como incorporado na Constituição da República Federativa do Brasil, aprovada em 1988 depois de um longo e participativo processo constituinte. Caso incluídos na Consolidação das Leis do Trabalho os arts. 611-A e 611-B, tal como aprovados em regime de urgência na Câmara dos Deputados, em uma temporalidade de exceção, estaremos diante da violação da regra da não regressividade dos direitos e de desconsideração dos princípios da progressividade e do não retrocesso social.

É importante reafirmar nesta quadra histórica que o reconhecimento de um pluralismo jurídico que advém da legitimidade da atuação dos movimentos sindicais representativos, e a assimilação constitucional das fontes trabalhistas autônomas, como a dos acordos e convenções coletivas, não se confundem com o surgimento de um mercado de produtos legislativos. A gramática da exceção (fundada na lógica de que há um direito que não se revoga, apenas se suspende pela não aplicação) não se confunde com as demandas emancipatórias pelo reconhecimento das autônomas manifestações plurais de equacionamento de conflitos. E esta dimensão filosófico-sociológica, análise dos sistemas normativos de relação entre normas legais e convencionais, não pode ser negligenciada. Afinal, apesar dos pesares, a Constituição de 1988 permanece vigente e a tarefa cívica dos juristas democráticos é zelar pela efetivação e eficácia emancipatória.

7. REFERÊNCIAS BIBLIOGRÁFICAS

BOLTASKI, L; CHIAPELLO, E. *O novo espírito do capitalismo*. São Paulo: Martins Fontes, 2009.

CARVALHO, Augusto César Leite de. *Direito do Trabalho. Curso e Discurso*. São Paulo: LTr, 2016.

_____ ; CORREA, Lelio Bentes Corrêa; MELLO FILHO, Luiz Philippe Vieira de. *A caminho de um novo e desnecessário Direito do Trabalho* — A triste sina de Sísifo. 18 de outubro de 2016. Disponível em: <http://jota.info/artigos/caminho-de-um-novo-e-desnecessario-direito-trabalho-triste-sina-de-sisifo-18102016>.

CASTELLI, Nunzia. *Contrato, consenso, representación*: reflexiones sobre la juridificación de las relaciones laborales. Albacete: Bomarzo, 2014. p. 217, tradução livre.

CORREA CARRASCO, Manuel. *La negociación colectiva como fuente del derecho del trabajo*. Madrid: Universidad Carlos III; Boletín Oficial del Estado, 1997.

CUNHA, Alexandre Teixeira de Freitas Bastos Cunha. *El convenio colectivo en el sistema de fuentes de derecho en Brasil*. Tese de

---

(67) Conforme proposição contida no documento *Uma ponte para o futuro*: "na área trabalhista, permitir que as convenções coletivas prevaleçam sobre as normas legais, salvo quanto aos direitos básicos." Disponível em: <http://www.ponteparaofuturo.org.br/docs/RELEASE-TEMER_A4-28.10.15-Online-2.pdf> e como fora apresentado no governo Fernando Henrique Cardoso no PL 5.483 de 2001

(68) SUPIOT, Alain. *O espírito de Filadélfia*: a justiça social diante do mercado total. Porto Alegre: Sulina, 2014.

(69) Sobre apropriação da crítica ver Luc Boltanski e Evé Chiapello. *O novo espírito do capitalismo*. São Paulo: Martins Fontes, 2009.

Doutoramento apresentada à Universidade Complutense. Madri: mimeo, 2007.

DÄUBLER, Wolfgang. *Direito do Trabalho e sociedade na Alemanha*. São Paulo: LTr, 1997.

DELGADO, Mauricio Godinho. *Curso de Direito do Trabalho*. 15. ed. São Paulo: LTr, 2016.

_____. *Curso de Direito do Trabalho*. 16. ed. São Paulo: LTr, 2017.

HORN, Carlos Henrique. *Mercado de Trabalho*. In: CATTANI, David; HOLZMANN, Lorena (Orgs.). *Dicionário de Trabalho e Tecnologia*. Porto Alegre: Editora UFGRS, 2006. p. 179-182.

HYMAN, Richard Hyman. Europeização ou erosão das relações laborais? *Revista Crítica de Ciências Sociais*, n. 62, p. 14. 2002: 7-32, jun. 2002.

FELICIANO, Guilherme Guimarães. *Curso Crítico de Direito do Trabalho*. Teoria Geral do Direito do Trabalho. São Paulo: Saraiva, 2013.

MOREL, Regina; GOMES, Ângela Castro; PESSANHA, Elina (Org.). *Sem medo da Utopia: Evaristo de Moraes Filho*: arquiteto da sociologia e do direito do trabalho no Brasil. São Paulo: LTr, 2007. p. 137.

PALOMEQUE LÓPEZ, Manuel Carlos, ÁLVAREZ de LA ROSA, Manuel. *Derecho del Trabajo*. Madrid: Editorial Universitária Centro de Estudios Ramón Areces, 2009.

PAIXÃO, Cristiano. Complexidade, diversidade, fragmentação: um estudo sobre as fontes do Direito do Trabalho no Brasil. In: PAIXÃO, Cristiano; RODRIGUES, Douglas Alencar; CALDAS, Roberto de Figueiredo (Orgs.). *Os novos horizontes do Direito do Trabalho*. São Paulo: LTr, 2005. p.102-118.

ROMITA, Arion Sayão. Conflito de Normas em Direito do Trabalho. In: MALLET, Estevão; ROBORTELLA, Luiz Carlos Amorim (Orgs.). *Direito e processo do trabalho*. Estudos em homenagem ao prof. Octavio Bueno Magano. São Paulo: LTr, 1996.

_____. O princípio da proteção em xeque. In: *Revista Jurídica Virtual*. v. 4, n. 36, maio 2002. Disponível em: <http://www.planalto.gov.br/ccivil_03/revista/Rev_36/artigos/Art_Arion.htm>. Acesso em: 1º set. 2011.

SANTOS, Ronaldo Lima dos. *Teoria das Normas Coletivas*. São Paulo: LTr, 2009.

SANTOS, Enoque Ribeiro dos. *Direitos Humanos na negociação coletiva*. Teoria e prática jurisprudencial. São Paulo: LTr, 2004.

SILVA, Antônio Álvares da. *Contratação Coletiva*. p. 229.

SILVA, Sayonara Grillo Coutinho Leonardo da. *Relações Coletivas de Trabalho*: configurações institucionais no Brasil Contemporâneo. São Paulo, LTr, 2008.

_____; HORN, Carlos Henrique. O princípio da proteção e a regulação não-mercantil do mercado e das relações de trabalho. *Revista de Direito do Trabalho*. Ano 34, n. 132, São Paulo: RT, p. 184-205, out-dez. 2008.

_____, FIGUEIRA, Luiz Eduardo. A proteção na cultura jurídica trabalhista: revisão conceitual. *Revista de Direitos Fundamentais e Democracia*, Curitiba, v. 12, n. 12, p. 302-325, jul./dez. 2012.

SIQUEIRA NETO, José Francisco. *Contrato coletivo de trabalho*: perspectiva de rompimento com a legalidade repressiva. São Paulo: LTr, 1991.

SUPIOT, Alain. *Crítica del derecho del Trabajo*. Madrid: Ministerio de Trabajo y Asuntos Sociales Subdirección General de Publicaciones, 1996.

_____. *O espírito de Filadélfia*: a justiça social diante do mercado total. Porto Alegre, Sulina, 2014.

TIBURI, Márcia; CASARA, Rubens. *Que julgamento é possível na era do empobrecimento da subjetividade?* Disponível em: <http://justificando.com/2016/04/09/que-julgamento-e-possivel-na-era-do-empobrecimento-da-subjetividade/>. Publicado em: 9 de abril de 2016. Acesso em: 25 nov. 2016.

VALDÉS DAL-RÉ, Fernando. *La negociación colectiva, entre tradición y renovación*. Granada: Comares, 2012.

VILHENA, Paulo Emílio Ribeiro de. *Direito do Trabalho*: esboço de sua formação e atualidade. In: PAIXÃO, Cristiano; RODRIGUES, Douglas Alencar; CALDAS, Roberto de Figueiredo (Orgs.). *Os novos horizontes do Direito do Trabalho*. São Paulo: LTr, 2005. p. 27-48.

Responsabilidade subsidiária de entes da administração pública na justiça do trabalho: a necessidade de uniformização do entendimento na aplicação do ônus da prova quanto à fiscalização dos contratos de terceirização

Halan Santos Vera Cruz(*)

1. INTRODUÇÃO

O fenômeno da terceirização, no qual uma empresa tomadora dos serviços assume o risco de responder pelos danos causados ao trabalhador, no caso de inadimplência da prestadora, dá ensejo ao instituto da responsabilidade subsidiária quando o tomador dos serviços for a Administração Pública. Porém, para que esta responsabilidade seja configurada, é necessária a identificação da conduta culposa do ente público, culminando na caracterização do nexo de causalidade entre a violação do direito do trabalhador e a conduta do contratante dos serviços.

Nesse sentido, no âmbito das reclamações trabalhistas, quando se trata da atribuição do ônus de demonstrar que houve ou não a culpa, os magistrados bem como os Tribunais se dividem, uma parte entende que incumbe ao reclamante provar que o ente público incorreu em culpa, doutra banda, a outra parte entende que é do ente público o ônus de provar que fiscalizou o cumprimento do contrato de prestação de serviços, bem como verificou a idoneidade financeira da empresa contratada quando do processo licitatório, diga-se de passagem, requisito legal para contratação de produtos e serviços em respeito ao princípio da legalidade, ao qual se vincula a administração pública.

Portanto, o foco do trabalho é realizar uma análise sistemática da responsabilidade subsidiária de ente público na justiça laboral e, sobretudo, identificar os parâmetros que fundamentam as decisões dos magistrados e tribunais no tocante à atribuição do ônus de provar a culpa do ente, com o intuito de demonstrar a divergência de entendimento existente e a necessidade de uniformização do entendimento jurisprudencial.

2. O FENÔMENO DA TERCEIRIZAÇÃO

Também chamada de subcontratação, a expressão terceirização, segundo Delgado, "resulta de neologismo oriundo da palavra terceiro, compreendido como intermediário, interveniente" (2015, p. 473). Esse termo, concebido pela área da administração de empresas, surge com a finalidade de ressaltar a descentralização de atividades empresariais para um terceiro, estranho à empresa. Portanto, observa-se que o surgimento da terminologia "terceirização" se deu fora do cenário cultural do Direito e, por isso, encontra conceitos diversos na doutrina.

Nesse sentido, Cassar (2008, p. 492) conceitua a terceirização como sendo a relação trilateral formada entre trabalhador, intermediador de mão de obra e o tomador de serviços, caracterizando-se pela não coincidência do empregador real com o formal, evidenciando, portanto, que para a caracterização da terceirização é necessária, além da figura do empregado, a presença concomitante de um empregador direto e do empregador indireto, formando, assim, a tríplice relação.

Segundo os ensinamentos de Barros, "o fenômeno da terceirização consiste em transferir para outrem atividades consideradas secundárias, ou seja, de suporte, atendo-se a empresa à sua atividade principal" (2006, p. 427). Esse entendimento se aproxima do conceito encontrado na seara da administração de empresas, uma vez que nesse campo a terceirização aparece como forma de gestão organizacional, cujo objetivo principal consiste em aumentar a qualidade produtiva de maneira que a empresa que busca terceirizar serviços se atenha única e exclusivamente à sua atividade finalística, diminuindo, deste modo, a sua responsabilidade

---

(*) Bacharel em Direito pela AESO — Faculdades Integradas Barros Melo. Email: halanveracruz@gmail.com

com a gestão de pessoas ligadas à sua atividade-meio, reduzindo uma série de custos decorrentes dessas atividades, que são repassadas para uma terceira figura, qual seja, a da empresa terceirizada.

No entendimento de Queiroz, a partir de uma ótica abrangente, pode-se entender a terceirização como uma técnica administrativa que possibilita o estabelecimento de um processo gerenciado de transferência a terceiros das atividades acessórias de apoio ao escopo das empresas, permitindo a esta, concentrar-se tão somente no seu negócio, ou seja, no seu objetivo final (1992, p. 25).

Deste modo, a terceirização como forma de contratação, no âmbito da administração de empresas é, segundo Brasil, "um processo de transferência, dentro da firma (empresa-origem), de funções que podem ser executadas por outras empresas (empresa-destino)". Acrescenta o aludido autor que, dentre tais funções, estão incluídas as atividades de apoio ou aquelas diretamente relacionadas com o processo de produção da empresa de origem (1993, p. 7).

O presente trabalho parte do pressuposto de que o fenômeno da terceirização consiste numa relação trilateral de trabalho, na qual, além do empregado — pessoa física que, de forma pessoal e não eventual, despende sua força de trabalho em troca de remuneração — e do empregador — pessoa física, jurídica ou o ente da administração pública que contrata e assalaria a prestação pessoal de serviços do empregado e a quem este é subordinado — aparece uma terceira figura, qual seja, a empresa, pública ou privada, que busca terceirizar serviços ligados à sua atividade-meio, com o intuito de fomentar a funcionalização operacional do seu empreendimento, ou ainda, proporcionar a plena continuidade dos serviços públicos.

3. A TERCEIRIZAÇÃO NO ORDENAMENTO JURÍDICO BRASILEIRO

Conforme os ensinamentos de Delgado, "a terceirização é fenômeno relativamente novo no Direito do Trabalho do país, assumindo clareza estrutural e amplitude de dimensão apenas nas últimas três décadas do segundo milênio no Brasil" (2015, p. 474).

Importa dizer, portanto, que a Consolidação das Leis do Trabalho à época de sua edição — década de 1940 — sequer dispôs sobre a terceirização. Segundo o autor:

> Isso se explica pela circunstancia de o fato social da terceirização não ter tido, efetivamente, grande significação socioeconômicanos impulsos de industrialização experimentados pelo país nas distintas décadas que se seguiram a acentuação industrializante iniciada nos anos de 1930/40. Mesmo no redirecionamento internacionalizante despontado na economia nos anos 1950, o modelo básico de organização das relações de produção manteve-se fundado no vinculo bilateral empregado-empregador,sem noticia de surgimento significativo no mercado privado da tendência a formação do modelo trilateral terceirizante (DELGADO, 2015, p. 474).

Com a finalidade de atender às necessidades de segurança no setor bancário, fora editado, ainda na década de 1960, o Decreto-Lei n. 1.034, de 21 de outubro de 1969, dispositivo legal este, que deu ensejo ao surgimento das empresas de segurança e vigilância patrimonial.

Cediço, porém, que o marco legislativo inicial da terceirização no ordenamento brasileiro foi a Lei n. 6.019, de 3 de janeiro de 1974, a qual trata sobre o trabalho temporário nas empresas urbanas, por meio do qual as referidas empresas tinham a possibilidade de atender a necessidade transitória de substituição do seu quadro de pessoal regular e permanente ou o acréscimo extraordinário de serviços. Nas palavras de Castro, "trata-se de modalidade de contratação entre empresas caracterizada pela transitoriedade e destinada a situações ali especificadas de forma restrita" (2015, p. 131).

Corroborando com esse entendimento, explica Delgado:

> A partir da década de 1970 a legislação heterônoma incorporou um diploma normativo que tratava especificamente da terceirização, estendendo-a ao campo privado da economia: a Lei do Trabalho Temporário (Lei n. 6.019/74). Tempos depois, pela Lei n. 7.102/83, autorizava-se também a terceirização do trabalho de vigilância bancaria, a ser efetuada em caráter permanente (ao contrário da terceirização autorizada pela Lei n. 6.019/74, que era temporária) (DELGADO, 2015, p. 474-475).

A Lei n. 8.949/94 introduziu ao art. 442 da CLT o seu parágrafo único, de maneira a estimular a prática das terceirizações por meio de cooperativas, determinando que "qualquer que seja o ramo de atividade da sociedade cooperativa, não existe vínculo empregatício entre ela e seus associados, nem entre estes e os tomadores de serviços daquela" (BRASIL, 1943). Porém, logo se percebeu que esta autorização abriu margem para a fraude, visto que haveria intermediação de mão de obra sem o enquadramento da lei do trabalho temporário.

Desta forma, esta prática passou a extrapolar de forma desenfreada as duas possibilidades permitidas pela legislação e, com isso, incorporar diversas atividades econômicas independentes de autorização legal. Isso gerou um aumento significativo no número de demandas trabalhistas envolvendo a matéria e a jurisprudência trabalhista, dividida, decidia as controvérsias com diversas formas de interpretações jurisdicionais e divergências no entendimento.

Assim, diante da multiplicidade de interpretações jurisprudenciais lançadas nas decisões proferidas na década de 1980, onde a desordem e a insegurança jurídica tomava conta do judiciário, o Tribunal Superior do Trabalho editou a Súmula n. 256 no ano de 1986, com a finalidade de orientar as decisões sobre a matéria.

Para Calvo, o Tribunal Superior do Trabalho quando da vigência da Súmula n. 256, adotou uma posição limitadora em relação à terceirização, pois, naquele período, somente se admitia a intermediação de mão de obra em casos especificamente determinados pelas Leis ns. 6.019/1974 e 7.102/1983, respectivamente, sobre o trabalho temporário e vigilância bancária (2012, p. 81).

Não obstante, a postura limitadora e restritiva do Tribunal Superior do Trabalho por meio da edição da Súmula

n. 256 não se manteve inalterada por muito tempo, isso porque a terceirização ganhava espaço de maneira acelerada por todo o mundo, gerando a necessidade de uma revisão pela jurisprudência trabalhista das posições rígidas em relação à contratação de trabalhadores de forma interposta por uma empresa, o que de fato ocorreu em momento posterior.

Ao editar a Súmula n. 331 e, consequentemente, cancelar a Súmula n. 256, o Tribunal Superior do Trabalho deixava de adotar um critério taxativo em relação às atividades em que se admitia terceirização, e ampliava a outros setores de serviços a possibilidade da realização deste processo de terceirização, vedando tão somente os casos em que se verificasse a afronta direta aos ditames legais, insculpidos no art. 9º da Consolidação das Leis do Trabalho.

3.1 A Súmula n. 331 do TST

O Tribunal Superior do Trabalho, ao publicar a Súmula n. 331, buscou regular o processo de terceirização tanto na esfera pública quanto na esfera privada, ratificando, inclusive, o entendimento da corte quanto a possibilidade de responsabilização de forma subsidiária para os tomadores de serviços. Utilizando-se de uma redação clara, detalhada e objetiva, a referida súmula trouxe para o ordenamento jurídico brasileiro um parâmetro norteador em relação à terceirização, diga-se de passagem, o único na seara do Direito do Trabalho.

Em seu item I, a Súmula n. 331 do TST tratou de confirmar a impossibilidade da prática do chamado marchandage[1], prática em que uma terceira empresa (interposta) intermedia a contratação de trabalhadores para a tomadora de serviços, efetuando, assim, uma espécie de aluguel de mão de obra, o que por óbvio descaracteriza a relação de emprego, sendo, portanto, prática ilícita e, por isso, vedada no Brasil, com exceção do trabalho temporário (Lei n. 6.019/1974).

Em se tratando, portanto, de hipótese em que há a ocorrência da terceirização ilícita, sobreleva Resende que:

> [...] deve-se afastar a forma, deixando emergir a realidade (art. 9º da CLT), ou seja, o vínculo de emprego se forma entre o empregado e o tomador de serviços (vínculo direto). Aqui não há se falar, em princípio, em responsabilidade solidária ou subsidiária. A responsabilidade é direta, do tomador, que a rigor é o real empregador (RESENDE, 2011, p. 211).

Tendo em vista a edição da Lei n. 9.472/1997, que dispunha de maneira específica sobre a estruturação dos serviços de telecomunicações, dava-se a entender que se estava admitindo a possibilidade da realização de terceirização de atividade-fim, entretanto, a Súmula n. 331 do Tribunal Superior do Trabalho tratou de esclarecer sobre a ilegalidade da terceirização de serviços ligados à atividade-fim, inclusive no setor de telecomunicações (RESENDE, 2011).

Deste modo, continuou sendo considerada ilegal pela referida súmula, a contratação de serviços por empresa interposta, sendo inadmissível a delegação à terceiros de tarefas diretamente ligadas à atividade-fim da empresa, excetuando-se a hipótese do trabalho temporário como dito alhures.

No que concerne ao item II da súmula, tratou-se de afastar qualquer possibilidade de ocorrência de relação empregatícia entre o trabalhador e os órgãos da Administração Pública direta e indireta, quando a contratação dos serviços se der de maneira irregular, ou seja, sem concurso público. Segundo Barros, "o TST visou, principalmente, a coibir os apadrinhamentos no serviço público a dar efetividade ao comando do art. 37 da Constituição da República de 1988" (BARROS, 2016, p. 301).

Pela redação do item III da Súmula n. 331 do TST, no que tange aos requisitos caracterizadores da relação de emprego, tem-se que a pessoalidade e a subordinação devem estar ausentes entre o trabalhador e o tomador de serviços quando se tratar de terceirização de atividades-meio.

Portanto, o vínculo empregatício configura-se entre o trabalhador e a empresa prestadora dos serviços, neste caso, estando presentes tais requisitos, porém, quando a terceirização estiver relacionada às atividades-fim, a súmula só permite a existência destes requisitos em relação ao trabalho temporário, onde a vinculação é direta com o tomador de serviços (DELGADO, 2012, p. 451).

Nesse contexto, Barros afirma que a Súmula n. 331 do TST:

> Limita-se a permitir que o usuário recorra ao contrato de natureza civil apenas quando se tratar de serviços de vigilância, conservação e limpeza, ou de serviços especializados, ligados à atividade-meio do tomador e ainda assim, desde que inexistentes a pessoalidade e a subordinação direta, pois, presentes esses dois pressupostos, a relação jurídica se estabelecerá com o tomador dos serviços (BARROS, 2016, p. 301).

Na hipótese abordada no item IV da súmula, entende-se que no caso de inadimplemento das obrigações trabalhistas, por parte do empregador, implicará a responsabilidade subsidiária do tomador quanto àquelas obrigações, desde que tenha participado da relação processual e conste também do título executivo judicial.

No ano 2000, o inciso IV recebeu nova redação, a fim de esclarecer que a responsabilidade subsidiária, ventilada naquele item, abrangia também "órgãos da administração direta, das autarquias, das fundações públicas, das empresas públicas e das sociedades de economia mista".[2]

---

(1) Marchandage é um tipo de subempreitada, sendo assim chamada quando visa exclusivamente a lucrar em face do trabalho alheio. Enquanto o empreiteiro ou subempreiteiro, que atuam licitamente, podem especular sobre todos os elementos da empresa, como material e o próprio capital investido, o *marchandeur* só pode obter lucro do único elemento que fornece e dispõe: a mão de obra. Com isso, o seu principal lucro resulta da diferença entre o preço que estipula entre o empreiteiro principal e os salários que paga aos empregados que contrata e dirige. Assim quanto menos ele paga aos empregados que contrata mais ele lucra. (COIMBRA SANTOS, 2008, *apud* SANTOS, 2012).
(2) Alteração decorrente da publicação da Resolução 96, de 11.9.2000, TST.

Portanto, sendo lícita a terceirização, tem-se que o entendimento do Tribunal Superior do Trabalho, insculpido no referido item sumular, é no sentido de reconhecer, por parte do tomador de serviços, a sua responsabilidade subsidiária, desde que se configure a sua participação em processo judicial para apuração de responsabilização, bem como conste em título executivo que integrou a relação processual (CALVO, 2012).

Não obstante o visível impacto causado pela nova redação da súmula sobre a terceirização, no âmbito da Administração Pública nacional, os entes públicos tomadores de serviço passaram a buscar a obtenção de tratamento particularizado em relação àquele dado às empresas privadas no tocante a sua responsabilização pelo inadimplemento de débitos trabalhistas pelas empresas fornecedoras de mão de obra.

O principal argumento dos entes públicos se concentrava no disposto na Lei n. 8.666/93 (Lei das Licitações), mas especificamente em seu art. 71, *caput*, e parágrafo 1º, que dispunham *in verbis*:

> Art. 71. O contratado é responsável pelos encargos trabalhistas, previdenciários, fiscais e comerciais resultantes da execução do contrato.
>
> § 1º A inadimplência do contratado, com referência aos encargos trabalhistas, fiscais e comerciais não transfere à Administração Pública a responsabilidade por seu pagamento, nem poderá onerar o objeto do contrato ou restringir a regularização e o uso das obras e edificações, inclusive perante o Registro de Imóveis. (BRASIL, 1993).

O argumento chave da resistência, era no sentido da ilegalidade de sua responsabilização na forma subsidiária pelos débitos trabalhistas de suas contratadas, já que, em tese, a Justiça do Trabalho estaria deixando de aplicar a literalidade do art. 71, § 1º da Lei n. 8.666/93 e, sob a alegação de que as decisões trabalhistas, ao não aplicarem de forma automática e absoluta a norma supracitada, estariam, de forma implícita, considerando-a inconstitucional, sem que essa inconstitucionalidade tivesse sido examinada e decidida pela maioria do Pleno ou do Órgão Especial, conforme o caso, de cada Tribunal, como exige o art. 97 da Constituição Federal, que prevê a chamada "reserva de plenário" (BRUISMANN, 2011).

Entretanto, mesmo com toda a resistência dos órgãos estatais, os tribunais, juízes do trabalho e o Tribunal Superior do Trabalho, nas decisões que tratavam da matéria, continuavam responsabilizando a Administração Pública, aplicando o item IV da Súmula n. 331 e baseando-se nos fundamentos do Direito do Trabalho, bem como nos princípios da proteção do trabalhador e da responsabilidade objetiva do Estado, prevendo assim a possibilidade de responsabilização da tomadora de serviços pelas obrigações da empregadora (empresa interposta).

Após vários anos de discussão em torno da legalidade ou não da responsabilização subsidiária do Estado, bem como da violação à cláusula de reserva de plenário prevista no art. 97 da Constituição Federal, em março de 2007 foi ajuizada pelo então governador do Distrito Federal, ação direta de constitucionalidade em face do art. 71, da Lei n. 8.666/93, sob o fundamento de que o referido comando legal teria sofrido ampla retaliação por parte de órgãos do Poder Judiciário, em especial o Tribunal Superior do Trabalho na aplicação de sua Súmula n. 331.

Apontava-se, portanto, na proposição da ADC n. 16, que a Súmula n. 331 do TST negava vigência ao parágrafo primeiro do artigo 71, da Lei de Licitações, vez que responsabiliza, na forma subsidiaria, a Administração Pública direta e indireta, pelos débitos trabalhistas na contratação de serviços de terceiro especializado.

Destarte, diante das inúmeras ações constitucionais junto ao Supremo Tribunal Federal, com a finalidade de atacar o conteúdo da Súmula n. 331 do TST, a ação foi conhecida e, no mérito, por maioria, foi julgada procedente.

Deveras, o Supremo Tribunal Federal, quando do julgamento da ADC n. 16, consolidou por maioria — tendo sido vencido o Ministro Carlos Ayres Brito — o entendimento pelo qual se considera constitucional o art. 71 da Lei n. 8.666/93, de modo a vedar, expressamente, a responsabilização automática do ente público contratante da empresa fornecedora de mão de obra pelos débitos trabalhistas devidos por esta última, nos casos de mero inadimplemento dessas obrigações pelo vencedor da correspondente licitação.

Diante do julgamento da ADC n. 16, o Tribunal Superior do Trabalho tratou de modificar, mais uma vez, a redação da sua Súmula n. 331, com a finalidade de adequá-la ao teor da decisão do Supremo Tribunal Federal.

Nas palavras de Delgado:

> Com a decisão do STF na ADC 16, prolatada em 24.11.2010, afastando a responsabilidade objetiva do Estado em casos de terceirização (além da responsabilidade por culpa *in eligendo*, desde que observado o processo-licitatório), o Tribunal Superior do Trabalho promoveu ajustes na Sumula 331, direcionando o item IV da sumula para o conjunto da economia e da sociedade, ao passo que o novo item V aponta estritamente para a peculiaridade das entidades estatais:
>
> IV — O inadimplemento das obrigações trabalhistas, por parte do empregador, implica a responsabilidade subsidiaria do tomador de serviços quanto àquelas obrigações, desde que haja participado da relação processual e conste também do titulo executivo judicial.
>
> V — Os entes integrantes da Administração Pública direta e indireta respondem subsidiariamente, nas mesmas condições do item IV, caso evidenciada a sua conduta culposa no cumprimento das obrigações da Lei n. 8.666, de 21.06.1993, especialmente na fiscalização do cumprimento das obrigações contratuais e legais da prestadora de serviço como empregadora. A aludida responsabilidade não decorre do mero inadimplemento das obrigações trabalhistas assumidas pela empresa regularmente contratada (DELGADO, 2015, p. 486-487).

Verifica-se, portanto, no item IV, a supressão da parte "inclusive quanto aos órgãos da administração direta, das autarquias, das fundações públicas, das empresas públicas e das sociedades de economia mista". Com efeito, esta mudança foi transferida para o inciso V.

De logo, constata-se que o Tribunal Superior do Trabalho manteve o entendimento anterior em relação à responsabilidade subsidiária das empresas privadas, na qualidade de tomadoras de serviços, quando do inadimplemento da empregadora principal. A mudança evidenciou, porém, que o inciso IV retomou a redação anterior de modo a tratar apenas das empresas privadas tomadoras de serviços terceirizados, cuja responsabilidade continua sendo subsidiária e automática, desde que tenham participado da relação processual e constem no título executivo judicial (BRUISMANN, 2011).

A inserção do item V na Súmula n. 331 do TST atribuiu responsabilidade subsidiária à Administração Pública, desde que configurada sua culpa, consoante o entendimento de Villela, o qual aponta que:

> Caberá o reconhecimento da responsabilidade subsidiária dos entes da Administração Pública direta e indireta, quando evidenciada, em cada caso concreto, a culpa *in vigilando* quanto ao cumprimento das obrigações trabalhistas da empresa prestadora, não se autorizando que a imputação de responsabilidade decorra do mero inadimplemento patronal (VILLELA, 2012, p. 214).

Destarte, percebe-se, através da aludida alteração, o acompanhamento do TST aos fundamentos da decisão do STF em relação à responsabilização subsidiária do ente público, frise-se, aqueles relatados e discutidos no julgamento da ADC n. 16, ou seja, de entender pela possibilidade de responsabilização dos entes públicos por débitos trabalhistas de empresas contratadas mediante licitação, desde que seja comprovado pela análise, caso a caso, que houve culpa no cumprimento dos deveres de fiscalização impostos à Administração Pública pela Lei n. 8.666/93 (Lei de Licitações).

Assim, conclui-se que para que haja a responsabilização da Administração Pública, não basta apenas a alegação do reclamante no sentido de que houve a ocorrência de culpa por parte do ente público, vez que, neste caso, não se trata de responsabilidade objetiva, mas precisa ser comprovada nos autos, ainda que através de indícios a inexistência do cuidado necessário na contratação e na execução do contrato.

Neste sentido, em relação à culpa "*in vigilando*", tem-se a previsão do art. 67 da Lei de Licitações, onde se evidencia o dever de fiscalização do contrato pela Administração Pública, *verbis*:

> Art. 67. A execução do contrato deverá ser acompanhada e fiscalizada por um representante da Administração especialmente designado, permitida a contratação de terceiros para assisti-lo e subsidiá-lo de informações pertinentes a essa atribuição.
> § 1º O representante da Administração anotará em registro próprio todas as ocorrências relacionadas com a execução do contrato, determinando o que for necessário à regularização das faltas ou defeitos observados.
> § 2º As decisões e providências que ultrapassarem a competência do representante deverão ser solicitadas a seus superiores em tempo hábil para a adoção das medidas convenientes (BRASIL, 1993).

Portanto, após a decisão do Supremo Tribunal Federal no julgamento da ADC n. 16 e a consequente alteração do enunciado da Súmula n. 331 do TST, a Administração Pública somente poderá ser condenada pelas verbas trabalhistas devidas pela empresa prestadora de serviços, se ficar comprovado o descumprimento das normas para a licitação e contratação da empresa prestadora de serviços pelo Poder Público ou, ainda, se restar evidente que houve omissão na verificação e regularização de eventuais irregularidades no cumprimento das obrigações contratuais por parte da contratada.

4. FUNDAMENTOS UTILIZADOS PELOS MAGISTRADOS NOS JULGAMENTOS DAS RECLAMAÇÕES TRABALHISTAS

A dissenção existente entre os magistrados pode ser observada em diversos julgados no âmbito do Tribunal Regional do Trabalho da Sexta Região (TRT6). Assim, passamos a transcrever e analisar algumas ementas bem como trechos de julgados onde fica evidente a divergência mencionada.

Em julgamento do recurso ordinário de n. 0001139-80.2013.5.06.0020, a segunda turma do TRT da Sexta Região, por meio da Desembargadora Relatora Dione Nunes Furtado da Silva, assim decidiu:

> [...] É de ser frisado, assim, que mesmo que a prestadora dos serviços tenha atendido às exigências de certame licitatório, a tomadora dos serviços está obrigada a empreender fiscalização quanto ao cumprimento das obrigações trabalhistas para com os empregados, dentre outras, com objetivo de apurar irregularidades nesse sentido, sob pena de incorrer nas culpas *in eligendo* e *in vigilando*.
> Ademais, o verbete sumular referido traduz o entendimento de que, na situação de terceirização de serviços, o contratante não se exime de atender aos direitos sociais dos empregados do contratado, em caso de inadimplência da prestadora de serviços.
> **Ressalte-se que o ônus da prova de que foram adotadas todas as medidas fiscalizatórias do cumprimento do contrato mantido com a prestadora de serviços, quanto às obrigações trabalhistas e previdenciárias, cabe ao ente público, que detém melhores condições para tanto, tendo, portanto, maior aptidão para prova, nos termos dos artigos 818 da CLT, e 333, II do CPC, do qual não se desincumbiu, posto que não acostou documentos comprobatórios da referida vigilância.**
> Por conseguinte, **não sendo comprovada a efetiva fiscalização do ente contratante na execução do pacto de terceirização, caracteriza-se a culpa *in vigilando*, logo, cabível a imputação de responsabilidade subsidiária tão somente pela inadimplência da empresa prestadora dos serviços quanto aos créditos trabalhistas reconhecidos em sentença.**
> Cabe, assim, à pessoa jurídica integrante da Administração Pública, velar pela contratação de empresa que tenha condições econômicas e financeiras para cumprir com as obrigações contratuais ajustadas para com os empregados, e fiscalizar o cumprimento dessas obrigações, o que não se verificou na presente hipótese.
> Destarte, com estes fundamentos mantenho a sentença que reconheceu a responsabilidade subsidiária do Estado de Pernambuco, aplicando o contido na Súmula n. 331, IV, V e VI, do C. TST (BRASIL, 2016). (grifo nosso)

A terceira turma do referido Tribunal Regional do Trabalho, em julgamento de recurso ordinário sob o n. 0001164-88.2011.5.06.0012, também por meio da Relatora Desembargadora Dione Nunes Furtado da Silva, decidiu pela seguinte ementa:

> EMENTA: TERCEIRIZAÇÃO. RESPONSABILIDADE SUB-SIDIÁRIA. ENTE PÚBLICO. SÚMULA N. 331 DO TST. Embora entenda pela responsabilidade subsidiária do tomador de serviços, mesmo em se tratando de ente público, desde que incorra nas culpas "in eligendo" e "in vigilando", esta Turma tem entendimento diverso do meu, pelo que, por questão de celeridade processual, ressalvando minha posição pessoal, acompanho o posicionamento majoritário dos meus pares. Assim, não tendo a parte autora se desincumbido do ônus da prova quanto a falta de fiscalização, *faz necessária a reforma da sentença para julgar improcedente a presente ação em relação ao ente público* (BRASIL, 2015). (grifo nosso)

Destaca-se a mudança no posicionamento da magistrada quanto ao ônus da prova, entendendo, no primeiro caso, pela aplicação do ônus da prova ao ente público sob o fundamento de que este detém melhores condições para a produção de prova e, por isso, tem maior aptidão para prova, enquanto que, no segundo caso, a magistrada modifica o seu entendimento em razão de ser voto vencido na respectiva turma, e assim, passa a atribuir ao reclamante o ônus probatório, ressalvando, porém, o seu posicionamento pessoal.

Observa-se, de logo, a vista dos julgamentos acima transcritos que a divergência vai muito além dos magistrados, sendo, inclusive, uma divergência turmária, fazendo com que os magistrados mudem o entendimento de acordo com a turma que estejam compondo, prejudicando em certa medida a segurança jurídica das decisões e, sobretudo, o trabalhador, parte hipossuficiente na relação processual.

Seguindo a análise dos julgados, transcrevemos parte da decisão emanada pela primeira turma do TRT da Sexta Região nos autos do processo n. 0000067-29.2011.5.06.0020, através do Desembargador Relator Sérgio Torres Teixeira:

> EMENTA: RECURSO ORDINÁRIO DA RECLAMADA. DIREITO DO TRABALHO E PROCESSUAL DO TRABALHO. ADMINISTRAÇÃO PÚBLICA. RESPONSABILIDADE SUBSIDIÁRIA. CULPA IN VIGILANDO. ÔNUS DA PROVA. CARACTERIZAÇÃO. SÚMULA N.. 331 DO COLENDO TST. ADC 16.
> [...]
> Incumbia à entidade da administração pública demonstrar a prática de procedimentos de adequada fiscalização do cumprimento, pela empresa interposta, das obrigações trabalhistas relativas aos empregados/trabalhadores terceirizados. E, no meu sentir, de tal encargo probatório não se desvencilhou o ente público, pois inexistem nos autos elementos aptos a comprovar que ocorreu de fato a prática de atos fiscalizatórios capazes de eliminar a possibilidade de concretização da sua culpa *in vigilando*.
> Com efeito, o ônus probatório acerca da demonstração de tal fato obstativo, por sua vez, evidentemente recai sobre o próprio ente público em face às diretrizes do princípio da aptidão da prova. Somente o administrador público revela condições de produzir provas acerca de tal quadro fático, não sendo razoável exigir do empregado/trabalhador terceirizado a demonstração de inércia daquele (ou seja, um verdadeiro fato puramente negativo) (BRASIL, 2016). (grifo nosso)

Em julgamento também de recurso ordinário do reclamante, a quarta turma do Tribunal Regional do Trabalho da Quinta Região, por meio do voto do Desembargador Relator Paulo Sérgio Sá decidiu conforme trecho do julgado transcrito:

> [...]
> Cabia, pois, ao recorrente, apresentar as provas concludentes da culpa da tomadora do serviço no que tange à efetiva fiscalização e exigência do implemento pela primeira reclamada de suas obrigações resultantes dos contratos de trabalho de seus empregados, o que, todavia, não diligenciou.
> [...]
> Desta forma, não comprovou o recorrente a idoneidade financeira da contratada (*culpa in eligendo*), bem como omissão voluntária ao não fiscalizar e exigir o cumprimento, pela fornecedora de mão de obra, das obrigações trabalhistas para com os respectivos empregados (culpa in vigilando), se configura o cometimento de atos ilícitos (art. 186 do Código Civil).
> Ante todo o exposto, uma vez não constatado os requisitos imprescindíveis à declaração da responsabilidade subsidiária da segunda reclamada, mantenho a sentença recorrida pelos seus próprios fundamentos.
> Ante o exposto, NEGO PROVIMENTO AO RECURSO (BRASIL, 2014). (grifo nosso)

Constata-se, portanto, da análise dos julgados que, de fato, a divergência existe e ultrapassa os limites do TRT da sexta região, sendo notório, porém, que os magistrados que entendem pela atribuição do ônus da prova ao ente público fundamentam considerando o princípio da aptidão para a prova, bem como a hipossuficiência do empregado, sobretudo, diante dos meios que a Administração Pública dispõe para comprovar a efetiva fiscalização dos contratos de terceirização.

Não obstante à dissenção notória nas decisões, o Tribunal Superior do Trabalho não formulou nenhum posicionamento por meio de súmula ou outro meio que pudesse vincular a observância dos magistrados e Tribunais Regionais quando do julgamento das lides envolvendo a aplicação da Súmula n. 331 no tocante à responsabilidade subsidiária do Estado. Ao contrário, observa-se que essa divergência também existe internamente no próprio TST.

Destarte, diante da análise dos julgados e da identificação da divergência, parece-nos que o entendimento mais acertado é o de que o dever de provar a efetiva fiscalização do cumprimento dos contratos de terceirização deve incumbir aos entes públicos, vez que estes detêm melhores condições de produzir as provas necessárias para tanto, razão pela qual abordaremos na seção seguinte a necessidade de uniformização do entendimento.

5. A NECESSIDADE DE UNIFORMIZAÇÃO DO ENTENDIMENTO QUANTO À APLICAÇÃO DO ÔNUS DA PROVA

Como observado, é evidente a divergência e, consequentemente, a insegurança jurídica das decisões gerada pela ausência de uniformização do entendimento pelos tribunais regionais trabalhistas.

Nesse sentido, impende destacar o que enuncia Duarte e Brasil:

> Se um cidadão anseia pela proteção de seus direitos, não pode obter diferentes respostas conforme "tenha a sorte" de ter seu processo distribuído para este ou aquele órgão judicante. Não é correto, isonômico e muito menos democrático que, ao fim de todo o burocrático trâmite processual pelo qual passa para obter um provimento jurisdicional final, não tenha certeza de que este foi justo, pois as Câmaras e Turmas Recursais, muitas vezes ligadas a um mesmo Tribunal, não são capazes de se unir em torno de um posicionamento comum para a mesma situação (DUARTE; BRASIL, 2016, p. 28).

Nessa concepção, pode-se dizer que a carência de harmonia entre os posicionamentos dos magistrados, bem como nas cortes dos tribunais em casos análogos, é prejudicial à garantia da eficácia das decisões judiciais, bem assim, causa verdadeira insegurança jurídica e quebra do princípio da confiança aos que recorrem ao judiciário.

Os jurisdicionados esperam, num Estado de Direito, o respeito à confiança que é posta em favor dos atos e decisões emanados pelo Poder Público. Isso quer dizer que, decisões divergentes e conflitantes a respeito da mesma matéria não devem prosperar, visto que geram notória insegurança jurídica, não correspondendo, deste modo, aos preceitos constitucionais de acesso à justiça e da garantia à duração razoável do processo (CÉZAR, 2014).

Nesse aspecto, o Código de Processo Civil de 2015 demonstra a precaução do legislador em relação à integridade da jurisprudência, segurança jurídica e isonomia, com a finalidade de combater a prolatação de decisões aleatórias, as quais reflitam apenas o sentimento de justiça do relator sorteado para julgamento.

Em seu art. 926, o Novo Código de Processo Civil, assim dispõe:

> Art. 926. Os tribunais devem uniformizar sua jurisprudência e mantê-la **estável**, *íntegra* e **coerente**.
> § 1º Na forma estabelecida e segundo os pressupostos fixados no regimento interno, os tribunais editarão enunciados de súmula correspondentes a sua jurisprudência dominante.
> § 2º Ao editar enunciados de súmula, os tribunais devem ater-se às circunstâncias fáticas dos precedentes que motivaram sua criação (BRASIL, 2015).

Diz-se estável, aquilo que é constante, que não se altera com facilidade. Assim deve ser a jurisprudência, vez que esta resulta de reiteradas decisões uniformes, isto é, necessita da precedência de vários julgamentos no mesmo sentido sobre determinada matéria.

A integridade, em complemento à estabilidade, diz respeito à necessidade de expressão pela jurisprudência, do pensamento dominante em determinada Corte. Importa dizer, ainda, que a jurisprudência deve acompanhar a evolução do Direito, mas isso ocorre gradativamente na medida em que se dão as mudanças políticas, econômicas e sociais.

Assim, a jurisprudência deve manter-se de forma coerente, não sendo interessante que haja contradição entre os entendimentos dos magistrados ou mesmo de turmas de um mesmo Tribunal. As situações que guardarem semelhança não devem ser julgadas de forma diversa sob pena de restar prejudicado o respeito à segurança jurídica das decisões.

Portanto, em virtude das reiteradas decisões no sentido de que o ônus da prova deve recair sobre o ente público quando se tratar de lides que discutam a responsabilidade subsidiária estatal, deve-se entender que é extremamente necessária a uniformização do entendimento, uma vez que, além de majoritário, este entendimento tem fundamentos pertinentes que prezam pela efetiva realização de um processo justo a fim de se chegar a verdade real.

Delgado, sobre o ônus da prova nessas situações, diz que:

> A culpa, no presente tema — caso mantido o debate em patamar estritamente técnico —, desponta como manifestamente presumida, em virtude de haver evidente dever legal de fiscalização pelo tomador de serviços relativamente ao cumprimento de obrigações constitucionais, legais e contratuais trabalhistas pelo prestador de serviços, obrigações em geral vinculadas a direitos fundamentais da pessoa humana (o dever de fiscalização esta ate mesmo expresso, por exemplo, no art. 67, *caput* e § 19, da Lei de Licitações).
>
> **Entretanto, mesmo que não se considere presumida essa culpa, teria o tomador de serviços estatal o ônus processual de comprovar seus plenos zelo e exação quanto ao adimplemento de seu dever fiscalizatório (art. 818, CLT; art. 333, II, CPC)** (DELGADO, 2015, p. 498). (grifo nosso)

A necessidade de uniformização demonstra-se pertinente, de tal forma, que em recente julgamento do Incidente de Uniformização de Jurisprudência de n. 0000362-87.2015.5.06.0000, o Tribunal Regional do Trabalho da Sexta Região assim decidiu, conforme se infere da ementa transcrita:

> *INCIDENTE DE UNIFORMIZAÇÃO DE JURISPRUDÊNCIA. TERCEIRIZAÇÃO. RESPONSABILIDADE SUBSIDIÁRIA. ENTE PÚBLICO. CULPA "IN ELIGENDO" e/ou CULPA "IN VIGILANDO" CARACTERIZADA(S). SÚMULA 331, V, DO TST. Os Entes da Administração Pública Direta e Indireta respondem subsidiariamente pelo inadimplemento das obrigações trabalhistas ocorridas no contrato de terceirização de serviços, caso evidenciada a culpa in eligendo e/ou in vigilando no cumprimento das obrigações,* **sendo encargo da Administração Pública a prova do comportamento de conformidade com a Constituição da República e a legislação infraconstitucional.** *A solidariedade social, um dos objetivos fundamentais da Constituição da*

República impõe a responsabilidade subsidiária da Administração Pública (tomadora de serviços) exigindo que realize processo de licitação, na forma da legislação ordinária, e a indispensável vigilância sobre o cumprimento das obrigações trabalhistas dos empregados da contratada no curso e ao término da relação de emprego desses trabalhadores. É sempre importante lembrar que o trabalho atende à dignidade do homem e representa um elemento de coesão social, na medida em que afasta a violência, a pobreza, a miséria, a insatisfação na sociedade (BRASIL, 2016). (grifo nosso)

Deste modo, resta evidenciada a necessidade de uniformização pelos demais Tribunais Regionais do Trabalho do entendimento de que o ônus de provar a inexistência de culpa *"in elegendo"* e/ou *"in vigilando"* é dos Entes da Administração Pública, nos casos de terceirização de serviços, isso porque, trata-se de situação juridicamente relevante, recorrente nos Tribunais Regionais do Trabalho e que carece, portanto, de um entendimento pacificado e coerente com os princípios norteadores do Direito Material e Processual do Trabalho, com a finalidade de tornar os julgamentos mais justos, inclusive, colaborando para a celeridade e economia processual, bem como para a segurança jurídica das decisões.

6. CONCLUSÃO

Analisando os julgados apontados no presente trabalho, observa-se a real existência da divergência no posicionamento dos magistrados, divergência que existe em vários tribunais regionais do trabalho, inclusive, no próprio Tribunal Superior do Trabalho, demonstrando, desta forma, a necessidade de uniformização do entendimento a fim de garantir a segurança jurídica das decisões.

Nesse sentido, é importante ressaltar a recente decisão do Tribunal Regional do Trabalho da Sexta Região, a qual julgou um Incidente de Uniformização de Jurisprudência tendo como objeto a matéria analisada neste trabalho, no qual decidiu pela uniformização do entendimento de que cabe aos entes integrantes da Administração Pública o ônus de provar que fiscalizou de maneira efetiva o cumprimento dos contratos de terceirização, nas demandas que tratarem da sua responsabilidade subsidiária pelos créditos de natureza trabalhista, inadimplidos pela empresa terceirizada.

Por fim, conclui-se que, em vista da determinação expressa na Lei de Licitações de que é obrigação do Estado acompanhar e fiscalizar a execução dos contratos de terceirização e, que o empregado é parte hipossuficiente na relação processual, o entendimento mais justo é aquele que atribui ao ente público o ônus da prova, sobretudo, por ser este o detentor de maior aptidão para a produção das provas necessárias para tal fim.

Salienta-se, entretanto, que em razão da relevância jurídica bem como da recorrência da matéria nas demandas proposta na Justiça do Trabalho, é de extrema importância que haja a uniformização do entendimento no âmbito de todos os Tribunais Regionais do Trabalho, inclusive no próprio Tribunal Superior do Trabalho.

7. REFERÊNCIAS BIBLIOGRÁFICAS

BARROS, Alice Monteiro de. *Curso de direito do trabalho*. 2. ed. São Paulo: LTr, 2006.

_____. *Curso de direito do trabalho*. 10. ed. São Paulo: LTr, 2016.

BRASIL. Decreto-Lei n. 5.452, de 1º de maio, de 1943. Aprova a Consolidação das Leis do Trabalho. Disponível em: <https://www.planalto.gov.br/ccivil_03/Decreto-Lei/Del5452.htm>. Acesso em: 18 out. 2016.

_____. Lei n. 8.666, de 21 de junho de 1993. Regulamenta o art. 37, inciso XXI, da Constituição Federal, institui normas para licitações e contratos da Administração Pública e dá outras providências. Disponível em: <https://www.planalto.gov.br/ccivil_03/Leis/L8666cons.htm >. Acesso em: 13 out. 2016.

_____. Tribunal Regional do Trabalho da Quinta Região. Acórdão do Recurso Ordinário n. 0000522-87.2012.5.05.0019, Redator: PAULO SÉRGIO SÁ, Data de julgamento: 30/07/2014, Quarta Turma, Data de Publicação DJ: 04.08.2014. Disponível em: <http://trt-5.jusbrasil.com.br/jurisprudencia/158308239/recurso-ordinario-record-5228720125050019-ba-0000522-8720125050019/inteiro-teor-158308247?ref=juris-tabs>. Acesso em: 15 nov. 2016.

_____. Lei n. 13.105, de 16 de março de 2015. Código de Processo Civil. Disponível em: <https://www.planalto.gov.br/ccivil_03/_ato2015-2018/2015/lei/l13105.htm>. Acesso em: 10 set. 2016.

_____. Tribunal Regional do Trabalho da Sexta Região. Acórdão do Recurso Ordinário n. 0001164-88.2011.5.06.0012, Redator: Dione Nunes Furtado da Silva, Data de julgamento: 13.09.2015, Terceira Turma, Data de publicação DJ: 24.09.2015. Disponível em: <http://apps.trt6.jus.br/consultaAcordaos/exibirInteiroTeor?documento=571892015&tipoProcesso=fisico>. Acesso em: 25 out. 2016.

_____. Tribunal Regional do Trabalho da Sexta Região. Acórdão do Recurso Ordinário n. 0001139-80.2013.5.06.0020, Redator: Dione Nunes Furtado da Silva. Data de julgamento: 16.02.2016, Segunda Turma, Data de publicação DJ: 24.02.2016. Disponível em: <http://apps.trt6.jus.br/consultaAcordaos/exibirInteiroTeor?documento=630322016&tipoProcesso=fisico>. Acesso em: 25 out. 2016.

_____. Tribunal Regional do Trabalho da Sexta Região. Incidente de Uniformização de Jurisprudência—0000362-87.2015.5.06.0000, Redatora: Desembargadora Eneida Melo Correia de Araújo, Data de Julgamento: 26.04.2016, Tribunal Pleno, Data de Publicação: DEJT 10.06.2016. Disponível em: <http://www.trt6.jus.br/portal/incidentes-de-uniformizacao-de-jurisprudencia-e-de-recursos-de--revista-repetitivos>. Acesso em: 15 nov. 2016.

_____. Tribunal Regional do Trabalho da Sexta Região. Acórdão do Recurso Ordinário n. 0000067-29.2011.5.06.0020, Redator: Sergio Torres Teixeira, Data de julgamento: 26.10.2016, Primeira Turma, Data de publicação DJ: 06.11.2016. Disponível em: <http://apps.trt6.jus.br/consultaAcordaos/exibirInteiroTeor?documento=701312016&tipoProcesso=fisico>. Acesso em: 15 nov. 2016.

BRASIL, Haroldo G. A empresa e a estratégia de terceirização. *RAE*, São Paulo, v. 33, n. 2, p. 6-11, mar./abr. 1993.

BRUISMANN, Dirson. *A Nova Redação da Súmula 331, do Tribunal Superior do Trabalho, e a responsabilidade da administração pública pelos créditos trabalhistas não adimplidos pela empresa prestadora em casos de terceirização de serviços*. 2011.

CALVO, Adriana. *Manual de direito do trabalho*. São Paulo: Saraiva, 2013.

CASSAR, Vólia Bomfim. *Direito do trabalho*. 2. ed. Niterói: Impetus, 2008.

CASTRO, Maria do Perpétuo Socorro Wanderley de. A terceirização: relações de trabalho e a dicotomia atividade-meio e atividade-fim. In: BARROSO, Fábio Túlio et al. (Org.). *Direito do Trabalho*: Elementos práticos e científicos. São Paulo: LTr, 2015. p. 129-139.

CÉZAR, Janine Paula Guimarães Calmon. Uniformização da jurisprudência no sistema recursal. *Revista Jus Navigandi*, Teresina, ano 19, n. 3935, 10 abr. 2014. Disponível em: <https://jus.com.br/artigos/27409>. Acesso em: 05 out. 2016.

DELGADO, Mauricio Godinho. *Curso de direito do trabalho*. 14. ed. São Paulo: LTr, 2015.

DUARTE, Antônio Aurelio Abi-Ramia Duarte; BRASIL, Maria Eduarda de Oliveira. *O desafio de uniformizar a jurisprudência e o papela do Código de Processo Civil de 2015* — Novos Desafios. Disponível em: <http://www.tjrj.jus.br/documents/10136/1186838/O--desafio-de-uniformizar-a jurispud%C3%AAncia-e-o-novo-cpc--via+final.pdf>. Acesso em: 09 out. 2016.

QUEIROZ, Carlos Alberto Ramos Soares de. *Manual da Terceirização*. São Paulo: STS, 1992.

RESENDE, Ricardo. *Direito do trabalho esquematizado*. Rio de Janeiro: Forense; São Paulo: MÉTODO, 2011.

SANTOS, Barbara S. *Terceirização*: a subordinação estrutural e viabilidade de equiparação salarial. 2012. Disponível em: <http://www.webartigos.com/artigos/-terceirizacao-a-subordinacao-estrutural--e-viabilidade-de-quiparacao-salarial/86 187/#ixzz4OL9YS8Gn>. Acesso em: 15 ago. 2016.

VILLELA, Fábio Goulart. *Manual de direito do trabalho*. Rio de Janeiro: Campus; Elsevier, 2012.

REFORMA TRABALHISTA VIA SUPREMO TRIBUNAL FEDERAL: PRECARIZAÇÃO DOS DIREITOS TRABALHISTAS E VIOLAÇÃO DE PRINCÍPIOS CONSTITUCIONAIS E TRABALHISTAS CHANCELADOS PELA SUPREMA CORTE

Ítalo Henrique de Souza Lopes[(*)]

1. INTRODUÇÃO

O presente artigo trará algumas reflexões sobre a postura do Supremo Tribunal Federal em recentes julgados com efeitos de repercussão geral que confrontam direitos trabalhistas até então consagrados no nosso ordenamento jurídico.

Iniciando-se com uma análise sobre a origem e função do STF, serão analisadas algumas características de uma Suprema Corte Constitucional e seu dever perante a Constituição Federal e dos princípios norteadores nela adotados.

Será feita uma breve abordagem do Princípio do não retrocesso social, visto que este se reveste de extrema importância para melhor compreensão do atual fenômeno da derrocada dos direitos trabalhistas, uma vez que também são direitos e garantias fundamentais protegidos no corpo constitucional. Com aporte teórico do constitucionalista Canotilho, será feito um comparativo dos efeitos decorrentes de tal princípio na própria concepção do Direito do Trabalho, como ramo do saber jurídico de natureza protetiva ao trabalhador.

O período escolhido para análise deste artigo compreende os anos de 2014 até 2016, justamente pelo acirramento da instabilidade política do Brasil, originada na eleição presidencial de 2014 — uma das mais polarizadas na breve história da democracia no Brasil —, no impedimento da Presidenta legitimamente eleita, Dilma Rousseff, em 2016, e na consequente tomada de poder do então vice Michel Temer.

Este período iniciou uma nova agenda política no país, principalmente com várias medidas de austeridade contra a população. Entre tais medidas, verificam-se anúncios de uma iminente reforma trabalhista, que se vislumbra com clareza nos recentes posicionamentos do STF, ao julgar Recursos Extraordinários, Ações Diretas de Inconstitucionalidade, entre outras.

Afigura-se uma Suprema Corte expondo de forma prejudicial uma gama de direitos que, em tese, deveria resguardar, por meio de todas as possibilidades legais a ela conferida.

Tais decisões serão contrapostas à análise dos princípios do direito do trabalho, para apontar algumas distorções sobre o papel do STF enquanto guardião da Constituição Federal e também alertar quanto ao perigo de se mexer em direitos trabalhistas sem se apresentar contrapontos ou compensações que possam manter ou melhorar a condição de vida do trabalhador.

2. SUPREMO TRIBUNAL FEDERAL COMO A CORTE CONSTITUCIONAL NO BRASIL

O Supremo Tribunal Federal, órgão máximo do Poder Judiciário do Brasil, estampa quase que diariamente as capas de jornais e dos principais meios de notícias virtuais. Notoriedade esta oriunda de sua atuação perante a instabilidade política em que o país se encontra e também da amplitude de repercussão das suas decisões sobre os mais diversos temas.

Surgido junto com a história da República, o STF teve a sua origem no Decreto n. 510, de 22 de Junho de 1890, durante a vigência da Constituição Provisória, superando o que antes era conhecido como Supremo Tribunal de Justiça da Constituição Imperial. Afastando o Poder Moderador, que, desde 1824, impedia o pleno desenvolvimento do órgão como responsável pelo controle jurisdicional da Constituição, o STF passou a ter mais autonomia sendo

---

[(*)] Bacharel em Direito pela UFPE, estudante da Pós-Graduação *lato sensu* em Direito do Trabalho pelo PPGD/UFPE. Advogado Trabalhista e Agente Legislativo na Assembleia Legislativa do Estado de Pernambuco. *E-mail*: italolestrange@gmail.com

inclusive incumbido do poder de declarar a inconstitucionalidade das leis. Iniciava-se, assim, outra página da história jurídica brasileira, qual seja, a do controle jurisdicional da constitucionalidade das leis no Brasil (ROCHA, 1997, p. 185).

Desde sua instituição enquanto órgão jurídico, o STF, através das Constituições Brasileiras, desempenhou o exercício da jurisdição constitucional como instância maior do controle difuso e também do controle abstrato. Contudo, apenas no ano de 1988, com a promulgação da "Constituição Cidadã", consolidou-se a previsão legal do STF como protótipo de Corte Constitucional do Brasil, ao atribuir-lhe a condição de guardião da Constituição Federal, deslocando parte do exercício da competência do contencioso do direito federal comum ao Superior Tribunal de Justiça.

Com esta nova configuração legal, o STF é instado como o inquestionável defensor dos Direitos Fundamentais, os quais englobam também as garantias individuais e coletivas do Direito do Trabalho, pois:

> o que se pretende e se espera de um tribunal que receba a incumbência de ser guardião da Constituição é que ele se converta no verdadeiro executor da vontade constituinte, transformando-se no mais lídimo intérprete da Lei Maior, inclusive exercendo o controle dos atos do poder constituinte derivado, a quem se atribui a tarefa de reformar o texto constitucional, o qual, na condição de poder constituído, encontra-se limitado juridicamente pelo constituinte originário (ROCHA, 1997, p. 190).

Observa-se, em seguida, que, na seara dos Direitos Trabalhistas, o STF tem decidido sobre pontos de extrema relevância tanto na ordem individual como coletiva do Direito do Trabalho. Tais decisões apontam para um caminho distinto das competências legais atribuídas pela Constituição Cidadã, visto que "o Supremo Tribunal Federal encarregado de diversas questões que se afastam de sua função precípua de 'guarda da Constituição' (art. 102, *caput*) e em certa medida prejudicando o bom desempenho desta atribuição." (VIEIRA, 1994, p. 85)

Tais decisões recebem várias críticas, inclusive sobre o próprio perfil dos magistrados no país e do operador do Direito em si, visto que a formação privatista se sobrepõe à formação coletiva nos currículos acadêmicos das Faculdades de Direito nas universidades pátrias, entre outros fatores de ordem sócio-política. Contudo, este não é o cerne da presente exposição.

Com o advento da Constituição Federal de 1988 e a reformulação legal das competências do STJ, o STF perdeu parte de suas competências e atribuições. Isto imediatamente trouxe à tona o debate da necessidade (ou não) da criação de um Tribunal Constitucional deslocado da estrutura do Poder Judiciário para exercer o papel de Corte Constitucional, quando a instituição da reserva da apreciação apenas das questões de jurisdição constitucional poderia tornar concreta a função de guardião da Constituição e assim como a verdadeira Corte Constitucional do Brasil, nos moldes clássicos. (ROCHA, 1997, p. 190).

Superado o debate com a dispensabilidade da criação de uma Corte deslocada do Poder Judiciário, entende-se que o Supremo Tribunal Federal, em que pesem as diversas atribuições legais a ele conferidas, exerce o papel de Corte constitucional, dentro da jurisdição brasileira.

O Ministro do Supremo Tribunal Federal, Luís Roberto Barroso (2016, p. 5), ao analisar o modelo de controle jurisdicional no nosso país, traz alguns elementos que inflexionam diretamente nas características e nos diferentes papéis desempenhados pela Suprema Corte Brasileira.

Com a abordagem do sistema híbrido de controle constitucional à ampla legitimação ativa para propositura de ações diretas perante o STF e a cultura de convocar audiências públicas e de transmitir julgamentos pela televisão aberta, Barroso listou três principais papéis exercidos pela nossa Suprema Corte após indicar tais características.

O primeiro deles seria o papel contra majoritário, que com o objetivo de proteger direitos fundamentais e a democracia, atribui aos juízes (cidadãos não eleitos) as possibilidades de se sobreporem à interpretação da Constituição e das leis, as invalidando caso identifiquem aplicações distorcidas ou distintas da natureza teleológica das nossas garantias sociais, mesmo contra a vontade das maiorias. O principal objetivo é proteger os Direitos Sociais e fundamentais ante as instabilidades conjunturais que possam afetar as suas aplicabilidades no país. (BARROSO, 2016, p. 5).

Outra característica pertinente às cortes constitucionais é o papel representativo "para atender demandas sociais que não forem satisfeitas a tempo e a hora pelo Poder Legislativo" (BARROSO, 2016, p. 6) ou também para "integrar a ordem jurídica em situações de omissão inconstitucional do legislador" (BARROSO, 2016, p. 6). Em outras palavras, é materializar o direito constitucionalmente assegurado através da atividade jurisdicional ante a inércia do Poder Legislativo.

Por fim, nas palavras do Ministro Barroso, há também o papel iluminista, pois "devem promover em nome dos valores racionais, certos avanços civilizatórios e empurrar a história." (BARROSO, 2016, p. 8). São entendimentos de vanguarda que colocam o Poder Judiciário como protagonista de alguns avanços oriundos da interpretação principiológica da nossa Constituição Federal, promovendo sempre avanços e garantindo direitos. É a afirmação como vanguarda social.

Pode-se, sem dúvidas, atribuir ao STF tais papéis, como até mesmo desdobramentos do princípio do não retrocesso social, pois não tem mais o Poder Judiciário como mero reprodutor de lei, como outrora, pensado na visão tripartite de Montesquieu, mas sim como Poder garantidor dos direitos e garantias fundamentais, ressignificando a própria teoria clássica da tripartição dos poderes.

Por outro lado, o papel do STF no contexto político social dos tempos atuais e as próprias características de uma Suprema Corte no Brasil traz, necessariamente, uma problematização quando contrapostos tais elementos constitucionais, políticos e teleológicos, com decisões que apontam um claro retrocesso na seara de direitos e garantias fundamentais trabalhistas, estas elevadas constitucionalmente à ordem dos Direitos Sociais.

3. O PRINCÍPIO DO NÃO RETROCESSO SOCIAL NA ORDEM DOS DIREITOS E GARANTIAS INDIVIDUAIS E COLETIVOS DO DIREITO DO TRABALHO

Impossível estudar no Brasil os Direitos Fundamentais sem uma análise do Direito Constitucional pátrio. Um rápido estudo nos capítulos das garantias fundamentais aponta que proteger tais direitos também significa proteger os direitos adquiridos e se opor sistematicamente às medidas restritivas destes, em prol da dignidade da pessoa humana.

Estudado principalmente por Constitucionalistas e pouco abordado pela doutrina clássica do Direito do Trabalho, o Princípio do não retrocesso social

> pode formular-se assim: o núcleo essencial dos direitos sociais já realizados e efetivado através de medidas legislativas (...) deve considerar-se constitucionalmente garantido, sendo inconstitucionais quaisquer medidas estaduais que, sem a criação de outros esquemas alternativos ou compensatórios, se traduzam na prática, numa 'anulação', 'revogação', ou 'aniquilação' pura e simples desse núcleo essencial. (CANOTILHO, 2002, p. 337-338)

Muito mais do que um princípio na ordem do Direito Constitucional do Brasil, o não retrocesso social ganha uma amplitude de importância justamente se contextualizado em um período com graves ameaças às garantias historicamente conquistadas pelos trabalhadores. Funciona como um norteamento jurídico para embasar as teses que visam proteger os direitos principalmente nos períodos de mudanças e transformações na sociedade, tal qual vive atualmente o Brasil.

Conquistado com a Constituição de 1988, o Estado Democrático Social elevou ao nível de garantia fundamental inerente a todos os cidadãos uma seara de direitos, individuais e coletivos, que devem, em tese, sempre avançar e jamais retroceder.

Significa que todas as conquistas já alçadas não devem perpassar debates excludentes ou reducionistas, mas sempre em ritmo de expansão para abarcar as várias faces da vida do cidadão na plenitude de sua dignidade. Assim, "uma vez obtido um determinado grau de realização, passam a constituir, simultaneamente, uma garantia institucional e um direito subjetivo." (CANOTILHO, 2002, p. 336-337).

Tal princípio confere às garantias fundamentais certa estabilidade, mas não uma estabilidade conservadora e estática, mas uma forma de garantir a segurança jurídica dos avanços conquistados no sentido de impulsionar extensão dos direitos e coibir tentativas de retrocesso.

É uma ideia ligada ao constitucionalismo dirigente (CANOTILHO, 2002) para assim estabelecer tarefas de ações futuras do Estado, com o objetivo de ampliar o alcance aos direitos e reduzir as desigualdades no sentido de também proteger a confiança do cidadão na continuidade da ordem jurídica, tanto é que "em razão disso, tanto a legislação como as decisões judiciais não podem abandonar os avanços que se deram ao longo desses anos de aplicação do direito constitucional com a finalidade de concretizar os direitos fundamentais." (CEZAR, 2011).

Tal concepção dialoga diretamente com a atual postura do Supremo Tribunal Federal, quando julgou ações cujas decisões tiveram repercussão geral e impuseram uma agenda negativa de Direitos Trabalhistas, diferentemente da concepção garantidora de direitos da Constituição vigente e da própria natureza protetiva da legislação e dos princípios trabalhistas.

Para além do modelo de Estado Democrático de Direito, o Direito do Trabalho também é abarcado no texto constitucional, como se pode, por exemplo, extrair do art. 7º da Constituição Federal de 1988, que, no seu *caput*, diz: "São direitos dos trabalhadores urbanos e rurais, além de outros que visem à melhoria de sua condição social."

O legislador elencou, desta forma, um rol mínimo de direitos, mas deixou claro que outros pontos também podem ser elevados a tal patamar, desde que melhorem a condição de vida do trabalhador. Ou seja, veda, de forma expressa, qualquer ideia de retrocesso social tanto na seara dos direitos individuais como nos coletivos ali previstos.

Como afirmado por Canotilho, quaisquer medidas que visem excluir, sem ofertar uma alternativa ou compensação nos direitos, já se tornam inconstitucionais por si só (CANOTILHO, 2002, p. 337-338). E tais medidas não necessariamente se restringem às legislações constitucionais, infraconstitucionais ou congêneres. Também podem ser estendidas às decisões judiciais, em especial as proferidas pelo STF, visto que os efeitos de repercussão geral impõem uma dinâmica imperativa na aplicação (ou rechaçamento) das leis nos diversos casos concretos litigados em todo país.

Em tese, sendo ofertada alguma alternativa compensatória, a inconstitucionalidade da retirada de alguns direitos poderia ser contornada, desde que, na prática, se verificasse uma melhoria na condição do trabalhador.

Como, no atual contexto político, tanto os projetos de leis como as decisões de repercussão geral do STF apenas restringiram direitos, verifica-se uma tendência negativa em que os retrocessos são cada vez mais flagrantes, pondo em risco a concretização da própria natureza teleológica da Constituição vigente.

Emerge uma contradição em termos. O STF, ora outorgado como guardião da Constituição, titular do controle jurisdicional e órgão máximo representativo do Poder Judiciário nacional protagoniza, na contramão do espírito da Constituição Federal que deve resguardar, uma série de retrocessos na seara dos direitos trabalhistas, e aponta uma tendência desconexa do princípio do não retrocesso social.

Como conhecido no dito popular, "as galinhas" (direitos trabalhistas) estão sendo vigiadas pelas "raposas" (STF) e, no final das contas, as retiradas de direitos não estão sendo compensadas por medidas que a conjuntura econômica e política exigem. Há apenas a retirada, a flexibilização, a precarização sem o devido contraponto, compensação e aporte jurídico.

4. REFORMA TRABALHISTA NO BRASIL VIA DECISÕES DO STF E A VIOLAÇÃO DE PRINCÍPIOS DO DIREITO DO TRABALHO

Inicialmente, cabe ressaltar a impossibilidade de analisar todas as decisões já tomadas pelo Supremo Tribunal

Federal que tenham algum tipo de impacto na seara dos Direitos Trabalhistas. Como Corte Constitucional responsável pela Guarda da Constituição, não seria de se espantar a constatação de que há centenas, quiçá milhares de decisões em torno deste tema.

Contudo, o presente estudo optou por selecionar 08 (oito) decisões prolatadas entre os anos de 2014 até 2016 devido à crise política e econômica no qual vivencia o país, desde uma acirrada e polarizada eleição presidencial de 2014, até o impedimento da Presidenta legitimamente eleita Dilma Rousseff em 2016 e a consequente tomada de poder pelo então vice Michel Temer.

Este período certamente demarcará muitas páginas nos futuros livros de história. A política brasileira vive uma conturbação que, inexoravelmente, está acarretando profundas mudanças que muito há de prejudicar a vida da população, em especial dos trabalhadores.

Na contramão da natureza da atual Constituição, observa-se o STF como principal agente de uma gama de retrocessos. Retrocessos estes que violam, aprioristicamente, o já explanado Princípio do não retrocesso social, ao impor uma agenda negativa de direitos como se estivesse caminhando para trás *que nem carangueijo*, como o bom e velho ditado pernambucano.

Consequentemente, são constatadas violações também em diversos princípios específicos do Direito do Trabalho, pois este ramo do saber jurídico não convive de forma harmoniosa com qualquer medida não protetiva do trabalhador, bem como preceitua o princípio do não retrocesso social na mais ampla ordem constitucional.

Pois bem, no dia 13 de novembro de 2014, em sede de Recurso Extraordinário em Agravo sob o n. 709.212, o plenário do STF decidiu pela inconstitucionalidade dos arts. 23, § 5º da Lei n. 8.036/1990 e 55 do Regulamento do FGTS (Fundo de Garantia por Tempo de Serviço) aprovado pelo Decreto n. 99.684/1990 na parte que ressalvam o "privilégio do FGTS à prescrição trintenária" (STF, 2014, RE 709.212/DF).

Segundo o relator, o entendimento de que a cobrança das verbas referentes ao FGTS contem com o prazo prescricional de 30 (trinta) anos violaria o dispositivo do art. 7º, XXIX da Constituição Federal no qual prevê a prescrição de 05 (cinco) anos para a cobrança de verbas trabalhistas, tanto dos trabalhadores urbanos quanto dos rurais.

Ora, analisado sob a ótica do princípio do não retrocesso social e do princípio da aplicação da norma mais favorável, não seria possível aqui expor a restrição deste direito, com base na Constituição Federal. Muito pelo contrário, a conquista das lutas sindicais para resguardar ao trabalhador a garantia do resgate das suas contribuições a título de FGTS nas hipóteses legais no prazo de 30 (trinta) anos foi uma forma de assegurar a garantia financeira no caso de dispensa arbitrária após anos de dedicação ao seu labor.

Impor, sob a esfera de repercussão geral, a prescrição quinquenal nas verbas de FGTS expõe uma condição mais maléfica e exalta um grave retrocesso social, desvirtuando toda atribuição constitucional atribuída ao STF. E, independentemente da hierarquia das normas, em caso de conflitos de aplicabilidade, o Direito do Trabalho, na sua gênese, evoca a prevalência da norma mais favorável, mesmo que haja uma subversão hierárquica das normas. Preceito este, obviamente, não respeitado pela referida decisão.

Já no ano de 2015, mais especificamente no dia 16 de Abril, o STF confirmou, em decisão nos autos da Ação Direta de Inconstitucionalidade, sob o n. 1923/DF, conferindo interpretação conforme à Constituição à Lei n. 9.648/98 e ao art. 24, XXIV da Lei n. 8.666/93 incluído pela Lei 9.648/98 para que entidades privadas, conhecidas como Organizações Sociais (OSs) possam prestar serviços públicos na área de ensino, pesquisa científica, desenvolvimento tecnológico, meio ambiente, cultura e saúde (STF, 2015, ADI 1923/DF). Em outras palavras, permitiu uma flexibilização na contratação de trabalhadores no serviço público impondo uma terceirização indireta, indubitavelmente, mais precarizante do trabalho dos que prestam serviços remunerados por verbas públicas.

Constitui-se, sem dúvida, em mais uma decisão elencada no rol das que afrontam diretamente a vedação do retrocesso social, visto que houve uma permissão legal de contratação de trabalhadores com condições mais degradantes dentro do serviço público. Há, pelo regime adotado, uma redução das garantias trabalhistas (e administrativas) e, portanto, violação ao fator finalístico da proteção social do trabalhador.

Outra decisão de grande polêmica nacional e também julgada no mesmo mês da anterior, só que no dia 30, foi a validação de cláusula de quitação geral ampla e irrestrita das verbas trabalhistas na adesão de Plano de Dispensa Incentivada (PDIs). Ora, conforme ementa do Recurso Extraordinário de n. 590.415/SC,

> a transação extrajudicial que importa rescisão do contrato de trabalho, em razão de adesão voluntária do empregado a plano de dispensa incentivada, enseja quitação ampla e irrestrita de todas as parcelas objeto de emprego, caso essa condição tenha constado expressamente do acordo coletivo que aprovou o plano, bem como dos demais instrumentos celebrados com o empregado (STF, 2015, RE 590.415).

O referido objeto da decisão foi validado pelo entendimento de que as partes celebrantes do referido acordo coletivo eram equivalentes, visto que houve mediação do sindicato profissional junto à empresa, ou seja, órgãos coletivos e representativos de ambas as categorias. Desta forma, seria legítima tal renúncia de direitos sob os termos do referido plano.

Registra-se, assim, mais uma decisão que questiona, ou melhor, viola princípios trabalhistas como o da Indisponibilidade e o da Irrenunciabilidade das verbas trabalhistas. Mesmo diante do acordo coletivo, as verbas não alcançadas pelo Plano de Dispensa Incentivada não poderiam ser imunes às reivindicações legais em sede de reclamação trabalhista. Não há o que se cogitar a possibilidade de renúncia ou disponibilidade das verbas trabalhistas, pois tais direitos, considerados até mesmo como categoria de Direito Humano Fundamental (ANDRADE, 2008, p. 224), não podem ser objetos de transição sem uma contraprestação equivalente ou mais benéfica para o trabalhador. Trata-se de mais uma agenda negativa e de mais um inquestionável retrocesso.

No mês de setembro de 2015, mais precisamente no dia 13, já na vigência do controverso governo do Presidente Michel Temer que, entre várias medidas, anunciou uma Reforma Trabalhista sob a alegação de criar mecanismos para a geração de mais empregos, o Ministro Teori Zavaski, no Recurso Extraordinário 895.759, reformou acórdão do TST e entendeu legítima a prevalência de acordo coletivo sobre regra legal prevista na Consolidação das Leis do Trabalho. Foi o caso do famigerado "negociado sobre o legislado". (STF, 2015, RE 895.759)

Ora, tal prevalência já era permitida desde que estivesse dentro da comunidade real de comunicação (ANDRADE, 2008, p. 236), ou seja, resultasse na condição mais benéfica. Atribuir de forma irrestrita a prioridade do negociado sobre o legislado implode toda a Legislação Trabalhista e crava, de forma definitiva e irremediável, a lápide do maior retrocesso na seara dos direitos trabalhistas, afastando de vez a noção de Estado que deve promover o crescimento de garantias e direitos.

A Justiça do Trabalho, como órgão jurisdicional, também não escapou das "irreverentes" decisões do STF. Após aprovação do corte na ordem de 90% (noventa por cento) nas despesas de investimentos e 24% (vinte e quatro por cento) no custeio através da Lei Orçamentária Anual (Lei n. 13.255/16), a Associação Nacional dos Magistrados da Justiça do Trabalho (Anamatra) ajuizou uma Ação Direta de Inconstitucionalidade sob o n. 5468 na esperança de evitar tais cortes orçamentários e preservar a autonomia a independência do Poder Judiciário.

No entanto, o Ministro Luiz Fux julgou improcedente a referida ADI sob o pretexto de que o Judiciário não pode intervir na autonomia do Poder Legislativo ao debater e votar as Leis Orçamentárias. (STF, 2016ADI 5468).

Muito se questionou e ainda se questiona sobre a idoneidade desta decisão, visto que alguns consideram como retaliação e prenúncio da reforma trabalhista que estaria engatilhada no âmago do atual governo. Por outro lado, o que não se pode questionar é a certeza de que a chancela deste drástico corte orçamentário irá prejudicar a concretização de várias garantias e direitos fundamentais, uma vez que os Direitos Individuais e Coletivos do Trabalho foram alçados a esta condição na Constituição. Mais um retrocesso "não vedado" pelo guardião da Constituição Federal.

Mais uma série extensa de princípios e direitos trabalhistas violados, tais como o acesso à justiça e da própria concepção do Direito do Trabalho como Direito Humano (ANDRADE, 2008, p. 224).

Mais recentemente, no dia 15 de outubro de 2016, em sede de liminar concedida em medida cautelar na Ação de Descumprimento de Preceito Fundamental sob o n. 323, o Ministro Gilmar Mendes suspendeu os efeitos da Súmula 277 do Tribunal Superior do Trabalho. A referida súmula prevê a integração de normas coletivas ao contrato de trabalho e também destaca que a modificação ou supressão de tais normais só poderão ser feitas via nova norma coletiva, ou seja, no caso um novo acordo ou convenção coletiva. Em outras palavras, enquanto não se firma nova negociação coletiva, os efeitos da norma anterior avançam sobre o tempo.

O Ministro Gilmar Mendes, ao conceder esta liminar suspendendo todos os processos cujo objeto de litigância seja direitos previstos na ultratividade das normas coletivas, deixa milhares de trabalhadores desprotegidos e à mercê de insegurança jurídica muito grande, pois estão sendo atualmente prejudicados pela ausência de negociação coletiva dos sindicatos profissionais e econômicos. Na referida decisão, o Ministro afirma que:

> em relação ao pedido liminar, ressalto que não tenho dúvidas de que a suspensão do andamento de processos é medida extrema que deve ser adotada apenas em circunstâncias especiais. Em juízo inicial, todavia, as razões declinadas pela requerente, bem como a reiterada aplicação do entendimento judicial consolidado na atual redação da Súmula 277 do TST, são questões que aparentam possuir relevância jurídica suficiente a ensejar o acolhimento do pedido. Da análise do caso extrai-se indubitavelmente que se tem como insustentável o entendimento jurisdicional conferido pelos tribunais trabalhistas ao interpretar arbitrariamente a norma constitucional. (STF, ADPF 323, 2016)

Com todo respeito ao Ministro relator da decisão, percebemos que há um equívoco na afirmação de que os Tribunais Trabalhistas tenham interpretado de forma arbitrária os preceitos constitucionais. Muito pelo contrário. O que vimos era uma interpretação com base em preceitos teleológicos constitucionais e que resguardava os trabalhadores de quaisquer perdas de direitos, garantindo uma estabilidade de previsão das suas vantagens já incorporadas no seu contrato de trabalho.

Hoje vive-se uma era de incertezas diante desta suspensão dos efeitos da Súmula n. 277, do Tribunal Superior do Trabalho, que certamente ignoram todos os valores decorrentes dos princípios da vedação do retrocesso social e da proteção social dos trabalhadores.

Logo depois, no dia 26 de outubro de 2016, o STF considerou ilegal a possibilidade de desaposentação no Recurso Extraordinário, sob o número 381.367, privando o trabalhador aposentado de pedir revisão do seu benefício caso volte a trabalhar. O argumento central da decisão que justificou a ilegalidade foi de que tal possibilidade não estaria prevista na Constituição. (STF, RE 381.367, 2016)

Seria este de fato um argumento suficiente para tão drástica medida? Ou a omissão legislativa impede o Judiciário de exercer seu papel na sociedade de promover os direitos e garantias fundamentais?

Em tempos de crise política e econômica não é raro observar aposentados retornando ao mercado de trabalho para complementar suas rendas e garantir o sustento digno de sua família. Milhares de idosos certamente passarão por situações adversas diante deste cenário.

Por fim, prolatada no dia 27 de outubro de 2016, no Recurso Extraordinário 693.456/RJ, com relatoria do Ministro Dias Tófoli, esta decisão permitiu o corte de vencimentos dos servidores em greve. Nas palavras do relator:

> A administração pública deve proceder ao desconto dos dias de paralisação decorrentes do exercício do direito de greve pelos servidores públicos, em virtude da suspensão

do vínculo funcional que dela decorre, permitida a compensação em caso de acordo. (STF RE 693.456, 2016)

No voto fica claro que o Direito de Greve dos Servidores Públicos foi prejudicado pela ausência de legislação específica para regulamentação do dispositivo constitucional. Na ebulição do caldeirão político do país, em que vários direitos são retirados ou precarizados, atacar o direito de greve demonstra de forma cabal a postura controversa do STF perante a própria Constituição Federal que em tese deveria guardar.

Impor, de forma vergonhosa, ao servidor, a escolha entre a possibilidade de prover seu sustento ou aderir à greve para lutar contra a onda precarizante de direitos extrapola qualquer visão de razoabilidade.

A conjuntura política do Brasil desafia qualquer mente racional. É necessária muita altivez e resiliência ao fenômeno de desmonte de direitos, ou melhor, à prejudicial reforma trabalhista que ora se vivencia.

Por tais mudanças serem protagonizadas pelo Judiciário, por meio das decisões proferidas pelo STF, muitas vezes passam despercebidas ou silenciosas diante do imaginário social, visto que os holofotes midiáticos focam, sobretudo, na atividade legislativa do Congresso Nacional e do Executivo.

Essas decisões se distanciam "cada vez mais a jurisprudência dos objetivos e do projeto de Constituição que tinha por base a defesa de direitos sociais e de liberdades públicas. Estamos, de fato, vivendo um período de desconstitucionalização promovida pelo STF, por meio de decisões como essa." (BARBOSA, 2016).

Outra pauta também importante, mas que ainda não foi julgada, é a constitucionalidade da terceirização ampla e irrestrita, seja ela meio ou fim da atividade empresarial/econômica. Agendado para julgamento no mês de novembro de 2016, depois de bastante pressão dos movimentos sindicais e sociais pelo país, foi retirada de pauta e encontra-se em pendência de apreciação. Contudo, a conclusão natural para desfecho desta história ao observar a tendência precarizante do Direito do Trabalho nas decisões do STF é pela procedência da expansão da Terceirização. Aguarde-se.

E, no final das contas, vivencia-se um holocausto sistemático dos direitos fundamentais, em especial os de natureza trabalhista. A resposta dos tempos de crise no Brasil está sendo pela forma de precarização desenfreada de conquistas já alcançadas, violando o âmago do constitucionalismo cidadão e de todos os princípios e finalidades do Direito do Trabalho, pois há uma clara inversão e distorção dos valores jurídicos já consagrados. Na contramão dos avanços sociais, exsurgem danosos e talvez irreparáveis retrocessos.

5. CONCLUSÃO

O Supremo Tribunal Federal deveria, em razão de suas competências legais, ser o maior protagonista na defesa dos direitos sociais. Tal dever inclui, necessariamente, a garantia de proteger os direitos trabalhistas, estes considerados até mesmo como direitos humanos, pois estão elencados no rol das garantias fundamentais da constituição cidadã.

Norteado pelo princípio geral da vedação do retrocesso social, a Constituição Federal promulgada em 1988 tem o dever jurídico de promover avanços civilizatórios ao promover Direitos Sociais e ocasionar sua expansão. E, por sua vez, o STF como de Corte Constitucional tem o dever de coibir, através do controle jurisdicional de constitucionalidade, qualquer tendência que aponte perda de direitos e garantias.

Tais elementos, entrelaçados no espírito da constituição vigente, parecem não ser suficientes para lidar com tamanho retrocesso em Direitos Trabalhistas na atual conjuntura política do nosso país. No meio de uma grande instabilidade, decorrente de uma eleição presidencial acirrada e muito polarizada em 2015, e com o impedimento da Presidenta democraticamente eleita em 2016, uma nova agenda política foi instaurada no país que interfere diretamente na estabilidade dos direitos trabalhistas.

Desde então, o Supremo Tribunal Federal vem surpreendendo (de forma negativa) ao cravar decisões com efeitos de repercussão geral que sistematicamente retira conquistas históricas de Direito dos Trabalhadores. Sem passar pelo crivo de um processo legislativo, direitos como a prescrição trintenária do FGTS, ultratividade dos acordos coletivos, desaposentação, greve no serviço público, entre outros, foram categoricamente retirados da classe trabalhadora brasileira.

As consequências da precarização das condições de vida dos trabalhadores afetados por tais medidas também geram uma descrença da segurança jurídica perante a suposta estabilidade dos Direitos Trabalhistas. Como dito por Maria Lúcia Barbosa, "não dá mais para confiar ao STF o respeito à Constituição. Novas articulações e alternativas devem surgir a partir da luta daqueles que buscam uma sociedade mais justa." (BARBOSA, 2016).

Conclui-se, portanto, que o STF não mais exerce com fidelidade orgânica seu papel de guardião da Constituição Federal. A descrença se catalisa diante das posturas equivocadas da Suprema Corte, ao reiterar entendimentos danosos, que violam o conjunto dos princípios do Direito do Trabalho, subvertendo toda a lógica protecionista deste ramo do conhecimento jurídico.

Quando formulado para subverter a hierarquia das normas em prol do trabalhador, o Direito do Trabalho vivencia uma grande crise. Entendimentos com viés privatista estão se sobrepondo à ordem coletiva, quando o STF aplica entendimentos destoantes da proteção social do trabalho.

Resta, portanto, exercer com parcimônia bastante resistência e vigiar com firmeza a defesa destes direitos. É inconcebível, depois de todo o histórico de lutas e conquistas, virar para trás a página da história. É necessário apontar caminhos e novas fórmulas para contornar as flexibilizações da atual conjuntura e firmar o Direito do Trabalho como protagonista na expansão contínua de direitos, jamais como agente precarizante.

6. REFERÊNCIAS BIBLIOGRÁFICAS

ANDRADE, Everaldo Gaspar Lopes de. *Princípios de Direito do Trabalho*: Fundamentos Teóricos-Filosóficos. São Paulo: LTr, 2008. p. 224-236.

BARBOSA, Maria Lúcia. *O STF como protagonista no retrocesso do direito de greve do servidor e da possível terceirização em um estado de desconstitucionalização*. Recife, 14 de nov. 2016. Disponível em: <http://emporiododireito.com.br/o-stf-como-protagonista-no-retrocesso-do-direito-de-greve-do-servidor/>. Acesso em: 10 dez. 2016.

BARROSO, Luís Roberto. *Contramajoritário, representativo e iluminista*: os papéis das Cortes constitucionais nas democracias contemporâneas. Brasília, 8 de jun. 2016. Disponível em: <http://conjur.com.br/dl/notas-palestra-luis-robertobarroso.pdf>. Acesso em: 13 dez. 2016.

BRASIL. Supremo Tribunal Federal. *Recurso Extraordinário em Agravo n. 709.212*, do Plenário do Supremo Tribunal Federal, Brasília, DF, 13 nov. 2014.

_____. *Ação Direta de Inconstitucionalidade n. 1923*, do Plenário do Supremo Tribunal Federal, Brasília, DF, 16 abr. 2015.

_____. *Recurso Extraordinário n. 590.415/SC*, do Plenário do Supremo Tribunal Federal, Brasília, DF, 30 abr. 2015.

_____. *Recurso Extraordinário n. 895.759*, do Plenário do Supremo Tribunal Federal, Brasília, DF, 13 set. 2015.

_____. *Ação Direta de Inconstitucionalidade n. 5.468*, do Plenário do Supremo Tribunal Federal, Brasília, DF, 29 jun. 2016.

_____. *Ação de Descumprimento de Preceito Fundamental n. 323*, do Plenário do Supremo Tribunal Federal, Brasília, DF, 15 out. 2016.

_____. *Recurso Extraordinário n. 381.367*, do Plenário do Supremo Tribunal Federal, Brasília, DF, 26 out. 2016.

_____. *Recurso Extraordinário n. 693.456*, do Plenário do Supremo Tribunal Federal, Brasília, DF, 27 out. 2016.

CANOTILHO, José Joaquim. *Direito constitucional e teoria da constituição*. Coimbra: Almedina, 2002. p. 336-338.

CEZAR, Renata. *Direitos sociais frente ao princípio da proibição do retrocesso social*. São Paulo, 18 de ago. 2011. Disponível em: <http://www.direitonet.com.br/artigos/exibir/6963/Direitos-sociais-frente-ao-Principio-da-Proibicao-do-Retrocesso-Social>. Acesso em: 13 dez. 2016.

ROCHA, Fernando Luiz Ximenes. O Supremo Tribunal Federal como Corte Constitucional. *Revista de Informação Legislativa*, Brasília, v. 134, n. 135, p. 185-190, jul./set., 1997.

VIEIRA, Oscar Vilhena. *O Supremo Tribunal Federal*: jurisprudência política. São Paulo: Revista dos Tribunais, 1994. p. 85.

OS RISCOS DA CLANDESTINIZAÇÃO DO TRABALHO PARA A SEGURIDADE SOCIAL

Fernando Sampaio do Carmo[*]

1. INTRODUÇÃO

A segurança necessária para uma vida digna, declarada por preceitos constitucionais, fez com que fosse dado, continuamente, maior importância às necessidades da sociedade. Dessa forma, direitos sociais tornaram-se tão importantes e necessários quanto os direitos individuais, e a partir desse momento, passou-se a buscar igualdade ao conjunto de pessoas, através de direitos indispensáveis para o convívio isonômico dentro do corpo social de um Estado.

Nesse contexto, inevitável foi, ao Estado, ter que repassar à sociedade uma garantia de que tudo aquilo que fazia parte das necessidades do coletivo viesse a ser resguardado pelo Estado através de sua Constituição. E, dessa forma, direitos sociais importantíssimos foram conquistados, principalmente, a partir da Constituição Federal de 1988, que surgiu logo após um período conturbado de ditadura militar vivenciada no Brasil, quando os direitos sociais e, sobretudo, os direitos individuais, foram inteiramente desrespeitados e arduamente postos em escanteio.

O artigo sexto da então nova Constituição Federal passou a trazer um rol de direitos sociais que, ao passo do tempo, foi incrementado e, hoje, garante à sociedade brasileira e aos demais que nela vivem, segurança social que dignificam, em conjunto, o ser dentro dessa sociedade. Esse rol de direitos sociais que, para muitos, não são considerados cláusulas pétreas, não possuindo, então, uma garantia inquebrável, sendo passível de ser modificada a todo momento pelo Estado, ponderam-se na subjetividade com os quais são tratados e, sustentam-se no pilar do princípio do não retrocesso dos direitos sociais.

Dentro desse rol de direitos sociais, encontramos o direito ao trabalho, a previdência social, a assistência aos desamparados e a saúde. E, apesar de não estar explícito, a seguridade social, ou segurança social, também pode, e deve, ser considerada um direito social, cediço que ela é o gênero que subdivide-se em alguns dos direitos sociais inerentes ao artigo sexto da constituição federal, quais sejam a previdência social, a saúde e assistência aos desamparados, comumente conhecida como assistência social.

E, ao incluir o trabalho como um direito social, surgiu a necessidade de observar como ocorriam as relações de trabalho, e como o Estado deveria proceder para que esse direito, tão recentemente protegido, pudesse ser garantido.

É preciso então, conhecer a Seguridade Social e as Relações de Trabalho, para que possamos analisar como ambos são interligados. Sabido que hoje, a assistência social e a saúde, utilizam-se de contribuições dos empregadores/empresas, e a previdência social existe basicamente por conta dessa relação entre ambos.

2. SEGURIDADE SOCIAL E SEU DESENVOLVIMENTO NO BRASIL

A Seguridade Social surgiu após lentas evoluções sobre os direitos sociais no Brasil, gradativamente, iniciou-se com alguns benefícios que se assemelhavam às características de uma previdência social, portanto, foram os trabalhadores os primeiros a se beneficiarem diretamente desse avanço social. O início dessa nova era social no Brasil começou de fato com o Decreto-lei n. 4.682 criado no ano de 1923 que exigia das empresas ferroviárias da época a criação de fundos de aposentadorias e pensões, sendo então, a primeira lei a tratar, indiretamente, sobre previdência no país e, no decorrer das décadas de 1920 e 1930, fora ampliada para outras categorias profissionais.

> Esta lei determinava a criação de Caixas de Aposentadorias e Pensões nas empresas ferroviárias existentes na época. Ela marca o início da fase de vinculação por empresa, caracterizado pelo pequeno número de segurados — algumas vezes o mínimo

---

[*] Bacharel em Direito pela Universidade Potiguar; Email: fernandosampaio.adv@outlook.com

indispensável para o funcionamento nos moldes adotados — e pela multiplicidade de instituições. No decorrer das décadas de 20 e 30 o sistema foi estendido a empresas de diversas categorias profissionais, chegando a existir 183 caixas em 1973. (MÉDICI et al. 1995)

Com o crescimento e visibilidade política e econômica da classe trabalhadora, a previdência passou a englobar todos os demais trabalhadores e, inclusive, uma parcela dos trabalhadores autônomos, os quais ainda não estavam incluídos.

> [...] a vinculação passou a ser feita pela categoria profissional. Foram criados os Institutos de Aposentadorias e Pensões, e a cobertura previdenciária foi estendida à virtual totalidade dos trabalhadores urbanos e à boa parte dos trabalhadores autônomos. O Estado, que até então mantivera-se afastado da administração dos sistemas assumiu mais estreitamente a gestão das novas instituições do sistema. (MÉDICI et al. 1995)

A inclusão dos trabalhadores domésticos, contudo, só ocorreu em 1972, e, somente em 1974, após a criação do Ministério da Previdência e Assistência Social que os direitos, que hoje englobam a Seguridade Social, passaram a ser vistos de forma mais efetiva. Em 1974, através do desdobramento do antigo Ministério do Trabalho e Previdência Social, foi criado o Ministério da Previdência e Assistência Social (MPAS), que veio a responder pela elaboração e execução das políticas de previdência, assistência médica e social. (GARCIA, 1995)

No entanto, foi no ano de 1988, com a nova Constituição da República Federativa do Brasil, que passamos a gerir uma maior garantia de direitos antes preconizados, e a Seguridade Social, que até então caminhava a passos lentos, passou a ter maior expressividade e tornou-se um dos temas centrais dos direitos sociais, ampliando os seus benefícios a população em geral. No Brasil, ampliou-se o conceito de seguridade social, a partir da Constituição de 1988, conhecida como a Constituição Cidadã, preconizando-se que todos devem ter o direito aos benefícios que ela distribui e o dever de contribuir para manter a solidariedade entre gerações. (ARAÚJO, 2006; MARTINEZ, 1999)

Segundo o art. 194 da Constituição Federal de 1988, a seguridade social vai depender das iniciativas de todos os poderes públicos e, inclusive, da sociedade, para que seja garantido os direitos à saúde, previdência e assistência social. Dessa forma, caberá ao governo, organizar a seguridade social e se pautar em alguns objetivos específicos para a lisura desses direitos, como o da uniformidade, equidade, e da diversidade da base de financiamento.

> Art. 194, CF/88. A seguridade social compreende um conjunto integrado de ações de iniciativa dos Poderes Públicos e da sociedade, destinadas a assegurar os direitos relativos à saúde, à previdência e à assistência social.
> Parágrafo único. Compete ao Poder Público, nos termos da lei, organizar a seguridade social, com base nos seguintes objetivos:
> I — universalidade da cobertura e do atendimento;
> II — uniformidade e equivalência dos benefícios e serviços às populações urbanas e rurais;
> III — seletividade e distributividade na prestação dos benefícios e serviços;
> IV — irredutibilidade do valor dos benefícios;
> V — eqüidade na forma de participação no custeio;
> VI — diversidade da base de financiamento;
> VII — caráter democrático e descentralizado da administração, mediante gestão quadripartite, com participação dos trabalhadores, dos empregadores, dos aposentados e do Governo nos órgãos colegiados.

Contudo, por mais que seja o Estado responsável direto por garantir esses novos direitos constitucionais, a necessidade de financiamento e contribuições por outros entes veio a ser um dos meios encontrados para garantir esse direito, sendo todos responsáveis diretos por sua manutenção.

Para a manutenção de um sistema de proteção social, a Carta Magna vigente estabeleceu um modelo misto de financiamento, prescrevendo, no seu art. 195, que a seguridade social será suportada por toda a sociedade, com recursos oriundos tanto do orçamento fiscal das pessoas políticas como por meio de imposições de contribuições sociais. Logo, o custeio direto da seguridade social deve ser feito com o produto da cobrança dos trabalhadores e das empresas, sobre a receita de concursos de prognósticos e a importação de bens e serviços (EC n. 42/03), ficando o custeio indireto por conta das dotações orçamentárias da União, dos Estados, do Distrito Federal e dos Municípios, reservando, ainda, à União, a competência residual para a regulamentação de novas fontes de custeio. (ARAÚJO, 2006; MARTINEZ, 1999).

A seguridade social, então, tornou-se garantia de justiça para que todos possam viver de forma isonômica dentro da sociedade, capaz de gerir e beneficiar todos aqueles que nela vivem, mesmo que esses não possam, diretamente, contribuir, como os desempregados e pessoas do lar, quando não possuírem outros meios para aferir renda. E, independentemente de sua contribuição, terão os mesmos direitos de usufruir de todo o sistema, considerando que a todos é garantido a segurança social para uma vida com o mínimo de dignidade.

> A seguridade social pode ser conceituada como a rede protetiva formada pelo Estado e por particulares, com contribuições de todos, incluindo por parte dos beneficiários dos direitos, no sentido de estabelecer ações para o sustento de pessoas carentes, trabalhadores em geral e seus dependentes, providenciando a manutenção de um padrão mínimo de vida digna. (IBRAHIM, 2012, p. 5).

Com isso, para clarificar a necessidade dos direitos sociais, Silva (2012), os define como:

> [...] prestações positivas proporcionadas pelo Estado direta ou indiretamente, enunciadas nas normas constitucionais, que possibilitam melhores condições

de vida aos mais fracos, direitos que tendem a realizar a igualização das situações sociais desiguais. São, portanto, direitos que se ligam ao direito de igualdade. Valem como pressupostos do gozo dos direitos individuais na medida em que criam condições materiais mais propícias ao auferimento da igualdade real, o que, por sua vez, proporciona condição mais compatível com o exercício efetivo da liberdade.

2.1. Previdência social

A previdência social deve ser considerada como o ponto de partida da integralidade da Seguridade Social no Brasil, baseada no princípio mor da Carta Magna, qual seja o da dignidade da pessoa humana. É a garantia social de que todos os trabalhadores terão direito assegurado a aposentadoria após exaustivos anos de trabalho, ou após a perda da sua capacidade laboral devido à idade ou a outras enfermidades, é a garantia da família do trabalhador poder usufruir de um salário relativamente maior de acordo com a quantidade de dependentes menores, o conhecido salário família, da gestante poder receber o salário maternidade, o auxílio reclusão, quando necessário a família do trabalhador que por ventura venha a ficar preso, dentre outros benefícios.

> Art. 201. A previdência social será organizada sob a forma de regime geral, de caráter contributivo e de filiação obrigatória, observados critérios que preservem o equilíbrio financeiro e atuarial, e atenderá, nos termos da lei, a:
> I — cobertura dos eventos de doença, invalidez, morte e idade avançada;
> II — proteção à maternidade, especialmente à gestante;
> III — proteção ao trabalhador em situação de desemprego involuntário;
> IV — salário-família e auxílio-reclusão para os dependentes dos segurados de baixa renda;
> V — pensão por morte do segurado, homem ou mulher, ao cônjuge ou companheiro e dependentes, observado o disposto no § 2º. (CONSTITUIÇÃO FEDERAL, 1988)

Todo trabalhador contribui para a previdência social sobre o valor mensal da sua remuneração, descontados na folha de pagamento. Essa condição é imputada pelo governo para assegurar seus direitos futuros, tendo em vista o objetivo da previdência de suprir as necessidades do trabalhador quando este encontra-se desamparado financeiramente, ou substituir sua renda por pensão, auxílios ou aposentadoria. Conclui-se, então, sobre a Previdência Social, que ela funciona como um seguro ao trabalhador contribuinte.

> Dispõe o art. 201 da Constituição Federal que a previdência social será organizada sob a forma de regime geral, de caráter contributivo e de filiação obrigatória e atenderá, nos termos da lei: a cobertura de eventos de doenças, invalidez, morte e idade avançada; proteção à maternidade, especialmente à gestante (art. 7º, XVIII); proteção ao trabalhador em situação de desemprego involuntário (art. 7º, II, da Lei Fundamental); pensão por morte do segurado, homem ou mulher, ao cônjuge ou companheiro e dependentes; salário-família e auxílio reclusão para os dependentes dos segurados de baixa renda (MARTINS, 2001, p. 297).

2.2. Saúde

A saúde é outro direito social definido no rol do artigo sexto da Constituição Federal, e incluído na Seguridade Social. O art. 196 da Carta Magna define saúde como "direito de todos e dever do Estado, garantido mediante políticas sociais e econômicas que visem à redução do risco de doença e de outros agravos e ao acesso universal e igualitário às ações e serviços para sua promoção, proteção e recuperação".

Portanto, a toda sociedade é assegurado o acesso gratuito à saúde através do Sistema Único de Saúde. Como consta no art. 198, § 1º, da Constituição Federal, a seguridade social, em conjunto com a União, Estados, Distrito Federal e Municípios, financiará saúde pública. Não incumbe, contudo, a população na contribuição direta.

Não é reservado ao Estado, porém, a obrigação de manter o sistema de saúde no Brasil, é livre à iniciativa privada prestar assistência e ser indenizada pelo usuário pelos serviços prestados, não podendo, contudo, utilizar-se de recursos públicos quando tiverem fins lucrativos, conforme consta no Art. 199:

> Art. 199. A assistência à saúde é livre à iniciativa privada.
> § 1º As instituições privadas poderão participar de forma complementar do sistema único de saúde, segundo diretrizes deste, mediante contrato de direito público ou convênio, tendo preferência as entidades filantrópicas e as sem fins lucrativos.
> § 2º É vedada a destinação de recursos públicos para auxílios ou subvenções às instituições privadas com fins lucrativos.
> § 3º É vedada a participação direta ou indireta de empresas ou capitais estrangeiros na assistência à saúde no País, salvo nos casos previstos em lei.

Segundo a Lei n. 8.080/90, a saúde é um direito fundamental do ser humano e cabe ao Estado fornecer meios indispensáveis para seu pleno exercício, através, inclusive, de políticas econômicas e sociais para a minimização dos riscos, e reconhece que a saúde é fator determinante para a organização social e econômica do país e, em seu arts. 2º e 3º formalizam o entendimento:

> Art. 2º A saúde é um direito fundamental do ser humano, devendo o Estado prover as condições indispensáveis ao seu pleno exercício.
> § 1º O dever do Estado de garantir a saúde consiste na formulação e execução de políticas econômicas e sociais que visem à redução de riscos de doenças e de outros agravos e no estabelecimento de condições que assegurem acesso universal e igualitário às ações e aos serviços para a sua promoção, proteção e recuperação.
> § 2º O dever do Estado não exclui o das pessoas, da família, das empresas e da sociedade. Parágrafo único. Dizem respeito também à saúde as ações que, por força do disposto no artigo anterior, se destinam a garantir às pessoas e à coletividade condições de bem-estar físico, mental e social.

2.3. Assistência social

A assistência social é o último direito assecuratório que compõe o tripé do sistema da Seguridade Social. Transcrita na Constituição Federal de 1988, em seu artigo sexto, como assistência aos desamparados, é considerado um direito social, e igualmente protegido pela Carta Magna e pelo Princípio do não Retrocesso dos direitos sociais. Abrange o atendimento aos mais necessitados, através de políticas públicas que visem a qualidade da vida humana, e suas ações acolhem pessoas com necessidades físicas para habilitação e reabilitação, amparo aos adolescentes e crianças carentes, dentre vários outros benefícios, além de resguardar a todos que necessitem sua efetiva integração na sociedade, independente, porém, desse indivíduo contribuir à Seguridade Social.

> Art. 203. A assistência social será prestada a quem dela necessitar, independentemente de contribuição à seguridade social, e tem por objetivos:
>
> I — a proteção à família, à maternidade, à infância, à adolescência e à velhice;
>
> II — o amparo às crianças e adolescentes carentes;
>
> III — a promoção da integração ao mercado de trabalho;
>
> IV — a habilitação e reabilitação das pessoas portadoras de deficiência e a promoção de sua integração à vida comunitária;
>
> V — a garantia de um salário mínimo de benefício mensal à pessoa portadora de deficiência e ao idoso que comprovem não possuir meios de prover à própria manutenção ou de tê-la provida por sua família, conforme dispuser a lei

Presente na Constituição Federal, também está regulamentada pela Lei Orgânica da Assistência Social (Lei n. 8.742/93), que define a Assistência Social como um dever do Estado e um direito do cidadão.

> Art. 1º A assistência social, direito do cidadão e dever do Estado, é Política de Seguridade Social não contributiva, que provê os mínimos sociais, realizada através de um conjunto integrado de ações de iniciativa pública e da sociedade, para garantir o atendimento às necessidades básicas.

E, ainda, conforme lei orgânica, a Assistência Social organiza-se através de dois tipos de proteção social, quais sejam a proteção básica e a proteção especial. Sendo a proteção básica voltada para a criação de programas sociais conforme a vulnerabilidade de indivíduos e famílias perante a sociedade, prevalecendo a prevenção a riscos pessoais e sociais. Enquanto a Proteção Especial não busca prevenir, e sim atuar diretamente na situação de riscos já existentes.

> Art. 6º-A. A assistência social organiza-se pelos seguintes tipos de proteção:
>
> I — proteção social básica: conjunto de serviços, programas, projetos e benefícios da assistência social que visa a prevenir situações de vulnerabilidade e risco social por meio do desenvolvimento de potencialidades e aquisições e do fortalecimento de vínculos familiares e comunitários;
>
> II — proteção social especial: conjunto de serviços, programas e projetos que tem por objetivo contribuir para a reconstrução de vínculos familiares e comunitários, a defesa de direito, o fortalecimento das potencialidades e aquisições e a proteção de famílias e indivíduos para o enfrentamento das situações de violação de direitos.
>
> Parágrafo único. A vigilância socioassistencial é um dos instrumentos das proteções da assistência social que identifica e previne as situações de risco e vulnerabilidade social e seus agravos no território.

Ao trabalhador que não contribui para a previdência social, não desmerecerá seu direito assistencial, contudo, não se aposentará pela previdência, mas sim, comprovada sua necessidade, receberá auxílio da Assistência Social.

> É natural que o trabalhador de baixa renda careça de maior atenção, pois o desamparo pode lhe custar a própria sobrevivência. Entretanto não se pode negar a natureza contributiva da previdência. Para atender os mais necessitados e que não podem contribuir, existe a assistência social, cuja função é preencher as lacunas deixadas pela previdência (IBRAHIM, 2006, p. 27).

3. RELAÇÕES DE TRABALHO E DIREITO SOCIAL: BREVE HISTÓRICO

As relações de trabalho no mundo experienciaram um árduo desenvolvimento. Perdurou por muitos séculos uma relação escravocrata, onde os trabalhadores eram obrigados a trabalhar tão somente em troca de alimentação, para cumprir dívidas com barões ou, até mesmo, viravam escravos ao perderem guerras, dessa forma, o trabalho subordinado, que começou na antiguidade, foi o princípio do que conhecemos hoje como trabalho escravo.

> O trabalho na Antiguidade, representava punição, submissão, em que os trabalhadores eram os povos vencidos nas batalhas, os quais eram escravizados. O trabalho não era dignificante para o homem. A escravidão era tida como coisa justa e necessária. Para ser culto, era necessário ser rico e ocioso (JORGE NETO; CAVALCANTE, 2005)

Então, após a Antiguidade, o trabalho escravo reinou e, em quase todo mundo começaram a escravizar pobres e negros, assim o comércio de pessoas tornou-se uma nova fonte de renda para os já ricos da época. Segundo Cassar (2010), o escravo sempre foi tido como coisa, mercadoria. Apesar de não ser reconhecido como sujeito de direito, transmitia esta condição aos filhos. Estava presente uma absoluta relação de domínio. Seu trabalho era gracioso e forçado em favor do amo.

Com o tempo, os feudos foram perdendo espaço, e muitos colonos acabavam fugindo para as cidades em busca de melhores condições. No século XII, as chamadas corporações de ofício que, de acordo com Cassar (2010) "se caracterizavam em típicas empresas dirigidas pelos respectivos mestres", foram criadas por antigos colonos, tomaram forma e constituíram-se de verdadeiros monopólios, considerando que nenhuma outra pessoa poderia realizar as mesmas atividades onde já existiam. Essas Corporações de Ofício utilizavam-se de trabalho pesado, com longas jornadas de trabalho, com a exploração da mão de obra de mulheres e crianças.

Com o desvio da inicial finalidade das corporações de ofício e a consequente exploração de aprendizes e companheiros que dificilmente chegavam à maestria, nasceram as , compostas de companheiros que se reuniam em defesa de seus interessespara acirrar a luta entre mestres e companheiros. Daí o embrião do atual paralelismo sindical. A decadência das corporações de ofício iniciava-se. (CASSAR, 2010)

Após a Revolução Francesa extinguir com as corporações de ofício no país, através da Lei Chapelier, o Brasil segue o mesmo caminho e também extingue a prática, garantindo livre trabalho. O Estado, então, libera as relações de trabalho, não intervindo mais no mercado ou nas práticas contratuais, fenômeno conhecido como Liberalismo.

Contudo, essa prática do Estado de não regulamentar as relações de trabalho, junto com a Revolução Industrial, fez com que ocorressem diversos abusos, onde, sem a intervenção do Estado, os empregadores tornavam-se autoritários e estipulavam jornadas de trabalho exorbitantes com salários medíocres, além de péssimas condições de trabalho.

A situação real do trabalhador durante os anos da Revolução Industrial foi extremamente dura; a tão aclamada liberdade de contratação se traduzia em uma fixação de jornadas de trabalho excessivas, com prorrogação de jornadas fora dos limites humanos, na falta de atenção do empregador em questões de segurança e higiene nos locais de trabalho, na abusiva utilização da mão de obra infantil e feminina, e nos abusos dos valores ínfimos de salário (MELGAR, 1995).

Dessa forma, o Estado constatou a necessidade de voltar a regulamentar as práticas trabalhistas e, com isso, surge o direito do Trabalho. Segundo Cassar (2010), "o direito do Trabalho nasce como reação às Revoluções francesa e Industrial e à crescente exploração desumana do trabalho. É um produto da reação ocorrida no século XIX contra a utilização sem limites do trabalho humano."

O Estado então abandona a posição não intervencionista, passando a promulgar leis que regulam as condições de trabalho, nascendo assim o direito do trabalho. Em vários países ocorreram fatos que marcaram as relações entre empregados e empregadores, alterando, de forma definitiva, como seriam tratadas as questões voltadas as condições de trabalho daí em diante (VIANNA, 1991).

No Brasil, somente em 1888, com a Lei Áurea que a escravidão passou a ser crime. Com a abolição da escravatura, houve oferta demasiada de trabalhadores para pouca demanda. Porém, somente em 1934, os direitos trabalhistas, com a então primeira Constituição da República, passaram a ser garantidos constitucionalmente, conforme Cassar (2010):

1934 — Foi a primeira Constituição (Constituição da República) que elevou os direitos trabalhistas ao status constitucional disposto nos arts. 120 e 121, tais como salário mínimo, jornada de oito horas, férias, repouso semanal (não era remunerado), pluralidade sindical, indenização por despedida imotivada, criação da justiça do Trabalho, ainda não integrante do Poder Judiciário. A Carta de 1934 foi elaborada sob forte influência da Constituição de Weimar (social-democrata) e da Constituição Americana (liberal-individualista).

A Consolidação das Leis do Trabalho (CLT), realizada alguns anos depois, em 1943, através do Decreto com força de Lei n. 5.452/1943, definiu os empregados e empregadores, direitos coletivos e individuais, e a partir desse momento os direitos foram se tornando ainda mais eficazes e democráticos, incluindo, inclusive, uma coparticipação dos trabalhadores em porcentagem nos lucros das empresas. Feriados, repouso, direito de greve, dentre outros, foram sendo conquistados e reconhecidos gradativamente. Os direitos à previdência social já vinham sendo debatidos e, paulatinamente, foi atingindo o maior número de assegurados.

Com a formalização do vínculo empregatício, é garantido ao trabalhador o cumprimento de seus direitos trabalhistas e previdenciários, com grande impacto em sua renda, pois há o depósito mensal do FGTS em sua conta vinculada, recolhimento da contribuição previdenciária, pagamento de décimo terceiro salário, férias, repouso semanal, entre outros direitos.

A Constituição Federal de 1988 mudou a forma de ver o homem e concedeu ao direito trabalhista de direito social, dessa forma, o trabalho passa, então, a ser considerado um direito que dignifica o homem dentro do corpo social, sendo um dos fundamentos da Constituição Federal de 1988 "os valores sociais do trabalho e da livre iniciativa" que, segundo Cassar (2010), fez com que a Nova Constituição tenha retomado o homem como figura principal a ser protegida, abandonando o conceito individualista e privatista e priorizando o coletivo, o social e a dignidade da pessoa.

A garantia de direitos mínimos ao trabalhador faz parte de um conjunto de valores humanos civilizatórios (mínimo existencial), que encontra respaldo no princípio da dignidade da pessoa humana previsto constitucionalmente como maior patrimônio da humanidade. (CASSAR, 2010).

4. CONTRIBUINTES E FINANCIADORES DA SEGURIDADE SOCIAL

A importância que a seguridade social tem é demonstrada pela lista de contribuintes e financiadores obrigatórios presentes na própria Constituição Federal em seu art. 195, que define que a seguridade social será financiada por toda a sociedade, de forma direta e indireta, nos termos da lei, mediante recursos provenientes dos orçamentos da União, dos Estados, do Distrito Federal e dos Municípios. E, ainda, contribuirão para a segurança social, de acordo com o art. 195 da Constituição Federal, os seguintes, não se reservando a esses, caso haja outras necessidade para a manutenção do sistema:

> Art. 195. A seguridade social será financiada por toda a sociedade, de forma direta e indireta, nos termos da lei, mediante recursos provenientes dos orçamentos da União, dos Estados, do Distrito Federal e dos Municípios, e das seguintes contribuições sociais:
>
> I — do empregador, da empresa e da entidade a ela equiparada na forma da lei, incidentes sobre:
>
> a) a folha de salários e demais rendimentos do trabalho pagos ou creditados, a qualquer título, à pessoa física que lhe preste serviço, mesmo sem vínculo empregatício;
>
> b) a receita ou o faturamento;
>
> c) o lucro;
>
> II — do trabalhador e dos demais segurados da previdência social, não incidindo contribuição sobre aposentadoria e pensão concedidas pelo regime geral de previdência social de que trata o art. 201;
>
> III — sobre a receia de concursos de prognósticos.
>
> IV — do importador de bens ou serviços do exterior, ou de quem a lei a ele equiparar.
>
> § 2º A proposta de orçamento da seguridade social será elaborada de forma integrada pelos órgãos responsáveis pela saúde, previdência social e assistência social, tendo em vista as metas e prioridades estabelecidas na lei de diretrizes orçamentárias, assegurada a cada área a gestão de seus recursos.
>
> (...)
>
> § 4º A lei poderá instituir outras fontes destinadas a garantir a manutenção ou expansão da seguridade social, obedecido o disposto no art. 154, I.
>
> (...)
>
> § 7º São isentas de contribuição para a seguridade social as entidades beneficentes de assistência social que atendam às exigências estabelecidas em lei.
>
> § 8º O produtor, o parceiro, o meeiro e o arrendatário rurais e o pescador artesanal, bem como os respectivos cônjuges, que exerçam suas atividades em regime de economia familiar, sem empregados permanentes, contribuirão para a seguridade social mediante a aplicação de uma alíquota sobre o resultado da comercialização da produção e farão jus aos benefícios nos termos da lei.

E, ainda, é baseado no Princípio da Solidariedade Social, que torna-se necessário imputar a sociedade em geral, direta ou indiretamente, financiamentos para a seguridade social, porque, dessa forma, teremos uma proteção coletiva a todos, através dos recursos gerados pelos contribuintes, para toda a rede protetiva, segundo Ibrahim (2006):

> Sem dúvida, é o princípio securitário de maior importância, pois traduz o verdadeiro espírito da previdência social: a proteção coletiva, na qual as pequenas contribuições individuais geram recursos suficientes para a criação de um manto protetor sobre todos, viabilizando a concessão de prestações previdenciárias em decorrência de eventos preestabelecidos. [...]. É esse princípio que permite e justifica uma pessoa poder ser aposentada por invalidez em seu primeiro dia de trabalho, sem ter qualquer contribuição recolhida para o sistema. Também é a solidariedade que justifica a cobrança de con-

tribuições pelo aposentado que volta a trabalhar. Este deverá adimplir seus recolhimentos mensais, como qualquer trabalhador, mesmo sabendo que não poderá obter nova aposentadoria. A razão é a solidariedade: a contribuição de um não é exclusiva deste, mas sim para a manutenção de toda rede protetiva. [...]. Não há como se demandar do poder público a completa implantação das premissas do estado social. A sociedade deve atuar também, diretamente, de modo que os objetivos da Constituição não sejam perdidos.

5. O TRABALHO E SEGURIDADE SOCIAL: RELAÇÕES INTRÍNSECAS

Segundo o art. 6º da Constituição Federal (1988), são direitos sociais a educação, a saúde, a alimentação, o trabalho, a moradia, o transporte, o lazer, a segurança, a previdência social, a proteção à maternidade e à infância, e a assistência aos desamparados. A Previdência Social, a Saúde, e a Assistência aos desamparados formam o conjunto denominado Seguridade Social. E, ao analisarmos a seguridade social, observamos que contribuem para sua manutenção, assim como, fazem uso dos seus benefícios, toda a relação de trabalho quando devidamente registradas, e legalmente assegurados. De acordo com o art. 195, I e II, tanto o empregador como o trabalhador são contribuintes:

> Art. 195.
>
> I — do empregador, da empresa e da entidade a ela equiparada na forma da lei, incidentes sobre:
>
> a) a folha de salários e demais rendimentos do trabalho pagos ou creditados, a qualquer título, à pessoa física que lhe preste serviço, mesmo sem vínculo empregatício;
>
> b) a receita ou o faturamento;
>
> c) o lucro;
>
> II — do trabalhador e dos demais segurados da previdência social, não incidindo contribuição sobre aposentadoria e pensão concedidas pelo regime geral de previdência social de que trata o art. 201; (FEDERAL, 1988)

Observa-se, então, que tanto os empregados como empregadores são contribuintes diretos da Seguridade Social, dessa forma, o empregador contribui para a seguridade social através de sua folha de salários e demais rendimentos pagos a alguém pela prestação de serviço (somente para a previdência), pela sua receita ou o faturamento, e pelo seu lucro (ambos para o inteiro teor da Seguridade Social), assim como o trabalhador também contribui, mesmo que exclusivamente para a previdência social.

> [...] as contribuições disciplinadas no art. 195, I a IV, destinam-se à seguridade social amplamente considerada, excetuadas as contribuições do empregador sobre a folha de salários e a contribuição do trabalhador sobre sua remuneração (*rectius*, salário-de-contribuição), cujo produto da respectiva arrecadação destinar-se-á, com exclusividade, ao custeio dos benefícios concedidos pelo Regime

Geral da Previdência Social, conforme expressa previsão do art. 167, XI, da CF. (CARNEIRO, 2010)

6. RISCOS DA CLANDESTINIZAÇÃO DE TRABALHO PARA A SEGURIDADE SOCIAL

No Brasil, as empresas pagam tributos federais, estaduais e municipais, além das contribuições previdenciárias. Com isso, buscar meios para burlar o sistema é a forma que muitas empresas encontraram para garantir a própria sobrevivência no mercado. Corroborados muitas vezes pela ingenuidade do trabalhador que aceita a desvinculação de valores dos seus salários nos contracheques e registrados em sua carteira de trabalho. Os empregos no setor da agricultura é considerado um dos mais frágeis, onde cerca de 78,3% dos trabalhadores estão em situação informal, ante 54% do setor de serviços, 52% no comércio, e 50,4% nas indústrias.

Tributos federais

Imposto de Renda Pessoa Jurídica (IRPJ);

Imposto sobre Produto Industrializado (IPI);

Contribuição para o Programa de Integração Social (PIS);

Contribuição Social sobre o Faturamento das Empresas (COFINS);

Imposto aplicado sobre Movimentações Financeiras (CPMF);

Imposto sobre Importações (II)

Tributos estaduais

Imposto sobre Circulação de Mercadorias e Prestação de Serviços (ICMS)

Tributo Municipal

Imposto Sobre Serviços (de qualquer natureza) (ISS).

Contribuições Previdenciárias

INSS (Instituto Nacional de Securidade Social).

Os setores que apresentam as maiores proporções de empregos informais são:

Agricultura (78,3%);

Serviços (54%);

Comércio (52%);

Indústria (50,4%). (SEBRAE, 2015)

Toda essa informalidade causa um prejuízo estrondoso para a previdência social e, principalmente, para seguridade social, que deve arcar com saúde e assistência social a toda população carente, dessa forma, ficando prejudicados todo o sistema.

A clandestinização do trabalho, no entanto, pode ocorrer de diversas maneiras, no âmbito geral, e voltados aos riscos que poderiam ocasionar a toda a seguridade social, podemos dizer sobre relações informais de emprego, onde o trabalhador não registra o funcionário ou, registrando, altera os valores de pagamentos, normalmente inferiores, e aceitos pelo trabalhador para diminuir na cota do imposto de renda e/ou para se desvincular da contribuição para a previdência.

Percebemos, então, que quando o trabalhador recebe acima do teto do benefício da previdência social, é vantagem para o empregador solicitar a esse trabalhador a desvinculação do valor remanescente, para abater, principalmente, no imposto de renda do trabalhador, que não irá precisar declarar mais o valor integral. Já para o empregador, não irá precisar contribuir sobre a folha de pagamentos, conforme art. 195 da Constituição Federal, sendo, de extrema vantagem financeira momentânea para ambos.

Situação contrária, no entanto, ocorre quando, o trabalhador não vê a necessidade de contribuir integralmente para a previdência social naquele momento, muitas vezes por ingenuidade sua ou malícia do empregador, não imaginando, no entanto, que futuramente, o valor a ser recebido por ele para aposentadoria vai ser baseado em suas contribuição. Ou, quando deixa de pagar para a previdência, pela relação totalmente informal, o trabalhador finda sem direitos assecuratórios da previdência, tendo que depender dos critérios da assistência social. Dessa forma, mesmo que seja obrigado a contribuir, e a se filiar a previdência, os trabalhadores acabam não estando assegurados devido à informalidade no emprego.

7. CONCLUSÃO

As relações de trabalho, quais sejam trabalhadores e empregadores, nunca foram tão importantes para a segurança social como são hoje. Considerando que boa parte das rendas aferidas pela seguridade social advém das relações de trabalho, notadamente, percebidos através da folha de salários, receitas, lucro e de parte do salário do trabalhador. A Previdência Social, contudo, tem caráter assecuratório para todos os seus contribuintes diretos, quais sejam os trabalhadores.

Dessa forma, percebe-se o quão grandioso é a relação entre ambos. Como toda contribuição da previdência social advém das relações de trabalho, fica terminantemente condenada quando ocorrem conflitos, ou no caso da clandestinização do trabalho. Assim, além da própria relação de trabalho que fica abalada, a Seguridade Social, no geral, seria gravemente atingida.

8. REFERÊNCIAS BIBLIOGRÁFICAS

ARAÚJO, Francisco Carlos da Silva. *Seguridade social.* Teresina, ano 11, n. 1272, 25 dez. 2006.

BRASIL. Constituição (1988). Constituição da República Federativa do Brasil. Brasília, DF: Senado Federal: Centro Gráfico, 1988. 292 p.

CARNEIRO, Daniel Zanetti Marques. *Aspectos constitucionais e contribuições específicas.* 1. ed. São Paulo: Atlas, 2010.

CASSAR, Vólia Bomfim. *Direito do Trabalho.* 4. ed. Niterói: Ímpetus, 2010.

HIBRAHIM, Fábio Zambitte. *Curso de Direito Previdenciário.* 7. ed. Niterói: Ímpetus, 2006.

IBRAHIM, Fábio Zambitte. *Curso de Direito Previdenciário.* 17. ed. Rio de Janeiro: Impetus, 2012.

JORGE NETO, Francisco Ferreira; CAVALCANTE, Jouberto de Quadros Pessoa. *Direito do Trabalho*. 3. ed. Rio de Janeiro: Lumen Juris, 2005.

MARTINEZ, Wladimir Novaes. *A seguridade social na Constituição Federal*. 2. ed. São Paulo: LTr, 1999.

MARTINS, Sérgio Pinto. *Custeio da seguridade social, benefícios, acidente do trabalho, assistência social, saúde*. 16. ed. São Paulo: Atlas, 2001.

MÉDICI, André César; OLIVEIRA, Francisco E. B.; BELTRÃO, Kaizô Iwakama; MACEDO, Roberto; MAGALHÃES, Raphael de Almeida; ASSIS, José Carlos de; DRAIBE, Sônia Miriam; LUSTOSA, Bernardo Junquira; OLIVEIRA, Francisco Eduardo Barreto de; FURTADO, Adolfo; BRITTO, Antonio. *Seguridade Social no Brasil*. Conferência Interamericana de Seguridade Social, 1995.

MELGAR, A. M. *Derecho del trabajo*. 16. ed. Madrid: Tecnos, 1995.

SILVA, José Afonso da. *Curso de direito constitucional positivo*. 20. ed. São Paulo: Malheiros, 2001. SEBRAE. Disponível em: <https://www.sebrae.com.br/sites/PortalSebrae/artigos/conheca-os-principais-impostos-pagos-por-empresas-no-brasil,a718d53342603410VgnVCM100000b272010aRCRD>. Acesso em: 10 dez. 2016.

VIANA, Cláudia Salles Vilela. *Previdência social, custeio e benefícios*. 2. ed. São Paulo: LTr, 2009. p. 53.

IMIGRAÇÃO, TRABALHO ESCRAVO E A PROPOSTA DE REFORMA TRABALHISTA RURAL

Marcos Paulo da Silva Oliveira[*]
Aysla Sabine Rocha Teixeira[**]

1. INTRODUÇÃO

No presente artigo parte-se do entendimento de que o trabalho escravo contemporâneo é aquele que se dá através do rebaixamento da pessoa que trabalha ao simples objeto de lucro do empregador. Na escravidão moderna o trabalhador é submetido a condições degradantes de trabalho, longe de qualquer proteção social, mais do que nunca, tornado mercadoria. Por essa abordagem, empreende-se investigação acerca dos contornos do trabalho escravo contemporâneo, seus arrolamentos com a nova reorganização produtiva do capital e o fenômeno imigratório.

A imigração de trabalhadores desqualificados torna-se objeto de ampla análise, permitindo desvendar práticas degradantes que se interpenetram ao mundo do trabalho compondo um fenômeno social complexo. Intenta-se, no presente estudo, conhecer a legislação atualmente disponível e em que medida ela se mostra efetiva no combate ao trabalho em condições análogas a de escravo.

Inicialmente, nos debruçaremos sobre a imigração, diferenciando dois tipos de trabalhadores produzidos pelo fenômeno imigratório da era globalizada: o trabalhador imigrante qualificado, que ainda assim também se torna produto da flexibilização capitalista; e o trabalhador imigrante desqualificado, este último atrelado às condições de extrema exploração, geralmente associado à informalidade, às jornadas exaustivas e trabalhos degradantes que o aproximam do trabalho escravo contemporâneo. Posteriormente, identifica-se por meio de dados oficiais que no Brasil contemporâneo trabalho escravo atinge, principalmente, o trabalhador no meio rural, em diferentes atividades e esse fenômeno será investigado, tendo em vista uma possível relação entre o trabalhador imigrante e a escravidão no campo.

No segundo capítulo, é investigado o Projeto de Lei n. 6.442/2016, que trata sobre a reforma da legislação aplicável ao trabalhador rural, criticando-se sua razão de ser, suas implicações na desregulação dos direitos dos trabalhadores e sua dissonância para com a teleologia trabalhista e para com o discurso contemporâneo dos direitos humanos. Os possíveis efeitos dessa legislação na tentativa de institucionalização do trabalho escravo, sobretudo de imigrantes, torna-se objeto de debate para em sede de conclusão, reforça-se a ideia de que o trabalho em condições análogas a de escravo deve ser conceituado na perspectiva da dignidade da pessoa humana.

2. IMIGRAÇÃO E TRABALHO NO BRASIL

A imigração no Brasil contemporâneo é hoje palco de verdadeira experimentação de políticas racistas que têm em seus pilares a criação e generalização de novas práticas de divisão, desregulamentação e precarização do trabalho humano (VILLEN, 2014, p. 85). Essa nova imigração em nada se assemelha a de cem anos antes, marcada pela chegada dos europeus ao mercado de trabalho brasileiro. "Hoje, os atores sociais responsáveis pelos maiores números absolutos de fluxo de entrada de imigrantes no Brasil, são, em primeiro lugar, latino-americanos, mas também asiáticos e africanos" (VILLEN, 2014, p. 85-86).

A imigração em um mundo cada vez mais globalizado é fenômeno social complexo, chegando a ser denominado por Patrícia Villen (2014) como um fato social total. Na visão dessa autora, a imigração assim pode ser descrita porque toca e transforma todas as esferas sociais com as quais está em contato, seja do país de emigração, seja no de imigração. Esse novo formato de imigração, sobretudo relacionado ao trabalho, é fruto da reorganização capitalista

---

[*] Mestrando em Direito do Trabalho pelo PPGD-PUC/MG. Graduado em Direito pela PUC/MG. Professor do Instituto Elpídio Donizetti. Pesquisador em Direito e autor de artigos jurídicos. Bolsista CAPES. Advogado.
[**] Graduada em Direito pela UFMG. Mestranda em Direito do Trabalho pela UFMG. Advogada.

atrelada ao que Márcio Pochman (2016) chama de um novo tripé de expansão.

> O tripé da expansão do capital consiste na alteração da velha partilha do mundo em função da força do policentrismo, ademais do desenlace necessário da atual ação direta do setor privado ultramonopolizado sob o Estado supranacional e, ainda, da revolução da base técnico-científica da produção e do consumo sustentável ambientalmente. Nos dias de hoje, a partilha do mundo em novas centralidades regionais implica — ademais da coordenação de governos em torno de Estados supranacionais — a aceitação por parte dos Estados Unidos em disputa com o avanço chinês. Ao mesmo tempo, o modelo de globalização neoliberal produziu, entre outros eventos, uma inédita era do poder monopolista privado (POCHMAN, 2016, p. 700).

Com a mitigação da força estatal, o fenômeno da flexibilização trabalhista ganha força em razão do grande lobby empresarial nos órgãos legislativos e como veremos mais adiante isso tem impactado diretamente no combate ao trabalho escravo. Nessa nova era de reorganização capitalista, o poder monopolista privado ganha tanta força que Márcio Pochmann (2016) chega a asseverar que não são países que possuem empresas, mas são as empresas globalizadas que possuem alguns países. Ou seja, um Estado que gerencia os problemas rotineiros da vida local, mas que não tem qualquer ingerência sobre as problemáticas globais, as quais impactam sobremaneira a vida do cidadão.

Exemplo disso é a imigração, fomentada pela era globalizada, mas que gera impactos diretos na política local.

> [...] elas vão para Roma, elas vão para Paris, elas vão para Londres, e é o prefeito da Câmara Municipal da cidade que tem de lidar com a questão. O problema vem de fora, mas o problema tem de ser resolvido, para o melhor ou para o pior, no local" (BAUMAN; BORDONI, 2016, p. 23).

Essas colonizações de países por empresas transnacionais é que levam a cabo a atual metamorfose do trabalho, uma verdadeira era de precarização e desregulamentação que gera fortes impactos sobre as políticas de imigração e também de combate ao trabalho escravo.

Isso porque há "um consenso entre os Estados-nação em considerar a circulação de trabalhadores 'qualificados' como reflexo natural do funcionamento do presente estágio da economia e da livre circulação de capitais" (VILLEN, 2014, p. 87). Lado outro, a imigração desenvolvida pelos representantes das "novas categorias de uma sociologia dos deslocamentos compulsórios e das restrições migratórias aparece como um problema de peso nas agendas políticas" (VILLEN, 2014, p. 87).

Nesse estado de coisas, os profissionais transnacionais de alto nível — qualificados — são midiaticamente apontados como fruto de uma economia "avançada", fundada na tecnologia e no conhecimento e, por isso, são figuras desejáveis, visíveis.

Já os imigrantes economicamente mais vulneráveis, no geral, são tratados como questão de segurança pública, que termina por significar, além da criminalização do fenômeno migratório, uma sucessiva precarização das condições de vida do imigrante tido como indesejável, ainda que necessário à reorganização capitalista. Esse tipo de imigrante está diretamente relacionado ao seu papel na divisão social do trabalho, com a contínua demanda de força de trabalho a baixo custo e muitas vezes sem direitos (VILLEN, 2014, p. 87). Esse trabalho e esse trabalhador tornam-se invisíveis.

Marx define a divisão social do trabalho como "a totalidade das formas heterogêneas de trabalho útil, que diferem em ordem, gênero, espécie e variedade" (MARX, 2005, p. 406), processando-se "através da compra e venda dos produtos dos diferentes ramos e trabalho" (MARX, 2005, p. 410).

> A divisão social do trabalho apresenta-se em todos os setores produtivos da economia de um país, na agricultura, na indústria e nos serviços. Entretanto, além da esfera nacional, esta divisão na produção econômica de um país se reflete na economia mundial, formando assim a divisão social do trabalho na esfera mundial denominada como DIT. [...] uma especialização dos papéis de cada território na produção mundial capitalista e nas trocas internacionais, determinando os países que seriam responsáveis no comércio internacional pela produção de mercadorias mais elaboradas, os países responsáveis pela produção de matérias-primas e até mesmo os territórios responsáveis pelo fornecimento de mão de obra. (DA SILVA, 2010, p. 15-17)

Nessa divisão internacional do trabalho, a imigração da pessoa qualificada responde às novas exigências da reestruturação produtiva e seus padrões tecnológicos. A ideia é importar cérebros produtivos, em especial para setores relacionados a energia, química, petroquímica e telecomunicações, bem como para atribuições de natureza artística, desportiva, de docência e relacionadas à assistência técnica e transferência de tecnologia (VILLEN, 2014, p. 89).

Nos países centrais, a importação de profissionais qualificados atua como um sistema eficiente de trabalho flexível, uma vez que propicia uma rápida contratação do profissional já formado, e também sua eventual demissão e expulsão do país, caso sua força de trabalho se torne excedente, sem que o país receptor tenha investido um centavo em sua formação ou tenha de investir nos gastos com sua permanência (a aposentadoria, por exemplo) (VILLEN, 2014, p. 89).

Assim, não é de se impressionar o fato de até mesmo a imigração qualificada servir ao capital flexível. Esses trabalhadores estão atrelados à disponibilidade de suas forças de trabalho e exatamente por isso funcionam como instrumento de redução de pressões dos trabalhadores por melhores condições de trabalho, até porque a ligação do imigrante com o sindicato é ainda mais difícil de se estabelecer.

Exatamente por isso os governos hoje tentam amenizar as barreiras burocráticas para facilitar a chegada desse tipo de trabalhador, que em sua maioria é europeu ou americano. Segundo Patrícia Villen (2014), vale salientar que de 2009 a 2012 o percentual de mulheres entre esses trabalhadores foi de 10%, tratando-se de uma elite de trabalhadores predominantemente masculina, que em média tem jornada de trabalho bastante superior a dos nacionais.

Na outra ponta, e ainda mais vítimas da reorganização produtiva capitalista, tem-se os trabalhadores imigrantes de baixa qualificação, tidos como verdadeiro protótipo "da força de trabalho flexível — sujeita a todas as formas de exploração, piores horários, ritmos pesados, péssimas condições de trabalho e baixa remuneração" (VILLEN, 2014, p.92). Esse tipo de trabalhador está na marginalidade e como veremos a seguir, em geral, torna-se vítima frequente de trabalhos em condições análogas as de escravo.

2.1. A marginalidade socioeconômica dos trabalhadores imigrantes desqualificados

A imigração periférica e com perfil de trabalhadores com baixa ou nenhuma qualificação reflete uma "marginalidade socioeconômica e cultural, produzida e reproduzida por diversos mecanismos, em especial por um racismo antes de tudo estruturado pelo trabalho" (VILLEN, 2014, p. 95).

> Com acesso restrito a empregos qualificados ou que ofereçam melhores condições de trabalho, esses imigrantes exercem atividades principalmente na indústria têxtil, construção civil, trabalho doméstico e serviços em geral, ou seja, um trabalho prevalentemente de baixa qualificação e muitas vezes informal (VILLEN, 2014, p. 92).

Segundo Patrícia Villen (2014), no Brasil, os imigrantes de baixa qualificação são, geralmente, bolivianos, paraguaios, peruanos e haitianos. Na maioria jovens (18-44 anos), com alto percentual de mulheres, em baixo nível de escolaridade.

Importante salientar que a "informalidade está no coração do trabalho globalizado na fase neoliberal e quando envolve imigrantes, provoca o desenvolvimento de redes transnacionais ilegais e mafiosas de transporte e tráfico de pessoas, altamente violenta contra as mulheres" (VILLEN, 2014, p. 93). Exatamente por isso, no Brasil, são inúmeros os resgates de imigrantes em condições análogas as de escravo, sujeitos a condições de trabalho que se associam as doenças do corpo e da mente: dores nas costas, doenças nos pulmões, anemia, alcoolismos, depressão e fobias (VILLEN, 2014).

> São trabalhadores, via de regra, vítimas do tráfico de pessoas, que trabalham em ambientes inadequados, insalubres, perigosos, dezenas de horas diárias, sem intervalos ou descanso, com salários baixíssimos, reduzidos a condições degradantes, muitas vezes com privação da liberdade e ainda explorados sexualmente. Muitas vítimas são mulheres, crianças e adolescentes. A irregularidade da situação migratória, associada à miséria e à violência no país de origem, além da dificuldade com a língua, é apontada como fator importante de vulnerabilidade do trabalhador imigrante, o que aumenta o risco de exposição a situações de violação a seus direitos humanos. (BRASIL, 2013, p. 15-16).

Importante comentar a existência de uma política de exceção, anistia, que supostamente visa trazer garantias para esses imigrantes enquanto residentes no Brasil, mas como política de exceção que é encontra-se submetida ao modelo patronal. Isto porque, o imigrante anistiado recebe um visto temporário e posteriormente deve comprovar fonte de renda ou contrato de trabalho.

O vínculo exigido institucionalmente entre visto, estadia e contrato de trabalho acentua a dependência do trabalhador imigrante em relação ao empregador, ou seja, faz com que o prazo de validade dos direitos do primeiro, desde o pedido de permissão de entrada no país, coincida com a validade e a renovação de seu contrato de trabalho. A permanência do imigrante fica, portanto, condicionada ao poder do empregador de declarar sua utilidade para o país enquanto força de trabalho (VILLEN, 2014, p. 95).

Por todo esse conjunto, tendo em vista as condições a que estão submetidos esses trabalhadores, torna-se possível indicar que trata-se de uma verdadeira escravidão moderna, ligada ao desrespeito à dignidade humana desses imigrantes.

Embora a escravidão tenha sido proibida no Brasil com a publicação da Lei Áurea, algumas atividades econômicas, tanto urbanas quanto rurais, ainda mantêm práticas de exploração que guardam semelhanças com o antigo sistema de produção que tinha a escravatura como base. Isso levou à tipificação penal desses componentes em 1940, com a edição do Decreto-Lei n. 2.848 (Código Penal), com significativas alterações em dezembro de 2003, por meio da Lei n. 10.803. Tanto a tipificação quarentista, como a alteração de 2003, criminalizaram esses resquícios do modo de produção escravista sob a rubrica de "redução à condição análoga à de escravo". À luz desse novo conceito jurídico, de trabalho escravo contemporâneo, devem ser sancionadas como crime, com suas repercussões nas esferas civil e administrativa, quaisquer condutas que levem ao tratamento do trabalhador como "coisa" e não como pessoa, à semelhança do que ocorria ao tempo em que ordenamento jurídico permitia a exploração do homem e de sua força de trabalho como propriedade privada de outro homem (escravidão clássica) (BRASIL, 2013, p. 11).

Na concepção de Lívia Mendes Moreira Miraglia:

> [...] o trabalho escravo contemporâneo é aquele que se realiza mediante a redução do trabalhador a simples objeto de lucro do empregador. O obreiro é subjugado, humilhado e submetido a condições degradantes de trabalho e, em regra, embora não seja elemento essencial do tipo, sem o direito de rescindir o contrato ou de deixar o local de labor a qualquer tempo. (MIRAGLIA, 2015, p. 132 - 133).

No fenômeno da imigração de trabalhadores, essa escravidão moderna está pautada em dimensões de gênero, classe e etnia e no presente estudo, serve para revelar tendências de completa desproteção à dignidade da pessoa humana em função de uma ampliação da exploração capitalista.

2.2. A imigração no campo e a escravidão moderna

Segundo dados oficiais, no Brasil contemporâneo, torna-se possível identificar que o trabalho escravo atinge, principalmente, o trabalhador no meio rural, em diferentes atividades.

A situação do Brasil perante a escravidão contemporânea é ainda muito problemática, apesar dos esforços feitos nos últimos anos pelo Governo Federal. Dados disponíveis no relatório de fiscalização do Ministério do Trabalho e Emprego (MTE) (BRASIL, 2012) revelam que, entre 1995, quando iniciaram as ações de fiscalização voltadas ao enfrentamento do trabalho escravo no Brasil, e o segundo semestre de 2012, 39 mil pessoas foram encontradas em situação de trabalho análogo ao de escravo — conforme tipificado no artigo 149 Código Penal Brasileiro em vigor (BRASIL, 1984) — dentre elas, mulheres, crianças, homens, brasileiros e estrangeiros. (ROCHA; BRANDÃO, 2013, p. 197)

Verificado o crescente fenômeno da imigração, em especial do trabalhador desqualificado, é possível que lancemos um olhar investigativo acerca da imigração no campo e seus arrolamentos com a escravidão moderna. Isso porque segundo dados do Observatório das Migrações Internacionais (2016) nos últimos anos houve uma crescente do trabalho de imigrantes nos setores ligados ao agronegócio.

O referido relatório dá conta de informar que boa parte dos trabalhadores imigrantes tem se alocado em frigoríficos, abatedouros e empresas de conservas.

O final da cadeia produtiva do agronegócio, como os frigoríficos e os abatedouros, por exemplo, foram os principais responsáveis pela contratação dos imigrantes no mercado formal de trabalho em 2014. De fato, as ocupações de Alimentador de Linha de Produção, Magarefe e Abatedor estão entre as cinco primeiras ocupações que mais contrataram imigrantes em 2014. As ocupações relacionadas às atividades econômicas de construção de edifícios, restaurantes e serviços de limpeza completam a lista das principais ocupações que mais contrataram imigrantes (BRASIL, 2015).

Nessa toada, com a crescente migração para os campos brasileiros, com o aumento da mão de obra de imigrantes no trabalho urbano formal não se faz difícil pensar que também esteja ocorrendo uma crescente no trabalho informal e até mesmo em trabalhos em condições análogas as de escravidão, até porque as operações de resgate diminuíram nos últimos anos, o que dificulta o acesso a informações mais concretas[1].

O trabalho escravo atinge, principalmente, o trabalhador no meio rural, em diferentes atividades, em especial aquelas ligadas à pecuária, à produção de carvão, à extração do látex e de madeira, à produção de cana de açúcar, dentre outras. Devido à natureza oculta e à dificuldade de acesso às localidades onde ocorre a exploração, é difícil mensurar, com exatidão, quantos trabalhadores estão, neste momento, escravizados. Segundo estimativa da Comissão Pastoral da Terra (CPT), endossada pela Organização Internacional do Trabalho (COSTA, 2010), aproximadamente 25 mil pessoas no Brasil estariam sujeitas a essas condições, ainda que esse número seja de difícil comprovação (ROCHA; BRANDÃO, 2013, p. 197).

Mesmo que a maioria dos resgates de imigrantes desqualificados submetidos a trabalhos em condições análogas as de escravos no Brasil venha se dando na indústria têxtil, em geral nos centros urbanos, esses resgates podem ser apenas a ponta do "iceberg", pois, devido a própria invisibilidade que permeia a imigração deste tipo de trabalhador, o trabalho no campo, ainda mais invisível, pode esconder uma realidade ainda mais perniciosa, a de uma massa de trabalhadores imigrantes inseridos em trabalhos no campo em condições análogas as de escravo.

3. O TRABALHO RURAL

O trabalho rural foi excluído da regulamentação trabalhista por força do art. 7º, "b" da CLT, que determinou a aplicação dos preceitos da CLT tão somente aos trabalhadores urbanos, tendo, contudo, sido adaptada ao longo dos anos no sentido de conferir certas garantias ao empregado rural, como o direito ao salário mínimo, previsto em seu art. 76, às férias, aviso prévio e às normas genéricas sobre o contrato de trabalho.

Demais aspectos do labor rural eram disciplinados por legislação esparsa até a edição do Estatuto do Trabalhador Rural (Lei 4.214/63), vigente até sua posterior revogação pela Lei n. 5.889/73.

Conceitua-se o trabalhador rural, nos termos do art. 2º da supramencionada lei, como a "pessoa física que, em propriedade rural ou prédio rústico, presta serviços de natureza não eventual a empregador rural, sob a dependência deste e mediante salário".

Nesse sentido, importa conceituar também o empregador rural, definido no mesmo diploma legal, em seu art. 3º, como a "pessoa física ou jurídica, proprietário ou não, que explora atividades agroeconômica, em caráter permanente ou temporário, diretamente ou através de prepostos".

---

(1) VELASCO, Clara; REIS, Thiago. N. de. *Libertados em trabalho análogo ao escravo cai 34% em 1 ano; total é o menor desde 2000.* Disponível em: <https://g1.globo.com/economia/noticia/n-de-libertados-em-trabalho-analogo-ao-escravo-cai-34-em-1-ano-total-e-o-menor-desde-2000.ghtml>. Acesso em: 02 nov. 2017.

Importa destacar que a Lei n. 5.889/73 estendeu aos empregados rurais quase todos os institutos jurídicos consagrados na CLT, observadas as peculiaridades desses trabalhadores. Também a partir da Constituição da República de 1988, empregados urbanos e rurais foram equiparados por força do *caput* do art. 7º, em especial após da Emenda Constitucional n. 28/2000, que atribuiu aos rurícolas o mesmo prazo prescricional concedido aos empregados urbanos.

A recente lista de empregadores autuados por submeter trabalhadores a condições análogas a de escravo disponibilizada pelo Ministério do Trabalho permite a constatação de que a agricultura e a pecuária são os setores econômicos com maior número de empregadores cadastrados, somando 56,5% do total da lista.

No mesmo sentido tem-se a compilação dos dados apresentados pelo Ministério Público do Trabalho, referentes ao período de 2003 a 2017, que demonstra que 75,14% dos resgatados em condições análogas a de escravo eram trabalhadores agropecuários em geral.

Tal fato indica que o trabalho rural merece especial destaque no que tange ao combate ao trabalho escravo, vez que é o setor da economia que concentra a maioria dos casos de resgate.

Ainda, segundo dados do Senado Federal, imigrantes formam o contingente de trabalhadores escravos, em especial devido à baixa escolaridade e à situação de extrema vulnerabilidade por eles vivenciadas, vez que mais da metade está em situação irregular no Brasil, além das dificuldades com a língua e a cultura.

Dessa forma, esses se mostram o grupo mais sensível à desregulamentação de direitos evidenciada no Projeto de Lei n. 6.442/2016, popularmente conhecido como reforma trabalhista do campo.

3.1. *O Projeto de Lei n. 6.442/2016 e o trabalho escravo*

Apesar da atual legislação que regula o trabalho rural atribuir a este empregado a maioria dos direitos presentes na Consolidação das Leis do Trabalho, inclusive sendo essa aplicada subsidiariamente no que não for conflitante, o Projeto de Lei n. 6.442/2016, de autoria do deputado federal Nilson Leitão, do PSDB/MT, propõe, desde o princípio, impedir a aplicação subsidiária dos preceitos trabalhistas às relações de trabalho rural, conforme disposto no § 1º do art. 1º do Projeto.

Inicialmente, em relação ao conceito de empregador rural, a proposta exclui a responsabilização solidária de empresas que caracterizem grupo econômico, prevista atualmente no art. 4º, § 2º da Lei n. 5.889/73. Ainda, por estabelecer expressamente a inaplicabilidade subsidiária das normas contidas na CLT, verificar-se-ia, caso aprovada, maior dificuldade de satisfação do crédito trabalhista, ainda que por empresas que tenham sido beneficiadas economicamente da exploração da mão de obra do trabalhador.

Também se admite, ao contrário do que preceitua o *caput* do art. 59 da CLT, a prorrogação da jornada diária de trabalho por até quatro horas, bem como a possibilidade de alteração do período mínimo de descanso intrajornada, de forma a legitimar jornadas extenuantes ao empregado. Ainda, faculta-se ao empregador rural demandar do empregado labor por período consecutivo de dezoito dias, com a posterior concessão dos descansos remunerados, caracterizando o labor em jornada exaustiva, que é norma de ordem pública por versar sobre saúde e segurança no trabalho.

Em relação ao tema, também cumpre destacar a expressa revogação da Norma Regulamentadora de Segurança e Saúde no Trabalho, NR 31, bem como o afastamento dos Ministérios do Trabalho e da Saúde da definição das diretrizes e regras sobre a utilização de defensores agrícolas, possibilitando a criação de lacunas e provocando graves retrocessos no que tange à proteção da vida e integridade física do trabalhador, abrindo margem para a legitimação de situações insalubres e degradantes de trabalho.

Por fim, tem-se a autorização de que a contraprestação do serviço do empregado dê-se mediante salário ou "remuneração de qualquer espécie", autorizando o pagamento por meio de serviços, moradia, alimentação ou qualquer espécie remuneratória que o empregador entenda por bem, institucionalizando-se a retenção salarial e minando-se a já relativa liberdade de disposição do salário garantida pelo parágrafo único do art. 82 da CLT, possibilitando a ocorrência de servidão por dívida, todavia mitigada em suposta contraprestação salarial.

Por todo o exposto, tem-se evidente que a proposta de reforma trabalhista no campo coaduna com a crescente desregulamentação dos direitos do trabalhador e as intensas tentativas de institucionalização do trabalho com jornada exaustiva, ao permitir que a jornada se estenda por até 12 horas no dia, bem como em condições degradantes, por permitir o contato com defensivos agrícolas, além de autorizar expressamente o pagamento de salários de forma a inibir a liberdade do trabalhador de dispor de sua remuneração.

4. CONCLUSÃO

Ao entendermos que o trabalho escravo contemporâneo é aquele que se dá através do rebaixamento da pessoa que trabalha ao simples objeto de lucro do empregador, submetendo os obreiros a condições degradantes de trabalho, longe de qualquer proteção social, torna-se possível investigar os arrolamentos das políticas de combate ao trabalho escravo com a nova reorganização produtiva do capital e o fenômeno imigratório.

Descortinada a colonizações de países por empresas transnacionais que termina por levar a cabo a atual metamorfose do trabalho, isto é, uma verdadeira era de precarização e desregulamentação, observam-se variados impactos sobre as políticas de imigração e também de combate ao trabalho escravo.

Na contemporaneidade, os imigrantes economicamente mais vulneráveis, no geral, são tratados como questão de segurança pública, sofrendo de verdadeira precarização das suas condições de vida, pois ainda que necessário à reorganização capitalista é invisibilizado e, mais do que qualquer outro, tratado como mercadoria. Esse tipo de imigrante está diretamente relacionado ao seu papel na divisão social do trabalho, com a contínua demanda de força de trabalho a baixo custo e muitas vezes sem direitos. Exatamente por isso, no Brasil, são inúmeros os resgates de imigrantes em condições análogas as de escravo, sujeitos a condições de trabalho que se associam às doenças do corpo e da alma, tendo sua dignidade humana completamente afetada.

A imigração em um mundo cada vez mais globalizado é fenômeno social complexo, ao passo em que não se pode mais conceber o trabalho em condições análogas a de escravo em uma perspectiva que não seja a da dignidade da pessoa humana.

Nota-se que a resposta estatal aos anseios capitalistas globalizados se materializa no Projeto de Lei n. 6.442/2016, já que tal projeto parece se tratar de uma tentativa de institucionalizar a jornada exaustiva, o trabalho em condições degradantes e a servidão por dívida.

Ao permitir o labor em jornadas extenuantes, afastar a aplicação da NR 31 e a legitimidade do Ministério do Trabalho e da Saúde da definição das diretrizes e regras sobre a utilização de defensores agrícolas, bem como possibilitar o pagamento integral do salário em utilidades, incluindo moradia e alimentação, o Projeto regulamenta e autoriza que o empregador viole condições mínimas de trabalho, evidenciando seu caráter desregulatório e sua ofensa direta aos princípios constitucionais da dignidade da pessoa humana e do valor social do trabalho.

5. REFERÊNCIAS BIBLIOGRÁFICAS

BARROS, Alice Monteiro de. *Curso de Direito do Trabalho*. 7. ed. São Paulo: LTr, 2011.

BAUMAN, Zygmunt; BORDONI, Carlo. *Estado de Crise*. Trad. Renato Aguiar. Rio de Janeiro: Zahar, 2016.

BRASIL. Câmara dos Deputados. *Projeto de Lei da n. 6.442, de 2016*. Institui normas reguladoras do trabalho rural e dá outras providências. Disponível em: <http://www.camara.gov.br/proposicoesWeb/prop_mostrarintegra?codteor=1507691&filename=Avulso+-PL+6442/2016>. Acesso em: 25 out. 2017.

BRASIL. *Decreto-Lei n. 2.848, de 7 de dezembro de 1940*. Disponível em: <http://www.planalto.gov.br/ccivil_03/decreto-lei/Del-2848compilado.htm>. Acesso em: 02 nov. 2017.

BRASIL. Observatório das Migrações Internacionais; Ministério do Trabalho e Previdência Social/Conselho Nacional de Imigração e Coordenação Geral de Imigração. *Relatório Anual 2015*: A inserção dos imigrantes no mercado de trabalho brasileiro. CAVALCANTI, L.; OLIVEIRA, T.; TONHATI, T.; DUTRA. D.,. Brasília, DF: OBMigra, 2015.

BRASIL. Presidência da República. Secretaria de Direitos Humanos. *Manual de Recomendações de Rotinas de Prevenção e Combate ao Trabalho Escravo de Imigrantes*: Secretaria de Direitos Humanos — SDH — Brasília, 2013. Disponível em: <http://reporterbrasil.org.br/wp-content/uploads/2013/10/Manual-Trabalho-Escravo-Imigrantes.pdf>. Acesso em: 06 nov. 2017.

BRASIL. Senado Federal. *Imigrantes formam contingente de trabalhadores escravos*. Disponível em: <https://www.senado.gov.br/noticias/Jornal/emdiscussao/trabalho-escravo/perfil-dos-escravizados/imigrantes-escravizados.aspx>. Acesso em: 03 mar. 2018.

CONATRAE. Moção de repúdio ao PL 6.442/16. Disponível em <http://www.mdh.gov.br/assuntos/conatrae/notas-e-mocoes/mocao-de-repudio-reforma-trabalhista/view>. Acesso em: 25 out. 2017.

DA SILVA, Camila Gaspareto. *O papel do Brasil na divisão internacional do trabalho sob a ótica da teoria marxista da dependência*. 2010. Disponível em: <https://repositorio.ufsc.br/xmlui/bitstream/handle/123456789/123743/Economia292768.pdf?sequence=1&isAllowed=y>. Acesso em: 07 out. 2017

DELGADO, Mauricio Godinho. *Curso de Direito do Trabalho*. 14. ed. São Paulo: LTr, 2013.

MARX, Karl. *O capital*: critica da economia política: livro I. Rio de Janeiro: Civilização Brasileira, 2005. 2v.

MINISTÉRIO DO TRABALHO. *Cadastro de Empregadores que tenham submetido trabalhadores a condições análogas à de escravo*. Portaria Interministerial n. 4, de 11 de maio de 2016. Disponível em: <http://trabalho.gov.br/images/Documentos/cadastro_empregadores_out.pdf>. Acesso em: 03 mar. 2018.

MINISTÉRIO PÚBLICO DO TRABALHO. *Observatório Digital do Trabalho Escravo no Brasil*. Disponível em: <https://observatorioescravo.mpt.mp.br/>. Acesso em: 03 mar. 2018.

MIRAGLIA, Lívia Mendes Moreira. *Trabalho Escravo Contemporâneo*. 2. ed. São Paulo: LTr, 2015.

POCHMANN, Márcio. *A crise capitalista e os desafios dos trabalhadores*. Cadernos do CEAS, Salvador, n. 239, 2016. p.698-712.

ROCHA, Graziella; BRANDÃO, André. *Trabalho escravo contemporâneo no Brasil na perspectiva da atuação dos movimentos sociais*. Florianópolis, v. 16, n. 2, p. 196-204, jul./dez. 2013.

VELASCO, Clara; REIS, Thiago. *N. de libertados em trabalho análogo ao escravo cai 34% em 1 ano; total é o menor desde 2000*. Disponível em: <https://g1.globo.com/economia/noticia/n-de-libertados-em-trabalho-analogo-ao-escravo-cai-34-em-1-ano-total-e-o-menor-desde-2000.ghtml>. Acesso em: 02 nov. 2017.

VILLEN, Patrícia. A nova configuração da imigração no Brasil sob a óptica do trabalho. In: ANTUNES, Ricardo (Org.). *Riqueza e miséria do trabalho no Brasil III*. 2014.

ECONOMIA SOLIDÁRIA E DESENVOLVIMENTO SUSTENTÁVEL: PERSPECTIVAS SOBRE NOVOS RUMOS DO DIREITO DO TRABALHO

Arlindo Eduardo de Lima Júnior[*]

1. INTRODUÇÃO

O estudo apresentado neste artigo toma por pressuposto a Economia solidária e desenvolvimento sustentável considerando as perspectivas do Direito do Trabalho.

A análise do tema é atual e necessária para que seja possível enfrentar um grande desafio da sociedade atual, que é propiciar um modelo de desenvolvimento que facilite o acesso aos bens essenciais para uma vida saudável e digna a todos os homens e mulheres.

Para melhor investigação, partir-se-á da observação da importância dos novos atores e movimentos sociais que, de forma inovadora, contribuem para geração de novos empregos, mesmo em meio às crises do modelo de produção capitalista. Os impactos causados pela globalização, como a precarização dos direitos trabalhistas, o desemprego estrutural, o subemprego e a exclusão social, que atinge uma grande parte da população em idade de trabalho, merece maior atenção e tratamento no sentido de ser eliminado ou, ao menos, abrandado. As necessidades da modernidade criaram novos atores sociais que tem potencial para contribuir para a inovação por meio do Direito Coletivo o Trabalho. Assim, a economia solidária que decorre de uma nova cultura para o trabalho e emancipação dos trabalhadores, surge como alternativa para os que estão sem trabalho.

O artigo busca demonstrar que o caráter popular e contra hegemônico da economia solidária configura um modelo que atua como instrumento de efetivação dos Direitos Humanos de Segunda Geração, pois filia-se a um projeto social que converge na luta pela igualdade e solidariedade.

2. GLOBALIZAÇÃO E SEUS IMPACTOS NA PRECARIZAÇÃO DE TRABALHO

A globalização é tema que comporta variadas discussões em diversos estudos, sendo que para as Ciências Sociais constitui uma nova perspectiva, dadas as repercussões culturais, políticos, econômicas e sociais (CHAVES, 2009, p. 44).

Dado que a sociedade contemporânea caracteriza-se pela mudança social, é de destacar que a acumulação flexível proveniente do avanço científico e tecnológico traz impactos no âmbito da organização social, principalmente na forma de contratação e gerenciamento dos trabalhadores (CHAVES, 2009).

Utilizados como sinônimos, os termos globalização e mundialização comportam diferenças. Enquanto a globalização ressalta os efeitos da integração de capital e de pessoas, considerando blocos econômicos, a mundialização é referente à dimensão das trocas de bens e serviços, da mobilidade da produção de bens e serviços e da circulação dos capitais financeiros (MICHALET, 2003, p. 15).

Fato é que a globalização importa na internacionalização das transações comerciais e financeiras, além do movimento do capital, cujos efeitos implicam em mudanças de paradigmas no mercado de trabalho, influenciando as relações nele existente. É o reflexo direto da economia nas questões cotidianas, cujos debates, centrados em política econômica, suscitam questionamentos sobre crescimento, concentração da riqueza e aumento da desigualdade. Assim, para Thomas Piketty (2014, p. 233) o crescimento econômico e a difusão do conhecimento ao longo do século XX impediram que se concretizasse o cenário apocalíptico preconizado por Karl Marx. Mas, ao contrário do que o otimismo dominante após a Segunda Guerra Mundial costuma sugerir, a estrutura básica do capital e da desigualdade permaneceu relativamente inalterada. Tudo devido ao fato de que a taxa de rendimento do capital supera o crescimento econômico. Isto, por sua vez, gera uma concentração cada vez maior da riqueza que, ao final, torna a desigualdade um círculo vicioso. Em nível extremo, pode levar a um descontentamento geral e até ameaçar os valores democráticos,

---

(*) Graduado em Direito pela Faculdade de Direito do Recife/ Universidade Federal de Pernambuco. Advogado.

como por exemplo, o direito de exercer a cidadania, que garante o acesso ao desenvolvimento de um país.

No cenário de transformações observadas na economia política do capitalismo do final do século XX surgiram profundas modificações nos processos de trabalho, nos hábitos de consumo, nas configurações geográficas e geopolíticas, bem como nas competências do Estado, a chamada mudança de paradigma da pós-modernidade.

Para garantir o crescimento e a expansão pós-guerra, o Estado, um dos principais atores dos processos de desenvolvimento capitalista, teve que adotar novos modelos econômicos, além de construir novos poderes institucionais. O capital corporativo, por sua vez, teve de ajustar certos aspectos para seguir com maior suavidade a trilha da lucratividade segura. Restou ao trabalho organizado adotar novos papéis e funções relativos ao desempenho nos mercados de trabalho e nos processos de produção (HARVEY, 2013, p. 124-126).

O longo período para a expansão dependia substancialmente de sólida ampliação dos fluxos de comércio mundial e de investimento internacional. O Fordismo, como recurso teórico, foi importante para a consolidação e expansão no período de pós-guerra. Seja diretamente, através de políticas exigidas durante o período de ocupação, seja indiretamente, por meio do Plano Marshall, quando o investimento americano foi responsável pela reconstrução europeia. Seja, por mais paradoxal que se afigure, como no caso francês, quando os sindicatos tinham o Fordismo como a única maneira de garantir a autonomia econômica nacional diante do desafio americano (HARVEY, 2013, p. 125).

A abertura ao investimento estrangeiro na Europa e a ampliação das redes do comércio permitiu que a capacidade produtiva excedente dos Estados Unidos fosse absorvida. O êxito em termos internacionais do Fordismo significou a formação de mercados em escala global com a absorção da massa da população mundial, consolidando um novo tipo de capitalismo.

O desenvolvimento foi muito relevante, porém incompleto, além de ter sido desigual em nível mundial. Resultou em ciclos econômicos, com suas oscilações locais e amplamente compensatórias no interior de um crescimento razoavelmente estável de demanda mundial. Além dos insumos, a abertura do comércio internacional representou a globalização da oferta de matérias-primas geralmente baratas, notadamente no campo de energia. O chamado novo internacionalismo também trouxe no seu rastro muitas outras atividades como bancos, seguros, hotéis, aeroportos e, por fim, o turismo. Ele também trouxe consigo o marco da mundialização ou globalização e se apoiou fortemente em capacidades recém-descobertas de reunir, avaliar e distribuir informações (SANTOS, 2005; HARVEY, 2013, p. 131).

O fenômeno da globalização da economia tem provocado impactos negativos nas relações de trabalho, como: a destruição do equilíbrio entre produção e reprodução da força de trabalho, a desregulamentação dos mercados de trabalho, o desemprego estrutural, o deslocamento dos processos produtivos e a crise do poder reivindicativo dos sindicatos. (GUERRA, 2013, p. 92)

Apesar das condições de trabalho terem melhorado com o desenvolvimento econômico, social e tecnológico do século XX, surgiram novas modalidades de contrato de trabalho. Estes desencadearam insegurança, expressa na constante mobilidade do trabalhador e na existência do desemprego longo, que fez surgir a figura dos não empregáveis. Nas teorias organizativas, vem prevalecendo os empresários, que são detentores do poder econômico, em detrimento da participação ativa dos sindicatos na conformação do direito voltado a definir as relações desiguais entre empregador e obreiro. Com a flexibilização, a relação de emprego de longa duração tem sido, aos poucos, substituída por relações flexibilizadas, precárias ou desreguladas, principalmente após o aumento de pessoas trabalhando no setor de serviços e de trabalhadores em situação clandestina (GUERRA, 2013, p. 92).

As relações de trabalho sofrem alterações em razão das crises políticas, econômicas e monetárias, apresentando, hoje, um perfil bem diferente daquele que surgiu com a Revolução Industrial, pois a rapidez com que a tecnologia tem influenciado nos modelos produtivos.

O perfil do mercado de trabalho no capitalismo contemporâneo, de um lado, apresenta um recorte distante do antes chamado proletário no trabalho industrial fabril. As repercussões disso são mais graves nos países subdesenvolvidos, onde há significativa expansão do trabalho assalariado no setor de serviços. Também, verifica-se o aumento da contratação da mão de obra feminina, além da exclusão dos mais jovens e dos mais velhos do mercado de trabalho ou sua contratação temporária, precária e terceirizada. Estes tem sido fatores para o incremento no desemprego estrutural, que assola economias por todo o mundo demonstrando um processo de heterogeneização, fragmentação e complexificação da classe trabalhadora. (ANTUNES, 1999, p. 41)

A chamada luta de classes, a crise capitalista, a automação da produção aliando desemprego e a precarização do trabalho contribuem para a perda do poder de barganha da classe. Sendo fundamental a participação dos sindicatos em resposta aos efeitos da globalização, fica para o Direito do Trabalho o processo não estatal de formação da norma, quando os interlocutores válidos têm o poder de produzir suas próprias regras de convivência, realimentando incessantemente o subsistema jurídico do trabalho (ANDRADE, 2005, p. 162).

Na Sociedade Pós-industrial do século 20, o Estado-nação, isoladamente e com suas estruturas tradicionais, não é mais o espaço privilegiado para resolver os conflitos socioeconômicos surgidos, sobretudo, da sociedade do trabalho contemporânea, provenientes do mundo globalizado, da sociedade da informação centrada em modernas tecnologias e no pensamento único (ANDRADE, 2005, p. 162).

A experiência negociadora de solução dos conflitos, pela via da comunicação e do consenso, historicamente instituída através da autonomia privada coletiva, afigura-se perfeitamente compatível com a proposta central de constituição de alternativas não convencionais de resolução dos conflitos nas esferas estatais e supraestatais, no contexto da sociedade mundializada (ANDRADE, 2005, 163).

As entidades sindicais continuam privilegiando os aspectos reivindicativos dirigidos à manutenção dos postos de trabalho, sem atentarem para a realidade social atual, na qual a maioria vive do trabalho autônomo, clandestino ou sem trabalho.

Não se vislumbra alternativa aos sindicatos além da ampliação do âmbito da representação sindical, isto para alcançar as novas formas de emprego, trabalho e rendas. Assim, possível proporcionar a quebra da verticalidade estrutural e discursiva do sindicalismo favorecendo a multiplicidade de alternativas e de práticas negociais, como: a busca de contratação coletiva entre categorias econômicas e profissionais de diversos setores da atividade produtiva, mudando a perspectiva dos sujeitos, com a introdução de novos valores, como: meio ambiente, sustentabilidade, políticas e planejamentos econômicos. Também o reconhecimento da inversão de perspectivas, supremacia dos pactos e ajustes sociais, dos convênios supraestatais, das negociações tripartites e transnacionais, além da alteração da tradicional tendência de sua função instrumental, além dos interesses diretos dos trabalhadores (ANDRADE, 2005, p. 260).

Para Boaventura de Sousa Santos, a realidade atual do Direito do Trabalho pede uma nova visão do trabalho humano e das novas propostas econômicas para a sociedade diversas das que preponderam no mundo globalizado, baseado na flexibilização da produção e das relações laborais. Para o autor, o sindicato deve fazer contraponto à utopia liberal e dinamizar novas experiências emancipatórias, plurais, disseminadas nas margens do sistema. Tudo a fim de possibilitar uma ligação entre vários segmentos sociais, como movimentos sociais, comunitários, associativistas, cooperativistas, pensando em um resultado positivo para uma reconstrução do conceito de sindicato, agora com lastro no princípio da solidariedade.

Os movimentos sociais têm buscado produzir alternativas para assegurar a sobrevivência de setores sociais excluídos da sociedade de mercado, bem como para negar as relações econômicas dele decorrentes. A economia solidária e o comércio justo são exemplos destes movimentos que têm feito oposição às tendências hegemônicas da globalização, fazendo uso de mecanismos econômicos para obter êxito em suas demandas.

3. ATORES OU MOVIMENTOS SOCIAIS: COOPERATIVA OU ASSOCIAÇÕES, CIDADANIA E DESENVOLVIMENTO SUSTENTÁVEL

Em que pese a doutrina tradicional lançar como paradigma clássico do Direito Coletivo do Trabalho, as lutas operárias que se desenvolveram no interior das organizações produtivas foram responsáveis por conquistas, como: limitação da jornada de trabalho, fixação de uma remuneração mínima e os sistemas de garantia de emprego. No entanto, o paradigma mais importante e sem o qual aquelas conquistas não teriam sido efetivadas consiste na luta política, emancipatória e contra hegemônica (ANDRADE, 2014, p. 144).

A modernidade traz novos atores sociais que tem potencial para inovar contribuindo para a revisão do paradigma do Direito Coletivo do Trabalho. Pode-se dizer que a luta sindical dar-se-ia em duas frentes: a primeira, de conotação meramente reivindicativa travada dentro das fábricas (organizações produtivas); a segunda, pautada na luta político-revolucionária dirigida à emancipação social, dependente da mobilização desde os espaços locais e regionais, até o espaço global (ANDRADE, 2014, p. 144). Diante dos desmembramentos e transformações vivenciadas, principalmente a partir das rupturas introduzidas por meio da nova geopolítica global, torna-se fundamental promover a junção das lutas operárias a outras que estão ocorrendo, também, em torno deste núcleo comum: a emancipação social.

Os movimentos sociais, ao longo da história, sempre ensejaram mudanças. A origem pode ser condição de vida ou profunda desconfiança nas instituições públicas. Fatores como a degradação das condições materiais de vida e crise de legitimidade dos governantes encarregados de conduzir os assuntos públicos levam as pessoas a demandarem das instituições as respostas envolvendo-se na ação coletiva fora dos canais institucionais prescritos para defender suas demandas e, no final, mudar os governantes e até as regras que moldam suas vidas (CASTELLS, 2013, p. 157).

Os chamados Novos Movimentos Sociais (NMS), que emergem, principalmente, em meados do século XX, objetivam complementar as lutas de classes dos movimentos, somando-se a essas lutas. Outras vezes são vistos como alternativos aos movimentos de classe tradicionais e aos partidos políticos de esquerda, inspirados em diversos processos revolucionários (ANDRADE, 2014, p. 157).

Definir movimento social com a ambição de entendê-lo em sua forma contemporânea consiste em propor uma abordagem da problemática segundo teorias sociais (MOURIAUX; BEROUD apud LEHER; SETUBAL, 2005, p. 160-161).

A busca de alternativas às lutas sindicais, tanto de orientação social democratas, liderada pelos Estados Unidos e países europeus quanto as articuladas na União Soviética, fez surgir, ao longo da década de 1960 e nos primórdios da década de 1970, tomando como referência os processos revolucionários, as ditaduras militares e o movimento de Maio francês de 1968[1], ações de resistência e ofensividade dos trabalhadores, que se evidenciavam tanto nas demandas por melhorias salariais quanto por ações que contestavam a divisão hierárquica do trabalho, propostas de controle autogestionárias, chegando-se à recusa do controle do capital e à defesa do controle social da produção.

---

(1) Os conflitos e as manifestações políticas desenvolvidos em 1968 principalmente pelos trabalhadores, pelos estudantes, mas também pelo movimento negro, feminista, hippie, homossexual, explicitavam as contestações, não só contra o imperialismo, expresso nas ações beligerantes nos denominados países do terceiro mundo; a Guerra do Vietnã e as repressões contra as lutas de libertação nacional na África, como também contra o conjunto dos valores socioculturais que compunham seu aparato ideológico. Também desenvolveram uma crítica e descrença ao socialismo real, tanto pela centralização política do aparato estatal como pela publicização das denúncias dos "crimes de Stálin" ocorridas durante o XX Congresso do Partido Comunista da União Soviética(PCUS) em 1956. MONTAÑO, Carlos; DURIGUETTO, Maria Lúcia. *Estado, classe e movimento social*. São Paulo: Cortez, 2011. p. 262.

Esse contraponto era resultado de ações que frequentemente ocorriam fora e mesmo contra as organizações sindicais por meio de mecanismos de negociação políticos instituídos no pacto fordista-keynesiano, ficando conhecidos como movimentos autônomos (ANTUNES, 1999, p. 60-64).

A luta operária e sua expressão nas organizações de produção não conseguiu converter-se num projeto societal hegemônico dos trabalhadores em face do capital. Com isto, as práticas auto-organizativas ficaram restritas ao ambiente da empresa e dos locais de labor o que inviabilizou a criação de mecanismos para sua implementação[2].

Nesse período e contexto eclodiram os chamados Novos Movimentos Sociais. Sua primeira manifestação como o movimento mundial foi em protesto contra investida armada dos Estados Unidos no Vietnã. Depois, com os desdobramentos de Maio de 1968, os movimentos ecológicos, urbanos, antinucleares, feministas, dos homossexuais, pelos direitos civis dos negros nos Estados Unidos, entre outros. Tais manifestações, assim como movimento operário, tinham como fundamento ser reivindicador, delineando novo limite da conflitividade por parte do movimento operário. Eis uma forma de contestação do poder do capital sobre o trabalho que não se estendeu ao poder fora do trabalho, ou seja, quando as lutas operárias não conseguiram se articular com as demandas e lutas dos chamados Novos Movimentos Sociais emergentes (MONTAÑO, 2011, p. 44).

A diversidade latino-americana está configurada pela ampla heterogeneidade das trajetórias históricas dos Estados-nação do continente, sua variedade de culturas, as diversas formas de reprodução social, de formas de organização e atuação das classes, subalternas nos processos sociopolíticos.

No que diz respeito ao Brasil, a expansão dos movimentos sociais ocorreu num contexto marcado pelos anseios de transformação na economia e no modelo de desenvolvimento, bem como pela ausência da participação políticas das classes e camadas subalternas.

As balizas do modelo de desenvolvimento econômico-social adotadas pela chamada autocracia burguesa, resultado das mudanças ocorridas em 1964, foram estabelecidas segundo os interesses do grande capital monopolista, ensejando o desenvolvimento econômico que integraria o Brasil à ordem econômica internacional. Dessa forma, a reprodução ampliada do desenvolvimento dependente e associado veio consolidar o processo de concentração e de centralização do capital, que vinha se consolidando nas mãos dos grandes grupos monopolistas, instaurando uma estrutura econômico-social marcada pela concentração da propriedade, da renda e aprofundando a desigualdade social.

Por fim, no cenário das lutas antes e pós-ditadura militar, que ocorreu entre 1961 e 1964, as organizações das classes subalternas tiveram um forte momento de ascensão na sociedade civil brasileira. Aglutinados sob a bandeira das chamadas reformas de classe, como: reforma agrária, tributária, bancária, urbana, política e universitária, verificou-se forte mobilização social, expressa por meio do movimento sindical, do movimento no campo e do movimento estudantil, contribuindo para o aumento de greves durante esse período tanto na zona urbana como rural.

Trata-se da influência dos movimentos sociais que, no entendimento de Boaventura Souza Santos, constituem tanto uma crítica à regulação social capitalista, quanto uma crítica à emancipação socialista, como foi definida pelo Marxismo.

Carlos Montaño indica características dos Novos Movimentos Sociais amparado por Alain Bihr, assinalando que: a) seu campo de mobilização e luta permanece, geralmente, fora da esfera imediata do trabalho e da produção, e seus protagonistas mantém, em geral, uma relação de indiferença, ou mesmo de hostilidade, em relação às formas organizacionais e às referências políticas e ideológicas do movimento operário, os de orientação social-democrata ou os de orientação pró-soviética, por terem se preocupado apenas com problemas relativos à troca e ao uso da força de trabalho nos limites da relação salarial e/ou da questão de classe; b) esses Novos Movimentos Sociais também, em geral, possuíam uma postura anti-Estado e "antipartidos políticos" (MONTAÑO, 2011, p. 265).

Aponta-se como elementos positivos dessas novas formas de contestação e de luta (os NMS): como o de colocarem no cenário político temas, como: as questões de gênero, de raça, etnia, religião, sexualidade, ecologia, as referentes à esfera da reprodução social. Também os bens de consumo coletivo, valendo citar: saúde, educação, transporte, moradia, dentre outros. Ao fim, contribui para revelar que as condições de reprodução do capital ultrapassam seu simples movimento econômico para abarcar a totalidade das condições sociais da existência (MONTAÑO, 2011, p. 264-265).

Uma das características dos Novos Movimentos Sociais da América Latina é a inexistência de pureza, ou a não caracterização destes como definidos de modo claro ante o multidimensionamento das relações sociais e dos próprios sentidos da ação coletiva. Desta forma, os movimentos sociais se renovam para incluir, em sua constituição, diversas temáticas ensejadoras de emancipação social.

Para Boaventura Sousa Santos, é nesta impureza que está a verdadeira novidade dos Novos Movimentos Sociais na América Latina e sua extensão aos Novos Movimentos Sociais dos países centrais é uma das condições da revitalização da energia emancipatória destes movimentos em geral.

Neste contexto os países centrais e, principalmente, os países periféricos, notadamente os latino-americanos experimentam um processo de lutas influenciadas pelos Novos Movimentos Sociais.

4. ECONOMIA SOLIDÁRIA

Com efeito, sabe-se, há pelo menos dez anos, que, sob os ângulos decisivos do consumo de energia, das emissões na atmosfera, da poluição das águas, do aumento do ritmo de exploração de muitos recursos naturais não renováveis, ou só renováveis muito lentamente, entre outros, que o

---

(2) Idem, Ibidem, p. 65.

modo de desenvolvimento sobre o qual os países da OCDE construíram seu alto nível de vida não pode ser generalizado à escala planetária. Apesar de certas mudanças de consumo que vieram depois das crises do petróleo. O surgimento de novas tecnologias e sua extensão, para todo o planeta, incluídas as formas de produção, de consumo, de transporte — por automóvel individual — associadas ao capitalismo avançado é incompatível com a necessidade de preservação. Os fundamentos do modo de desenvolvimento do capitalismo monopolista contemporâneo, como: a propriedade privada, o mercado, o lucro, o consumo, exacerbado pelo aguilhão da publicidade, além da tentativa de retomada da atividade industrial, inclusive pelos partidos de esquerda e pelos sindicatos, o produtivismo a qualquer custo, sem atenção aos recursos naturais e à repartição dos resultados do trabalho por meio da renda, estabelecem os seus limites sociais, políticos e geográficos. (CHESNAIS, 1996, p. 314).

Um dos maiores problemas contemporâneos é a grande taxa de desemprego mundial. O desemprego na sociedade capitalista globalizada, desde início da década de 1970, tem causado devastação, medo, desconforto e morte pelo globo (CHESNAIS, 1996, p. 314). Entre socialistas e (neo)liberais, há concordância sobre o problema social mais importante da nossa época que são: o desemprego aberto ou desemprego estrutural, o subemprego e a exclusão social que atinge uma grande parte da população em idade de trabalho (SACHS, 2013, p. 24).

As novas profissões exigem habilidades e competências específicas que nem todos os trabalhadores conseguem adquirir tão rapidamente, posto que necessitam de aperfeiçoamento para poderem fazer frente às novas exigências. Existindo inúmeras pessoas desempregadas e com baixa escolaridade, muitas dificuldades financeiras e sociais as alijam do processo e do sistema como um todo, contribuindo para uma realidade exclusiva, em vez de inclusiva.

Assim, seja pelo próprio instinto de sobrevivência, isto é, pela busca da satisfação das necessidades básicas do organismo vivo, seja pela filiação ideológica-política-moral, fato é que várias pessoas têm tentando se adaptar para sobreviver às adversidades dos dias atuais. Ou buscado transformar o estado de coisas dessa sociedade explosiva. Uma dessas formas que está ganhando visibilidade social é a chamada Economia Solidária (CHESNAIS, 1996, p. 314). Esta teve por marco inicial o século XIX, quando se enfrentavam as precárias condições de trabalho na Europa, além do crescente índice de desemprego e pobreza.

A Economia solidária surge como uma nova cultura para o trabalho e emancipação dos trabalhadores, uma alternativa para os que estão desempregados ou em trabalho precário. Singer, um dos teóricos sobre o tema, diz que a economia solidária "demonstra que a alienação no trabalho, que é típica da empresa capitalista, não é indispensável". Considera que "o trabalho é uma forma de aprender, de crescer, de amadurecer, e essas oportunidades a economia solidária oferece a todos, sem distinção" (SINGER, 2003, p. 126).

O caráter popular e contra-hegemônico da Economia solidária configura modelo apto a servir como instrumento de efetivação dos Direitos Humanos de Segunda Geração, visto filiar-se a um projeto social que converge na luta pela igualdade e solidariedade.

A organização deste movimento no Brasil acontece por meio de redes e fóruns formais, ou não, que compreendem diversos graus: municipais, regionais, nacionais, setoriais, etc. Importante compreender que as políticas públicas para o movimento de economia solidária fazem parte de um cenário recente, ainda em construção no país e inicia sua conexão durante o Fórum Social Mundial, no final da década de 1990.

A economia solidária como um modo de produção cuja característica central é a igualdade de direitos, acrescida da autogestão e de novas perspectivas de transformação social, ou seja, "os empreendimentos são geridos pelos próprios trabalhadores coletivamente de forma inteiramente democrática.". (SINGER, 2003, p. 131). Funciona como forma de desenvolvimento social includente, ambientalmente sustentável e economicamente sustentável.

A tese do desenvolvimento sustentável tem dois pressupostos. Primeiro, considera a preservação do equilíbrio global e do valor das reservas de capital natural. Segundo, a redefine critérios e instrumentos de avaliação de custo-benefício de forma a refletirem os efeitos socioeconômicos, os valores reais do consumo e da conservação, além da distribuição e utilização equitativa dos recursos entre as nações e as regiões a nível global e regional[3].

Com as teorizações de Amartya Sen (2010, p. 378) o desenvolvimento leva em consideração um processo de expansão das liberdades substantivas das pessoas. Parte do entendimento de que a liberdade não pode produzir uma visão do desenvolvimento que se traduza prontamente em alguma fórmula simples de acumulação de capital, abertura de mercados, planejamento econômico eficiente. O princípio organizador destas peças em conjunto integrado é a abrangente preocupação com o aumento das liberdades individuais e o comprometimento social de ajudar para que isso se concretize.

Como ainda não existe um consenso sobre desenvolvimento sustentável, alguns autores definem subdividindo em três dimensões: eficiência econômica, conservação ambiental e equidade social (NASCIMENTO, 2013, p. 15).

O crescimento econômico, adotado como padrão de consumo vigente no mundo desenvolvido, causa destruição ambiental e gradativamente se torna inviável, sobretudo na perspectiva de expansão desse estilo de vida.

Não há conservação de natureza se a produção de energia resulta da queima de combustíveis fósseis, seja gás, petróleo ou carvão mineral. Estes são responsáveis por mais de 90% da matriz energética mundial, produzindo CO_2, aquecendo a Terra, mudando o clima e produzindo situações de redução de produção, seca e fome em várias partes do mundo, principalmente nos países mais pobres. (NASCIMENTO, 2013, p. 15)

Essa destruição pode ser reduzida e as mudanças tecnológicas mais recentes apontam neste sentido: eficiência energética, economia de recursos naturais na produção

---

(3) Disponível em: <www.agenda21-ourique,com/pt/go/desenvolvimento-sustentável>.

material. Mas se for concedido a todos os 6,5 bilhões de humanos o acesso aos bens de consumo produzido durante o desenvolvimento, não há tecnologia limpa apta a manter equilibrado o meio-ambiente.

O desafio da sociedade atual é propiciar um modelo de desenvolvimento que facilite o acesso aos bens essenciais de uma vida saudável ou digna, a todos os homens e mulheres. O impasse logo surge, visto que aqueles detentores de alta qualidade de vida, escorada no grande consumo de energia e recursos naturais, como os norte-americanos e europeus, não estão dispostos a abdicar de seu estilo de vida, e os asiáticos, sobretudo os chineses, latino-americanos e africanos almejam conquistar esse padrão de vida. No entanto, fundamental descarbonizar a economia, reduzindo o padrão de consumo de energia. (NASCIMENTO, 2013, p. 156)

O problema é intensificado, na medida em que não temos um Estado global, muito menos uma democracia internacional. Neste campo, a resolução do problema se faz por acordo ou guerra.

O dilema em que nos encontramos é vital, posto que civilizatório. Pode-se estar caminhando para a criação de uma cissiparidade social, uma dessemelhança no gênero humano. Nesse caso, os homens não seriam mais considerados como iguais, mas aceitos e propagados como naturalmente desiguais, como sugere Cristovam Buarque. O risco, portanto, é termos uma super e uma sub-raça contrariando a ideia de direitos humanos modernamente concebidos (NASCIMENTO, 2013, p. 16).

No tocante a terceira dimensão, para Elimar Pinheiro do Nascimento, não há equidade social em uma economia de mercado. A desigualdade persiste e é maior, além de diversa, em que pese um número maior de pessoas ter acesso a bens que antes não conheciam. Pobreza e desigualdade não são sinônimos. O desenvolvimento tecnológico propicia a democratização do acesso a bens modernos, como fogão a gás, televisão, automóvel, celular, entre outros, algo que, simultaneamente, cria novas desigualdades.

A força da lógica econômica, com a globalização e a vitória do neoliberalismo nos países ricos, impulsiona o desenvolvimento tecnológico no sentido de facilitar o aumento das desigualdades.

O mercado cria naturalmente iniquidades, como forma de existência, e em sua lógica isto é não apenas legítimo como necessário. Não há inovação sem desigualdade na sociedade moderna e não há economia de mercado se não há inovação.

Para o economista Paul Singer (2003), a economia solidária surge como modo de produção e distribuição alternativo ao capitalismo, criado e recriado por aqueles que se encontram marginalizados no mercado de trabalho, unindo o princípio de posse e uso dos meios de produção e distribuição, com o princípio da socialização desses meios. Para esse autor, a unidade da economia solidária materializa-se, principalmente, pela cooperativa de produção, que se organiza sob as seguintes ideias: posse coletiva dos meios de produção, gestão democrática, repartição da receita líquida entre os integrantes, destinação do excedente anual, também, aos integrantes. Via de regra é formada por ex-empregados de uma mesma empresa ou por companheiros de jornadas sindicais, estudantis, comunitárias, que recebem apoio de outras empresas solidárias, incubadoras universitárias, sindicatos, entidades religiosas, organizações não-governamentais, dentre outros.

A economia solidária é criação em processo contínuo e coletivo de trabalhadores, muitos afetados pelo desemprego estrutural. A crítica da economia solidária em relação ao capitalismo refere-se, antes de tudo, à ditadura do capital na empresa, ou seja, o poder ilimitado de propriedade do dono dos meios de produção. O conceito de economia solidária vai sendo construído e transformado na própria ação. São iniciativas alternativas por parte de pessoas excluídas dos meios de produção e distribuição que, para o autor, vêm sendo vivenciadas por trabalhadores e tratadas por pensadores socialistas desde o século XIX. Singer (2003) aponta que os princípios sobre os quais a economia solidária se apoia são eminentemente socialistas, desde a forma de organizar a produção, a circulação e o crédito, que são regidos pelos princípios da solidariedade, da democracia e da autogestão. Portanto, constitui-se uma forma de produção e distribuição horizontalizada, fundamentada no ser, ou seja, diferente da formatação vertical capitalista que é regida por princípios de exclusão, competição, individualização, hierarquização, por ser centrado na busca pelo aumento das taxas de mais-valia.

A sustentabilidade no tempo das civilizações humanas vai depender da sua capacidade de se submeter aos preceitos de prudência ecológica e de fazer um bom uso da natureza. (SCHACS, 2013, p. 10).

Dessa forma, as iniciativas solidárias constituem-se numa alternativa de politização das relações da vida, das relações de gênero, de empoderamento social e de construção da cidadania. (OLIVEIRA, p. 2013)

5. CONCLUSÕES

O trajeto percorrido até aqui pelo movimento da economia solidária demonstra o avanço na construção de políticas públicas que contribuem para a criação de um modelo de desenvolvimento sustentável que respeita a centralidade do ser humano, a justiça social, a cidade e valoriza as diversidades culturais encadeadas às atividades econômicas.

A economia solidária vem assumindo papel importante no campo da busca de alternativas para a reorganização do mercado de trabalho, bem como para o enfrentamento da pobreza. Tem como pauta a educação, inclusão social, enfrentamento do problema da fome e da exclusão social. Tais preocupações ajudam, por exemplo, a refazer e atualizar o mapa da geografia da fome, que infelizmente ainda existe no nosso país e no mundo. Fundamental o enfrentamento desses desafios para o avanço da sociedade a um grau de desenvolvimento que permita um consumo sustentável em ambiente no qual a renda seja adequadamente distribuída.

Medidas como a criação de cooperativas, associações e empresas, vazadas por valores de cooperação, democracia e autogestão podem contribuir para a eficiência nas mudanças pretendidas. Da mesma forma, necessária a capacitação dos trabalhadores, a fim de que possam estar preparados para entender seu modelo de negócio, no sentido de poderem gerir, por si próprios, seus empreendimentos. Tal processo, por sua vez, constitui-se importante instrumento para o trabalho coletivo, não apenas para o processo de tomada de decisão, mas principalmente para o fortalecimento do sentimento de pertencimento de cada trabalhador ao empreendimento solidário, por meio da publicidade, da comunicação, da coresponsabilidade, da interajuda.

6. REFERÊNCIAS BIBLIOGRÁFICAS

ANDRADE, Everaldo Gaspar Lopes de. *Direito do trabalho e pós-modernidade*: fundamentos para uma teoria geral. São Paulo: LTr, 2005.

ANDRADE, Everaldo Gaspar Lopes de. *O direito do trabalho na filosofia e na teoria crítica*. São Paulo: LTr, 2014.

ANTUNES, Ricardo. *Adeus ao trabalho?*: ensaio sobre as metamorfoses e a centralidade do mundo do trabalho. São Paulo: Cortez; Campinas, SP: Editora da Universidade Estadual de Campinas, 1999.

CHAVES, Helena Lúcia Augusto. *Globalização, ideologia e discurso*: uma análise sobre a dimensão ideológica do processo de globalização. Recife: Universitária da UFPE, 2009. p. 44.

CHESNAIS, François. *A mundialização do capital*. São Paulo: Xamã, 1996.

GUERRA, Rogéria Gladys Sales. *O princípio protetor no contexto da flexibilização do mercado de trabalho: uma visão prospectiva*. Recife: FASA, 2013.

HARVEY, David. *Condição Pós-Moderna*. São Paulo: Edições Loyola, 2013.

MICHALET, Charles Albert. *O que é mundialização*. São Paulo. Edições Loyola. 2003.

MONTAÑO, Carlos. *Estado, classe e movimento social*. Carlos Montaño, Maria Lúcia Duriguetto. São Paulo: Cortez, 2011.

MOURIAUX, René; BEROUD, Sofhie. Para uma definição do conceito de "movimento social". *Pensamento crítico e movimentos sociais*: diálogos para uma nova práxis. Roberto Leher, Mariana Setúbal (Orgs.). São Paulo: Cortez, 2005.

NASCIMENTO, Elimar Pinheiro de. *Dilemas e desafios do desenvolvimento sustentável no Brasil*. Elimar Pinheiro do Nascimento e João Nildo Vianna (Orgs.). Rio de Janeiro: Gramond, 2007.

OLIVEIRA, Adriana Lucinda. *A trajetória de empoderamento de mulheres na economia solidária*. 2013. Disponível em: <http://www.revistagenero.uff.br/index.php/revistagenero/article/viewFile/390/294>.

PIKETTY, Thomas. *O capital no século XX*. Rio de Janeiro: Intrínseca, 2014.

SACHS, Ignacy. *Desenvolvimento sustentável*: o desafio do século XXI. Rio de Janeiro: Garamond, 2010.

SANTOS, Boaventura de Sousa (Org.). *Trabalhar o mundo*: os caminhos do novo internacionalismo operário. Rio de Janeiro: Civilização Brasileira, 2005.

SEN, Amartya. *Desenvolvimento como liberdade*. São Paulo: Companhia das Letras, 2010.

SINGER, Paul. *Globalização e desemprego*: diagnóstico e alternativas. São Paulo: Contexto, 2003.

A NEGOCIAÇÃO COLETIVA COMO INSTRUMENTO DE EFETIVIDADE DO DIREITO DO TRABALHO E A REFORMA TRABALHISTA JUDICIAL

Fábio Túlio Barroso[(*)]
Felipe da Costa Lima Moura[(**)]

1. INTRODUÇÃO

Atualmente, em meio à crise política-econômica instalada no Brasil, alavancada por escândalos de corrupção e a consequente propalada defasagem das contas públicas, tem-se tornado rotina as discussões acerca da função do poder judiciário, notadamente pela atuação do Supremo Tribunal Federal em pautas importantes, como, para o Direito do Trabalho, a possibilidade da prevalência das normas advindas da negociação coletiva sobre o conteúdo do Direito legislado.

Esse entendimento foi consubstanciado no julgamento dos recursos extraordinários ns. 590.415 e 895.759, com a fixação de tese no sentido de que os instrumentos coletivos podem disponibilizar as normas trabalhistas garantidas constitucionalmente, na aplicação do fenômeno da judicialização, ao interpretar que o reconhecimento das convenções e acordos coletivos de trabalho pela carta magna permite que as entidades sindicais detêm a capacidade e a legitimidade de não só representar, como também transacionar os direitos em discussão.

A saber, a Constituição da República eleva os direitos trabalhistas ao *status* de direito fundamental, quando insere-os no título correspondente aos Direitos e Garantias Fundamentais. Nesse sentido, o Estado institui um conteúdo mínimo civilizatório na norma que permite ao cidadão viver com dignidade, em atenção ao princípio fundamental que rege a República — o Princípio da dignidade da pessoa humana.

Em que pese a carta magna tenha conferido reconhecimento às convenções e acordos coletivos do trabalho (Art. 7º, XXVI), estas encontram, na própria Constituição, hipóteses em que limitam a sua atuação para flexibilizar direitos. A flexibilização está restrita as hipóteses de modificação salarial (Art. 7º, VI), compensação de jornada (Art. 7º, XIII) e a jornada de trabalho em turnos ininterruptos (XIV).

O reconhecimento da possibilidade de regulamentação autônoma, além dos limites e finalidades constituídos pela legislação ordinária, pode implicar no afastamento do objetivo inclusivo social da disciplina jurídica do Direito do Trabalho, e, consequentemente, se tornar um elemento de precarização das condições de trabalho.

Considerando o novo cenário jurisprudencial e a crise vivenciada no Brasil, se faz necessário analisar, por meio de pesquisa bibliográfica e jurisprudencial (ambas pelo método dedutivo), se o entendimento do Supremo decorre do fenômeno da judicialização, e, se confirmada tal hipótese, se esta seria uma espécie de Reforma Judicial Trabalhista. Ainda, analisar-se-á a possibilidade do conteúdo normativo negociado prevalecer sobre o legislado e se a implementação dessa nova hermenêutica compromete as garantias sociais dos trabalhadores.

2. A NEGOCIAÇÃO COLETIVA COMO INSTRUMENTO DE EFETIVIDADE DO DIREITO DO TRABALHO

Inicialmente, mister se faz investigar sobre a efetividade do direito do trabalho por meio dos instrumentos

---

(*) Pós-Doutor em Direito pela *Universidad de Granada*, Espanha. Doutor em Direito pela *Universidad de Deusto*, Bilbao, Espanha. Especialista em Direito do Trabalho pela Universidade Católica de Pernambuco-UNICAP. Presidente Honorário da Academia Pernambucana de Direito do Trabalho — APDT. Membro do Instituto dos Advogados Brasileiros — IAB. Membro do Instituto de Advogados de Pernambuco — IAP (Presidente da Comissão de Direito do Trabalho). Membro da *Asociación Española de Salud y Seguridad Social*. Professor da Universidade Católica de Pernambuco–UNICAP (Graduação e PPGD). Professor da Faculdade de Direito de Recife — FDR, da Universidade Federal de Pernambuco — UFPE. Professor das Faculdade Integrada de Pernambuco — FACIPE. Advogado. E-mail: fabiobarroso@yahoo.com
((**) Graduado em Direito pela Faculdade Escritor Osman da Costa Lins — FACOL, com Especialização em Direito Público e Privado pela Escola Superior da Advocacia (ESA) e em Gestão de Pessoas pela Faculdade Osman Lins FACOL. Mestrando em Direito na Universidade Católica de Pernambuco. Professor Titular de Direito do Consumidor e Coordenador do Núcleo da Prática Jurídica na Faculdade Osman Lins — FACOL. Advogado. E-mail: felipeclima@hotmail.com

decorrentes da negociação coletiva exitosa: acordo coletivo de trabalho e convenção coletiva de trabalho. Esta modalidade revela uma técnica de solução de conflitos por meio da autocomposição.

> A autocomposição caracteriza-se pela forma de liberdade que as partes inseridas em um conflito de interesse possuem para solucioná-lo. Neste aspecto, inexiste a participação de um terceiro, seja ele público ou privado, colegiado ou singular, para induzir a uma solução consensuada, ou mesmo dizer o direito, dando solução ao dissensso (BARROSO, 2010a, p. 35).

Vale lembrar que segundo a legislação, Convenção Coletiva é um acordo, de caráter normativo, no qual os sindicatos representativos de categorias econômicas e profissionais estabelecem, por meio de um instrumento particular (denominado Convenção Coletiva do Trabalho) que não carece de homologação do Poder Público, condições de trabalho de direito individual aplicáveis, no âmbito de suas respectivas representações[1]. Nos Acordos Coletivos do trabalho verifica-se um acordo entre os Sindicatos Profissionais e uma ou mais empresas[2].

> Enquanto as convenções coletivas são ajustadas para toda a categoria, necessitando de quórum de seus associados (apenas associados votam), o acordo coletivo é pactuado para obrigar determinada(s) empresa(s), aplicando-se a todos os seus empregados (salvo os pertencentes à categoria diferenciada). Todos os empregados, associados ou não (chamados pela lei de "interessados" — art. 612 da CLT), têm direito a voto, diferenciando-se da assembleia convocada para as convenções coletivas (CASSAR, 2014, p. 1260).

De forma ilustrativa, cabe transcrever o clássico Catharino, a seguir:

> A convenção é gerada pelo consenso, para composição de interesses materiais opostos, do trabalho e do capital, sendo esse o seu aspecto ou face contratual, mas menos que perfeita pelo simples consenso. Além de formal e solene, as pessoas jurídicas sindicais celebrantes não agem apenas nos seus próprios nomes — seria um contrato sindical, mas, principalmente, como representantes de interesses profissionais ou econômicos comuns, conforme o texto constitucional. (CATHARINO, 1982, p. 197)

A possibilidade de negociar permitida e fomentada pelo Estado aos sindicatos está limitada na base da legislação laboral como um marco regulador de natureza mínima, devendo, para tanto, se limitar na formalização de regras mais favoráveis ao trabalhador, salvo as hipóteses previstas no texto constitucional (Art. 7º), da redução salarial, alteração do número de horas dos turnos ininterruptos e da compensação da jornada (BARROSO, 2010a).

É de lucidez ímpar a lição de Antônio Álvares da Silva, segundo descrição de Teixeira Júnior, quanto à finalidade das normas autônomas coletivas para as relações individuais de trabalho:

> Perante o direito individual do trabalho, ela exerce função de proteção — Schutzfunktion — porque sempre cria cláusulas de natureza salarial e geral benéficas para com o trabalhador. Esta função de proteção coincide com o próprio nascimento da convenção coletiva, que historicamente significou a primeira conquista moderna do trabalhador no sentido de atuar independentemente do Estado, para a fixação de regras mais favoráveis em seu próprio favor (TEIXIERA JÚNIOR, 1994, p. 17).

A Constituição da República, por meio do seu art. 7º, XXVI[3], reconhece a eficácia dos direitos dispostos nos instrumentos coletivos autônomos; convenção e acordo coletivo de trabalho, como sendo uma garantia fundamental de ampliação dos limites mínimos previsto no conteúdo normativo trabalhista.

Por meio dos instrumentos coletivos, os particulares podem criar fontes autônomas, ficando a autonomia privada coletiva adstrita ao próprio marco regulador, que é a legislação laboral. A negociação deverá preservar a isonomia entre os empregados e empregadores, respeitadas as condições de trabalho que são inerentes a cada setor produtivo (BARROSO, 2010a).

Ou seja, as convenções e acordos coletivos de trabalho são fontes do Direito em sentido jurídico-positivo, fonte no seu sentido translativo, possuindo força normativa diante os sujeitos destinatários da eficácia de suas normas (PÉREZ, 2014).

Nesse panorama, o sindicato passa a fazer às vezes do legislador, negociando os interesses da classe que representa com o propósito de criar normas e condições de trabalho por estes instrumentos coletivos que devem ser mais eficazes que a lei, visto a possibilidade dos sindicatos satisfazerem, em concreto, as necessidades dos obreiros representados (SILVA, 2002).

Se comparado com o processo legislativo, a negociação coletiva possui procedimento mais simplificado, mais rápido, e, atende apenas as especificidades das partes envolvidas. A sua validade não está sujeita à homologação da autoridade pública. (MARTINS, 2013).

A finalidade ordinária da autonomia privada coletiva é a de implementar condições mais favoráveis aos obreiros. Para isso, necessário se faz a participação dos representantes dos sujeitos da relação (empregado e empregador por suas entidades representativas) (BARROSO, 2012).

---

(1) CLT — Art. 611 — Convenção Coletiva de Trabalho é o acôrdo de caráter normativo, pelo qual dois ou mais Sindicatos representativos de categorias econômicas e profissionais estipulam condições de trabalho aplicáveis, no âmbito das respectivas representações, às relações individuais de trabalho.
(2) § 1º É facultado aos Sindicatos representativos de categorias profissionais celebrar Acordos Coletivos com uma ou mais emprêsas da correspondente categoria econômica, que estipulem condições de trabalho, aplicáveis no âmbito da empresa ou das acordantes respectivas relações de trabalho.
(3) Art. 7º São direitos dos trabalhadores urbanos e rurais, além de outros que visem à melhoria de sua condição social: (...) XXVI — reconhecimento das convenções e acordos coletivos de trabalho;

Nesta perspectiva, os sindicatos são as entidades de classe primárias da negociação coletiva, legitimados pela lei para a definição de condições de trabalho específicas para os envolvidos nesta negociação e ao mesmo tempo, via de regra, estabelecendo condições de trabalho superiores às mínimas presentes na moderna legislação do trabalho (BARROSO, 2012, p. 107).

Apesar de respeitado os preceitos constitucionais, tem-se observado na prática cotidiana, que a autocomposição "se torna um elemento das precarizações das relações laborais", na medida em que o legislador estabelece critérios de redução do conteúdo mínimo protetivo a ser negociado pelas entidades sindicais, como nos casos paradigmáticos do contrato por prazo determinado da Lei n. 9.601/98 e da modificação do modelo ordinário de trabalho para o modelo em tempo parcial, consoante norma do § 2º do art. 58-A da CLT, além dos casos constitucionalmente albergados, dos incisos VI, XII e IV do art. 7º (BARROSO, 2010c).

Apesar da potencialização desse tipo de negociação coletiva e o posterior contrato, com um pseudo elemento ou medida de proteção ao trabalhador (oficialmente), justificando pelo fato de o sindicato representar a classe ou a categoria, este tipo de atitude está legislada em sintonia com a evolutiva degradação da potencialidade e da representatividade sindical, na imposição do sistema normativo trabalhista de índole flexível. Ao mesmo tempo, metodologicamente, *convida-se* o sindicato a negociar a precariedade das relações trabalhistas, configurando-se uma característica de institucionalização democrática pela participação e composição privada coletiva (BARROSO, 2010a, p. 38)

> O Estado exerce seu poder limitador à autonomia privada coletiva, impossibilitado a sua atuação em norma de ordem pública e de ordem geral, como, por exemplo, nas hipóteses de regras pertinentes ao "Direito Tutelar do Trabalho": salário mínimo, férias, repouso semanal remunerado, intervalos, segurança e medicina do trabalho (MARTINS, 2013).

A prevalência do negociado sobre o legislado está condicionada a critérios objetivamente fixados, quais sejam: a) a Implementação de direitos em um padrão superior aquele previsto nas normas heterônomas aplicáveis, elevando o "patamar setorial" de direitos trabalhistas; b) a transação de direitos de indisponibilidade relativa, quer pela própria natureza relativa da parcela, quer pela existência de permissivo legal que autorize a sua modificação (DELGADO, 2014).

Nos ensinamentos do justrabalhista Maurício Godinho Delgado (2014), os instrumentos coletivos podem prevalecer sobre o padrão geral implementado pela legislação, por força da aplicação do princípio da adequação setorial negociada as normas autônomas, porém, estas possibilidades não são plenas e irrefreáveis. "Há limites objetivos à adequação setorial negociada; limites jurídicos objetivos à criatividade jurídica da negociação coletiva trabalhista (DELGADO, 2014, p. 1465)"[4].

Nos instrumentos coletivos, os direitos tutelados são de terceiros, não sendo, portanto, admitido qualquer ato de renúncia ou a disponibilização de direitos revestidos pela proteção de indisponibilidade absoluta (DELGADO, 2014).

> (...) Tais parcelas são aquela imantadas por uma tutela de interesse público, por constituírem um patamar civilizatório mínimo que a sociedade democrática não concebe ver reduzido em qualquer segmento econômico-profissional, sob pena de se afrontarem a própria dignidade da pessoa humana e a valorização mínima deferível ao trabalho (arts. 1º, III e 179, *caput*, CF/88). Expressam, ilustrativamente, essas parcelas de indisponibilidade absoluta a anotação de CTPS, o pagamento do salário mínimo, as normas de medicina e segurança do trabalho (DELGADO, 2014, p. 1465).

Neste pensar, pode-se verificar que o limite objetivo das negociações coletivas restringe a abrangência da disponibilidade dos direitos sociais implementado pelo arcabouço legal, devendo estas servirem, exclusivamente, como fonte de criação de direitos *"in mellius"* ou de complementação daqueles inexistentes na norma trabalhista. Os instrumentos coletivos recebem o reconhecimento constitucional para que se possa, por meio da técnica da autocomposição, efetivar direitos e garantias aos trabalhadores, como corolário da finalidade prevista no *caput* do art. 7º da carta maior: a melhoria da condição social dos trabalhadores.

3. DA REFORMA TRABALHISTA JUDICIAL

3.1. O fenômeno da judicialização

Nos últimos anos, todas as atenções têm se voltado às decisões do Supremo Tribunal Federal que, por sua natureza de interpretação constitucional guardam uma grande relevância no cenário nacional. Não é difícil perceber, ademais, que a importância do Poder Judiciário tem sido objeto de grandes debates.

Em meio a tantas decisões polêmicas, o Supremo reconheceu a possibilidade de prevalência dos ajustes coletivos em detrimento daqueles dispostos na legislação trabalhista, instituindo uma nova sistemática sobre a disciplina jurídica do Direito Coletivo do Trabalho, com naturais repercussões no âmbito das relações individuais. Esta expansão do Poder Judiciário e os seus métodos judiciais, especialmente o seu poder de rever os atos do Poder Executivo e Judiciário, remete a noção de Judicialização (SORJ, 2001).

> Judicialização significa que algumas questões de larga repercussão política e social estão sendo decididas por órgãos do Poder Judiciário, e não pelas instâncias políticas tradicionais: O Congresso Nacional e o Poder Executivo — em cujo âmbito

---

(4) De acordo com o citado autor, a indisponibilidade relativa seria aquela em que o direito enfocado traduz um interesse individual ou bilateral simples, em que não se verifica um padrão civilizatório geral mínimo firmado pela sociedade. A indisponibilidade Absoluta seria aquela cuja o direito enfocado merece uma tutela de nível de interesse público, por traduzir um mínimo civilizatório firmado pela sociedade.

se encontram o Presidente da República, seus ministérios e a administração pública em geral. Como intuitivo, a judicialização envolve uma transferência de poder para juízes e tribunais, com alterações significativas na linguagem, na argumentação e no modo de participação da sociedade. O fenômeno tem causas múltiplas. Algumas delas expressam uma tendência mundial; outras estão diretamente relacionadas ao modelo institucional brasileiro. (...) (BARROSO, 2012)[5].

Na judicialização verifica-se uma transferência do poder decisório dos Poderes Legislativos e Executivos para os juízos e tribunais, os quais, por sua vez, passam a revisar e implementar políticas públicas, importando uma revisão do sistema democrático. (ALENCAR FILHO, 2013)

Ainda sobre o tema, José Geraldo Alencar Filho (2013) destaca:

> (...) o aparecimento do Poder Judiciário como uma espécie de alternativa para resolver-se conflitos, sobretudo, os de natureza coletiva, para a agregação do tecido social e ainda para a adjudicação da própria cidadania (ALENCAR FILHO, 2013, p. 38).

Não é forçoso lembrar que o atual presidente da República, sob a pretexto de reequilibrar as contas públicas e fazer o Brasil voltar a crescer, tem manifestado apoio a revisão do Direito do Trabalho[6], por meio de instrumentos coletivos do trabalho, restando clarividente a legitimação[7] de uma reforma trabalhista judicial, que dá interpretação à aplicação do conteúdo normativo negocial previsto no Direito do Trabalho por meio da técnica (procedimento) da autocomposição.

No que se refere as causas da judicialização, vale destacar o excerto doutrinário de Luís Roberto Barroso (2012):

> A primeira grande causa da judicialização foi a redemocratização do país, que teve como ponto culminante a promulgação da Constituição de 1988. Nas últimas décadas, com a recuperação das garantias da magistratura, o Judiciário deixou de ser um departamento técnico-especializado e se transformou em um verdadeiro poder político, capaz de fazer valer a Constituição e as leis, inclusive em confronto com os outros Poderes. No Supremo Tribunal Federal, uma geração de novos Ministros já não deve seu título de investidura ao regime militar. Por outro lado, o ambiente democrático reavivou a cidadania, dando maior nível de informação e de consciência de direitos a amplos segmentos da população, que passaram a buscar a proteção de seus interesses perante juízes e tribunais. Nesse mesmo contexto, deu-se a expansão institucional do Ministério Público, com aumento da relevância de sua atuação fora da área estritamente penal, bem como a presença crescente da Defensoria Pública em diferentes partes do Brasil. Em suma: a redemocratização fortaleceu e expandiu o Poder Judiciário, bem como aumentou a demanda por justiça na sociedade brasileira.
>
> A segunda causa foi a constitucionalização abrangente, que trouxe para a Constituição inúmeras matérias que antes eram deixadas para o processo político majoritário e para a legislação ordinária. Essa foi, igualmente, uma tendência mundial, iniciada com as Constituições de Portugal (1976) e Espanha (1978), que foi 4 potencializada entre nós com a Constituição de 1988. A Carta brasileira é analítica, ambiciosa, desconfiada do legislador. Como intuitivo, constitucionalizar uma matéria significa transformar Política em Direito. Na medida em que uma questão — seja um direito individual, uma prestação estatal ou um fim público — é disciplinada em uma norma constitucional, ela se transforma, potencialmente, em uma pretensão jurídica, que pode ser formulada sob a forma de ação judicial. Por exemplo: se a Constituição assegura o direito de acesso ao ensino fundamental ou ao meio-ambiente equilibrado, é possível judicializar a exigência desses dois direitos, levando ao Judiciário o debate sobre ações concretas ou políticas públicas praticadas nessas duas áreas.
>
> A terceira e última causa da judicialização, a ser examinada aqui, é o sistema brasileiro de controle de constitucionalidade, um dos mais abrangentes do mundo. Referido como híbrido ou eclético, ele combina aspectos de dois sistemas diversos: o americano e o europeu. Assim, desde o início da República, adota-se entre nós a fórmula americana de controle incidental e difuso, pelo qual qualquer juiz ou tribunal pode deixar de aplicar uma lei, em um caso concreto que lhe tenha sido submetido, caso a considere inconstitucional. Por outro lado, trouxemos do modelo europeu o controle por ação direta, que permite que determinadas matérias sejam levadas em tese e imediatamente ao Supremo Tribunal Federal. A tudo isso se soma o direito de

---

[5] Artigo Disponível em: <http://www.e-publicacoes.uerj.br/ojs/index.php/synthesis/article/view/7433/5388>. Acesso em: 15 dez. 2016. Artigo publicado em 2012, por Luís Roberto Barroso antes de ser nomeado Ministro. O Artigo foi publicado no Cadernos [SYN]THESIS.

[6] Conforme noticiado no Site "O Globo", em matéria publicada no dia 08 de agosto de 2016. Na matéria, inclusive, o Ministro do Trabalho (Ronaldo Nogueira) destacou que o Projeto de Reforma deverá delimitar os parâmetros e limites da negociação coletiva. Disponível em: <http://oglobo.globo.com/economia/proposta-de-reforma-trabalhista-preve-negociacao-ate-de-ferias-13-salario-19864000>. Acesso em: 17 dez. 2016.

[7] Luhmann, estabelece, em sua obra (legitimação pelo Procedimento), um questionamento acerca da participação dos cidadãos no processo jurídico como forma de fortalecer a disposição destes em aceitarem as decisões como obrigatórias, independentemente do seu conteúdo e do seu fundamento. (LUHMANN, 1980, p. 71). Na sua opinião, revela-se inadmissível que a participação do povo e dos participantes, como espectadores passivos no processo judicial, seja suficiente para que torne aceita as decisões obrigatórias (e sem contestação), classificando, inclusive, opiniões deste gênero como sendo "ilusão de classe". O que se pode atingir nos processos de decisão através duma aplicação atuante daqueles a quem se dirige carece de exame mais rigoroso, segundo o autor. O conceito mais amplo estabelecido para Legitimidade é àquele que entende que todo o direito é posto por decisão e deverá ser reconhecida como obrigatória. Neste sentido, leis, sentenças e atos administrativos são legítimos como decisões, quando e enquanto forem reconhecidos como obrigatoriamente válidos (LUHMANN, 1980).

propositura amplo, previsto no art. 103, pelo qual inúmeros órgãos, bem como entidades públicas e privadas — as sociedades de classe de âmbito nacional e as confederações sindicais — podem ajuizar ações diretas. Nesse cenário, quase qualquer questão política ou moralmente relevante pode ser alçada ao STF (BARROSO, 2012, p. 24-25).

A justiça tornou-se assim o recurso normal dos grupos derrotados na esfera política. O STF foi literalmente inundado por milhares de ações que se acumulam, desmoralizando a própria justiça (SORJ, 2001, p. 116).

Ainda, sobre judicialização Luís Roberto Barroso (2012) opõe algumas objeções:

> Os membros do Poder Judiciário — juízes, desembargadores e ministros — não são agentes públicos eleitos. Embora não tenham o batismo da vontade popular, magistrados e tribunais desempenham, inegavelmente, um poder político, inclusive o de invalidar atos dos outros dois Poderes. A possibilidade de um órgão não eletivo como o Supremo Tribunal Federal sobrepor-se a uma decisão do Presidente da República — sufragado por mais de 40 milhões de votos — ou do Congresso — cujos 513 membros foram escolhidos pela vontade popular — é identificada na teoria constitucional como dificuldade contramajoritária. (...) (BARROSO, 2012).

Deste modo, o Judiciário deverá sempre valer a Constituição da República, em atenção aos direitos fundamentais e da democracia, ratificando sempre as escolhas feitas pelo legislador, respeitando sempre a racionalidade, motivação, correção e justiça (BARROSO, 2012).

Como se vê, as decisões do Supremo Tribunal Federal, nos Recursos Extraordinários ns. 590.415[8] e 895.759[9], podem ser caracterizadas como uma reforma trabalhista judicial, em consequência do fenômeno da judicialização.

O novo paradigma firmado pela Corte dá suporte e legitimidade das modificações de garantias e direitos fundamentais, pela autocomposição, implementando um caráter flexível às conquistas sociais da classe operária[10].

Em que pese o fenômeno da judicialização possa apresentar aspectos positivos[11], no caso da reforma trabalhista judicial (a qual refere-se este trabalho) nos filiamos ao entendimento (aqui esposado) de que o Poder Judiciário apenas poderá atender as demandas que não encontram respaldo legal no ordenamento jurídico.

4. A NOVA INTERPRETAÇÃO DO STF PARA A EFETIVIDADE DAS NORMAS COLETIVAS POR MEIO DA JUDICIALIZAÇÃO

4.1. Recurso extraordinário n. 590.415

O Supremo Tribunal Federal, conforme dito alhures, fixou tese, em repercussão geral, reconhecendo que:

> A transação extrajudicial que importa rescisão do contrato de trabalho, em razão de adesão voluntária do empregado a plano de dispensa incentivada, enseja quitação ampla e irrestrita de todas as parcelas objeto do contrato de emprego, caso essa condição tenha constado expressamente do acordo coletivo que aprovou o plano, bem como dos demais instrumentos celebrados com o empregado (BRASIL, 2015).[12]

---

(8) Disponível em: <http://www.stf.jus.br/portal/processo/verProcessoAndamento.asp?incidente=2629027>. Acesso em: 17 dez. 2016.
(9) Disponível em: <http://www.stf.jus.br/portal/processo/verProcessoAndamento.asp?incidente=4794743>. Acesso em: 17 dez. 2016.
(10) José Geraldo Alencar Filho (2013) defende que a obrigação do Estado é de defender os direitos fundamentais, "nem que para tanto haja uma interferência entre os poderes constituídos, na atuação uns dos outros, de forma a proteger não direitos somente, mas acima disso os valores que permeiam tais direitos." Neste contexto, a judicialização seria aceitável quando o Judiciário pudesse se imiscuir nas decisões dos outros poderes, quando se envolva lesão a direito fundamental, como no caso de previsão coletiva no sentido de retirar do trabalhador as condições de trabalho dispostas em Lei.
(11) O fenômeno tem uma face positiva: o Judiciário está atendendo a demandas da sociedade que não puderam ser satisfeitas pelo parlamento, em temas como greve no serviço público, eliminação do nepotismo ou regras eleitorais. O aspecto negativo é que ele exibe as dificuldades enfrentadas pelo Poder Legislativo — e isso não se passa apenas no Brasil — na atual quadra histórica. A adiada reforma política é uma necessidade dramática do país, para fomentar autenticidade partidária, estimular vocações e reaproximar a classe política da sociedade civil. Decisões 10 ativistas devem ser eventuais, em momentos históricos determinados. Mas não há democracia sólida sem atividade política intensa e saudável, nem tampouco sem Congresso atuante e investido de credibilidade. Um exemplo de como a agenda do país delocou-se do Legislativo para o Judiciário: as audiências públicas e o julgamento acerca das pesquisas com células-tronco embrionárias, pelo Supremo Tribunal Federal, tiveram muito mais visibilidade e debate público do que o processo legislativo que resultou na elaboração da lei (BARROSO, 2012).
(12) Ementa: DIREITO DO TRABALHO. ACORDO COLETIVO. PLANO DE DISPENSA INCENTIVADA. VALIDADE E EFEITOS. 1. Plano de dispensa incentivada aprovado em acordo coletivo que contou com ampla participação dos empregados. Previsão de vantagens aos trabalhadores, bem como quitação de toda e qualquer parcela decorrente de relação de emprego. Faculdade do empregado de optar ou não pelo plano. 2. Validade da quitação ampla. Não incidência, na hipótese, do art. 477, § 2º da Consolidação das Leis do Trabalho, que restringe a eficácia liberatória da quitação aos valores e às parcelas discriminadas no termo de rescisão exclusivamente. 3. No âmbito do direito coletivo do trabalho não se verifica a mesma situação de assimetria de poder presente nas relações individuais de trabalho. Como consequência, a autonomia coletiva da vontade não se encontra sujeita aos mesmos limites que a autonomia individual. 4. A Constituição de 1988, em seu artigo 7º, XXVI, prestigiou a autonomia coletiva da vontade e a autocomposição dos conflitos trabalhistas, acompanhando a tendência Supremo Tribunal Federal Documento assinado digitalmente conforme MP n. 2.200-2/2001 de 24.08.2001, que institui a Infraestrutura de Chaves Públicas Brasileira — ICP-Brasil. O documento pode ser acessado no endereço eletrônico http://www.stf.jus.br/portal/autenticacao/ sob o número 8354354. RE 590415 / SC mundial ao crescente reconhecimento dos mecanismos de negociação coletiva, retratada na Convenção n. 98/1949 e na Convenção n. 154/1981 da Organização Internacional do Trabalho. O reconhecimento dos acordos e convenções coletivas permite que os trabalhadores contribuam para a formulação das normas que regerão a sua própria vida. 5. Os planos de dispensa incentivada permitem reduzir as repercussões sociais das dispensas, assegurando àqueles que optam por seu desligamento da empresa condições econômicas mais vantajosas do que aquelas que decorreriam do mero desligamento por decisão do empregador. É importante, por isso, assegurar a credibilidade de tais planos, a fim de preservar a sua função protetiva e de não desestimular o seu uso. 7. Provimento do recurso extraordinário. Afirmação, em repercussão geral, da seguinte tese: "A transação extrajudicial que importa rescisão do contrato de trabalho, em razão de adesão voluntária do empregado a plano de dispensa incentivada, enseja quitação ampla e irrestrita de todas as parcelas objeto do contrato de emprego, caso essa condição tenha constado expressamente do acordo coletivo que aprovou o plano, bem como dos demais instrumentos celebrados com o empregado".

O entendimento firmado pela Corte estabelece uma revisão das normas trabalhistas, por meio de instrumento coletivo, notadamente o art. 477, § 2º[13] da CLT e o entendimento consolidado no Tribunal Superior do Trabalho na Súmula n. 330[14] e a Orientação Jurisprudencial n. 270[15] da Seção de dissídios Individuais.

Em apartada síntese, a cerne recursal referia-se sobre a legalidade de cláusula contratual coletiva (Programa de Dispensa Incentivada) que previa a quitação de todas os direitos decorrentes do contrato de trabalho, afastando o direito de ação (previsto no art. 5º, XXXV, da Constituição da República) e a proteção imposta pela CLT ao direito de reclamar sobre às parcelas que não constassem no documento de rescisão contratual (TRCT).

Segundo o Relator do Recurso (Ministro Roberto Barroso), o empregado ao aderir o PDI não teria renunciado parcelas indisponíveis que integrassem ao "patamar civilizatório" mínimo do trabalhador, bem como não teria havido qualquer atentado contra a saúde ou a segurança do trabalhador, tendo apenas transacionado eventuais direitos patrimoniais. Vejamos:

> Por outro lado, ao aderir ao PDI, a reclamante não abriu mão de parcelas indisponíveis, que constituíssem "patamar civilizatório mínimo" do trabalhador. Não se sujeitou a condições aviltantes de trabalho (ao contrário, encerrou a relação de trabalho). Não atentou contra a saúde ou a segurança no trabalho. Não abriu mão de ter a sua CNTP assinada. Apenas transacionou eventuais direitos de caráter patrimonial ainda pendentes, que justamente por serem "eventuais" eram incertos, configurando *res dubia*, e optou por receber, em seu lugar, de forma certa e imediata, a importância correspondente a 78 (setenta e oito) vezes o valor da maior remuneração que percebeu no Banco. Teve garantida, ainda, a manutenção do plano de saúde pelo prazo de 1 (um) ano, a contar do seu desligamento. Não há que se falar, portanto, em renúncia a direito indisponível (BRASIL, 2015).

Por fim, a decisão perfilhou que o não reconhecimento da validade do instrumento coletivo, que no caso retirava direitos dos trabalhadores, incorreria em violação expressa ao art. 7º, XXVI da Constituição da República.

Nesses termos, não há qualquer argumento que justifique o não reconhecimento da quitação plena outorgada pela reclamante ou que enseje a invalidade do acordo coletivo que a autorizou. Ao fazê-lo, a decisão recorrida incorreu em violação ao art. 7º, XXVI, da Constituição, uma vez que negou reconhecimento ao acordo coletivo com base em fundamentos ilegítimos, sendo de se destacar que o respeito a tais acordos preserva o interesse da classe trabalhadora de dispor desse instrumento essencial à adequação das normas trabalhistas aos momentos de crise e à minimização dos danos ensejados por dispensas em massa (BRASIL, 2015).

Neste sentido, e por toda fundamentação teórica ora colacionada, verifica-se que esta decisão acaba por realizar uma revisão epistemológica sobre a indisponibilidade de direitos e, até mesmo, sobre a interferência do Supremo, por meio da judicialização, nos direitos conferidos aos trabalhadores por meio do Poder Legislativo.

O próprio Relator (BARROSO, 2012), do digitado Recurso, em sua obra destacou a importância do STF em ratificar os direitos conferidos pelo Poder Legislativo, sob o motivo de se concentrar riscos para a legitimidade democrática, "na politização indevida da justiça e nos limites da capacidade institucional do judiciário."[16] Em síntese:

> Em suma: o Judiciário é o guardião da Constituição e deve fazê-la valer, em nome dos direitos fundamentais e dos valores e procedimentos democráticos, inclusive em face dos outros Poderes. Eventual atuação contramajoritária, nessas hipóteses, se dará a favor, e não contra a democracia. Nas demais situações, o Judiciário e, notadamente, o Supremo Tribunal Federal deverão acatar escolhas legítimas feitas pelo legislador, ser deferentes para com o exercício razoável de discricionariedade técnica pelo administrador, bem como disseminar uma cultura de respeito aos precedentes, o que contribui para a integridade, segurança jurídica, isonomia e eficiência do sistema. Por fim, suas decisões deverão respeitar sempre as fronteiras procedimentais e substantivas do Direito: racionalidade, motivação, correção e justiça (BARROSO, 2012, p. 31-32).

---

(13) Art. 477 — É assegurado a todo empregado, não existindo prazo estipulado para a terminação do respectivo contrato, e quando não haja êle dado motivo para cessação das relações de trabalho, o direto de haver do empregador uma indenização, paga na base da maior remuneração que tenha percebido na mesma emprêsa. (...)
(§ 2º O instrumento de rescisão ou recibo de quitação, qualquer que seja a causa ou forma de dissolução do contrato, deve ter especificada a natureza de cada parcela paga ao empregado e discriminado o seu valor, sendo válida a quitação, apenas, relativamente às mesmas parcelas.
(14) *Súmula n. 330 do TST* QUITAÇÃO. VALIDADE (mantida) — Res. 121/2003, DJ 19, 20 e 21.11.2003 — A quitação passada pelo empregado, com assistência de entidade sindical de sua categoria, ao empregador, com observância dos requisitos exigidos nos parágrafos do art. 477 da CLT, tem eficácia liberatória em relação às parcelas expressamente consignadas no recibo, salvo se oposta ressalva expressa e especificada ao valor dado à parcela ou parcelas impugnadas. I — A quitação não abrange parcelas não consignadas no recibo de quitação e, consequentemente, seus reflexos em outras parcelas, ainda que estas constem desse recibo. II — Quanto a direitos que deveriam ter sido satisfeitos durante a vigência do contrato de trabalho, a quitação é válida em relação ao período expressamente consignado no recibo de quitação.
(15) 270. PROGRAMA DE INCENTIVO À DEMISSÃO VOLUNTÁRIA. TRANSAÇÃO EXTRAJUDICIAL. PARCELAS ORIUNDAS DO EXTINTO CONTRATO DE TRABALHO. EFEITOS (inserida em 27.09.2002) A transação extrajudicial que importa rescisão do contrato de trabalho ante a adesão do empregado a plano de demissão voluntária implica quitação exclusivamente das parcelas e valores constantes do recibo.
(16) Três objeções podem ser opostas à judicialização e, sobretudo, ao ativismo judicial no Brasil. Nenhuma delas infirma a importância de tal atuação, mas todas merecem consideração séria. As críticas se concentram nos riscos para a legitimidade democrática, na politização indevida da justiça e nos limites da capacidade institucional do Judiciário.

Tomando emprestada a fundamentação teórica exposta pelo próprio Ministro relator, em sua obra, pode-se verificar, com a devida *vênia*, que a decisão analisada ao impor uma revisão judicial legal reconhece a possibilidade de dispor de direitos legalmente reconhecidos por meio de Convenção Coletiva atua contra as escolhas do Poder que detém o batismo popular — Pode Legislativo.

A ruptura do sistema legislativo (para se impor reformas) e, sobretudo, da democracia (quando não se respeita a decisão soberana do povo) é possível verificar no fim do voto analisado, quando se destaca que as normas de direito individual atrofiam a capacidade participativa do trabalhador no âmbito coletivo:

> As normas paternalistas, que podem ter seu valor no âmbito do direito individual, são as mesmas que atrofiam a capacidade participativa do trabalhador no âmbito coletivo e que amesquinham a sua contribuição para a solução dos problemas que o afligem. É através do respeito aos acordos negociados coletivamente que os trabalhadores poderão compreender e aperfeiçoar a sua capacidade de mobilização e de conquista, inclusive de forma a defender a plena liberdade sindical. Para isso é preciso, antes de tudo, respeitar a sua voz (BRASIL, 2015).

Deve-se ressaltar que o Empregado, encontra nos direitos trabalhistas, constitucionalmente estabelecidos, um mínimo que lhe garante viver com dignidade e, sobretudo, se inserir na dinâmica do sistema econômico. A vida do trabalhador não pode ser separada da sua capacidade de realizar suas funções (POLANYL, 1955, *apud* CARDOSO; LAGE, 2007).

Noutro aspecto, é possível perceber também que quando a decisão reconhece a quitação integral de todas as parcelas contratuais por meio da adesão ao Plano de Demissão Voluntária, esta acaba por validar a possibilidade de renunciar ao Direito Fundamental de Ação.

Ressalte-se, por oportuno, que o Direito de Ação encontra guarida no próprio texto constitucional (Art. 5º, XXXV)[17], o qual reconhece que nenhuma lesão ou ameaça a direito será excluído da apreciação do Poder Judiciário. Neste sentido, verifica-se a inconstitucionalidade da decisão ao reconhecer a possibilidade do afastamento do direito de reclamar parcelas não adimplidas durante o contrato por meio de instrumento coletivo.

Igualmente, a decisão empresta interpretação ampliativa sobre a atuação dos sindicatos na negociação coletiva, a qual tem na própria constituição atuação limitada à criação de melhores condições aos trabalhadores, considerando o Direito do Trabalho como Direito Fundamental.

4.2. Recurso Extraordinário n. 895.759

Com o paradigma da *ratio* do Recurso Extraordinário n. 590.415, o Supremo reconheceu a possibilidade de supressão das horas *in itinere*, por meio de convenção coletiva. Na oportunidade, foi ratificado o entendimento da Corte da possibilidade do Negociado ao Legislado.

Vale lembrar que a CLT, em seu art. 58, §2º[18], disciplina que deverá ser computado na jornada de trabalho do empregado, o tempo despendido até o local de trabalho e para seu retorno, estabelecendo, também, jornada de 8 (oito) horas diárias, a conhecida jornada itinerante.

Sobre o tema, o TST possui ampla jurisprudência imperativa no sentido de considerar como jornada de trabalho a disposição do empregador, a exemplo das Súmulas ns. 90[19], 320[20], 429[21].

A decisão reconheceu a prevalência da Convenção Coletiva ao Legislador ao fundamento de que o instrumento coletivo teria criado melhores condições ao trabalhador, como por exemplo, seguro de vida e acidentes, abono anual, salário família (além do limite legal), repositor energético, adoção de tabela progressiva de produção. Verifica-se, novamente, uma interpretação ampliativa sobre a autonomia privada coletiva.

Com a devida *vênia*, em nenhuma das decisões pode-se observar que tenha o Supremo considerado a capacidade dos sindicados em transacionar os direitos do trabalho. A crise no movimento sindical e a capacidade dos sindicatos para negociarem os direitos sequer são levadas em consi-

---

(17) Art. 5º Todos são iguais perante a lei, sem distinção de qualquer natureza, garantindo-se aos brasileiros e aos estrangeiros residentes no País a inviolabilidade do direito à vida, à liberdade, à igualdade, à segurança e à propriedade, nos termos seguintes: (...) XXXVII — não haverá juízo ou tribunal de exceção;

(18) Art. 58 — A duração normal do trabalho, para os empregados em qualquer atividade privada, não excederá de 8 (oito) horas diárias, desde que não seja fixado expressamente outro limite. (...) 2º O tempo despendido pelo empregado até o local de trabalho e para o seu retorno, por qualquer meio de transporte, não será computado na jornada de trabalho, salvo quando, tratando-se de local de difícil acesso ou não servido por transporte público, o empregador fornecer a condução.

(19) A Súmula n. 90 do TST HORAS *"IN ITINERE"*. TEMPO DE SERVIÇO (incorporadas as Súmulas ns. 324 e 325 e as Orientações Jurisprudenciais ns. 50 e 236 da SBDI-1) — Res. 129/2005, DJ 20, 22 e 25.04.2005 I — O tempo despendido pelo empregado, em condução fornecida pelo empregador, até o local de trabalho de difícil acesso, ou não servido por transporte público regular, e para o seu retorno é computável na jornada de trabalho. (ex-Súmula n. 90 — RA 80/1978, DJ 10.11.1978) II — A incompatibilidade entre os horários de início e término da jornada do empregado e os do transporte público regular é circunstância que também gera o direito às horas *"in itinere"*. (ex-OJ n. 50 da SBDI-1 — inserida em 01.02.1995) III — A mera insuficiência de transporte público não enseja o pagamento de horas *"in itinere"*. (ex-Súmula n. 324 — Res. 16/1993, DJ 21.12.1993) IV — Se houver transporte público regular em parte do trajeto percorrido em condução da empresa, as horas *"in itinere"* remuneradas limitam-se ao trecho não alcançado pelo transporte público. (ex-Súmula n. 325 — Res. 17/1993, DJ 21.12.1993) V — Considerando que as horas *"in itinere"* são computáveis na jornada de trabalho, o tempo que extrapola a jornada legal é considerado como extraordinário e sobre ele deve incidir o adicional respectivo. (ex-OJ n. 236 da SBDI-1 — inserida em 20.06.2001)

(20) Súmula n. 320 do TST HORAS *"IN ITINERE"*. OBRIGATORIEDADE DE CÔMPUTO NA JORNADA DE TRABALHO (mantida) — Res. 121/2003, DJ 19, 20 e 21.11.2003 O fato de o empregador cobrar, parcialmente ou não, importância pelo transporte fornecido, para local de difícil acesso ou não servido por transporte regular, não afasta o direito à percepção das horas *"in itinere"*.

(21) Súmula n. 429 do TST TEMPO À DISPOSIÇÃO DO EMPREGADOR. ART. 4º DA CLT. PERÍODO DE DESLOCAMENTO ENTRE A PORTARIA E O LOCAL DE TRABALHO — Res. 174/2011, DEJT divulgado em 27, 30 e 31.05.2011 Considera-se à disposição do empregador, na forma do art. 4º da CLT, o tempo necessário ao deslocamento do trabalhador entre a portaria da empresa e o local de trabalho, desde que supere o limite de 10 (dez) minutos diários.

deração, o que poderia impor a cautela que seria devida ao caso. Não existem no Brasil sindicatos dinâmicos, capazes e atuantes. (DA SILVA, 2015)

Não obstante tivesse a convenção coletiva instituído benesses em favor do trabalhador, esta não poderá servir como fonte de compensação para não se aplicar a norma de ordem pública. As convenções devem ser fontes de ampliação de direitos e não de compensação de eventuais direitos que não são conferidos ao trabalhador.

No caso em apreço, observa-se que há uma extensão ainda maior à legitimação dos sindicatos nas negociações coletivas, visto que possibilita que não haja a aplicação de norma trabalhista legislada, texto da CLT, imperativo e cogente, pela troca ou compensação por outros institutos que não necessariamente são de conteúdo mínimo de dignidade, e sim um *plus* ao teor mínimo existente na lei. Ou seja, tem-se uma desregulamentação do Direito do Trabalho, em prol de um conteúdo negociado que deverá servir como acréscimo material e não como substituto da norma mínima de proteção e dignidade social.

A nova função designada pelo Supremo aos entes associativos, no sentido de negociar o direito individual do trabalho, pode importar uma verdadeira vedação ao princípio da vedação do retrocesso social. Tal princípio, refere-se que o legislado, no âmbito de suas atribuições, deve respeitar a não redução dos direitos fundamentais, na densidade normativa que tenham alcançado por meio do sistema legal (MESQUITA, 2012).

Ou seja, o Supremo Tribunal Federal por meio de suas decisões acaba por estabelecer interpretação divergente do conteúdo clássico do Direito do Trabalho, permitindo que as entidades sindicais tenham a disponibilidade do direito que negociam, impondo assim, uma reforma trabalhista judicial, por meio da hermenêutica do conteúdo do art. 7º, XXVI da carta maior, o que acaba por modificar o conteúdo e a finalidade das normas autônomas coletivas, em comparação ao conteúdo trabalhista até então vigente no país.

5. CONCLUSÃO

À vista de tudo que foi estudado no presente trabalho, verifica-se que as decisões proferidas pelo Supremo Tribunal Federal (RE 590.415 e 895.759) que reconhecem a possibilidade de prevalência do Negociado sobre o Legislado estabelecem uma Reforma Judicial pelo tributo da judicialização.

A judicialização é um fenômeno em que se transferem as pautas de repercussão social e política do Congresso Nacional e do Poder Executivo para o Poder Judiciário, passando este a decidir sobre políticas públicas, quando inexistente previsão legal sobre o direito que se discute. Conforme amplamente destacado no presente trabalho, no Direito do trabalho, a judicialização apenas deverá ser aceita para conservar e ratificar os direitos sociais garantidos no arcabouço legislativo.

A Convenção e o Acordo Coletivo do Trabalho, como técnica de autocomposição, têm por finalidade instituir melhores condições de trabalho aos empregados, atuando na ampliação do mínimo civilizatório garantido pela Constituição da República. Os instrumentos Coletivos não podem ser fontes de revisão dos direitos legalmente garantidos, não sendo esta a sua função de acordo com a Constituição da República.

O posicionamento do Supremo Tribunal Federal, por meio das decisões proferidas nos Recursos Extraordinários de ns. 590.415 e 895.759, estabeleceu mais estruturação hermenêutica da Constituição da República, acarretando na negação de todo o conteúdo originário da Constituição da República, bem como de toda a epistemologia dos direitos sociais.

Os direitos trabalhistas, constantes em todo imperativo legal, originam-se das lutas das classes operárias e se materializam pela vontade soberana do povo, por meio dos seus representantes. Não se revela crível que a vontade do povo seja suprimida pela vontade dos entes associativos, que, diga-se de passagem, não é detentor do direito individual do trabalho.

A função da judicialização não é de implementar reformas no ordenamento legal, em manifesta supressão de poder, nem tão pouco de dar legitimidade aos interesses do Poder Executivo para a imposição de seus planos político-econômicos.

A atuação do Poder Judiciário deverá ser no sentido de ratificar e validar os direitos legalmente impostos e garantir o seu total cumprimento, afastando os jurisdicionados de todo e qualquer ato que possa provocar lesão ao seu direito.

As decisões citadas neste trabalho implicam em um manifesto retrocesso social. Neste pensar, a manutenção do entendimento (que o negociado pode prevalecer ao legislado) consubstanciado na jurisprudência do supremo Tribunal Federal poderá provocar a reforma da disciplina jurídica do Direito do Trabalho, por meio da judicialização, não sendo esta a função aceitável deste fenômeno.

6. REFERÊNCIAS BIBLIOGRÁFICAS

ALENCAR FILHO, José Geraldo. *Judicialização da política e ativismo judicial*. Estudo dos motivos determinantes e limites da interpretação judicial. Recife: Nossa Livraria, 2013.

BARROSO, Fábio Túlio. *Direito flexível do trabalho*. Recife: Universitária UFPE, 2009.

_____. *Extrajudicialização dos Conflitos de Trabalho*. São Paulo: LTr, 2010a.

_____. *Manual de Direito Coletivo do Trabalho*. São Paulo: LTr, 2010b.

_____. *Novo contrato de trabalho por prazo determinado*. Curitiba: Juruá, 2010c.

_____; MELO FILHO, Hugo Cavalcanti. *Direito do trabalho, valorização e dignidade do trabalhador no século XXI*. Estudos em Homenagem ao Professor José Guedes Corrêa Gondim Filho. São Paulo: LTr, 2012.

BARROSO, Luís Roberto. *Judicialização, ativismo judicial e legitimidade democrática*. Publicado em 2012. Disponível em: <http://www.e-publicacoes.uerj.br/ojs/index.php/synthesis/article/view/8118/5898>. Acesso em: 15 dez. 2016.

BRASIL. *Constituição da República Federativa do Brasil*. Disponível em: <https://www.planalto.gov.br/ccivil_03/constituicao/constituicao.htm>. Acesso em: 15 dez. 2016.

BRASIL. *Decreto-lei n. 5.452, de 1º de maio de 1943*. Disponível em: <https://www.planalto.gov.br/ccivil_03/Decreto-Lei/Del5452.htm>. Acesso em: 16 dez. 2016.

BRASIL. Supremo Tribunal Federal. Recurso Extraordinário: 590.415. Rel. Min. Roberto Barroso. *Diário de Justiça n. 97*, Brasília, 25 maio 2016.

BRASIL. Supremo Tribunal Federal. Recurso Extraordinário: 895.759. Rel. Min. Teori Zavascki. *Diário de Justiça n. 195*, Brasília, 12 set. 2016.

CARDOSO, Adalberto Moreira; LAGE, Telma. *As normas e os Fatos*: desenho e efetividade das instituições de regulação do mercado de trabalho no Brasil. Rio de Janeiro: FGV, 2007.

CASSAR, Vólia Bomfim. *Direito do trabalho*. 9. ed. São Paulo: Método, 2014.

CATHARINO, José Martins. *Tratado elementar de direito sindical*. 2. ed. São Paulo: LTr, 1982.

DA SILVA, Antônio Álvares. *Legislado e negociado com comentário à Súmula n. 277 do TST*. Em: Direitos do Trabalhador: Teoria e Prática. Em Homenagem à Professora Alice Monteiro de Barros. Antônio Álvares da Silva, Antônio Fabrício de Matos Gonçalves, Carlos Henrique Bezerra Leite, Cezar Brito, Cleber Lúcio de Almeida, Daniela Muradas Reis, Ellen Mara Ferraz Hazan, José Reginaldo Inácio, Márcio Túlio Viana, Sebastião Geraldo de Oliveira (Orgs.). Belo Horizonte: RTM, 2015.

DA SILVA, Antônio Álvares da. *Flexibilização das relações de trabalho*. São Paulo: LTr, 2002.

DELGADO, Mauricio Godinho. *Curso de direito do trabalho*. São Paulo: LTr, 2014.

FONSECA, Marília Hemília. *Direito ao Trabalho*: Um direito fundamental no novo ordenamento jurídico brasileiro. 2006. Tese (Doutorado em Direito) — Pontifícia Universidade Católica, São Paulo, 2006.

GARCIA, Gustavo Filipe Barbosa. *Manual de direito do trabalho*. 7. ed. São Paulo: Método, 2015.

MARTINS, Sérgio Pinto. *Direito do trabalho*. 30. ed. São Paulo: Atlas, 2014.

MESQUITA, Carolina Pereira Lins. *Teoria geral do direito do trabalho*. Pela Progressividade Sociojurídica do Trabalhador. São Paulo: LTr, 2012. p. 176.

PEREZ, José Luiz Monereo. *Introducción al nuevo derecho del trabajo*. Valencia: Tirant LoBlanch, 1996.

PÉREZ, José Luis Monereo; NAVARRETE, Cristóbal Molina; VIDA, Maria Nieves Moreno. *Manual de derecho sindical*. 9. ed. Granada: Comares, 2014.

SORJ, Bernard. *Novas tendências de conflito social*: entre a juridificação ação e a judicialização. *A Nova Sociedade Brasileira*. Rio de Janeiro: Jorge Zahar, 2001.

TEIXEIRA JÚNIOR, João Régis. *Convenção coletiva de trabalho*. São Paulo: LTr, 1994.

A EFETIVIDADE DO CONSTITUCIONALISMO FRATERNO SOB OS DIREITOS SOCIAIS ASSEGURADOS NA SEGURIDADE SOCIAL

Renata Alves Calabria[*]
Talyta Manso Mesquita[**]

1. INTRODUÇÃO

O Constitucionalismo incorporou aspectos do contexto social de diversos momentos históricos. Dessa forma, nos séculos XVIII e XIX, em sua primeira vertente e no âmbito da seara liberal, contemplou os direitos civis e políticos. Já no início do século XX, em sintonia com um movimento histórico que marcou a Europa e até mesmo o Brasil, notadamente na década de 1930, o processo de constitucionalismo social propriamente dito foi-se proliferando.

Com o advento do Constitucionalismo social e o surgimento dos direitos sociais, tratou-se da discussão da Constituição como norma jurídica. No decorrer desse processo, os princípios da liberdade e da igualdade restaram devidamente abrigados.

No século XXI, verifica-se a necessidade de resgatar a discussão acerca do Princípio da Fraternidade, ressaltando sua abordagem no panorama moral, social, econômico e político, considerando as recentes alterações conjunturais, uma vez que este princípio preconiza o reconhecimento da relação de cooperação e da reciprocidade, em especial no debate em face do direito à Saúde, Assistência Social e Previdência Social.

Não é possível construir direitos coletivos se a sociedade não trabalhar numa dimensão comunitária, uma vez que os direitos sociais são conquistados coletivamente, a partir do reconhecimento pelos indivíduos de que devem se articular em conjunto na sociedade.

2. DA ABORDAGEM DAS FASES DO CONSTITUCIONALISMO MODERNO

O Constitucionalismo pode ser entendido como fenômeno social, político, jurídico e até mesmo ideológico, com vistas a limitar o poder arbitrário do Estado, a partir do qual emergem as Constituições nacionais. (WULFING, 2012, p. 8).

O presente estudo limita-se à análise do constitucionalismo moderno, uma vez que o corte histórico desta pesquisa pretende restabelecer os valores atuais advindos do Constitucionalismo Fraterno na perspectiva da Seguridade Social.

Permitindo um aprofundamento da abordagem sistemática dos consagrados princípios da trilogia da Revolução Francesa, construídos no mundo, Machado (2010) explica que no século XIX, a constitucionalização da primeira geração dos direitos fundamentais, teve como escopo proteger a liberdade dos indivíduos, vez que se vivia a era do Estado Liberal.

Sob este prisma, os direitos civis e políticos são típicos direitos de defesa, com intenso caráter individualista, e apresentam-se como produto do pensamento liberal-burguês do século XVIII, pois emergem como direitos do indivíduo em detrimento do Estado, com demarcação de uma zona de não intervenção do Estado e um aspecto da autonomia individual em face do seu poder. (SARLET, 2004, p. 54 *apud* MACHADO, 2015, p. 124).

Esta caracterização do liberalismo econômico revela a opção ideológica de não intervenção do Estado, a qual majorou as desigualdades sociais. Assim, o direito à igualdade era assegurado apenas do ponto de vista formal, o que importou em aumento das revoltas sociais, uma vez que a maior parte dos benefícios do Estado Liberal ficou restrita a uma pequena parcela da população, enquanto uma grande parte da sociedade seguiu à margem dos direitos. (WULFING, 2012, p. 10). Neste contexto, o instituto da seguridade social, principalmente por meio da saúde e assistência, representou uma tentativa de superação das desigualdades.

---

[*] Advogada Trabalhista e Pós-graduanda em Direito do Trabalho na Universidade Federal de Pernambuco (UFPE). E-mail: renatacalabria@yahoo.com.br.
[**] Advogada Trabalhista e Pós-graduanda em Direito do Trabalho na Universidade Federal de Pernambuco (UFPE). E-mail: talytammesquita@gmail.com.

O direito do indivíduo ao trilhar seu próprio destino, contribuição essencial proveniente da filosofia liberal, não foi capaz de impedir o desequilíbrio intenso e a exploração brutal sobre o homem (WULFING, 2012, p. 10). Pelas razões expostas, e após os estragos advindos das Primeira e Segunda Guerra Mundiais, há o surgimento de um novo constitucionalismo na reconstrução desses países.

> As Constituições elaboradas após o final da Primeira Guerra Mundial têm algumas características comuns: a declaração, ao lado dos tradicionais direitos individuais, dos chamados direitos sociais ou direitos de prestação, ligados ao princípio da igualdade material que dependem de prestações diretas ou indiretas do Estado para serem usufruídos pelos cidadãos. (BERCOVICI, 2005, p. 13 apud FALLER, 2015, p. 7)

Em resposta aos conflitos e às enormes desigualdades sociais, as constituições de *Weimar*, de 1919 e a do México, de 1917, segundo Machado (2010), foram pioneiras na consagração dos direitos de segunda geração, configurando a fase do Estado Social, com destaque ímpar ao valor igualdade.

Após este período é que se abre espaço para os direitos de terceira geração[1], consagrando-se os direitos à fraternidade e à solidariedade. Essa geração, segundo Dirley da Cunha Jr (2012, p. 626-7), contém direitos que são recentes e ainda se encontram em fase incipiente. É possível observar, porém, que eles surgiram como resultado de novas reivindicações dos homens, principalmente ante o impacto tecnológico e o estado contínuo de beligerância. Destinam-se, portanto, à proteção não do homem em sua individualidade, mas do homem em coletividade social, sendo configurado de titularidade coletiva ou difusa. Tal dimensão abrange os direitos ao meio-ambiente ecologicamente equilibrado, à segurança, à paz, à solidariedade universal, ao reconhecimento mútuo de direitos entre vários países, à comunicação, à autodeterminação dos povos e ao desenvolvimento. É importante salientar que estes direitos são denominados de direitos de solidariedade ou fraternidade (CUNHA JÚNIOR, 2012, p. 626-7).

De acordo com Dirley da Cunha Jr (2012, p. 627) *apud* Sarlet (2001, p. 53), em razão do interesse comum que liga e une as pessoas e, de modo especial, em face de sua implicação universal, e por exigirem esforços e responsabilidades em escala até mesmo mundial para sua efetivação, conclui que essa geração de direitos não tem como fundamento a liberdade ou a igualdade, mas sim preservar a própria existência do grupo.

Trazendo a discussão sobre as fases do constitucionalismo no Brasil, a partir da busca do reconhecimento da força normativa do preâmbulo[2], identificar-se-á a dignidade da pessoa humana como fundamento da etapa final do constitucionalismo liberal, com a garantida dos direitos de liberdade (Estado Liberal) para o social (direitos da igualdade) e, em seguida, o constitucionalismo fraternal (direitos da fraternidade) — com a consagração de direitos de terceira dimensão, que transcendem a individualidade, fazendo com que as relações jurídicas não mais se limitem ao binômio homem-Estado ou Estado-homem (primeira dimensão), ou mesmo homem-homem (segunda dimensão), mas homem-todos os homens. (MACHADO, 2015, p. 14).

Estas dimensões de direitos passam, agora, a se desenvolver numa indissociável amálgama liberdade-igualdade, catalisada por direitos à fraternidade. Essa questão, em torno da fraternidade, traz à luz elementos que extrapolam a esfera privada para atingir patamares públicos, abalando barreiras sociais, em especial aquelas que hoje restringem os direitos mais básicos dos estrangeiros, das mulheres, entre outras minorias (MACHADO, 2015, p. 44).

2.1. Breve relato do neoconstitucionalismo

Antes de adentrar no Constitucionalismo Fraterno, cumpre traçar um brevíssimo relato sobre o neoconstitucionalismo. Averba Barroso[3] (2012, p. 272) que este é, em parte, produto dor e encontro entre a ciência jurídica e a filosofia do Direito, permitindo, assim, a adequação e efetivação dos valores concretizados em princípios na própria Constituição.

> Para poderem beneficiar-se do amplo instrumental do Direito, migrando do plano ético para o mundo jurídico, os valores morais compartilhados por toda a comunidade, em determinado momento e lugar, materializam-se em princípios, que passam a ser abrigados na Constituição, explícita ou implicitamente. Alguns nela já se inscreviam de longa data, como a liberdade e a igualdade, sem embargo da evolução constante de seus significados. Outros, conquanto clássicos, sofreram releituras e revelaram sutilezas, como a democracia, a República e a separação dos Poderes. Houve, ainda, princípios cujas potencialidades só foram desenvolvidas mais recentemente, como o da dignidade da pessoa humana e o da razoabilidade.

Ainda, segundo Barroso (2012, p. 267-288), estas alterações mais importantes na compreensão constitucional, nomeadas de *neoconstitucionalismo* podem ser sistematizadas

---

(1) Apenas para complementar que a quarta geração é elencada como os relacionados ao direito à democracia direta e os relacionados à biotecnologia (DIRLEY DA CUNHA JÚNIOR, 2012, p. 627-8). Corrobora Bonavides (2010, p. 570-2), ao esclarecer que os direitos da quarta geração compendiam o futuro da cidadania e o porvir da liberdade de todos os povos. Objetivando obter com isto a legítima e possível globalização política. Em contraponto, Nabais (2005, p. 83-4) afirma que voltada ao esquecimento, a ideia de solidariedade só retornará verdadeiramente à ribalta com a afirmação da chamada quarta geração de direitos fundamentais, constituída justamente pelos designados "direitos ecológicos" ou "direitos da solidariedade".
(2) Nery Júnior (2009, p. 142-143) esclarece que o preâmbulo da CF é norma constitucional e se encontra em vigor produzindo efeitos, bem como, também exerce função de afirmação ideológica, porquanto expressa princípios fundamentais do perfil ideológico de determinado regime político. O autor afirma que para parte da doutrina, o preâmbulo teria valor normativo indireto e função interpretativa da Constituição, o que, em princípio, não poderia excluir seu caráter normativo porque isso deve ser avaliado no caso concreto.
(3) Também denominado de novo direito constitucional.

em três aspectos. Quanto ao aspecto histórico[4], diz respeito ao contexto de derrota dos regimes totalitários (nazi-fascistas); em relação à seara filosófica, trata-se do recrudescimento da necessidade de criação de direitos e garantias fundamentais para a defesa do cidadão frente aos abusos que poderiam vir a ser cometidos pelo Estado ou por detentores do poder em quaisquer de suas manifestações (político, econômico, intelectual etc.); relativo ao terceiro aspecto, o teórico, o autor afirma que o *neoconstitucionalismo* gerou mecanismos efetivos de controle da Constituição (jurisdição constitucional).

O caráter ideológico do constitucionalismo clássico era apenas o de limitar o poder, dentro do delineamento estabelecido pela separação dos poderes, enquanto o caráter ideológico do neoconstitucionalismo é o de concretizar os direitos fundamentais. Cumpre a todos os poderes estabelecidos efetivar os postulados agasalhados na *Lex Mater*, consolidando seu papel de "pacto vivencial da sociedade" (AGRA, 2010, p. 41)

Diante do exposto, pode-se afirmar que a principal marca do neoconstitucionalismo é a preocupação em efetivar direitos fundamentais, especificamente aqueles de natureza social que se encontram em inanição em sociedades que apresentam um constitucionalismo de baixa intensidade (AGRA, 2010, p. 43). Relacionado ao neoconstitucionalismo, imperioso transcrever onde reside a força normativa da Constituição:

> Embora a Constituição não possa, por si só, realizar nada, ela pode impor tarefas. A Constituição transforma-se em força ativa se essas tarefas forem efetivamente realizadas, se existir a disposição de orientar a própria conduta segundo a ordem nela estabelecida, se, a despeito de todos os questionamentos e reservas provenientes dos juízos de conveniência, se puder identificar a vontade de concretizar essa ordem (HESSE, 1991, p. 19).

Ressalta-se que o desenvolvimento da força normativa da Constituição depende não apenas do seu conteúdo, mas também da sua práxis e graças ao seu elemento normativo ela ordena e conforma a realidade política e social (HESSE, 1991, p. 21-24). Este finaliza sua tese:

> A resposta à indagação sobre se o futuro do nosso Estado é uma questão de poder ou um problema jurídico depende da preservação e do fortalecimento da força normativa da Constituição, bem como de seu pressuposto fundamental, a vontade de Constituição. Essa tarefa confiada a todos nós. (HESSE, 1991, p. 32)

No Brasil, o debate acerca da força normativa da Constituição somente fora alcançado de forma consistente ao longo da década de 1980, visto que as resistências apresentadas iam além das complexidades inerentes à concretização de qualquer ordem jurídica. O país padecia de patologias crônicas, ligadas ao autoritarismo e à insinceridade constitucional, razão pela qual as Constituições até então têm sido repositórios de promessas vagas e de exortações ao legislador infraconstitucional, sem aplicabilidade direta e imediata (BARROSO 2012, p. 285). Importante analisar, portanto, como os direitos sociais contidos na Constituição estão sendo implementados no panorama atual brasileiro.

2.2. Conceito de princípio no mundo jurídico e sua normatividade

Cumpre sinalizar o conceito e a importância do princípio no mundo jurídico para solidificar o entendimento do princípio da fraternidade. Ávila (2012, p. 78) pontua que os princípios estabelecem um estado ideal de coisas a ser atingido, em virtude do qual deve o aplicador verificar a adequação do comportamento a ser escolhido ou já ser escolhido para resguardar tal estado de coisas[5].

Seguindo esta mesma linha de raciocínio, pode-se afirmar que a coerência interna de um sistema jurídico decorre dos princípios sobre os quais se organiza. (LEITE, 2012, p. 52). Os princípios atuam também como elo responsável por demonstrar os resultados escolhidos pela nação, sendo inegável seu caráter prevalentemente axiológico. (LUCON, 2006, p. 9) Então, apenas com a compreensão do conteúdo e do alcance dos princípios é que se consegue compreender as diversas normas integrantes de um determinado ramo do direito e, por conseguinte, o todo formado pelo ordenamento jurídico. (ALEXANDRE, 2010, p. 109). Citado por Alexandre (2010, p. 109), Celso Antônio Bandeira de Melo afirma:

> Princípio é, por definição, andamento nuclear de um sistema, verdadeiro alicerce dele, disposição fundamental que se irradia sobre diferentes normas, compondo-lhes o espírito e servindo de critério para a sua exata compreensão e inteligência exatamente por definir a lógica e a racionalidade do sistema normativo, no que lhe confere a tônica e lhe dá sentido harmônico.

3. DO APROFUNDAMENTO DO CONSTITUCIONALISMO FRATERNO

Faz-se necessário esclarecer que liberdade, igualdade e fraternidade tão buscados na Revolução Francesa tiveram um cunho genuíno na luta da classe trabalhadora, em que pese a burguesia ter assumido o poder e instalado o capi-

---

(4) Bulos (2010, p. 80) diverge desta origem histórica, contradizendo que o marco foi a partir da Segunda Guerra Mundial, na época do Estado Constitucional Social. Afirma, em outro turno, que é impossível precisar a sua origem. Sem uma data definida, explica que o único dado passível de constatação é que, a partir de 1990, alguns estudiosos americanos e europeus passaram a adotar esse epíteto do constitucionalismo contemporâneo em seus escritos.

(5) Exemplifica este mesmo autor o estado de coisas pelo Princípio do Estado de Direito, o qual estabelece o estado de coisas como a existência de responsabilidade (do Estado), de previsibilidade (da legislação), de equilíbrio (entre interesses públicos e privados) e de proteção (dos direitos individuais), para cuja realização é indispensável a adoção de determinadas condutas, como a criação destinadas a responsabilizar o Estado, a publicação com antecedência da legislação, o respeito a esfera privada e o tratamento igualitário.

talismo. Segue comentário de Jorge Souto Maior (2011, p. 122) a respeito:

> A Revolução Francesa, desse modo, foi uma revolução parcial, que atendeu aos interesses de uma classe. As classes populares, que também dela participaram, pretendiam muito mais, 'desejavam instituir uma sociedade inteiramente nova, justa, livre e feliz', mas a burguesia ao tomar o poder oprimiu esse desejo.

A fraternidade, nesse contexto, ganha destaque visto que não é possível construir direitos coletivos, como o Constitucionalismo Social preconiza, se a sociedade não trabalha numa dimensão comunitária. Como já iniciado, historicamente a fraternidade tem buscado se constituir como fundamento político e social, sendo encontrada tal tentativa na tão proclamada Revolução Francesa, de 1789. Entretanto, restou infrutífera, conforme observação de Baggio (2008, p. 8):

> Permaneceram em primeiro plano a liberdade e a igualdade — geralmente mais antagônicas do que aliadas (antagonistas justamente por serem desprovidas da fraternidade) —, que, de algum modo, estão integradas entre si no seio dos sistemas democráticos; mas que se tornam, em alguns lugares, sínteses extremas de duas visões de mundo, de dois sistemas econômicos e políticos que disputarão o poder nos dois séculos seguintes.

Contextualiza-se que a ideia de fraternidade[6], no período de 1790-1791, foi buscada no seio das sociedades populares e sustentou o avanço do processo de democratização, fornecendo a base para a definição de povo e para a superação das divisões censitárias. (BAGGIO, 2008, p. 32).

Ao acompanharmos a evolução do princípio da Fraternidade na constitucionalização dos sistemas normativos jurídicos, pontua-se a Declaração de Virgínia, de 1776, e a Declaração dos Direitos Humanos e do Cidadão, de 1948, as quais foram elaboradas com visível cunho fraternal, quando ambas afirmam: "Todos[7] os seres humanos nascem livres e iguais em dignidade e direitos. São dotados de razão e consciência e devem agir em relação uns aos outros com espírito de fraternidade". Baggio (2008, p. 52), ao descrever estas Revoluções e sua intrínseca relação com a fraternidade, aclara que:

Para levar a termo o projeto da modernidade deve-se reconhecer o outro homem não só como igual abstratamente, mas aceitá-lo em sua especificidade, ou seja, reconhecer o igual na diferença. O Haiti é o testemunho vivo de que a liberdade e a igualdade, sem essa fraternidade, podem voltar-se numa situação contrária e que só a fraternidade permite que se alcance o humano.

Trazendo a análise para o Brasil, verifica-se que o legislador constituinte no preâmbulo da Constituição de 1988[8] apresentou os seus valores supremos. Em seguida, estabeleceu como objetivo fundamental[9] a construção de uma sociedade solidária.

> No momento em que o constituinte pátrio inseriu a construção de uma sociedade fraterna no Preâmbulo da Magna Carta, resgatou formalmente o princípio esquecido pela modernidade constitucional do Ocidente, recolocando-o no seu justo lugar: ao lado da liberdade e da igualdade. Restaura-se a trilogia fundante do Constitucionalismo moderno ocidental, a qual deve guiar a compreensão da Constituição, do seu papel na construção e legitimação de um Estado Democrático de Direito[10]. (FALLER, 2011, p. 362-3)

Importante identificar que a fraternidade é capaz de dar fundamento à ideia de uma comunidade universal, de uma unidade de diferentes, na qual os povos vivam em paz entre si, sem o jugo de um tirano, mas no respeito às próprias identidades. A partir da fundamentação da fraternidade, inserida neste contexto cultural, vale citar as seguintes palavras, as quais criam diretrizes valorativas para a humanidade na contemporaneidade.

> Descobrimos que somos livres e iguais porque somos irmãos. O pensamento moderno desenvolveu a liberdade e a igualdade como categorias políticas, mas não fez o mesmo com a fraternidade — embora esta seja o alicerce das outras duas —, seja por fraqueza, por medo das suas implicações. Seja pela eclosão do conflito entre religião e modernidade, que tornou particularmente cheio de obstáculos o terreno da fraternidade. No entanto, a fraternidade é o princípio regulador dos outros dois princípios: se vivida fraternalmente, a liberdade não se torna arbítrio do mais forte, e a igualdade não degenera

---

(6) A ideia predominante era a de uma fraternidade que vinculasse todos os franceses, ou seja, que caracterizasse as relações entre cidadãos (BAGGIO, 2008, p. 27).
(7) Ao enriquecer este debate, traz-se que a Revolução Haitiana daria um conteúdo efetivo ao "todos", incluindo ali também os negros, bem como essa nação abre no início da época contemporânea, o grande tema da fraternidade, novo horizonte político do nosso tempo (BAGGIO, 2008, p. 44-53).
(8) "Nós, representantes do povo brasileiro, reunidos em Assembleia Nacional Constituinte para instituir um Estado Democrático, destinado a assegurar o exercício dos direitos sociais e individuais, a liberdade, a segurança, o bem-estar, o desenvolvimento, a igualdade e a justiça como valores supremos de uma **sociedade fraterna**, pluralista e sem preconceitos, fundada na harmonia social e comprometida, na ordem interna e internacional, com a solução pacífica das controvérsias, promulgamos, sob a proteção de Deus, a seguinte CONSTITUIÇÃO DA REPÚBLICA FEDERATIVA DO BRASIL." (sem grifos no original)
(9) "Art. 3º Constituem objetivos fundamentais da República Federativa do Brasil:
(I — construir uma sociedade livre, justa e **solidária**;" (grifo nosso)
(10) Esse Estado Democrático de Direito, também chamado de Estado Constitucional, Estado Pós-Social ou Estado Pós-Moderno, surge para efetivação dos direitos humanos de primeira, segunda e terceira dimensão. Pode-se afirmar que o Estado Democrático de Direito tem por fundamento a construção de uma sociedade mais livre, justa e solidária, a correção das desigualdades sociais e regionais, a promoção do bem-estar e justiça sociais para todas as pessoas, o desenvolvimento socioambiental, a paz e a democracia (LEITE, 2012, p. 39).

em igualitarismo opressor. A fraternidade poderia ajudar na realização do projeto da modernidade. Esta última, de fato, não deve ser negada; ao contrário, seu projeto deve ser retomado, adequando-o, porém, à plenitude de conteúdo dos valores que ele proclama. Precisamos aprender da história, especialmente da história dos povos que menos conhecemos e que mais sofreram as consequências negativas dos limites do projeto moderno. (BAGGIO, 2008, p. 53-4).

É essencial esclarecer que a fraternidade teve alguma aplicação política e jurídica no âmbito das políticas do Estado do Bem-Estar Social. Entretanto, trata-se de uma aplicação parcial, mais atrelada à concepção de solidariedade. (FALLER, 2011, p. 360). Faller (2011, p. 361) verifica que já no século XX e início do século XXI, a fraternidade passa a ocupar espaço nas reflexões teóricas, com o intuito de se encontrar novas possibilidades de superação de problemáticas jurídico-constitucionais e políticas, as quais reforçam a necessidade de resgate deste fundamento do constitucionalismo moderno.

Justamente porque o pensamento democrático a respeito da fraternidade manteve-se em silêncio, tem-se procurado conceituar a fraternidade como categoria jurídica constitucional, ampliando sua atuação nos outros ramos do Direito, como na importante função da seguridade social. Nesse sentido, incumbe inicialmente por em relevo o aspecto semântico das palavras fraternidade e solidariedade.[11]

Pizolato (2008, p. 113) define a fraternidade como uma forma intensa de solidariedade que interpela diretamente o comportamento individual, responsabilizando-o pela sorte dos irmãos. Cury (2004) delimita a solidariedade como uma das vertentes da fraternidade, pois esta promove um novo sentido à distribuição de justiça, pois, se de um lado tem como base a aplicação da lei, de outro, avalia os conflitos valorizando a vida, através do respeito e da promoção da dignidade dos cidadãos.

Então, parece específico a tênue porém perceptível distinção entre ambas, pois a solidariedade coloca-se como uma ajuda entre pessoas e a fraternidade mais ampla, configura-se como cunho de responsabilidade e partilha. Este liame diferenciador proporciona uma visão e atitudes de igualdade mais profunda, construindo relações horizontalizadas, porque ausente a figura de poder. Transforma-se à medida que aparece o respeito, a compreensão e cooperação pela mesma essência — reconhecimento que todos são irmãos — levando à integração, unidade, até mesmo em face das diferenças pessoais, sociais, culturais etc. O Direito Fraterno pode ser apresentado a partir dos seguintes pressupostos:

1 — é um direito jurado conjuntamente entre irmãos, no sentido da palavra latina *frater*, ou seja, é um direito que não parte da decisão de um soberano (de qualquer espécie). É fundamentalmente um acordo estabelecido entre partes iguais, é um pacto acordado a partir de regras mínimas de convivência. É o oposto do direito *paterno*, imposto por algum tipo de soberano; 2 — é um direito livre da obsessão de uma identidade que deve legitimá-lo. Deste modo, o direito fraterno encontra-se em um espaço político mais aberto, independente das delimitações políticas e ou geográficas. Sua única justificativa, no sentido abordado, é a *com-munitas*; 3 — coloca em questionamento a ideia de cidadania, já que esta, muitas vezes, se apresenta como excludente; por isso, o direito fraterno centra suas observações nos direitos humanos, na humanidade com lugar comum; 4 — um outro fundamento importante para o direito fraterno deriva deste terceiro ponto, onde se identifica o paradoxo da *humanidade ou desumanidade da sociedade*. Mais do que isto, ressalta que existe uma grande distância entre ser homem e ter humanidade. Este aspecto aponta para a necessidade de uma análise antropológica dos deveres contidos na gramática dos direitos, porque os direitos humanos são o lugar da responsabilidade e não da delegação; 5 — este fundamento é seguramente um dos aspectos mais fascinantes do direito fraterno: ele é um direito não violento, destitui o binômio amigo/inimigo. Assim, a minimização da violência leva também a uma jurisdição mínima, a um conciliar conjunto, a um mediar com pressupostos de igualdade na diferença; 6 — o sexto pressuposto do direito fraterno é muito complexo, pois elimina algumas "seguranças", alguns dogmas, algumas verdades; 7 — é um direito que pretende incluir, busca uma inclusão sem limitações. Neste aspecto, Resta questionar a propriedade privada de alguns (talvez muitos) bens comuns; 8 — é a aposta na diferença, com relação aos outros códigos já superados pela sua ineficácia, pois estes dizem sempre respeito ao binômio amigo-inimigo, enquanto o direito fraterno propõe sua ruptura. (VIAL, 2006, p. 122-124)

Sublinha-se que do ponto de vista político e jurídico, a fraternidade coloca-se, inicialmente, como princípio da construção social. Seu significado relacional e, portanto, dinâmico impele a buscar e reconhecer mutuamente as fisionomias diferentes entre os diversos sujeitos, grupos sociais e culturais: a identificação de uma relação de fraternidade como pertencimento recíproco entre os atores sociais e políticos. (ROPELATO, 2008, p. 103).

Logo, as reflexões sobre a efetivação do ideário constitucionalista devem romper com os discursos de abstração. A potência contida no princípio da fraternidade conduz a novas possibilidades para a solidificação da democracia (FALLER, 2011, p. 369-370), eis que surge como um ins-

---

(11) Segundo Vial (2006, p. 121-122), fraternidade apresenta três significados: (a) parentesco de irmãos; irmandade; (b) amor ao próximo, fraternização; e, (c) união ou convivência de irmãos, harmonia, paz, concórdia, fraternização.
Já quanto ao sentido da solidariedade, no significado comum, o termo solidariedade tem as suas raízes no étimo latino *solidarium*, que vem de *solidum*, *soldum* (= a inteiro, compacto). Daí a obrigação solidária ser aquela em que cada um dos devedores está adstrito ao cumprimento da obrigação por inteiro e cada um dos credores tenha direito a esse mesmo cumprimento também por inteiro (NABAIS, 2005, p. 84).

trumento de fortalecimento dos espaços e de condições institucionais aptos à efetivação dos direitos mais fundamentais da pessoa, a partir de práticas de reconhecimento recíproco e de responsabilização pelo outro.

4. CARACTERÍSTICAS DA SEGURIDADE SOCIAL NO BRASIL

Passaremos à análise da evolução da Seguridade Social, vez que o sistema de proteção social se deu desde a assistência prestada como forma de caridade até o atual momento no qual esse tem o *status* de direito subjetivo, garantido pelo Estado e pela sociedade a seus membros. (CASTRO, 2015, p. 5).

> Mas o surgimento da previdência social deve ser compreendido dentro de um amplo contexto sócio-político, que foi o rompimento com o liberalismo, em que predominavam ideias de total ausência estatal, na regulamentação de direitos até então entendidos como privados, a exemplo de relações trabalhistas e o ingresso numa era mais intervencionista. (ESTEVES, 2015, p. 41)

Em relação aos tipos de proteção social, no primeiro deles, o Estado proporciona assistência aos pobres e o mercado concede proteção aos "não pobres", os quais podem contribuir para um fundo de pensão e plano de saúde. Dessa maneira, quase não há transferência universais a cargo do Estado e, por isso, não existem benefícios universais. Este é o sistema liberal, que trata a velhice, as doenças e o desemprego de forma isolada e não integram o sistema de proteção social (ESTEVES, 2015, p. 35). Merece atenção o sistema liberal, vez que atualmente no Brasil observa-se uma tendência para esse tipo de proteção social.

O segundo tipo de proteção social é chamado de corporativista, o qual foi construído pela luta dos trabalhadores, por meio dos seus sindicatos ou partidos políticos, que tiveram força para proporcionar proteção social em suas localidades e depois, de organizada, expandi-la para toda a comunidade. Nesse sistema, a forma de financiamento está centrada na contribuição tanto dos empregados quanto de empregadores, bem como dos aportes estatais e no qual a doença, a velhice, a invalidez e o desemprego são tratados de forma unitária. Este tipo de proteção é representado pelo Brasil e França (ESTEVES, 2015, p. 35-36).

Após este breve relato sobre o desenvolvimento da seguridade social, cumpre tecer considerações acerca da abrangência conferida à Seguridade Social pelo Constituinte Originário brasileiro, uma vez que este incorporou a ela a Saúde, a Assistência Social e a Previdência Social para proteção dos direitos individuais e coletivos.

Em que pese no texto constitucional estar exarada nos seus art. 194, parágrafo único e art. 195, § 5º[12] a palavra "objetivos", a doutrina esclarece que são princípios os itens arrolados nos referidos artigos e, de acordo com Garcia (2015, p. 63), o Direito da Seguridade apresenta princípios específicos, como o da solidariedade.

> Estes enunciados constitucionais recepcionaram as diretrizes da ONU e da OIT e também asseguram a todos os cidadãos o direito à seguridade a ser custeada por toda a sociedade. Por isso, a saúde pública e a assistência social são direitos fundamentais do indivíduo. Mas há uma divisão: a saúde pública e a assistência social são devidas a qualquer indivíduo que delas necessite; a previdência social é fornecida somente àqueles que contribuíram durante a vida considerada ativa. Em resumo, a proteção social no Brasil baseia-se, como já fora mencionado, na ideia de solidariedade social. (ESTEVES, 2015, p. 45)

Importante mencionar a escolha do Brasil pelo regime de repartição, modelo de previdência em que prevalece o pacto de gerações e a solidariedade entre os participantes, visto que os segurados ativos são responsáveis pelo pagamento dos segurados inativos. Dessa maneira, verifica-se a existência de laços sociais de interdependência que se estabelecem entre os cidadãos ligados pelo trabalho (ESTEVES, 2015, p. 64). Ao discorrer sobre o princípio da solidariedade[13], Garcia (2015, p. 63) esclarece como entende a participação da sociedade em favor dos necessitados:

> Pode-se dizer que a *solidariedade*, como valor, é comum à moral e ao Direito. Entretanto, como essa virtude é reconhecida como princípio jurídico constitucional, deixa de depender do eventual sen-

---

(12) "Art. 194. A seguridade social compreende um conjunto integrado de ações de iniciativa dos Poderes Públicos e da sociedade, destinadas a assegurar os direitos relativos à saúde, à previdência e à assistência social.
Parágrafo único. Compete ao Poder Público, nos termos da lei, organizar a seguridade social, com base nos seguintes objetivos:
I — universalidade da cobertura e do atendimento;
II — uniformidade e equivalência dos benefícios e serviços às populações urbanas e rurais;
III — seletividade e distributividade na prestação dos benefícios e serviços;
IV — irredutibilidade do valor dos benefícios;
V — equidade na forma de participação no custeio;
VI — diversidade da base de financiamento;
VII — caráter democrático e descentralizado da administração, mediante gestão quadripartite, com participação dos trabalhadores, dos empregadores, dos aposentados e do Governo nos órgãos colegiados.
Art. 195. A seguridade social será financiada por toda a sociedade, de forma direta e indireta, nos termos da lei, mediante recursos provenientes dos orçamentos da União, dos Estados, do Distrito Federal e dos Municípios, e das seguintes contribuições sociais:
(...)
§ 5º Nenhum benefício ou serviço da seguridade social poderá ser criado, majorado ou estendido sem a correspondente fonte de custeio total".
(13) Merece respaldo, oportunamente, que o princípio da solidariedade já tem sua força inserida na Seguridade Social, conforme Mendes (2010, p. 1218) e no Direito Previdenciário, orienta Hugo Goes (2011, p. 27): "Aqueles que têm melhores condições devem contribuir com uma parcela maior; os que têm menores condições financeiras contribuem com uma parcela menor; os que ainda estão trabalhando contribuem para o sustento dos que já se aposentaram ou estejam incapacitados para o trabalho; enfim, vários setores da sociedade participam do esforço arrecadatório em benefício das pessoas mais carentes."

timento voluntário e caridoso de cada um, tornando-se um mandamento cogente e imperativo que deve nortear as condutas e relações sociais. (GARCIA, 2015, p. 63)

A respeito do surgimento da noção de proteção social, tem-se como tema desenvolvido por Castro (2015, p. 5) a descrição histórica que nem sempre houve a preocupação efetiva com a proteção dos indivíduos quanto a seus infortúnios e, apenas no final do século XIX, se tornou importante dentro da ordem jurídica dos Estados.

O mundo contemporâneo abandonou, há muito, os antigos conceitos da Justiça Comutativa, pois as novas realidades sociais e econômicas, ao longo da História, mostraram que não basta *dar a cada um o que é seu* para a sociedade seja justa. Na verdade, algumas vezes, é dando a cada um *o que não é seu* que se engrandece a condição humana e que se redime a injustiça dos grandes abismos sociais. (RUSSOMANO *apud* CASTRO, 2015, p. 5)

Merece também ser invocado o conceito de Celso Barroso Leite *apud* Castro (2015, p. 5), sobre a importância da atenção dedicada a certos grupos sociais:

> Proteção social, portanto, é o conjunto de medidas de caráter social destinadas a atender certas necessidades individuais; mais especificamente, às necessidades individuais que, não atendidas, repercutem sobre os demais indivíduos e, em última análise, sobre a sociedade.

5. MUDANÇAS POLÍTICAS RECENTES QUE AFETAM A SEGURIDADE SOCIAL

Percebe-se que na atual conjuntura, o Estado brasileiro inclina-se a realizar decisões políticas cada vez mais liberais, optando pela mínima intervenção estatal na economia. Essas observações são feitas tomando como referência as recentes propostas e mudanças que têm como objetivo a diminuição dos investimentos na saúde pública, na assistência social e na previdência social.

Quanto à atuação legislativa, aponta-se primeiramente a EC (Emenda à Constituição) n. 55 que foi aprovada pelo plenário, no dia 13 de dezembro de 2016, e atribui-se sua elaboração sob o argumento de redução de gastos públicos. Entretanto, a aprovação dessa Emenda Constitucional representa grave prejuízo no âmbito das soluções de problemas sociais.

Neste tema, merece referência a explanação do economista Felipe Rezende, para o qual a crise foi gerada pelo setor privado e que para haver crescimento econômico precisa existir investimento social, principalmente através do setor público nos aspectos sociais.

Este economista avalia, numa análise prospectiva, que esta EC conduzirá o Brasil para o ranking dos países com maior desigualdade social, visto que o país vai na contramão das políticas implementadas no mundo[14], pois os gastos públicos devem ser utilizados de forma gradual e crescente em infraestrutura, como ocorre nas economias emergentes internacionais que utilizam 40% do PIB. Em contraposição, esta EC irá limitar a 14% do PIB no final de 2026, resultado este inferior aos países de renda baixa.

Dessa maneira, referida norma constitucional deverá trazer enorme retrocesso social, uma vez que o Brasil ainda possui graves problemas sociais, como desemprego, desigualdades regionais, enorme pobreza, em que grandes contingentes ainda vivem em condições degradantes, sem acesso à saúde de qualidade, saneamento básico, educação e trabalho.

Em relação à reforma da previdência, cumpre questionar, precipuamente, a real necessidade de tal modificação, já que esta baseia-se numa suposta crise do sistema previdenciário brasileiro[15]. Entretanto, sérios estudos acadêmicos afirmam o contrário, como a Professora de Economia da Universidade Federal do Rio de janeiro (UFRJ) Denise Gentil, em sua tese de doutorado, bem como os auditores fiscais da Receita Federal do Brasil (ASSOCIAÇÃO NACIONAL DOS AUDITORES FISCAIS DA RECEITA FEDERAL DO BRASIL, 2016), desmentem a afirmação de crise na previdência e evidenciam matematicamente que a previdência social está, na verdade, em superávit[16].

A respeito desta temática, a referida pesquisadora alhures detalha que o superávit foi de 72, 2 bilhões em 2014, ano de sua pesquisa, e que boa parte destes recursos estão sendo desviados para cobrir outras despesas. Então, é perceptível que o debate sobre a Previdência se desenrola em meio a um combate entre concepções distintas de desenvolvimento econômico-social. A economista defende que tal reforma não é necessária, assim imprescindível aportar, suas considerações:

> A ideia de falência dos sistemas previdenciários públicos e os ataques às instituições do welfarestate (Estado de Bem-Estar Social) tornaram-se dominantes em meados dos anos 1970 e foram reforçadas com a crise econômica dos anos 1980. O pensamento liberal-conservador ganhou terreno no meio político e no meio acadêmico. A questão central para as sociedades ocidentais deixou de ser o desenvolvimento econômico e a distribuição da renda, proporcionados pela intervenção do Estado,

---

(14) Dados que constam na base de dados do FMI.
(15) Cumpre esclarecer que o financiamento da Seguridade Social consta no rol do art. 195, CF, como contribuições sobre a folha de pagamentos, sobre o lucro das empresas, sobre importações e mesmo parte dos concursos de prognósticos promovidos pelas loterias da Caixa Econômica. E é posta como "crise", pois se utiliza para análise apenas receita de uma das quatro fontes acima descritas, ou seja, das contribuições sobre a folha de pagamento.
(16) A Associação Nacional dos Auditores Fiscais da Receita Federal do Brasil (ANFIP) divulga anualmente a publicação: "Análise da Seguridade Social e os superávits são sucessivos, a saber: saldo positivo em 2010; R$ 75, 7 bi, em 2011; R$ 82, 7 bi, em 2012; R$ 76, 2 bi, em 2013; R$ 53, 9 bi, em 2014. No ano de 2015, o investimento nos programas da Seguridade Social, que incluem as aposentadorias urbanas e rurais, benefícios sociais e despesas do Ministério da Saúde, entre outros, foi de R$ 631, 1 bilhões, enquanto as receitas da Seguridade foram de R$ 707, 1 bi. O resultado, mais uma vez positivo, foi de R$ 24 bilhões — nada de déficit!"

para se converter no combate à inflação e na defesa da ampla soberania dos mercados e dos interesses individuais sobre os interesses coletivos. Um sistema de seguridade social que fosse universal, solidário e baseado em princípios redistributivistas conflitava com essa nova visão de mundo.

Neste ponto, cumpre atualizar e documentar que o Congresso Nacional promulgou no dia 08 de setembro de 2016, a Emenda Constitucional n. 93/2016 (SENADO FEDERAL).

A emenda prorroga até 2023 a permissão para que a União utilize livremente parte de sua arrecadação, ampliando seu percentual de 20% para 30% de todos os impostos e contribuições sociais federais. A emenda também institui a Desvinculação de Receitas dos Estados, Distrito Federal e dos Municípios (DREM) —, que prevê a utilização livre de 30% das receitas relativas a impostos, taxas e multas, não sendo aplicada às receitas destinadas à saúde e à educação. (...) A expectativa é que a medida libere R$ 117, 7 bilhões para uso do Executivo apenas em 2016, sendo R$ 110, 9 bilhões de contribuições sociais, R$ 4, 6 bilhões da Cide e R$ 2, 2 bilhões de taxas.

Indispensável se faz refletir sobre tal medida adotada, sendo lícito questionar qual será o direcionamento desse recurso. Especula-se, diante das posturas do poder executivo (ECONOMIA ESTADÃO, 2016), que tais recursos serão encaminhados para o pagamento dos juros da dívida pública ou para subsidiar empréstimo ao FMI. Seria de se perguntar em qual estágio civilizatório encontra-se o país, no sentido da real exigência de investimentos na área social. Em outros termos, indaga-se sobre qual prioridade — através dos postulados[17] da razoabilidade e proporcionalidade, bem como do postulado hermenêutico da coerência — a alocação desses recursos, em vista de uma sociedade que efetive a justiça distributiva através do constitucionalismo fraterno, pois este contribui para trazer à luz os direitos sociais.

Então, qual a primazia valorativa que deve ser elencada para aplicação desses recursos: o capital financeiro ou a dignidade da pessoa humana? Pois cabalmente observa-se que o desejo do constituinte originário foi modificado com a EC acima relatada, vez que gera um grave prejuízo social, indo de encontro ao princípio do não-retrocesso social por ele garantido, cujo objetivo é assegurar a crescente evolução da humanidade.

Deve-se transcrever, nesta oportunidade, a brilhante definição do princípio do não-retrocesso social de Santos e Muniz (2015, p. 25), a enfatizar sua essencialidade neste tema, objetivando o entendimento de que o princípio da fraternidade exige o avanço sócio-humanitário: "Baseia-se no sentido de que a efetividade dos direitos sociais não pode deixar de ocorrer e nem ser mitigada, por tratar de questões que envolvem a sociedade em relação as suas necessidades básicas enquanto ser humano e cidadão."

Já no tocante à recente decisão do Supremo Tribunal Federal (BRASÍLIA, STF, RE 661256, Rel. Roberto Barroso, 2016), a respeito da desaposentação[18], aborda-se que o trabalhador sofreu grande prejuízo, uma vez que não é mais possível a revisão da sua aposentadoria, mesmo que esse continue contribuindo para o sistema previdenciário[19]. Pois bem, estas manifestações de agentes estatais vão de encontro ao constitucionalismo fraterno, pois não buscam enfatizar relações sociais harmônicas. É certo que não se pode olvidar da lógica atuarial que mantém o sistema de custeio no futuro. Porém, numa perspectiva de preservação do direito do trabalhador, pois deve-se considerar que a aposentadoria serve no momento da vida no qual as forças do ser humano estão em decadência.

Todas estas explanações devem ser confrontadas com o Direito Financeiro, pois merece atenção a visão das receitas públicas[20] e das finalidades das despesas públicas, objeto paralelo desta temática. Cumpre, desse modo, transcrever esta ampla análise:

> O presente estudo procurou, desde o início, demonstrar, a partir de evidências empíricas e analíticas, que os sistemas de seguridade social — público e privado — estão em crise, em face das crises estruturais desencadeadas pelo ultraliberalismo planetário, que geram patologias sociais e miséria por todo o planeta. Por isso, uma governabilidade para esse novo mundo, centrada em mínimos éticos a serem compartilhados nesse mesmo espaço, depende, por outro lado, da adoção de um novo modelo de seguridade social que envolva e atinja o coração desse capitalismo desumanizado. (...) A autora do presente estudo, ao analisar as doutrinas políticas contemporâneas — desde o marxismo ortodoxo à neo-social-democracia — fez a opção por esta última, por entender que não será possível restaurar o estado democrático de direito, sem a adoção de uma nova alternativa de seguridade social; por entender também que não é possível a adoção de uma ética universal para a governabilidade do mundo sem que seja assegurado a todos os habitantes do planeta o direito a uma vida digna, com ou sem trabalho. (ESTEVES, 2015, p. 223)

---

(17) Postulados são definidos por Ávila (2012, p. 77) como instrumentos normativos metódicos, isto é, como categorias que impõem condições a serem observadas na aplicação das regras e dos princípios, com eles não se confundindo.
(18) O texto simplifica o termo "Desaposentação" da seguinte forma: "Na prática nada mais é do que fazer, no momento do pedido administrativo de revisão, um novo cálculo do valor de aposentadoria (RMI — renda mensal inicial), exatamente como se fosse a primeira vez, de forma a "anular/ignorar" a primeira aposentadoria e contemplar nesse novo pedido os salários de contribuições. " (PREVIDENCIARISTA, 2016)
(19) As contribuições COMPULSÓRIAS recolhidas dos trabalhadores após a aposentadoria dos segurados do Regime Geral de Previdência Social (INSS) serão destinadas apenas ao custeio geral do sistema.
(20) Principalmente quando o governo por anos realiza a desoneração fiscal. "O real impacto da diminuição da arrecadação que financia a Seguridade Social: menos direitos sociais para todos os brasileiros. A estimativa da Receita Federal é que em 2014 o governo abriu mão de recolher R$ 136, 5 bilhões somente com as contribuições sociais. Somado aos impostos, este valor chega a cerca de 250 bilhões perdidos com desonerações e renúncias.

Essencial esta conclusão para o entendimento do panorama social atual, as razões que geram os problemas a fim de vislumbrar caminhos seguros para beneficiar toda a sociedade e trazer o princípio da fraternidade para o âmbito das decisões sociais e dos poderes estatais.

6. CONTRIBUIÇÕES DO PRINCÍPIO DA FRATERNIDADE PARA OS DIREITOS SOCIAIS CONTIDOS NA SEGURIDADE SOCIAL

Como formas propositivas para a efetividade do Constitucionalismo Fraterno, elencamos o fortalecimento dos direitos resguardados pela Seguridade Social a fim de incrementar a receita pública. Ressalte-se a importância de se realizar a taxação sobre grandes fortunas[21], através de uma reforma tributária e o implemento da renda universal garantida. Entretanto, este tema passa ao largo dos debates travados nos poderes legislativos e no campo midiático.

> Uma Renda Garantida, de caráter universal, só será possível, no contexto da neo-social democracia, na medida em que o capital improdutivo possa ser taxado; na medida em que ele não transite, sem freios, por cima do Estado-nação, para favorecer apenas os seus investidores e especuladores; não propicie que as duzentas pessoas mais ricas do mundo detenham uma riqueza comparável à metade de população do planeta; que determinadas corporações multinacionais detenham mais poder e riqueza do que determinados países subdesenvolvidos ou em desenvolvimento. (ESTEVES, 2015, p. 216)

Sobre o aspecto do desenvolvimento, merece destaque a lição de Serge Latouche (2007, p. 4-5), o qual explica que o objetivo do sistema é apenas o lucro por parte dos detentores do capital com consequências drásticas para o meio ambiente e para a humanidade.

> Sabe-se que a mera diminuição da velocidade de crescimento mergulha nossas sociedades na incerteza, aumenta as taxas de desemprego e acelera o abandono dos programas sociais, sanitários, educativos, culturais e ambientais que garantem o mínimo indispensável de qualidade de vida. (LATOUCHE, 2007, p. 5)

Então, faz-se necessária uma mudança de lógica, em prol de uma visão que reflita um modelo de valorização do ser humano e na promoção da dignidade dos cidadãos, e, assim, visualizando os dispêndios não como gastos públicos, mas como investimentos, pois saúde, educação, previdência etc. são requisitos para uma sociedade equilibrada.

Ademais, para implantar uma verdadeira distribuição de renda e da riqueza, a inserção de uma renda garantida, de caráter universal, depende da taxação do capital financeiro improdutivo[22] (ESTEVES, 2015, p. 223). Traz-se a explanação sobre a proposição dos problemas sociais:

> O êxito de qualquer programa para adoção de uma renda garantida a todos os cidadãos passa necessariamente pela construção de um novo Estado Previdência. Mas ele não pode ser instaurado a partir dos valores que sedimentaram o Estado do Bem-Estar Social de raiz keynesiana, ou seja, das simultâneas contribuições de empregadores e de trabalhadores — em face da precarização, da desproletarização e do desemprego estrutural. Deve ter como parâmetro inevitável a taxação do capital financeiro internacional. (ESTEVES, 2015, p. 217)

Com efeito, neste panorama atual, evidencia-se o quanto essas recentes alterações normativas fragilizam o sistema da Seguridade Social, motivo pelo qual se faz necessário ressaltar o princípio da fraternidade para resguardar essas garantias fundamentais contidas nos direitos insculpidos na Seguridade Social e promover melhores condições de vida para toda a população.

7. CONCLUSÃO

Embasado nos conhecimentos acerca do Constitucionalismo Fraterno, o qual consagra a necessidade de efetivar o princípio da fraternidade como norma jurídica a estabelecer parâmetros para os diversos ramos dos direitos sociais e, em especial, os elencados na seguridade social, passa-se a uma reflexão da importância da proteção social como requisito ao equilíbrio de toda a sociedade.

Pois bem, o Brasil se encontra em transformações políticas profundas que irão impactar diretamente com os investimentos para a saúde, assistência social e previdência social. Porém, estas alterações precisam estar em sintonia com a conjuntura do novo constitucionalismo, vez que se deve buscar uma sociedade mais justa e o não retrocesso social.

Então, a EC n. 55, a reforma previdenciária e o julgado do Supremo Tribunal Federal, a partir desta análise, pretendem um distanciamento dos direitos fundamentais. Dessa maneira, deve-se ter atenção aos caminhos trilhados pelos poderes políticos e jurídicos do país para que a sociedade atinja verdadeiramente a justiça distributiva através da satisfação dos anseios sociais, motivo pelo qual o debate sobre este tema tem maestria no direito público.

Neste sentido, resta evidenciada a necessidade de trazer à baila as proficuidades dos valores advindos do princípio da fraternidade para garantir os direitos fundamentais, especialmente os relacionados à Seguridade Social, devido

---

(21) Frans de Waal *apud* Latouche (2009, p. 35) afirma que o problema gerado pela demografia global galopante "não é tanto saber se somos ou não capazes de administrar o superpovoamento, mas de sabermos dividir os recursos com honestidade e equidade". Esta análise valorativa deve interpretar novas construções legislativas a fim de objetar uma justiça social.
(22) "A força do dinheiro que não gera emprego: Os ativos financeiros circulando no mundo antes da crise 2008-2010 eram da ordem de 860 trilhões de dólares. Já o PIB somado de todos os países (toda a riqueza PRODUZIDA por esses países) estava na casa dos 60 trilhões de dólares, ou seja, catorze vezes menos. Hoje você gera riqueza e valor sem passar pelo trabalho. Esse é o caráter fundamental da financeirização. O valor trabalho perdeu peso relativo na vida econômica". (CARTA MAIOR, 2016)

à sua importância na construção de uma sociedade mais organizada, justa e igualitária.

8. REFERÊNCIAS BIBLIOGRÁFICAS

AGRA, Walber de Moura. *Curso de direito constitucional*. 6. ed. Rio de Janeiro: Forense, 2010.

ALEXANDRE, Ricardo. *Direito tributário esquematizado*. 4. ed. São Paulo: Método, 2010.

ASSOCIAÇÃO NACIONAL DOS AUDITORES FISCAIS DA RECEITA FEDERAL DO BRASIL. Disponível em: <http://www.anfip.org.br/informacoes/artigos/A-falacia-do-rombo-da-Previdencia-Paulo-Paim-e-Vilson-Antonio-Romero> e http://www.anfip.org.br/informacoes/noticias/Na-midia-Previdencia-Social-Por-que-nao-ha-deficit-Sul-21_18-08-2016>. Acesso em: 27 nov. 2016.

ÁVILA, Humberto. *Teoria dos princípios*. 13. ed. São Paulo: Malheiros Editores, 2012.

BAGGIO, Antonio Maria (Org.). *O princípio esquecido*. A fraternidade na reflexão atual das ciências políticas. Traduções de Durval Cordas, Iolanda Gaspar, José Maria de Almeida. São Paulo: Cidade Nova, 2008. v. 1.

_____. *O princípio esquecido*. Exigências, recursos e definições da fraternidade na política. Trad. de Durval Cordas, Luciano Menezes Reis. São Paulo: Cidade Nova, 2009. v. 2.

BARROSO, Luís Roberto. *Curso de direito constitucional contemporâneo*. Os conceitos fundamentais e a construção do novo modelo. 3. ed. São Paulo: Saraiva, 2012.

BONAVIDES, Paulo. *Curso de direito constitucional*. 25. ed. São Paulo: Malheiros, 2010.

BRASIL. *Constituição da República Federativa do Brasil (1988)*. Disponível em: <http://www.planalto.gov.br/ccivil_03/constituicao/ConstituicaoCompilado.htm>. Acesso em: 1º dez. 2016.

BRASIL. Supremo Tribunal Federal. RE 661256, Rel. Roberto Barroso. *Diário de Justiça*, Brasília, 07 nov. 2016.

BULOS, Uadi Lammêgo. *Curso de direito constitucional*. 5. ed. São Paulo: Saraiva, 2010.

CARTA MAIOR. *A PEC 55 é a máquina brasileira de produzir desigualdade*. Disponível em: <http://cartamaior.com.br/?/Editoria/Economia/A-PEC-55-e-a-maquina-brasileira-de-produzir-desigualdade/7/37265>. Acesso em: 27 nov. 2016.

CASTRO, Alberto P.; LAZZARI, João B. *Manual de direito previdenciário*. Rio de Janeiro: Forense, 2015.

CURY, Munir. *Direito e fraternidade*. São Paulo, 2004. Disponível em: <http://www.pjpp.sp.gov.br/2004/artigos/39.pdf>. Acesso em: 6 ago. 2012.

ECONOMIA ESTADÃO. *Brasil fecha acordo para emprestar dinheiro ao FMI*. Disponível em: http://economia.estadao.com.br/noticias/geral, brasil-fecha-acordo-para-emprestar-dinheiro-ao-fmi, 10000081443. Acesso em: 14 nov. 2016.

ESTEVES, Juliana Teixeira. *O direito da seguridade social e da previdência social*. A renda universal garantida, a taxação dos fluxos financeiros internacionais e a nova proteção social. Recife: UFPE, 2015.

FALLER, Maria Helena Ferreira Fonseca. O princípio da fraternidade e o constitucionalismo moderno: uma nova possibilidade de leitura das constituições contemporâneas. *In*: VERONESE, Josiane Rose Petry; AGUIAR DE OLIVEIRA, Olga Maria Boschi (Org.). *Direitos na pós-modernidade*: a fraternidade em questão. Santa Catarina: FUNJAB, 2011.

GARCIA, Gustavo Felipe Barbosa. *Curso de direito da seguridade social*. Rio de Janeiro: Forense, 2015.

GOES, Hugo. *Manual de direito previdenciário*. 5. ed. Rio de Janeiro: Ferreira, 2011.

GENTIL, Denise. *A crise forjada da previdência*. Jornal da UFRJ. Disponível em: <https://ufrj.br/docs/jornal/2007-marco-jornal-UFRJ24.pdf>. Acesso em: 14 nov. 2016. A contra reforma da previdência social do governo Dilma Rousseff. Rio de janeiro: UFRJ, 2016. 9 sildes: color. Disponível em:<https://www.google.com.br/url?sa=t&rct=j&q=&esrc=s&source=web&cd=7&cad=rja&uact=8&ved=0ahUKEwiahPHmfHQAhVCg5AKHUYdA_MQFgg9MAY&url=http%3A%2F%2Fwww19.senado.gov.br%2Fsdleg-getter%2Fpublic%2FgetDocument%3Fdocverid%3De6fc4ada--49dd-4d50-98bd-0aeb2762868d%3B1.0&usg=AFQjCNGu18GMsVr6YnsfX8BdMSCXWNvozA&bvm=bv.141320020, d.Y2I>. Acesso em: 13 dez. 2016.

HESSE, Konrad. *A Força normativa da constituição*. Trad. de Gilmar Ferreira Mendes. Porto Alegre: Sergio Antonio Fabris Editor, 1991.

LATOUCHE, Serge. *Pequeno tratado do decrescimento sereno*. São Paulo: WMF Martins Fontes, 2009.

LEITE, Carlos Henrique Bezerra. *Curso de direito processual do trabalho*. São Paulo: LTr, 2012.

LUCON, Paulo Henrique dos Santos. Devido processo legal substancial. In: DIDIER JR., Fredie. (Org.). *Leituras complementares de processo civil*. 4. ed. Salvador: JusPodivm, 2006.

MACHADO, Carlos Augusto Alcântara. O preâmbulo da Constituição do Brasil de 1988: fonte do compromisso estatal para a edificação de uma sociedade fraterna. *Revista Brasileira de Direito Público*, Belo Horizonte, ano 10, n. 36, jan./mar. 2012.

_____. A fraternidade como categoria constitucional. *Revista Eletrônica sobre a Reforma do Estado*, Salvador, n. 23, set./out./nov. 2010.

MACHADO, Clara Cardoso. Limites ao ativismo judicial à luz do constitucionalismo fraterno. *Revista Evocati*, n. 64 (15/04/2011). Disponível em: <http://www.evocati.com.br/evocati/interna.wsp?tmp_page=interna&tmp_codigo=477&tmp_secao=10&tmp_topico=direito const&wi.redirect=EVUXO8WYA3KNDTSOCN1B>. Acesso em: 16 nov. 2012.

MENDES, Gilmar Ferreira Mendes e outros. *Curso de direito constitucional*. São Paulo: Saraiva, 2009.

NABAIS, José Casalta. *Por um estado fiscal suportável*. Estudos de Direito Fiscal. Coimbra: Almedina, 2005.

PLATAFORMA POLÍTICA SOCIAL. *Caminhos para o desenvolvimento*. O que está por trás de renúncia e desoneração fiscal. Disponível em: <http://plataformapoliticasocial.com.br/o-que-esta-por-tras-de-renuncia-e-desoneracao-fiscal/>. Acesso em: 27 nov. 2016.

PREVIDENCIARISTA. *O portal do especialista em direito previdenciário. Desaposentação STJ e STF* — últimas notícias 2016 e petições previdenciárias. Disponível em: <https://previdenciarista.com/desaposentacao-ultimas-noticias-e-peticoes-previdenciarias/>. Acesso em: 14 nov. 2016.

PIZOLATO, Filippo. A fraternidade no ordenamento jurídico Italiano. In: BAGGIO, Antonio Maria (Org.). *O princípio esquecido*. A fraternidade na reflexão atual das ciências políticas. Traduções de Durval Cordas, Iolanda Gaspar, José Maria de Almeida. São Paulo: Cidade Nova, 2008. v. 1.

REZENDE, Felipe. *Comissão de assuntos econômicos*. TV Senado Federal no dia 25 de outubro de 2016. Disponível em: <https://www.youtube.com/watch?v=hhQqwk2MFxM. https://www.youtube.com/watch?v=6vd9zYry_hE>. Acesso em: 9 dez. 2016.

ROPELATO, Daniela. Notas sobre participação e fraternidade. In: BAGGIO, Antonio Maria (Org.). *O princípio esquecido*. A fraternidade na reflexão atual das ciências políticas. Traduções de Durval Cordas, Iolanda Gaspar, José Maria de Almeida. São Paulo: Cidade Nova, 2008. v. 1.

SANTOS, Andrea Madalena da Paz Batista; MUNIZ, Elma Oliveira de Andrade. Matheus Passos Silva (Coord.). *A aplicabilidade do princípio do não-retrocesso aos direitos sociais*. Brasília: Vestnik, 2014.

SENADO FEDERAL. Disponível em: <http://www12.senado.leg.br/noticias/materias/2016/09/08/promulgada-emenda-que-prorroga--desvinculacao-de-receitas>. Acesso em: 14 nov. 2016.

SOUTO MAIOR, Jorge Luiz. *Curso de direito do trabalho*: teoria geral do direito do trabalho, vol. I: Parte I. São Paulo: LTr, 2011.

VIAL, Sandra Regina Martini. Direito fraterno na sociedade cosmopolita. Bauru. *RIPE — Revista do Instituto de Pesquisas e Estudos*, v. 1, n. 46, jul./dez., 2006.

WULFING, Juliana; CASAGRANDE, Lilian Patrícia. Trabalho e Fraternidade: Um Constitucionalismo Fraternal Para o Direito do Trabalho. In: *V Encontro da Rede Universitária para o Estudo da Fraternidade (RUEF)*, 2012. Disponível em: <http://www.catedra-chiaralubich.org/livro.php?id_livros_publicacoes=42>. Acesso em: 13 nov. 2016.